高质量一体化发展的
嘉善探索

包海波　朱利军　等著

ZHEJIANG UNIVERSITY PRESS

浙江大学出版社

·杭州·

图书在版编目(CIP)数据

高质量一体化发展的嘉善探索 / 包海波等著. 一杭州:浙江大学出版社，2022.6
ISBN 978-7-308-22713-1

Ⅰ.①高… Ⅱ.①包… Ⅲ.①区域经济发展－研究－嘉善县 Ⅳ.①F127.554

中国版本图书馆 CIP 数据核字（2022）第 098594 号

高质量一体化发展的嘉善探索

包海波　朱利军　等　著

策划编辑	吴伟伟
责任编辑	丁沛岚
责任校对	陈　翮
封面设计	周　灵
出版发行	浙江大学出版社
	（杭州市天目山路 148 号　邮政编码 310007）
	（网址:http://www.zjupress.com）
排　　版	浙江时代出版服务有限公司
印　　刷	杭州高腾印务有限公司
开　　本	710mm×1000mm　1/16
印　　张	18.25
字　　数	347 千
版 印 次	2022 年 6 月第 1 版　2022 年 6 月第 1 次印刷
书　　号	ISBN 978-7-308-22713-1
定　　价	78.00 元

前　言

　　嘉善县是 2008 年全党深入开展学习实践科学发展观活动时习近平同志(时任国家副主席)的基层联系点。2009 年,习近平同志批示要求嘉善"努力使联系点成为学习实践科学发展观活动的示范点"①。2013 年 2 月,《浙江嘉善县域科学发展示范点建设方案》获得国家发改委批复,嘉善由此全力推进示范点建设。2017 年 2 月 9 日,《浙江嘉善县域科学发展示范点发展改革方案》经国务院审定,由国家发改委正式批复实施。2021 年 5 月以来,在全面完成县域科学发展示范点建设国家第三方评估之际,在国家发改委和省市两级党委政府的指导支持下,嘉善深入总结提炼县域科学发展示范点建设经验做法,紧扣"县域""高质量""示范点"三个关键词组织开展《新发展阶段浙江嘉善县域高质量发展示范点建设方案》编制工作。嘉善进入县域高质量发展示范点建设的新阶段。

　　2018 年 11 月 5 日,习近平主席在首届中国国际进口博览会上明确宣布"将支持长江三角洲区域一体化发展并上升为国家战略"②,拉开了长三角一体化发展国家战略的序幕。2019 年,长三角生态绿色一体化发展示范区正式揭牌,嘉善成为一体化示范区的重要组成部分,两个"示范"叠加,机遇史无前例。

　　嘉善地处杭嘉湖平原,毗邻上海,自然人文、发展基础等在长三角地区有较强的代表性。对这片改革开放的热土,习近平同志曾四次到嘉善视察指导工作,并作出重要指示批示。在国家战略机遇的背景下,嘉善联动推进县域科学发展示范点和长三角生态绿色一体化发展示范区"双示范"建设,着力在县域转型升

---

① 《嘉善县加快推进高水平全面建成小康社会纪实》,浙江在线,2017 年 6 月 20 日,http://zj.cnr.cn/gedilianbo/20170620/t20170620_523809917.shtml。

② 《习近平:共建创新包容的开放型世界经济》,《人民日报》2018 年 11 月 6 日。

级、城乡发展、生态文明、开放合作、社会民生等方面大胆探索、先行先试,全面践行创新、协调、绿色、开放、共享的新发展理念,积极破解县域经济社会发展面临的突出矛盾,探索出了一条县域发展新路子,努力争当长三角一体化发展排头兵,为全国县域发展探索经验,用一系列成效和经验彰显了习近平新时代中国特色社会主义思想的实践伟力。

改革开放以来,浙江走出了一条以县域经济为主导,以农村工业化和城镇化为主要特色的发展道路。20世纪80年代计划体制向市场体制转轨初期,浙江省大胆放权,坚持"省管县"财政体制,并通过连续五轮"强县扩权",使"省管县"体制由财政体制逐步拓展到经济社会管理体制,推动了全民创业,使得县域经济获得了飞速发展。嘉善在"双示范"背景下,为全国县域发展探索新时代的新经验,并取得了可喜的进展与成果。

在此背景下,本书紧扣"高质量"和"一体化"的发展主题,聚焦嘉善县域科学发展示范点建设与积极参与长三角一体化示范区建设的实践做法,分上下两篇系统梳理了相关理论问题与改革实践。上篇立足于五大发展理念,着重介绍县域科学发展示范点建设的实践做法;下篇从高质量一体化出发,重点阐述嘉善参与一体化示范区建设的机制路径。

在内容上,本书有以下几个特点。一是系统介绍了嘉善县域科学发展示范点建设与积极参与长三角一体化示范区建设的实践做法。从创新、协调、绿色、开放、共享五大发展理念出发,落脚到县域科学发展示范点高质量发展的重大举措;从战略一体化、制度一体化、生态治理一体化、要素配置一体化、公共服务一体化出发,落脚到嘉善积极参与长三角一体化示范区建设的理论逻辑与推进路径。二是侧重于案例分析研究,每章的观点都有若干案例做支撑。坚持顶层设计、理论构建、实践探索互相结合,系统介绍嘉善在"双示范"建设过程中的主要做法和可推广经验,为全国县域经济发展提供思路和样本。三是系统梳理了在推进一体化进程中,国家、省、市、县在体制机制方面的制度创新成果,期待以更多的制度创新助推示范区一体化建设乃至长三角一体化建设,为长三角地区高质量发展注入强大动力。

嘉善"双示范"建设在全国具有领先性及启发性,相关研究具有典型意义和实践应用价值,本书可为区域经济高质量一体化理论研究工作者以及全国广大区域经济建设者提供一些借鉴。

目　录

上篇　嘉善县域科学发展示范点建设

第一章　创新发展：高质量发展新动力 ·················· 5

第一节　以创新驱动引领高质量发展 ·················· 6

第二节　构建高能级创新平台体系 ·················· 18

第三节　探索高端创新要素集聚新模式 ·················· 22

第四节　建设中新嘉善现代产业园 ·················· 27

第二章　开放发展：开放型经济新模式 ·················· 32

第一节　探索全面开放发展新模式 ·················· 32

第二节　"六位一体"科技接轨上海 ·················· 37

第三节　推进国际合作模式创新 ·················· 41

第四节　优化高水平营商服务环境 ·················· 45

第三章　协调发展：城乡一体化新格局 ·················· 48

第一节　统筹协调加快城乡一体化 ·················· 49

第二节　城乡协调发展的特色实践 ·················· 59

第三节　实施乡村振兴战略的新路径 ·················· 64

第四节　发展田园综合体的积极探索 ·················· 71

第四章　绿色发展：生态文明思想新实践 …………………………………… 78

第一节　践行生态文明思想擦亮绿色金名片 …………………………… 78

第二节　小城镇环境综合整治的实践 …………………………………… 85

第三节　干窑镇新泾港治理样板河 ……………………………………… 89

第四节　绿色循环经济发展的陶庄篇章 ………………………………… 94

第五节　横港村绿色发展之路 …………………………………………… 97

第五章　共享发展：民生幸福新体系 ……………………………………… 102

第一节　共建共享，提升百姓获得感 …………………………………… 103

第二节　"互联网＋"创新基层社会治理的姚庄实践 ………………… 116

第三节　社会组织参与社会治理效能提升 ……………………………… 121

第四节　统筹城乡养老服务体系建设 …………………………………… 127

第五节　党建统领共同富裕的缪家村模式 ……………………………… 130

下篇　嘉善积极推进一体化示范区建设

第六章　战略一体化：推进示范区建设的总体思路 ……………………… 138

第一节　示范区建设的战略意义与主要思路 …………………………… 138

第二节　嘉善推进示范区建设的总体思路与路径 ……………………… 149

第三节　嘉善推进高质量一体化发展的主要举措 ……………………… 156

第七章　制度一体化：支持示范区建设的制度框架与政策体系 ………… 168

第一节　国家和省市制度创新授权赋能 ………………………………… 168

第二节　示范区一体化制度创新的探索 ………………………………… 183

第三节　嘉善推进示范区建设的政策体系 ……………………………… 193

第八章　生态治理一体化：跨流域协同治理机制 ………………………… 206

第一节　示范区的生态治理一体化 ……………………………………… 206

第二节　示范区破题跨省界联动治水 …………………………………… 216

第三节　"制度＋科技"治水兴水新模式 ……………………………… 222

第九章 要素配置一体化:"飞地经济"模式 …………………………… 227

第一节 长三角科创要素优化配置模式的探索…………………… 227

第二节 科创"飞地"与产业"飞地"模式 …………………… 236

第三节 农村集体经济"飞地抱团"发展模式…………………… 240

第十章 公共服务一体化:机制创新与推进路径 …………………… 250

第一节 公共服务一体化的逻辑与推进路径…………………… 250

第二节 推进公共服务数字一体化的探索…………………… 263

第三节 公共文化服务一体化的探索…………………… 270

参考文献…………………………………………………………… 280

后 记…………………………………………………………… 285

上　篇

嘉善县域科学发展示范点建设

2008 年,在全党深入开展学习实践科学发展观活动中,嘉善县成为习近平同志(时任国家副主席)的联系点。2009 年,习近平同志批示要求嘉善"努力使联系点成为学习实践科学发展观活动的示范点"①。为贯彻落实习近平同志的指示精神,经过 5 年的努力,2013 年 2 月,《浙江嘉善县域科学发展示范点建设方案》(以下简称《示范点建设方案》)获得国家发改委批复,嘉善由此全力推进示范点建设。2014 年 9 月 30 日,习近平总书记对嘉善提出了"在更高起点上系统谋划全县发展"②的新要求,嘉善在推进县域科学发展示范点建设中始终遵循这一基本原则,抓住机遇,系统谋划,努力破解县域发展中面临的共性问题和率先发展中遇到的突出难题。

2013 年以来,嘉善勇担重大使命,全面推进县域科学发展示范点建设,深入践行新发展理念,取得显著成效,率先高水平建成了小康社会,开启了县域现代化建设新征程。嘉善在示范点建设中形成了一些行之有效的做法,相当一部分典型经验和做法已经在浙江省或全国进行交流并得到积极推广,对解决全国县域科学发展中面临的共性问题、破解发达地区率先发展中遇到的突出难题,发挥了很好的示范作用。

在此基础上,为继续将嘉善示范点发展改革工作进一步推向深入,充分发挥嘉善在县域践行"五位一体"总体布局和"四个全面"战略布局、贯彻落实新发展理念上的示范引领作用,2017 年 2 月 9 日,《浙江嘉善县域科学发展示范点发展改革方案》(以下简称《示范点发展改革方案》)经国务院审定,由国家发改委正式批复实施。

近年来,嘉善县切实承担起国家级"县域科学发展示范点"赋予的先行先试使命,立足自身基础和优势,紧紧围绕《示范点发展改革方案》确定的建成产业转型升级引领区、城乡统筹先行区、生态文明样板区、开放合作先导区、民生幸福新家园"四区一园"重点目标任务,率先践行创新、协调、绿色、开放、共享五大新发展理念,采取了一系列重要举措,使各项建设任务得以很好地贯彻落实。

嘉善县在各级领导和部门指导支持下,坚定不移沿着习近平总书记指引的路子前进,从县域科学发展示范点到长三角生态绿色一体化发展示范区,持续推进"八八战略",新发展理念在县域的系统谋划、系统落实、系统深化,努力展现新时代全面展示中国特色社会主义制度优越性重要窗口的示范效应。2018 年 5

---

① 《嘉善县加快推进高水平全面建成小康社会纪实》,浙江在线,2017 年 6 月 20 日,http://zj.cnr.cn/gedilianbo/20170620/t20170620_523809917.shtml。

② 中国行政体制改革研究会:《浙江嘉善县域科学发展示范点建设方案实施进展第三方评估报告》,2016 年 6 月 30 日。

月,《求是》杂志刊登专题调查文章指出,嘉善全面贯彻落实新发展理念的实践,是习近平新时代中国特色社会主义思想的生动实践。2021年5月以来,在全面完成县域科学发展示范点建设国家第三方评估之际,在国家发革委和省市两级党委政府的指导支持下,嘉善深入总结提炼县域科学发展示范点建设经验做法,紧扣县域、高质量、示范点三个关键词组织开展《新发展阶段浙江嘉善县域高质量发展示范点建设方案》编制工作。

县域科学发展示范点建设以来,嘉善县委贯彻落实新发展理念,立足每个理念都找到有力有效的抓手,通过一项项实际举措把新发展理念体现到全县经济社会发展的各环节、全过程中。嘉善经济社会发展活力彰显,人民生活水平跨越提升,率先高水平全面建成小康社会。2021年,嘉善实现地区生产总值(GDP)789.26亿元,同比增长10.3%,两年平均增长9.1%,均列嘉兴市第一,领跑长三角生态绿色一体化发展示范区;财政总收入136.55亿元,同比增长16.7%。在赛迪顾问县域经济研究中心编制的《2021中国县域经济百强研究》中,嘉善列全国第50位。2021年,在中国信息通信研究院发布的《中国工业百强县(市)、百强区发展报告》中,嘉善位居中国工业百强县(市)第43名、中国创新百强县(市)第18名。

第一章 创新发展:高质量发展新动力

嘉善切实承担起国家级"县域科学发展示范点建设"赋予的先行先试使命,坚定不移地实施创新驱动发展战略,探索县域高质量发展新模式新路径。嘉善以优质生态环境和"双创"环境带动区域创新发展,集聚高能级科创资源,逐渐形成具有核心竞争力的创新产业集群,努力构建国际一流、区域一体的产业创新链和创新生态系统。加快数字产业化、产业数字化进程,强化数字赋能,建设融湖荡景观、科技创新、高端产业、水乡生态、古镇文化于一体的江南水乡创新策源地。聚焦创新引领,着力在打造活跃增长极上做示范、当先锋。勇当创新排头兵和突击队,以大平台、大产业、大创新为抓手,加快打造高质量发展新动力。

2017 年 2 月 9 日,《浙江嘉善县域科学发展示范点发展改革方案》提出,嘉善要立足创新驱动,推动产业转型升级,加快构建现代产业体系。要求到 2020 年,R&D 经费支出占地区生产总值比重达 3.39%,高新技术产业增加值占规模以上工业增加值比重达到 45%,发明专利授权量达 250 件,服务业增加值占地区生产总值比重年均提高 1.2 个百分点以上,全社会劳动生产率年均增长 8.5 个百分比以上,加快建成创新型县。

嘉善创新发展取得显著成效。2021 年,嘉善 R&D 经费支出占地区生产总值比重达 3.8%,高新技术产业增加值占规模以上工业增加值比重达 79.8%,发明专利授权量达 481 件,高新技术企业数量达 528 家,省级科技型中小企业数达 981 家。创新成立嘉善县招才服务局,建立浙江省首个欧美同学会海归创业学院和全国首个留学报国产业基金。至 2021 年底,引进国外高端和专业人才 178 人,累计引进省级"海外工程师"28 人,新入围"创新嘉兴·精英引领"计划人才项目 26 个。嘉善超额圆满完成《示范点发展改革方案》在创新发展方面的要求,已初步建成创新型县。

第一节　以创新驱动引领高质量发展

嘉善在"双示范"建设中交出了 10 张高分报表,其中一张就是"创新驱动的高分报表"。嘉善坚持以问题为导向,以改革创新激发县域发展活力,立足创新驱动,引领高质量发展。不断集聚高端要素,提升发展驱动力;搭建高能级平台,提升发展支撑力;引育高质量产业,提升发展竞争力(见图 1.1)。

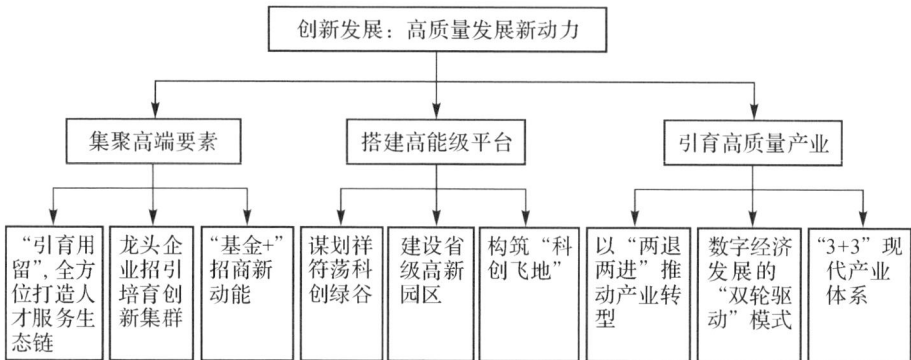

```
              ┌─────────────────────────┐
              │  创新发展:高质量发展新动力  │
              └─────────────────────────┘
        ┌──────────────┬──────────────────┐
 ┌──────────────┐ ┌──────────────┐ ┌──────────────┐
 │  集聚高端要素  │ │  搭建高能级平台 │ │  引育高质量产业 │
 └──────────────┘ └──────────────┘ └──────────────┘
```

"引育用留",全方位打造人才服务生态链	龙头企业招引培育创新集群	"基金+"招商新动能	谋划祥符荡科创绿谷	建设省级高新园区	构筑"科创飞地"	以"两退两进"推动产业转型	数字经济发展的"双轮驱动"模式	"3+3"现代产业体系

图 1.1　嘉善创新发展的主要模式

嘉善创新发展以集聚高端要素、搭建高能级平台、引育高质量产业三方面为主要抓手,把创新强县作为首位战略,努力建设成为创新特色鲜明、创新氛围浓厚的创新型县。嘉善作为全国唯一的县域科学发展观示范点,把科技创新摆在了前所未有的战略高度。在集聚高端要素方面,主要举措是"引育用留",全方位打造人才服务生态链;加强龙头企业招引培育创新集群;发挥"基金＋"招商新动能。在搭建高能级平台方面,主要举措是高起点谋划祥符荡科创绿谷、高质量建设省级高新园区、高水平构筑"科创飞地"。在引育高质量产业方面,主要举措是以"两退两进"推动产业转型、探索数字经济发展的"双轮驱动"模式、明确"3+3"现代产业体系。在该模式下,嘉善形成了特色鲜明的区域创新体系,实现了区域经济的转型升级。

一、创新发展的整体成效

嘉善积极抢抓长三角一体化国家战略的重大机遇,坚定不移贯彻新发展理念,大力实施创新驱动战略,以"高质量""一体化""生态绿色"为发展主线,以人才强县、创新强县作为工作导向,打造高能级创新平台、构建高标准产业体系、汇聚高层次人才队伍、开展高效率开放合作、营造高品质创新生态,努力建设成为创新特色鲜明、创新氛围浓厚的创新型县,全县科技创新工作取得了新的进展。2021年,中国信息通信研究院发布的《中国工业百强县(市)、百强区发展报告》中,嘉善位居中国工业百强县(市)第43名、中国创新百强县(市)第18名。全县科技创新指数排名列全省第8名,创新指数进步排名居全省第1名,创新指数排名提升22名,提升幅度居全省第1名。

　　嘉善整体创新情况呈现向好状态。2010—2020年,嘉善研发投入不断增大,R&D经费投入强度稳步提升。R&D经费支出占GDP的比重从2010年的2.06%提升至2020年的3.39%(见图1-2)。创新产出大幅提升,专利申请数、发明专利申请数、拥有发明专利数以及新产品开发项目数都在逐年增加(见图1-3)。[①]

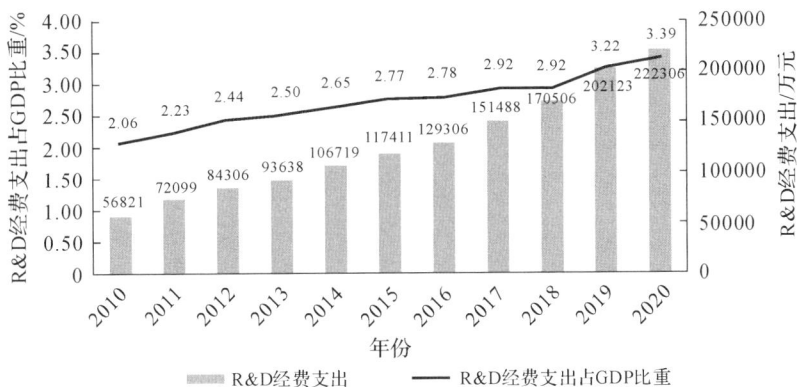

图1.2　2010—2020年嘉善县R&D经费支出变化情况

数据来源:嘉善县历年统计年鉴。

　　"十三五"期间,嘉善的创新活跃度明显提升(见表1.1)。科技创新实现跨越式发展,R&D经费支出占GDP比重由2016年的2.78%上升到2020年的3.39%,高新技术产业增加值占规上工业增加值比重从40.4%提高到73.5%,国家高新技术企业总数从63家增长到413家,省科技型中小企业总数从322家增长到877家,万人发明拥有量从9.2件增长到49.6件。累计培育省级以上创新载体104家,引育省级以上高端人才150名,新增博士后工作站8家、院士工作站12家。全省科技进步统计监测排名提升至全省第8名、全市第1名,提升幅度居全省第1名,连年入围科技创新百强县,成功创建国家知识产权强县工程

[①]　如无说明,本书各项数据均来源于嘉善县统计年鉴、统计公报。

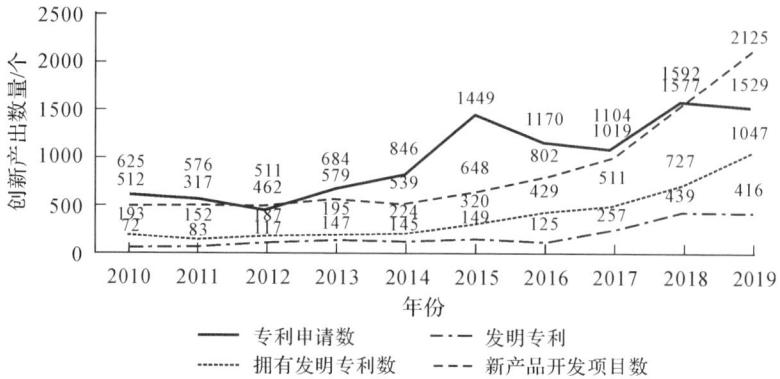

图1.3　2010—2019年嘉善县创新产出变化情况

数据来源:嘉善县历年统计年鉴。

表1.1　"十三五"期间嘉善主要科技数据变化情况

指　标	2016年	2020年
R&D经费支出占GDP比重/%	2.78	3.39
高新技术产业增加值占规上工业增加值比重/%	40.4	73.5
国家高新技术企业总数/家	63	413
省科技型中小企业总数/家	322	877
万人发明拥有量/件	9.2	49.6

数据来源:嘉兴市统计年鉴、嘉善县统计公报。

试点县、省国家科技成果转移转化示范县和可持续发展创新示范区。[①]

嘉善以创新集聚、亩均人均为重要牵引,加快推进产业科技化、资源集约化,着力推动质量变革、效率变革、动力变革,基本形成一、二、三产融合发展、新老产业"双轮驱动"的发展新格局。

(一)坚持"创新集聚",增强内生动力

1.高标准建设创新载体

全面推进创新资源集聚,建设县科创中心二期;面向海外归国人才打造归谷科技产业园,引入同济未来邨、欧美同学会等重大项目;依托上海创新资源建立上海人才创业园,在上海市、荷兰坎贝拉市设立嘉善国际创新中心,分别成为省

---

① 徐鸣阳:《2021年〈政府工作报告〉》,2021年3月4日,http://www.jiashan.gov.cn/art/2021/3/4/art_1229199208_4527351.html。

级数字经济"飞地"示范基地、省级海外创新孵化中心;建立木业家具(智能家居)、通信电子等省级产业创新服务综合体,谋划建设嘉善未来新城和祥符荡科创绿谷;成功创建国家知识产权试点县、国家科技成果转移转化示范县、国家可持续发展创新示范区。

2.高规格培育创新主体

出台"科技新政""独角兽"企业培育等政策,实施科技型企业"双倍增"行动计划,完善"微成长、小升高、高壮大"梯次培育机制,率先开发应用企业研发项目信息管理系统,推进企业与高校、科研院所合作建立产业研究院,推动创新要素进一步向企业集聚。截至 2021 年底,全县高新技术企业达到 528 家,实现三年翻两番;累计认定省科技型中小企业 981 家,实现三年翻番;全县规上企业研发覆盖率达 75.96%。① R&D 活动变化情况向好发展,有 R&D 活动的单位数从 2010 年的 173 个增至 2019 年的 371 个,R&D 活动人员从 2010 年的 3144 人增至 2019 年的 9755 人(见图 1.4)。

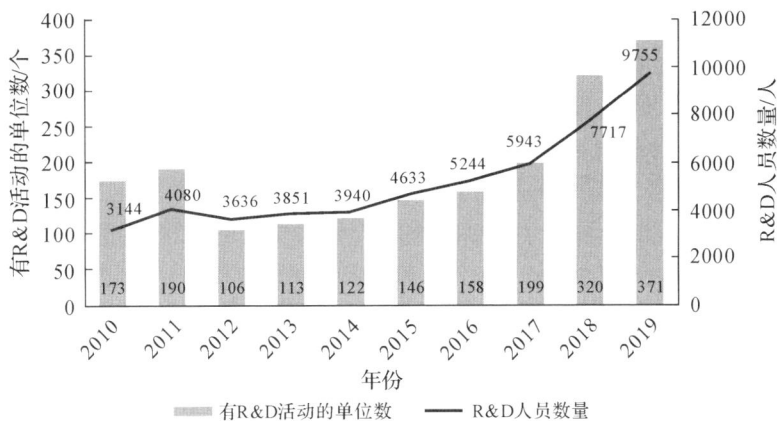

图 1.4 2010—2019 年嘉善县 R&D 活动变化情况

数据来源:嘉善县历年统计年鉴。

3.高起点引育创新人才

牢固树立"人才是第一资源"理念,实施招才引智工程,成立招才服务局,连续两轮推行"人才新政",持续推进"精英引领""菁英汇善""祥符英才"等计划,完善人才政策体系和柔性引进人才机制,设立海外引才工作站、高校引才联系点、"引才大使",创新推出人才关爱"十项措施"、人才金卡、企业人才住房券、人才福利房、外国人来华工作居留"单一窗口"等政策,打造引育留用最佳人才生态。截

---

① 如无特殊说明,本章数据均截至 2021 年。

至 2021 年,全县累计引育"创新嘉兴·精英引领"领军人才 105 名。

(二)坚持"转型提档",重塑产业结构

1.数字赋能,打造先进制造业

围绕传统块状经济,持续打好"机器换人"、数字化改造、股份制改造、企业上云等组合拳,实现精密机械向先进装备制造、传统木业向智能家居转型,形成富通集团、梦天木门等一批智能制造示范样板工程。大力发展数字经济、生命健康、新能源等新兴产业,推动重点企业参与工业强基工程,形成以格科微电子为代表的智能传感器产业、以云顶新耀为代表的生命健康产业和以爱德曼为代表的新能源产业。2020 年,全县数字经济核心产业增加值占 GDP 比重达 13.6%,同比增长 87.2%。

2.精准发力,提升现代服务业

完善服务业政策体系,大力发展信息技术、科学研究、金融服务等现代服务业,推动科技服务和商务服务业态集聚,形成长三角科技商务区、西塘旅游休闲度假区两大省级现代服务业集聚示范区。加快提升旅游业现代化水平,引进西塘宋城演艺谷、华夏影视综艺产业园等文旅项目,创建三产融合的省级特色小镇巧克力甜蜜小镇,成为国家全域旅游示范区、全国标准化旅游示范县,拥有国家5A 级景区 1 个、4A 级景区 3 个。

3.注重特色,发展现代农业

以工业化理念推动农业发展,设立"1+4"农业经济开发区,引进浙粮现代农业、嘉佑田园综合体、华腾农旅融合等重大项目,建立粮油作物、淡水养殖、经济作物、花卉苗木、特色果蔬等五大农业主导产业示范区,拥有"杨庙雪菜""姚庄黄桃"两大国家农产品地理标志。培育发展创意农业如"互联网+农业""农业+旅游"等新业态,创新食用农产品合格证"一证一码"模式,建成"农安嘉善"智慧监管系统,成为全国农产品质量安全县。

(三)坚持"资源盘活",释放增长动能

1.打造现代产业大平台

在原有国家级、省级、市镇工业园区平台体系的基础上,大力治理各镇工业园区,全面腾退村级工业功能区,建立中新嘉善现代产业园,深化中荷、中德等国别产业园建设,整合嘉善经济技术开发区、嘉兴综合保税区 B 区、中新嘉善现代产业园姚庄经济开发区等平台资源,全力打造承接高端产业的临沪高能级智慧产业新区,推进重大平台管理体制机制改革创新,现代产业平台承载功能进一步提升。

2.推动土地资源节约集约利用

全面实施全域土地综合整治,全域盘活存量土地,深入推进"退低进高""退散进集""腾笼换鸟"组合拳,创新耕地保护、结构优化、资源节化、产业美化、红利转化、乡村美化"一保五化"模式,基本完成印染、喷水织机等低端行业和"低散乱"企业整治,推动优质小微企业向工业园区集中。

3.深化"亩均论英雄"改革

完善要素市场化配置、绩效评价等机制,建立土地使用权、排污权、用能权等要素综合交易平台,强化要素市场培育,落实差别化措施,实施工业用地"标准地"出让,建立"企房云管家"智慧管理系统,促进优质企业加快发展,倒逼低效企业转型提升。

4.增强金融服务支撑

深化国家级产融合作试点、省级金融创新示范县试点建设,推动区域性股权市场试点改革,成立政策性融资担保公司和转贷公司,引导金融机构服务经济发展。浙江科创助力板在嘉善开板,2家嘉善企业成为首批浙江科创助力板挂牌企业,累计培育上市公司7家。研究开发费用加计扣除减免税与高新技术企业减免税在起伏中总体呈增长趋势,近几年增速较大(见图1.5),研究开发费用加计扣除减免税从2010年的2127万元提高至2019年的24165万元,高新技术企业减免税从2010年的2783万元提高至2019年的24959万元,金融服务支撑力度增强。2020年,为抗击新冠肺炎疫情,嘉善率先出台"暖企十六条",实施减税减费减租减息系列政策,设立纾困资金5亿元,落实"五减一补"资金22.3亿元,有效解决企业困难。

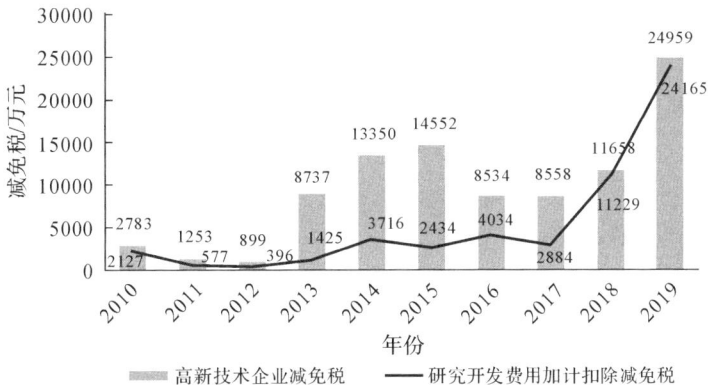

图1.5　2010—2019年嘉善县研究开发费用加计扣除与高新技术企业减免税变化情况
数据来源:嘉善县历年统计年鉴。

二、集聚高端要素,提升发展驱动力

技术创新是区域综合竞争力的根本,而创新要素集聚是决定技术创新绩效的关键因素。① 因此,创新要素成为区域发展首要争夺的资源。集聚高端创新要素对于嘉善意义重大,一方面,高端创新要素集聚是区域技术进步的重要前提;另一方面,高端创新要素集聚有利于优化嘉善创新资源配置,提高创新效率,缓解创新要素短缺问题。②

　　嘉善通过出台一系列政策文件,不断集聚高端人才资源;出台科技新政,加大对高新技术企业的扶持力度;设立政府产业基金,创新投融资体制。一系列政策措施使嘉善的高端要素集聚能力显著增强,高质量发展的内生驱动力大幅提升。

　　(一)集聚高端人才要素

　　通过多种举措,嘉善加大对高端人才引育用力度,全方位引进、培育、用好人才,聚焦打造最优人才生态圈和人才集聚区,充分激发人才创新活力。

　　1.突出人才引育

　　出台人才新政,实施"菁英汇善计划",成立招才服务局,省级院士专家工作站、诺贝尔奖得主工作室实现零的突破。优化人才引育环境,创新推出"人才金卡"和"企业人才住房券"。引育高层次人才。紧紧围绕创新型领军人才引育,发挥招才服务局作用,深入实施"千人计划"和"创新嘉善·精英引领计划"等高层次人才引育重大工程,完善"引才大使+引才工作站(点)+孵化器"全球网络建设,着力引进和培育科技创新领军人才、科技型企业家、科技创新团队。

　　2.注重高端人才引领

　　县委制定"人才政策32条",要求各级各部门一把手亲自抓人才,在选、育、用、护上多下功夫。县领导多次到高校、科研院所和境外招募人才。兴建特殊人才公寓,按条件和贡献以合理低价配租配售,其中国际人才公寓已达672套。完善柔性引才机制,大力引进资深专家、海外工程师与高层次海外留学人才。2020年,大力实施"祥符英才"计划,出台科技、人才、金融新政2.0版,与中科院、清华大学、复旦大学等大院名校合作共建高端科创载体,浙江大学长三角智慧绿洲签约落地;新引育省级以上高端人才55名,培育省领军型团队2个,列全市第1名。

　　3.打造高端人才集聚区

　　进一步放大区域优势、成本优势、生态优势和产城融合优势,主动对接长三角区域内高校、科研院所等优质资源,以科创中心国家级孵化器、归谷省级"千人

---

　　① 周璇、陶长琪:《要素空间集聚、制度质量对全要素生产率的影响研究》,《系统工程理论与实践》2019年第4期。

　　② 吴卫红、董姗、张爱美等:《创新要素集聚对区域创新绩效的溢出效应研究——基于门槛值的分析》,《科技管理研究》2020年第5期。

计划"产业园、上海人才创业园等为主要载体,汇聚全球高端创新创业人才,积极承接长三角大城市人才外溢与技术转移,打造长三角区域新的人才集聚高地。

(二)培育高新技术企业

高新技术企业是技术创新的重要源头和科技成果转化的直接载体,高新技术企业发展对地区经济发展具有较强拉动作用。嘉善深入实施创新驱动核心战略,推出系列扶持政策,厚植创业创新土壤,科技部门也提供了诸多优质服务,使得高新技术企业获得了快速发展,为全县产业转型、经济社会发展发挥了不可或缺的作用。

1.出台科技新政

落实研发费用加计扣除政策,建立高新技术企业用地保障机制,扶持高新技术项目孵化转化。2018年,落户归谷智造小镇的科比特无人机获得中国创新创业大赛先进制造行业总决赛初创组冠军后,县委书记和县长第一时间表示祝贺,并安排专人跟踪解决企业相关难题,使该项目很快投产并产生较大知名度。建立吸纳海内外科技人才创新创业的归谷科技园,先后入驻136家高科技企业,对全县创新发展产生了重要示范作用。

2.激发企业活力

扶持高新技术企业发展,引进清创园、国创长三角新能源研究院、东华大学纽扣产业研究院等一批科研院所,高新技术企业达到286家。加快新兴产业培育发展。结合嘉善产业优势,研究制定产业招商目录,超前布局5G、智能传感器、人工智能芯片、氢燃料电池等重量级未来产业,制定出台集成电路、人工智能、氢能源、智能网联、医疗器械产业发展实施方案,加快引进一批中高端龙头企业。加快发展基础软件和高端信息服务业,争取浦东软件园、紫竹高新区、漕河泾开发区等品牌信息服务业基地在嘉善设立分园,吸引一批有强劲带动作用的软件开发和信息服务企业落地。

(三)深度融合科技金融

嘉善不断打通科技金融与区域创新的障碍,多层次探索科技金融产业发展新模式,深化科技金融改革。通过畅通科技金融服务链和政策链,搭建金融平台,加快金融集聚,培育具有地方特色的科技金融发展模式,不断优化金融发展环境。

1.创新投融资体制

县财政设立政府产业基金,引导社会资本加大投入,切实解决小微企业融资难、融资贵问题,特别注重开通科技型中小企业融资新渠道。加强与长三角协同优势产业基金、长三角科创发展基金等现有产业基金的对接,借助外部金融资源支持嘉善新兴产业项目和高科技成长型项目。开展农村集体经济股权、农民住房财产权、土地承包流转经营权"三权三抵押"改革,推出综合产权抵押产品让农民自主选择和自由搭配抵押形式,同时依托金融机构建立"由点到面、信用评估、风险兜底、股权回购"机制。

2.引入科技金融资源

联合科技金融机构,整合研发设计、市场营销、融资租赁等多种新兴业态,探索"金融＋技术＋实体"模式,重点引入国内外私募类基金、科技金融机构、律所、资产管理、科技保险、知识产权交易等资源,建成金融服务超市,为各类科技创新企业提供一揽子专业服务和产业链资源支持。

3.推动金融产品创新

主动对接上海科创中心建设,全力支持科技银行、科技投资银行、银行全资股权投资企业、区域性小微证券公司等新型科技金融机构落户,探索开展投贷联动业务等金融服务模式创新,形成活跃有力的创新投融资体系。

三、搭建高能级平台,提升发展支撑力

推进高能级创新平台体系建设,是推进高质量发展的重要引擎,有助于加快形成嘉善高层次创新格局。近年来,嘉善着眼于服务产业和提高自主创新能力,扎实推进科技创新平台建设,以平台引人才、以平台促创新、以平台带产业,依靠科技创新增强企业发展驱动力,充分发挥了科技创新平台在支撑产业结构优化调整中的重要作用。坚持高端引领,以创新平台为依托,拓展创新发展新空间。

(一)聚焦顶层设计,高起点谋划祥符荡科创绿谷

重点围绕数字经济、生命健康等主导产业,加快与高校院所合作对接,推动创新资源向祥符荡科创绿谷集聚,推动中科院上海分院、清华长三角研究院、浙江大学、复旦大学、上海大学等高等院校在嘉善设立高能级创新载体,合力打造世界级科创绿谷和长三角科创新引擎。已与浙江大学签署智慧绿洲项目的框架协议,共建融研发、教育、人才、产业、创意、国际化等多功能于一体的长三角智慧绿洲;与清华长三角研究院签署合作协议,围绕生命健康、智能传感等核心方向,在祥符荡科创绿谷组建"浙江清华长三角研究院嘉善创新中心",打造"1＋N"综合服务体系;与上海大学签署合作协议,将与英国剑桥大学等国内外知名院校合作共建高端基础件与关键材料中试基地和高端研究院。

(二)聚焦动能转化,高质量建设省级高新园区

重点聚集高新产业,着力优化产业结构,不断提升创新驱动能力,紧盯优质产业链项目,打响"高新"品牌。搭建高标准大平台,推进浙江中荷(嘉善)国际产

业合作园建设,引入"长三角瞪羚谷",加快推动"上海之窗·智慧科学城"、惠民科技新城两大功能板块建设,加速布局临沪智慧产业新区,实现跨区域交通互联互通、产业协同创新、创新要素相互流动。大力招引高新高端高智项目,聚焦集成电路(芯片)、生命健康、新能源三大高能级产业,形成龙头带动、加速集聚的发展态势。引进了半导体光电装备硬科技生态园框架项目、唐人制造半导体设备项目等集成电路产业龙头项目;正创大健康项目等一批生命健康产业项目、兰钧新能源锂电池项目等一批新能源产业项目成功签约落地。高新区共有高新技术企业 130 家,省级科技型中小企业 172 家。2020 年,嘉善通信电子高新区实现工业总产值增速达 54.5%,出口交货值增速达 170.1%,规上工业增加值增速达71.1%,高新技术产业增加值增速达 84.1%,营业收入增速达 64.6%,五项指标的增幅均居全省高新区第 1 名。

(三)聚焦全球视野,高水平构筑"科创飞地"

采取"连锁经营"模式,在上海、欧洲布局"科创飞地",全方位网罗全球顶尖人才和项目,零距离参与国际竞争与合作。其中,嘉善国际创新中心(上海)设立首期 2000 万元的天使基金,采取"资助＋期权＋激励"的运作模式,对优质项目予以资金支持,引进首个诺贝尔奖得主工作室以及飞曼医疗、频岢微电子等优质项目共 52 个。嘉善国际创新中心(欧洲)引入"中欧科创中心(荷兰)"平台项目,加速国际人才团队的招引,已入驻荷兰企业 12 家。

四、引育高质量产业,提升发展竞争力

嘉善持续发力发展高端新兴产业,巩固传统产业升级迭代,提升全县发展竞争力。2020 年以来,嘉善明确了"3＋3"现代产业体系,即数字经济、生命健康、新能源(新材料)三大新兴培育产业和装备制造、绿色家居、时尚纺织三大传统优势产业。特别是在数字经济产业方面,嘉善出台了集成电路与智能传感器专项产业扶持政策 24 条,设立了总规模达 100 亿元的集成电路与智能传感器产业基金,全县已落地和在谈的集成电路项目涵盖设计、封测、装备等领域。

(一)实施"亩均论英雄"改革

嘉善通过"亩均论英雄"改革,实施政策正向激励和反向倒逼,提高资源要素配置精准性,有效处置了一批工业闲置土地,盘活了一批工业低效用地,进一步提升了发展质量与效益。全县规上工业亩均税收从 2015 年的 9.9 万元提高到2019 年的 22.3 万元,增长 125.3%,年均增长 22.5%;全县规上工业亩均增加值从 2015 年的 59.8 万元提高到 2019 年的 107.4 万元,累计增长 79.6%,年均增长 15.8%。

实施"亩均论英雄"改革的主要内容如下。

一是建立综合评价体系。全面构建以亩均税收、亩均工业增加值等指标为内容的亩均效益综合评价机制,对实际占有土地的工业企业实施全覆盖评价。通过建立"亩均论英雄"大数据平台,汇集企业相关数据,分析企业用地经济效益,为企业精准"画像"。

二是实施组合推进机制。通过推进实施"腾笼换鸟法""机器换人法""空间换地法"等"提高亩均效益十法",形成鲜明的组合拳效应,提升县域工业用地亩均产出水平。

三是强化评估结果运用。落实正向激励和反向倒逼机制,根据企业评价结果,在用地、用电、用水、用能、排污等资源要素配置上实施差别化措施。

以实施"腾笼换鸟法"等"提升亩均效益十法"推进亩均效益改革,加快引导土地要素向产出效益高、创新活力强的平台和企业集聚。2013年,浙江凌龙毛纺有限公司地块大部分都处于闲置状态,亩均税收仅为1.5万元。针对此情况,通过"腾笼换鸟法"引进了专业生产变焦马达和手机摄像模组的新思考电机有限公司,从2015年该企业开始实施绩效评估,到2019年,该地块5年亩均税收达到93.85万元,实现了从"低产田"向"高产田"的蝶变。

以"两退两进"推动产业转型。通过大力腾退低效用地和低端低效企业,为经济高质量发展腾出资源要素空间,提高土地集约节约利用水平。自2016年以来,嘉善累计腾退、整治各类"低散乱"企业(作坊)5202家,腾退土地2.17万亩。截至2020年底,全县通过政府主导、镇村联动,共建飞地15个1982亩,建成建筑面积145.9万平方米;在建小微企业园16个1388亩,总建筑面积170万平方米。通过实施"退低进高""腾笼换鸟",开展"零土地"招商和"零土地"技改,盘活了闲置土地资源。2018—2020年,共盘活闲置厂房100万余平方米,每年实施近100个重点智能化改造项目。2021—2023年,计划启动工业园区有机更新项目10个以上,盘活低效用地3000亩以上,进一步优化土地资源配置,提升土地利用效率和产出效益。

(二)"腾笼换鸟"发展高端新兴产业

"腾笼换鸟",就是大力淘汰落后产能,发展高端新兴产业。凡是不符合产业规划的低端企业、高耗企业、污染企业,分期分批一律淘汰;只有符合产业规划的高端项目、低耗项目、清洁项目,通过严格的前期评估后才准予落户。围绕数字经济、生命健康、新能源(新材料)三大新兴产业,紧盯头部企业、头部院校、头部团队,开展"百人驻点、百日攻坚、百项签约"行动。完成祥符荡科创绿谷城市设计,全面启动环湖道路等基础设施建设,加快推动浙江大学长三角智慧绿洲等项目落地,引进复旦大学研究院等科创载体,努力打造世界级科创绿谷。

嘉善积极探索数字经济发展的"双轮驱动"模式。坚持数字产业化和产业数字化"双轮驱动",狠抓数字经济核心产业培育和产业数字化转型,突出产业链招商,先后引进了立讯精密、格科等产业链"链主型"企业,进一步提升了产业集聚度,壮大了数字核心产业规模能级。全县数字经济核心产业增加值由 2018 年的 43 亿元增至 2020 年的 95 亿元,实现翻番,占 GDP 比重由 7.4% 增至 14.4%。其中,规上数字经济核心制造业增加值由 30 亿元提高至 89 亿元,占规上工业增加值比重也从 14.8% 增至 32.3%,同比增幅居嘉兴市第 1 名、浙江省前列。数字经济综合发展指数为 87.4,较 2019 年提升 13 名,首次进入浙江省前 20 名。

1. 实施数字产业化培育

围绕培育智能传感、集成电路等数字经济核心产业,实施"大项目引领＋高能级平台支撑"路径,大力招引产业链"链主型"企业。全面推进省级数字经济试验区建设,积极围绕数字经济核心产业目录,重点开展数字招商。截至 2021 年 6 月底,新批数字经济类项目 20 个,计划总投资 28.47 亿元,其中亿元以上项目 9 个。

2. 推进产业数字化转型

实施"工业互联网平台建设＋智能化技术改造"路径,推行企业数字化改造诊断服务,分行业梯度式开展智能化改造,推进制造业企业数字化转型升级。截至 2021 年 8 月,浙江中扬立库技术有限公司及富信成机械股份有限公司列入省级服务型制造企业名单,企业上云累计数达 3843 家,重点工业企业设备联网率达 56%。

3. 建立数字化转型载体

在全省率先开展 5G 基站建设"一件事"集成改革,建设园区"大脑",推广"企房云管家"智慧管理平台,探索开展项目全生命周期服务等数字经济系统建设与应用试点示范。在数字化多跨场景应用方面,嘉善将"企业码"作为助推数字化转型的重要抓手,累计开发产融合作专区、善政策、善法律等五大应用场景,有 135 家企业通过"企业码"进行了惠企政策申报,涉及资金 2745 万元。

(三)亩均考核巩固传统产业升级

亩均考核,就是按亩考核税收、增加值等指标,倒逼企业改造升级、提质增效。2015—2019 年,全县规上工业企业年亩均税收从 10.2 万元增至 17.5 万元,亩均考核真正起到了促集约、促创新的作用。推动质量变革,县域产业发展层次进一步提升。

1. 大力振兴实体经济

出台振兴实体经济新政,实施"独角兽"企业培育行动计划、"凤凰行动"计划,推动产业提升,在振兴实体经济(传统产业改造)财政专项激励政策县考核中荣获优秀,获评传统制造业改造提升分行业省级试点、"浙江制造"品牌培育优秀县、制造业高质量发展示范县,成功创建电子信息(光通信及智能终端)产业国家示范基地,入选浙江省县域高质量发展优秀案例。

2.大力培育现代服务业

出台服务业新政,加快发展信息技术服务、电子商务等生产性服务业,打造善商大厦、置地广场等特色产业楼宇,成功创建浙江省全域旅游示范县,成为第四批全国旅游标准化试点单位,形成西塘古镇国家 5A 级景区和歌斐颂巧克力小镇等 3 个 4A 级景区。

3.大力发展现代农业

出台现代农业新政,中西部省级现代农业园区、姚庄果蔬特色农业强镇进入省级创建名单,成为浙江省现代生态循环农业整建制推进县,杨庙雪菜、姚庄黄桃列入我国农产品地理标志保护行列。以工业理念建设农业经济开发区,已引进浙粮集团、华腾牧业、一里谷、中荷铃科等 10 多家"链主型"现代农业企业,正在打造 9 个现代农业小微产业园。

第二节　构建高能级创新平台体系

近年来,嘉善着眼于服务产业和提高自主创新能力,扎实推进高能级科技创新平台建设,以平台引人才、以平台促创新、以平台带产业,依靠科技创新增强企业发展驱动力,充分发挥了高能级科技创新平台在支撑产业结构优化调整中的重要作用。[①]

一、科技创新平台建设的做法与成效

截至 2020 年底,嘉善已初步形成了以三大创新主平台为引领,行业研发平台、企业研发平台和科技服务平台相结合的高能级科技创新平台体系。

(一)立足支撑发展,着力打造创新主平台

嘉善从科技企业孵化器建设入手,逐步打造"创业苗圃—孵化—加速—产业化"的全链条孵化体系,各创新平台错位发展、优势互补,实现了按项目成熟度递进式承接,为各类创新创业项目提供对应的落户平台,形成了富有活力的县域创

---

① 本节数据来源于 2021 年嘉善县科学技术局工作报告《嘉善县科技创新平台建设发展情况汇报》。

新创业生态系统。2015年,嘉善县被科技部授予"国家级科技创业孵化链条建设示范单位"。

1.做精国家级孵化平台

国家级孵化平台嘉善科创中心是由县政府全额投资的公益性科技孵化器,现有综合性孵化基地113亩和科技企业加速器154亩,总建筑面积16.5万平方米,主要聚焦电子信息、智能装备、大健康、新材料等产业,科创中心在孵企业120余家,已培育国家高新技术企业33家、省科技型企业70家、软件企业28家、上市(挂牌、并购)企业15家;累计引进博士151人、硕士249人,其中归国留学人员94人;27个项目入选"创新嘉兴·精英引领"计划,培育嘉兴市重点创新团队4个。科创中心先后被认定为国家高新技术创业服务中心、国家级海峡两岸青年就业创业基地、浙江省青年创业创新示范基地、浙江省小企业创业示范基地等。

2.做强产业化转化平台

2017年5月,经省政府批准,嘉善创建嘉善通信电子省级高新技术产业园区,总规划面积11.36平方公里,重点发展通信电子、节能环保、精密机械等主导产业和高技术服务业。加快推进归谷嘉善科技园和高铁新城上海人才创业园建设,谋划建设全链条、全融合的嘉善科技新城,为创新创业提供要素保障。在上海虹桥核心区购置1.7万平方米独栋商务楼宇设立了嘉善国际创新中心,定位"四高四中心",即嘉善高层次企业驻沪"研发中心"、上海高科技项目"育成中心"、海内外高端人才"集聚中心"、创新创业高效服务"示范中心",全力构建"研发在上海、生产在嘉善;孵化在上海,产业化在嘉善;前台在上海,后台在嘉善"的协同创新模式。

3.做大新型创新平台

推动各镇(街道)和企业利用闲置土地、空置楼宇及厂房等存量资源,结合产业发展定位建设众创空间、创业园等平台,截至2020年5月13日,全县累计培育科技企业孵化器5家、众创空间6家、星创天地15家,其中国家级孵化器1家、国家级众创空间2家、国家级星创天地2家;科技企业孵化器和众创空间孵化面积近26万平方米。

(二)立足产业提升,着力打造公共服务平台

嘉善根据本地产业需求,加大财政投入力度,突出资源整合,大力引进大院名校共建行业公共科技创新平台,引导企业建设研发机构,把有限的人力、财力和设备集中用于重点行业、专业领域的科技攻关和服务,最大限度地发挥现有创新要素的作用。

1.大力推进行业研发平台建设

大力引进大院名校共建创新载体，与清华长三角研究院、中科院声学所、中科院微电子所、中科院上海应用物理所、中科院遥感所、西南自动化研究所、杭州电子科技大学等大院名校组建了一批行业公共研发平台。引进国创长三角新能源研究院、东华大学纽扣产业研究院、浙江清华长三角研究院嘉善清创园、哈工大机电工程（嘉善）研究院、同济大学长三角人工智能和机器人研究院等创新载体，为经济转型升级提供技术支撑。

2.大力推进产业综合服务平台建设

根据省政府和省科改办关于产业创新服务综合体建设"1＋X"产业创新体系要求，制定了《关于印发嘉善县产业创新服务综合体建设三年行动计划（2019—2021年）的通知》（善政办发〔2019〕8号）产业创新服务综合体总体布局，大力推进传统产业改造提升和新兴产业培育发展，已有木业家具（智能家居）、通信电子列入省级产业创新服务综合体，健康医疗、通信电子列入市级产业创新服务综合体行列。

3.大力推进科技成果转化平台建设

完善科技综合服务中心，建成技术市场交易大厅，启动运营嘉善科技大市场，先后引进浙江工业大学、浙江科技开发中心、浙江技术交易所、上海技术交易所及上海交通大学共建技术转移转化分支机构，集聚了县生产力促进中心以及上海伯瑞杰、佰腾科技、中科联政、检验检测机构等县内外社会化中介服务资源，吸引风险投资、基金公司、法律财税等机构入驻，为企业提供科技信息、知识产权、科技评估、融资、财务、法律等一站式服务。

4.大力推进科技型企业融资服务平台建设

探索设立政府产业基金科技成果转化子基金和创业风险投资子基金，扶持科技型初创企业发展壮大。开展科技银行试点，组建了民间投融资服务中心，大力推进资本市场融资和知识产权质押、股权质押贷款等金融业务。5家科技银行累计为36家科技型中小微企业发放贷款2.5亿元，贷款余额为9462万元，有14家企业分别在新三板、浙江股交中心挂牌融资。

（三）立足转型升级，着力打造企业创新平台

嘉善不断强化企业创新主体地位，充分发挥政府服务与引导作用，加快建立以市场为导向、产学研相结合的创新体系，不断激发企业自主创新的内在动力。

1.加强企业研发机构建设

把企业研发中心作为提高企业综合研发能力的载体，根据嘉善产业实际与发展定位，明确不同行业企业研发中心的覆盖率，把规模以上企业设立研发机构的比例作为一项主要工作来抓。同时加强引导，促进校企"联姻"，鼓励和支持企

业联合高校、科研院所共建研发机构，突出成果应用，帮助企业提高创新能力。截至 2020 年底，全县共培育省级重点企业研究院 2 家、省级企业研究院 5 家、各级企业研发中心 207 家。

2. 积极推进博士后和院士工作站建设

把博士后工作站建设作为加强人才引进和培养、推进产学研合作的重要抓手，为助推企业转型升级提供了人才保障和智力支持。同时，嘉善积极为企业搭建与院士专家沟通的桥梁，将企业的发展需求和院士专家的技术支持紧密结合起来，借用院士及其科研团队这个"外脑"，为企业的自主创新提供支撑。截至 2020 年底，全县共培育国家级博士后科研工作站 1 家、省级博士后工作站 5 家、院士专家工作站 8 家。

二、进一步加快科技创新平台建设的思路与举措

创新平台是服务中小企业发展的重要载体，能够有效改善创新创业环境，优化创新资源品质，降低企业和个人创新创业成本，是激发中小企业创新动能，增强企业核心竞争力的加速器。下一步，嘉善将继续深入实施创新驱动发展战略，大力推进科技创新平台建设，加快科技成果转化产业化，促进产业集聚发展，为嘉善经济社会发展提供强大支撑和动力。

（一）集聚提升创新创业平台，加快形成高端新型产业集群

高质量推进省级高新技术产业园区整合提升，构建高新技术产业发展平台。整合高铁新城、归谷智造小镇、科创中心、"云谷"空间等创新平台，加快科技新城规划建设，努力打造长三角科技人才高地和沪嘉杭 G60 科创走廊的重要节点。大力推进产业创新服务综合体建设，建设一批科技企业孵化器、众创空间、星创天地，积极规划建设高新技术特色小镇，打造科技创新、产业创新的重要载体。

（二）加快构筑科技研发平台，大力增强企业创新内生动力

进一步拓宽科技研发平台产业领域，在高新技术企业广泛建立研发平台的基础上，围绕主导产业体系，将研发平台向规上企业延伸。鼓励应用高新技术和先进适用技术改造提升传统产业效果显著的企业，如精密机械、纺织服饰等行业龙头企业建立科技研发平台，进行装备更新、工艺革新和产品创新，推进关键性技术和共性技术攻关，推动产业结构优化升级，力争规上企业建有研发机构实现全覆盖。加强创新资源整合，鼓励国内外科研院所、高等院校、省重大创新平台等优质创新资源入驻嘉善设立研发与创新服务机构，建立分部、分园或研发、中试基地。加强院士工作站、博士后科研工作站的建设和管理工作，借助院士专家集聚高端人才。

（三）优化完善科技服务平台，集聚共享优质创新资源

推进科技成果转移转化示范县建设，通过"互联网＋"，建好科技大市场，推动线上线下相结合的市场化、专业化科技成果转移转化服务体系建设。加强与长三角地区科技创新平台载体、中介机构的合作，做好研发设计、高端制造等项目成果、紧缺人才与专家等信息搜集工作，推动技术扩散、成果转化产业化。积极引进高校院所技术转移中心设立分支机构，不断健全和完善科技成果转化市场化机制，加快科技成果转化中介机构培育，培养科技成果转移转化领军人才，建设专业化技术经纪人队伍，吸引国内外优质创新资源在嘉善落户转化。推进与上海中科院应用技术研究院的合作，并借助清华长三角研究院的深耕计划，进一步强化嘉善分院的建设，在长三角一体化战略中发挥创新绿核作用。

（四）打造科技金融平台，加强企业创新资金保障

充分发挥政府产业基金作用，大力引进各类新型金融机构和各类金融中介机构，建立产业创新基金、公募基金，引导成立私募基金，引进风险投资和天使投资机构。鼓励金融机构针对种子期、初创期、成长期和成熟期科技企业的不同特点和资金需求，为科技型中小微企业量身定制开发金融创新产品。健全科技银行和信贷风险补偿基金运行机制，鼓励和引导科技银行、科技担保、科技小贷、创业投资等科技金融专营机构支持科技型企业成果转化，切实提高对科技型企业的专业化融资服务水平。鼓励保险公司创新科技保险产品，推广科技专项贷款保证保险试点工作。支持科技型中小企业在新三板、创新板等多层次资本市场挂牌融资，推进知识产权质押融资等融资担保模式。

第三节　探索高端创新要素集聚新模式

制约县域经济创新发展的最大瓶颈是高端创新要素很难实现集聚。嘉善积极探索高端创新要素集聚新模式新机制，破解创新发展瓶颈问题，坚持"人才是第一资源"的理念，不断深化人才发展体制机制改革，加强"引、育、用、留"全方位打造人才服务生态链，形成人才引进新优势。同时，嘉善注重发挥"股权＋基金＋项目"招商模式以及创新型龙头企业产业链引领功能，带动数字经济、生命健康、新能源等产业链培育与创新集群发展。

一、"引育用留"全方位打造人才服务生态链

嘉善坚持"人才是第一资源"的理念，不断深化人才发展体制机制改革，持续

释放政策红利。通过推出"人才住房券""人才金卡"和人才公寓等创新措施,实施"精英引领计划""博士后倍增计划""聚智兴业 3113 计划"等人才计划,着力打通引才、育才、用才、留才各环节,全方位打造人才服务生态链。并且积极推进"单一窗口"外国人来华工作服务,为引进国外高层次人才厚植土壤。①

(一)下好"先手棋",确保人才"引得进"

全方位推进"聚智兴业 3113 计划",梳理与嘉善企业需求契合度高的高校院所,在浙江理工大学、吉林大学、云南技师学院等 80 余所高校(含高职院校)设立"引才联系点",通过校园宣讲和招聘,引入高校毕业生,积极推动高校专家教授与嘉善企业开展技术合作。重点支持中国归谷嘉善科技园和上海人才创业园两大高层次人才平台建设,立足两大平台为人才提供多样的就业选择和创业机会。每年及时兑发"精英引领计划"领军人才奖励资金、引进人才综合补贴、高技能人才引进补贴等各类资金 3000 万余元,确保引进人才充分享受"政策红利"。

(二)下好"关键棋",推动人才"育得准"

高质量推进"精英引领计划",大幅提升补助金额,创业类人才项目根据类别分别给予 200 万元、400 万元、600 万元资金补助。精准开展专业技术人才培养,在全市率先开展继续教育专业课程培训,每年 1500 余人次参加培训,每年新增初中高专业技术人才 2400 余人,其中高级职称人才 200 余人。重点聚焦高技能人才引育,实施"金蓝领计划",每年培养和引进各类高技能人才 2500 余人,发放技能补贴近 1000 万元。省级技能大师工作室实现"零"的突破,22 人获得省"拔尖技能人才"和"优秀技能人才"称号。

(三)下好"指导棋",助力人才"用得好"

大力实施"博士后倍增计划",推进企业设立博士后工作站,切实为企业解决各类科研难题。2020 年,全县共有博士后工作站 9 个,其中国家级 1 个,省级 8 个,共有在站博士后 9 人。探索与国内顶尖高校开展"柔性合作",鼓励清华大学博士研究生到嘉善优质企业开展社会实践,截至 2020 年,共计 81 名博士研究生到嘉善实践,完成科研项目 67 项,解决技术困难 92 项,创造经济效益 3274 万余元。推动技能人才企业自主评价,在骨干型企业开展技能人才自主评价体系建设,让评价标准主动适应企业需要,评价内容主动贴近企业岗位,已有 400 多家企业经培训后开展人才自主评价,累计培养高技能人才 5500 余人。

(四)下好"决胜棋",保障人才"留得住"

在全省首家推出"企业人才住房券",嘉善优质企业引进的人才,最高可申领

---

① 本部分数据来源于 2021 年嘉善县人才办工作报告。

300万元,博士和硕士分别可申领50万元和30万元,符合条件的人员可享受8折优惠购买人才福利房。在全市率先推出"人才金卡",持卡人可在嘉善享受医疗保健、子女入学、安居置业等8个方面的优质服务和相关待遇。多层级推进人才公寓建设,县级人才公寓家电设施配套齐全,可"拎包入住",入住率达98%以上;高标准建设国际人才公寓669套,已投入使用。在全市率先推进人才服务智慧管理平台开发,人才公寓申请、人才引进补贴申请、人才住房券申请三大业务均实现"无纸化"操作,切实为人才提供更加便捷、高效的"最多跑一次"服务。

嘉善以开阔的视野引才选才,以宽广的胸襟聚才留才,以科学的理念育才用才,实现人才"引得进""育得准""用得好""留得住",人民日报、中国组织人事报、浙江日报、省人社厅等多次报道肯定了嘉善在人才引育方面的成绩。"聚智兴业3113计划"等人才计划实施以来,全县已引进1.5万余名高校毕业生;培养初中高专业技术人才2400余人,引育高技能人才2500余人,引育"精英引领计划"领军人才94人;省级"万人计划"高层次人才培育和省级技能大师工作室实现"零"突破,全县累计引育"创新嘉兴·精英引领"领军人才105名。

为了推进外国人来华工作,招引国外高层次人才,嘉善推进"单一窗口"外国人来华工作服务,科学优化外国人来华工作、居留行政审批流程,将两个部门窗口"合二为一",在公安出入境大厅设立办理专窗。同时基于浙江政务服务网"嘉善外国人才e件事服务系统"模块,实现线上线下相结合的"互联网+"服务。

二、加强龙头企业引领功能,培育创新集群

2016—2020年,嘉善引育蓄能、数字赋能,产业质效实现历史性突破。创新"股权+基金+项目"招商模式,签约项目240个,总投资超1800亿元,引进格科半导体、阿里巴巴长三角智能计算基地等3个超百亿项目,云顶新耀实现当年洽谈、当年签约、当年上市。立讯精密、日善电脑产值突破百亿元,规上数字经济核心制造业增加值同比增长87.2%。

(一)发挥"基金+"招商新动能

嘉善县加快对接金融资本市场,以市场化方式发挥财政资金和国企自有资金杠杆作用,分类推进产业基金组建和重点项目招引,实现了资本与项目的有效衔接。

县国投公司与县经济开发区通过设立合资公司,以ODI出境直投的方式,境内境外联动投资云顶新耀项目,2020年10月,云顶新耀在香港联合交易所上市。同时为嘉善引入了融科研、生产、销售于一体的云顶新耀中国总部,总投资100亿元。跑出"当年投资、当年上市、当年开工"的嘉善速度,实现产业收益和投资收益双丰收。县国投公司联动省金控公司共同参与格科微IPO战略配售,

省乡村振兴基金投资的华腾生猪养殖定向基金在嘉善投资落地,县国投公司与财通证券签署战略合作协议。2020年12月,县国投公司获评浙江省金控企业联合会颁布的首届金联榜"1+3"联动示范单位。

1. 理顺机制,深化产业基金投资

成立金融投资公司专职管理嘉善县产业基金,打造政府产业基金和国投产业基金双轨运营模式。设立国投产业基金,会同政府产业基金共同搭建全县"双轨运行,优势互补"的产业基金框架,重点投向嘉善主导产业。同时制定了产业基金管理办法,创新组建产业基金咨询委员会,强化运营管理和风险防范。充分发挥国有资本杠杆作用,吸引社会资本共同助力嘉善产业转型和企业发展,同时实现国有资产的保值增值。

2. 资本助力,助推产业招商引资

主动与知名基金投资机构开展战略合作,组建专项基金,导入高端产业项目。与国内70余家优质基金投资管理机构深度接洽,分类推进产业基金组建,组建专业子基金,链接高端资本资源。推荐组建德同、武岳峰和达晨等基金,聚焦投资集成电路、医疗健康、高端制造等领域。成功推动四方光电、博升光电等7个项目分别落户嘉善,累计总投资约35亿元。引导基金管理人直接参与全县产业园区招商引资工作,集成服务资源,建立高效协同机制。组建专项基金,导入高端产业项目,与君桐资本组建25亿元集成电路基金;与康桥资本组建100亿元生命健康基金;两家机构推荐云顶新耀、光彩芯辰和探境科技等5个项目落地嘉善,总投资规模约115亿元。集成服务资源,建立高效协同机制。引导合作投资机构积极参与全县产业园区招商引资工作,提供对接咨询、项目推荐、方案论证、注册协助等一站式服务。在园区项目招引过程中开展业务协同,提供配套产业基金支持,加速优质项目招引落地。

3. 规范运作,全面做好风险管理

借助上级部门平台,积极对接国家大基金、省经信厅、省金控公司等上级部门,提升优质产业项目获取评判能力。依托投资机构外脑,借力优质基金管理人专业的产业链投研资源,为全县基金组建团队开展行业领域培训10场次,提升对整体行业和细分企业的理解把握。加强交流学习,赴青浦、吴江示范区,以及南湖基金小镇取经,学习优化引进体系化项目招引模式。与知名律所、会计师事务所、资产评估机构等第三方机构建立密切联系和紧密合作。2020年合计召开产业基金咨询委员会15次,评审产业基金10支,项目17个。基金组建和项目投资严格按照企业决策流程执行。积极完善投前、投中、投后管理:投前现场走访、全面尽调,审慎论证并持续优化投资方案;投中持续跟踪,动态了解项目运营情况,及时识别预警风险;投后关注退出时机,丰富退出渠道。

(二)引入云顶新耀,布局生命健康产业

云顶新耀成立于 2017 年,现已布局四大疾病治疗领域,分别为肿瘤、感染性疾病、免疫、心肾疾病,共有 8 种在研产品。截至 2020 年底,云顶新耀未有产品实现上市,也未实现盈利,运作资金来自私募投资。生产方面,云顶新耀在 2020 年底开始在嘉善建厂,厂房符合中国药品监管、美国 FDA 及 EMA 标准,预期于 2023 年完成一期工程、2026 年完成二期工程。销售方面,云顶新耀目标销售市场为:大中华区、亚太区及其他新兴市场,国际化战略明确。

康桥资本(CBC)为控股方,占有最多的公司股权(62.48%),其他投资方拥有 37.05%,剩余 0.47%的股权为员工持股。据招股书披露,成立至今,公司已完成三轮融资。其中,C 轮融资于 2020 年 6 月 5 日披露完成,距提交招股书仅一个半月。最后一轮融资时,公司估值为 7.86 亿美元。2020 年 10 月 9 日,云顶新耀在香港联合交易所(港交所)成功上市,股票代码为“1952.HK”。

C 轮融资包括两部分优先股筹资。C-1 轮来自嘉善国投控制的嘉善善合,C-2 轮有多名投资者参加,总计 3.1 亿美元的这轮融资也是亚太地区生物技术领域融资金额较大的一级市场交易。三轮融资后,主要股东及持股比例详见表 1.2。

表 1.2　云顶新耀主要股东及持股比例

排名	股东	持股比例/%	说明
1	康桥资本(CBC)	62.48	控股方,A 轮、B 轮和 C 轮投资方
2	嘉善善合	6.32	嘉善国投全资拥有,C-1 轮投资方
3	建峻实业投资	6.01	C-2 轮领投方之一
4	RA Capital	4.64	C-2 轮领投方之一
5	Tetrad Ventures	4.05	GIC 管理,A 轮和 B 轮投资方
6	SPR	3.16	高瓴资本所拥有,C-2 轮领投方之一

资料来源:云顶新耀招股书。

2020 年 3 月,云顶新耀生物医药项目由亚洲最大的机构化医疗健康产业基金康桥资本投资,在嘉善经济技术开发区成立云顶新耀国内总部,主营业务覆盖新药的研发及销售,肿瘤、免疫、心肾和感染疾病及罕见病创新药物的产品技术合作、共同临床开发注册及商业化。截至 2020 年底,在海外实际投资超 2.6 亿美元,用于研发、收购创新药品专利及专营权等,拥有 8 种处于不同发展阶段的全球领先的创新药物。本项目计划总投资 100 亿元,规划用地 177 亩。项目完全达产后预计年销售超 100 亿元,税收不低于 10 亿元。

　　高质量的项目需要高能级的平台来承载。接下来,嘉善经济技术开发区将采取全过程跟踪服务模式,做好企业从审批到投产各阶段的服务工作,让企业用最少的精力尽快运营投产。

　　(三)引入格科微电子项目,引领数字经济产业链

　　格科微电子(上海)有限公司位于上海浦东张江高科技园区,公司主要从事CMOS图像传感器芯片以及应用系统的设计开发和销售。国内第一颗量产的CMOS图像传感器芯片,第一颗基于BSI工艺的5M像素CMOS图像传感器芯片等都出自格科微电子。而格科微电子(浙江)有限公司是格科微电子(上海)有限公司的全资子公司,成立于2016年11月23日,生产产品涵盖集成电路及相关电子产品、摄像头模组及其配件和相关辅助材料等,其主要产品CMOS图像传感器芯片可用于功能手机、智能手机、平板电脑、笔记本电脑等移动设备,同时还有特殊的图像传感器满足行车、监控、安防等需求。

　　格科微电子是国内知名的图像传感器芯片设计公司,掌握了CMOS图像传感器芯片设计和算法完整的自主知识权,是国内集成电路行业的龙头企业,其设计生产的CMOS图像传感器在出货量市场的占有率长期位居全国第1名、全球第2名。企业连续多年获得"中国十大集成电路设计企业"称号,并被国家发改委评为"国家规划布局内集成电路设计企业"。

　　集成电路作为信息技术产业的核心,是支撑经济社会发展的战略性、基础性和先导性产业,是培育发展战略性新兴产业、推动信息化和工业化深度融合的基础,同时也是工业强基工程的重要支撑。当前,长三角一体化发展上升为国家战略,嘉善经开区地处江浙沪三地交界区,是长江三角洲的核心区域,积蓄高质量发展新动能、承载更多高端企业成为嘉善经开区必须担负的时代使命。嘉善经开区正在着力打造集成电路这一面向未来的重点产业,格科微电子的到来正是其中的关键一环。格科微电子(浙江)有限公司项目总投资25.4亿元,用地124亩(首期开工建设60亩),项目全部达产后,年产值将超100亿元。新建年产12亿颗CMOS图像传感器芯片、1亿颗VCM马达、6亿件摄像头模组。

第四节　建设中新嘉善现代产业园

　　中新嘉善现代产业园(以下简称中新产业园)作为浙江省重点打造的首批7个"万亩千亿"新产业平台之一,规划面积16.5平方公里,由嘉善县人民政府与中新集团共同开发建设。中新嘉善现代产业园以"双示范"建设践行新发展理念,积极探索产业园合作新模式,奋力开创中新嘉善现代产业园开发建设新局

面。2020 年以来,共引进各类项目 13 个,总投资超 107.1 亿元,与中科院微系统所合作设立离子束工程实验室,引进高端人才 20 人,其中国家级海外高层次人才 1 人。①

一、开启产业平台建设

中新产业园紧紧围绕智能传感产业,加快产业平台建设,设立了总规模 100 亿元的嘉善智能传感器产业专项基金,成功引进总投资超 100 亿元的光环新网,总投资 20 亿元的博升科技等一大批高精尖项目。在产业平台建设中注重规划先行、资源融合、工作实效。

1. 注重规划先行

中新产业园作为《长江三角洲区域一体化发展规划纲要》和《长三角生态绿色一体化发展示范区总体方案》明确的主要产业平台,深度参与国家战略顶层设计,秉承青林绿水、轻松生活、清新低碳的发展理念,按照"编制一流规划、建设一流设施、营造一流环境、提供一流配套、集聚一流产业、争取一流产出"的建设标准谋划发展思路,聚力打造具有国际影响力的智能传感产业集群。

2. 注重资源融合

中新产业园在借鉴苏州工业园和新加坡园区规划经验的基础上,先后考察嘉善西塘祥符荡、上海青浦西岑科创中心和江苏苏州汾湖高新区等长三角一体化先行区优质平台及上海临港集团,重点学习园区规划、基础设施建设和商业配套等先进经验,引入"数字园区""生态园区""低碳园区""平安园区"等先进理念,为全面推动园区建设与示范点、示范区建设深度融合,加快建成具有核心竞争力的智能传感器生产、研发、应用基地积累宝贵经验。

3. 注重工作实效

《中新嘉善现代产业园控制性详细规划》等 16 个大项规划和 36 个小项规划已编制完成,规划中符合条件的 5.3 平方公里已先行获批,正在围绕发展定位、招商策略、规划建设、运营管理等方面构建高能级产业体系,搭建高端产业平台,科学布局智能传感产业发展空间。

二、拓宽视野招引产业

中新产业园坚持以效益为导向,以招好商招优质商为目标,遵循市场规律,突出重点,逐步推进招商引资工作。放开眼界,拓宽视野,瞄准产业发展前沿,创新思维,推进招商引资工作。在招引产业中坚持"最优营商环境"标准、"群团作

---

① 本节数据来源于中新嘉善现代产业园管理委员会 2021 年工作报告。

战"理念、"地图式招商"路径。

（一）坚持"最优营商环境"标准

中新产业园始终把提升营商环境、强化招商服务、力促项目落地作为推动产业平台可持续发展的"第一菜单"，全力打造"审批最少、流程最优、体制最顺、机制最活、效率最高、服务最好"的营商环境。园区依托县政府赋予的项目审批委托办理权限，分别与县发改局、县经信局等部门签订《行政管理审批委托办理工作协议》和《企业投资项目行政管理审批委托协议》，涉及园区项目备案赋码、投资强度复核等事项授权管委会办理。2020年已完成企业注册13家，总投资超190亿元，项目备案14个。园区充分发挥嘉善县中新产业服务公司在管理服务、信息咨询、工程建设等方面的作用，切实提高项目的履约率、落地率和资金到位率。

（二）坚持"群团作战"理念

中新产业园充分发挥招商一局的体制优势和中新公司专业招商团队的资源优势，紧盯上海（浦东）、深圳（南山区）、北京（中关村）、武汉（光谷）等重点区域，全面打响"招大引强"攻坚战。已与临芯资本、武岳峰资本等20多个中介机构和基金团队建立长期合作关系，利用嘉善在长三角的区位优势和产业基础，瞄准培育未来产业、头部企业和引领项目这一目标，集聚一批总部型、上市型、品牌型、成长型等产业链高端环节企业，同时引进一批"专精特新"的中小企业，逐步形成完善的智能传感产业功能配套闭环。

（三）坚持"地图式招商"路径

中新产业园按照产业类别和区域精准编制产业招商地图，在产业上突出"协作互补"，在招商上突出"创新循环"，认真筛选有潜力的国内外智能传感领域领先企业，加快打造一批深度应用场景，带动中新嘉善智能传感产业平台知名度、显示度迅速提升。2020年以来，累计出访420余次，拜访招商渠道70余家，参加线上招商活动4次、行业交流6次，新增项目源110余个，平均每1.8天接触1个新项目，平均每天拜访接待超过2.1批次。中新产业园承办了清华企业家协会（TEEC）年会半导体论坛暨2020年度嘉善县半导体及智能传感器论坛，举办了西安"嘉话芯城"推介会等活动。

三、大手笔落地新项目

中新产业园立足国家战略和自身优势，瞄准产业发展制高点，聚焦重点区域、重点领域持续发力，紧盯大项目、好项目，加强统筹协调，持续推进一批标志性重大产业项目落地。加快征迁腾退工作、基础设施建设，加快推进产业项目建设。

（一）加快征迁腾退工作

中新产业园以"产业转型、分片开发"为主线，围绕产业平台开发建设时序，强势推进企业和农户征迁腾退工作，铁腕开展重点区块拔钉除障，完成所有低散乱污企业腾退清零。至 2020 年底，园区企业签订腾退协议 142 家，腾退 103 家，腾出土地 1026 亩；园区农户签约 1564 户，腾空 1550 户，拆除 1545 户，完成交地 11515.2 亩。

（二）加快基础设施建设

中新产业园坚持"先规划、后建设，先地下、后地上"原则，加快推进园区"九通一平"基础设施建设。园区"三横二纵"主干道已完成施工图设计，南星路新建工程、振国路支路工程、芦枯港人工湖工程和参观通道景观提升工程等项目顺利开工建设。中新产业园规划展示厅建成启用，累计接待访客 1500 多人次，成为园区开门迎客的新窗口。新嘉大道主干网工程列入省重点工程，中央公园、邻里中心等配套项目完成前期方案研究。

（三）加快推进产业项目建设

中新智慧园一期工程土建工程主体已经结顶；恒为科技一期租赁项目和嘉东电子项目已投入试生产，博升光电一期租赁项目投入试生产，光彩芯辰租赁项目开工建设；恒为科技二期、鸿辉光通、四方光电等三个用地项目完成摘牌，签订土地出让合同。

四、探索跨越赶超的"123 中新路径"

中新产业园实施的"123 中新路径"，即打造一个平台，紧扣两条主线，实施三大行动。

（一）聚力产城融合，打造一个高能级产业平台

中新产业园将紧紧围绕长三角生态绿色一体化发展示范区建设要求，对标《浙江省人民政府办公厅关于高质量建设"万亩千亿"新产业平台的指导意见》和《中共嘉兴市委办公室关于建设高能级产业生态园的指导意见》等文件精神，按照"半年拉框架、一年出形象、三年成规模、五年树标杆"的发展定位，全面实施"135"项目投资计划，力争通过 3~5 年努力，逐步建成功能布局合理、主导产业明晰、双创活力迸发、资源集约高效、产城深度融合、特色错位竞争的中新嘉善智能传感高能级产业平台。力争到 2025 年，园区总产值突破 500 亿元；到 2030 年，园区总产值突破 800 亿元，项目亩均产出达到 1000 万元。

（二）聚焦显示度提升,紧扣产业招商和项目建设两条发展主线

在产业招商方面,深入对接各类金融机构、投资团体、科研院所、专家团队收集项目信息,全年力争收集有效项目信息 200 个以上,在百亿重大项目信息上实现突破。重点推进胜科纳米、SST 传感器、沃巴弗电子、华芯微电子等项目落地签约,力争在智能传感领域的顶级企业引进上有所突破。在项目建设方面,中新智慧园一期已经竣工验收,南星路新建工程、振国路支路工程、芦柏港人工湖工程等基础设施项目竣工,新嘉大道主干网工程、中新大道、中新智慧园二期等项目已经开工建设,中央公园、邻里中心等配套项目完成前期工作。全年完成地块覆绿 2000 亩。加快实施恒为科技二期、鸿辉光通、四方光电等项目建设,推动博通集成、中科尚弘、斯尔特和兹马威等项目开工建设。

（三）提升要素保障,实施土地、创新、人才三大要素保障专项行动

一是土地要素保障行动。借助一体化共享破解"要素流动难",依托"万亩千亿"产业平台配套政策支持,积极争取省用土地、空间指标,推动优质产业项目纳入省重大产业项目库。全力配合国土资源规划部门做好国土空间规划调整,完成园区控制性详细规划和 16 个专项规划的审批。二是创新要素保障行动。依托国家智能传感器创新中心、中关村高新技术企业协会等载体,大力引进和培育一批知识产权、科技项目评估、科技信息咨询和技术转移等第三方服务机构,为入驻企业提供研发外包、检验检测、专利代理和科技咨询等一站式创新服务。力争通过 3 年努力,园区 R&D 经费支出占 GDP 比重达到 4%,高新技术产业增加值占比达到 70%。三是人才要素保障行动。在国内外梳理一批智能传感领域顶尖科研院所和专家团队,组建中新智能传感产业专家智库。依托"祥符英才"品牌效应,聚焦人才核心指标,着力构建以创新需求为导向、以企业为主体、以政产学研结合为支撑的全产业链创新人才体系。

第二章　开放发展:开放型经济新模式

　　国际贸易理论中,李嘉图的"比较优势论"与赫克歇尔-俄林的"要素禀赋论"充分肯定了一个国家或地区的要素禀赋特征对该国和地区的对外贸易模式选择与演进的决定性作用。嘉善的对外开放模式无疑取决于其拥有的要素禀赋特征,而对嘉善开放模式起关键性作用的要素禀赋则是其得天独厚的区位优势。

　　2017 年《示范点发展改革方案》提出,嘉善要发挥区位优势,主动接轨上海,创新开放合作模式,丰富开放合作内涵,打造对外开放合作平台,实现与大都市区的融合发展。

　　近年来,嘉善开放合作水平显著提高。确立并坚持全面融入长三角一体化发展首位战略,成功纳入长三角生态绿色一体化发展示范区建设。建成并开通杭州湾跨海大桥北接线高速,开通与上海省际毗邻公交线路、省际客运班线、通勤巴士。发出首张"长三角一体化"跨区域通办营业执照。县一院、县中医院、县妇幼保健院与复旦大学附属中山医院等一批在沪名院开展合作。市民卡实现与上海医疗机构门诊实时结算和上海城市公共交通刷卡使用。与荷兰坎贝拉市缔结为友好城市,在埃塞俄比亚设立嘉善浙商产业园。连续 19 年位列浙江省利用外资十强县(区、市),"十三五"期间累计实际利用外资 24.6 亿美元。做好四川省九寨沟县东西部扶贫和省内庆元县山海协作,国内首创三地共建"飞地"产业园模式并获浙江省公共管理创新案例优秀奖。

第一节　探索全面开放发展新模式

　　开放型经济是衡量一个国家或地区国际竞争力的重要因素之一,在经济全球化的时代，大多数国家和地区都是开放的经济体，开放型经济对国家和地区的经济增长有着促进作用。①

嘉善坚持开放发展理念，全面接轨上海融入长三角。充分发挥区位优势，着力推进以上海为重点的区域合作、以上海为窗口的国际合作，走出了一条依托大都市，实现小县大开放、区域一体化的发展路径。

嘉善在打造开放格局中，通过全面接轨上海、持续招大引强、优化营商环境等多种举措，实现嘉善开放型经济高质量发展。一是全面接轨上海，推动沪善同城化。加强与上海重点产业深度对接，主动承接上海产业及要素外溢转移，构筑总部在上海、生产服务在嘉善的产业协作体系和创意设计在上海、孵化转化在嘉善的创新合作模式（见图2.1）。为深化科技合作，积极承接上海科技、人才外溢，引领企业技术创新、产业升级，加强与上海高科技园区、孵化器、高校、科研院所、科技服务中介和科技部门等"六位一体"的合作。全面推进以上海为重点的区域合作和以上海为窗口的国际合作，资本、技术、项目不断涌入，走出了一条依托大都市实现加快发展的特色之路。二是持续招大引强，打造外资新高地。嘉善中荷产业合作园、大云中德生态产业园是嘉善打造外资新高地的优秀实践案例。三是优化营商环境，构建开放新格局。从东引台资到北接上海，再到今天的融入长三角，开放一直是嘉善实现经济高质量跨越式发展的活力源泉，而这背后是嘉善持续打造一流营商环境的探索与实践。嘉善通过数字化改革、"最多跑一次"改革不断优化营商环境以及跨省政务服务一体化，持续优化营商环境，做好对外开放大文章。

"十三五"期间是嘉善区域开放度加快提升的5年。县域"一盘棋"精准招商体制基本形成，"3+3"主导产业发展势头迅猛，实际利用外资24.6亿美元，引进50亿元以上项目9个、世界500强企业10家。加大外贸综合服务平台建设，立讯精密、日善电脑等外贸"头部"企业带动作用明显，累计实现进出口总额1598亿元，与"十二五"时期相比增长51%。中新嘉善现代产业园列入浙江省首批"万亩千亿"新产业平台，嘉兴综保区B区、中荷产业园列入自贸区嘉兴联动创新区，完成跨境电商首票实单测试。设立嘉善国际创新中心上海和欧洲分中心。高标准推进东西部扶贫和山海协作，累计拨付帮扶资金7900万元，嘉善—庆元—九寨沟"飞地"产业园顺利开园。2009—2020年，嘉善实际利用外资情况总体呈现向好发展，实际利用外资从2009年的2.79亿美元增至2020年的4.24亿美元（见图2.2），总量列全市第一，年均增长3.3%，连续19年跻身浙江省利

---

① 王文胜、宋家辉：《浙江省开放型经济指标体系及评价研究》，《杭州电子科技大学学报（社会科学版）》2019年第6期。

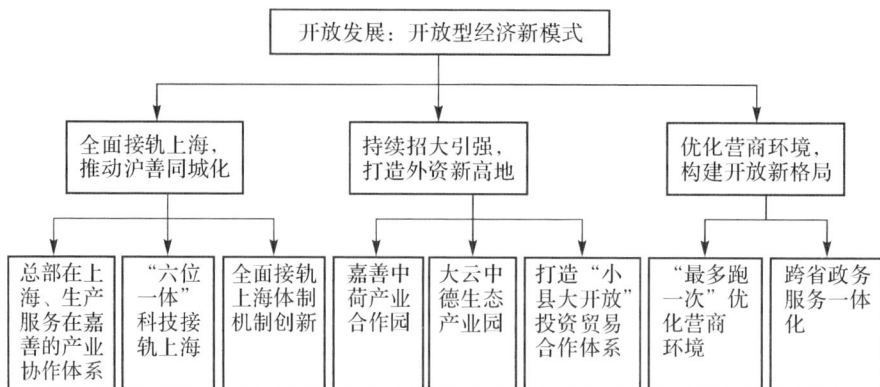

图 2.1 嘉善开放发展模式结构

用外资十强县(区、市)。①

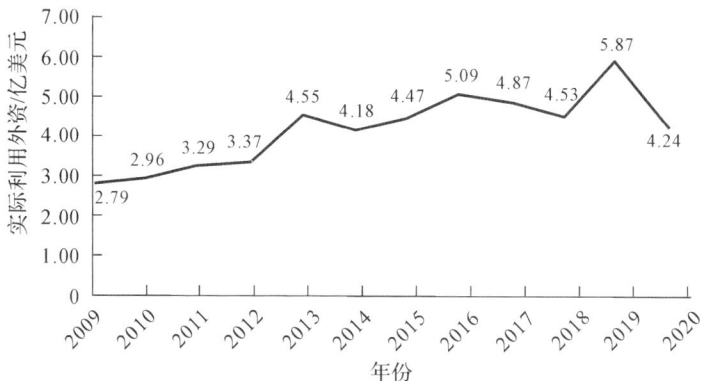

图 2.2 2009—2020 年嘉善县实际利用外资变化情况
数据来源:嘉善县历年统计年鉴。

一、主动接轨大上海,实现借梯登高

嘉善县紧抓长三角一体化国家战略实施的历史机遇,主动接轨大上海创新开放合作机制,以上海大都市为重点建立健全跨区域、跨行政级别对接协调机制,以更高水平、更深层次全面有序地推进跨区域合作,拓宽沪善交流的路径通道。随着以上海为重点的区域合作和以上海为窗口的国际合作的全面推进,资本、技术、项目不断涌入,不断加强高质量一体化合作协同的长效机制。

---

① 徐鸣阳:《2021 年〈政府工作报告〉》,2021 年 3 月 4 日,http://www.jiashan.gov.cn/art/2021/3/4/art_1229199208_4527351.html。

（一）建立对接上海的体制机制

一是探索突破行政区域壁垒,构建多层次合作交流机制。建立与上海各级政府间的常态联系机制,先后与长宁、闵行、金山、青浦、虹桥商务区等签订战略合作框架协议。建立驻上海对外联络工作部,与上海市政府发展研究中心建立嘉善科学发展研究实践基地,推进在发展规划、政务服务、施工标准、市场规则、城市管理等领域对标接轨上海,建设"上海之窗·智慧科学城"打造未来社区,建立跨省联勤联动问题处置等合作机制,复制上海自贸区通关便利化、保税监管等20项制度。二是构建浙沪毗邻地区一体化发展共建机制。与金山区签订沪浙毗邻地区一体化发展示范区战略框架协议,协同推进"上海之窗·枫南小镇"、长三角路演中心等建设,以党建引领,深化"五个一体化"发展共建机制。建立完善与青浦、金山和吴江等跨区域、跨部门联合执法机制,开展常态化执法行动,共同维护社会、市场、生态等环境。

（二）构建分工协作的产业体系

深化与上海的合作配套、协同发展,利用成本优势积极承接上海制造业转移、现代服务业外溢,引进格科微电子、蓝怡医药等一大批上海先进制造业和科技成果转化项目,构筑"研发在上海,转化在嘉善"的产业协作体系。依托上海科创资源,推动县内优秀企业与上海知名院校开展产学研合作,吸引上海人才到嘉善创业创新。创新招商引资机制,探索实行公司化运作,加大在沪驻点招商机构和人员的支持力度。深化与上海自贸试验区的制度接轨,与上海外高桥联合发展公司共同设立了上海自贸区嘉善项目协作区,率先复制分批集报、无纸化通关等5项上海自贸试验区通关便利化改革新政。

（三）完善互通共享的公共服务

深入推进交通、教育、医疗、养老、社保等领域对接上海、资源共享,开通省际公交、通勤巴士、嘉善至浦东机场包车班线,建立上海杉达学院嘉善职业技术学院,引进上海世外教育集团托管嘉善公办学校,建设上海师范大学附属嘉善实验学校,与上海中山医院、仁济医院等建立长期合作,成立上海市儿童康复中心嘉善分中心、中山医院医疗技术协作中心,嘉善12320健康热线与上海健康云无缝对接,实现公交卡、医保卡、市民卡等"一卡通",沪善同城效应进一步扩大。

二、全面建设示范区,取得良好开局

作为长三角生态绿色一体化发展示范区的重要组成部分,在国家和省、市的大力支持下,嘉善与青浦、吴江共同努力推进长三角生态绿色一体化发展示范区建设,充分创造高质量一体化的创新红利。

（一）发展蓝图共商协同

坚持以规划为引领,协同青浦、吴江共同编制完成《长三角生态绿色一体化发展示范区总体方案》《浙江省推进长江三角洲区域一体化发展行动方案》,推动示范区国土空间规划及专项规划共同编制、共同报批、联合印发,构建了县域统筹、区域联动、互相衔接、协同管理的示范区规划体系。

（二）基础设施互联共建

全面推进区域交通互联互通,积极推动沪嘉城际轨道、通苏嘉铁路等建设,建成杭州湾跨海大桥北接线二期工程等一批重大交通项目,打通 3 条省际断头路,开通 11 条省际公交路线和通勤巴士路线、5 条示范区公交线路和旅游专线,加快构建轨铁网、道路网、水运网等交通网,打造长三角主要城市半小时互达、示范区主要节点半小时互达交通圈。

（三）制度创新一体推进

聚焦规划管理、生态保护、土地管理、项目管理、要素流动、财税分享、公共服务、公共信用等领域,积极推进一体化制度创新,深入开展科技、司法、党建、统一战线等领域的合作,形成跨界联合现场检查、共同制定产业项目准入标准、跨省域中职统一招生、医保免备案刷卡结算等 22 项制度创新经验,并向长三角省际毗邻区域乃至全国相关区域复制推广。

三、深入推进大开放,提升发展质量

嘉善强化开发发展的优势,以环境优化促进形成大开放,深化"放管服"改革,深入实施招商引资"一号工程",深化对外经贸合作,有效提升经济发展质量。

（一）持续优化营商环境

深化"放管服"改革,全面推行"无差别全科受理",政务服务事项全部实现"网上办""掌上办",实现企业开办一日办结、从项目赋码备案至竣工验收全流程"最多 80 天",项目备案"零上门、不见面"。整合涉企服务资源,开通"企业服务直通车"平台并设立线下服务专窗,实行企业服务"一图一表"制,组建县、镇两级红色代办员队伍,提供全流程服务。

（二）加速集聚高端项目

深入实施招商引资"一号工程",建立"一盘棋"精准产业招商机制,成立招商服务公司、五大产业招商局,创新"资本＋项目＋科技"基金招商新模式,相继引进晨亨科技、立讯智能电子、云顶新耀生物医药等一批世界 500 强企业,以及格科半导体、IGBT 大功率半导体等一批百亿级重大产业项目,年均实际利用外资

4.92 亿美元,"小县大外资"开放格局进一步巩固。

(三)深化对外经贸合作

积极参与"一带一路"建设,支持企业"走出去",出台政策加大企业参展、出口信保等补助,持续优化出口产品和市场结构,扩大国际经贸合作,进出口总额年均增长 16%。出口总额增长迅速,从 2009 年的 15.46 亿美元提高至 2020 年的 367.65 亿元(见图 2.3)。以中荷(嘉善)产业园为载体拓展欧洲市场,设立嘉善驻欧洲办事处、国际创新中心,在产业、科技、贸易等领域推动深层次合作,中荷(嘉善)产业园成为浙江省首批国别产业合作园。

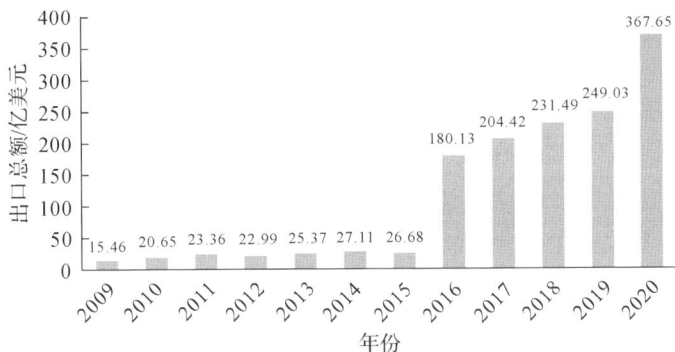

图 2.3　2009—2020 年嘉善出口总额变化情况

数据来源:嘉善县历年统计年鉴。

第二节　"六位一体"科技接轨上海

嘉善地处长三角这一科技资源十分发达的地区,尤其是紧邻上海,为共享科技资源提供了独特的优势。嘉善科技局为深化科技合作,积极承接上海科技、人才外溢,引领企业技术创新、产业升级,加强与上海高科技园区、孵化器、高校、科研院所、科技服务中介和科技部门等"六位一体"的合作,努力形成"研发在上海,转化在嘉善"的依托上海的科技承接模式。

一、嘉善科技接轨上海的背景分析

随着我国改革开放的进一步深入和市场经济的不断发展,以上海为核心的长三角区域一体化和同城化进程日益加快,上海作为我国经济最发达、国际化程度最高的城市之一,是长三角地区经济发展的龙头。当前,上海正处于创新驱动发展、经济转型升级的关键时期,正在大力发展新产业、新技术、新业态、新模式,上海的下一个战略目标是全球创新中心,上海自贸区的建立和发展加速了上海创新驱动的进程。上海对周边地区扩散效应的重心正在由普通生产要素向创新要素转变,由传统产业向高新技术产业转变。嘉善是浙江省接轨上海的"第一站",理应在新形势下积极吸纳上海的巨大辐射和溢出效应,着力探索更加富有改革精神的开放合作模式,着力搭建科技接轨上海的大平台。

二、嘉善科技接轨上海的主要做法

为了更好地与上海深度开展科技合作,嘉善科技接轨上海的主要做法是:政府推动,建立全面合作关系;活动促动,营造交流合作氛围;校企互动,健全产学研合作模式。

(一)政府推动,建立全面合作关系

嘉善根据自身创新资源不足的情况,政府部门主动接轨上海相关部门、科研单位与人才团队,建立全面科技创新合作关系,逐渐搭建科技创新合作网络。

1.建立合作平台

为了突破县内科技资源匮乏的瓶颈,嘉善县于1999年10月在上海交通大学成立了"上海—嘉善科技联络站",联络站以上海交通大学九三学社为核心,以在沪嘉善籍科技人员为主体,聘请一批专家教授为联络站成员,加强与上海科技人员的联络,开展科技招商。通过上海科技联络站,嘉善县先后与上海交通大学、同济大学、上海水产大学、中科院应用物理研究所等高校院所签署了全面合作协议,并引进上海交通大学国家技术转移中心共建嘉善分中心,与中科院应用物理研究所联合组建了浙江中科辐射高分子材料研发中心。在浙江省科技厅的帮助下,上海市科委、浙江省科技厅、嘉善县科技局三方签订了合作机制,共同推进科技接轨上海。

2.加强政策扶持

在政府出台的鼓励科技创新的政策意见中,优先支持企业与上海等地的高校、科研院所开展产学研合作。县财政设立了科技合作专项资金,主要用于县内企业与上海等地高校、科研院所联合共建科技创新载体、联合承担科研攻关项目等的补助。

3.探索科创"飞地"机制

在虹桥商务区构筑科创"飞地"——嘉善国际创新中心(上海)。截至2020年底,该中心已累计引进诺贝尔奖得主工作室、飞曼医疗等优质项目52个(其中9个项目已在嘉善签约落地),柔性引进各类人才280人。先后从上海引进同济大学人工智能机器人研究院等一批创新载体,与国家技术转移中心东部中心等

开展战略合作，引进上海技术交易所共建协同创新中心。

（二）活动促动，营造交流合作氛围

在与上海的科技合作中，嘉善定期开展科技对接活动，采取多种形式，重点建立科技园区共建机制，建立成果信息交流互动机制，促进创新要素的集聚，形成稳定的科技合作关系。

1.定期开展科技对接活动

嘉善县每年定期举办"上海专家教授嘉善行"活动，邀请上海高校、科研院所的专家到嘉善开展成果发布、项目推介、技术难题对接等活动，到企业现场诊评，为企业解决技术难题。同时县、镇联动，采取"走出去、请进来"的方式，与上海高校、科研院所建立起双向互动的合作模式，组织开展交流考察、参观访问及讲学讲座，推动科技接轨上海工作朝着全方位、多领域、深层次的方向迈进。2020—2021年，共组织科技对接活动28场，邀请专家84人次，参加企业234家次。

2.建立科技园区共建机制

深化与上海科技企业孵化协会的交流合作，加强与上海杨浦科创中心、上海市欧美同学会、张江、紫竹、交大、同济、浦东软件园等科技园区的经常性交流对接，落实专人开展"一对一"联络沟通，建立交流合作长效机制。多次在上海举办嘉善创业创新环境投资推介会，定期组织各主体赴上海各科技园区开展专题招商活动，吸引高科技项目在嘉善实现产业化。

3.建立成果信息交流互动机制

一方面，上海科技联络站定期将收集到的上海高校、科研院所最新的科研成果和产业化项目推荐给嘉善，县科技局选择适合本地产业的项目印发到企业，供企业选择；另一方面，县科技局将企业在生产、科研上依靠自身力量难以解决的技术难题征集汇编，发往上海有关院校、科研部门征求解决方案。2021年，与上海技术交易所签订合作协议，共建"创新驿站"，完善技术转移网络，挖掘企业技术创新需求，为中小企业切实解决创新发展中遇到的难题。

（三）校企互动，健全产学研合作模式

由于高校、科研院所资源不足，嘉善县积极探索企业与高校院所共建基地模式和弹性合作模式，结合产业优势促进高水平的产学研合作，形成中长期合作关系。

1.建立企业与高校、科研院所共建基地模式

鼓励企业与上海等地高校、科研院所建立长期稳定的产学研基地合作模式，截至2020年底，县内企业分别与东华大学、上海水产大学等建立产学研基地3家；天凝镇静电植绒产业园与东华大学建立了长期合作关系并建立了研究生实

践基地,促进了该镇植绒产业的转型发展。

2.建立企业与高校、科研院所的弹性合作模式

引导企业与上海高校、科研院所采取多种模式,以项目为纽带,建立点对点的弹性合作伙伴关系。鼓励企业充分利用上海丰富的人才资源,以技术顾问、"1＋6"、"2＋5"等模式引进上海科技人才,帮助企业解决技术难题,开发新技术、新产品、新工艺。

三、科技接轨上海的工作成效

通过深入实施融入上海发展战略,充分利用与上海"零距离"的特殊地理位置优势,加强与上海市科技部门、孵化器、科技园区、高校、科研院所、科技服务中介六个方面的合作,积极举办"上海张江—嘉善创业创新环境投资推介会""上海高校院所嘉善行"等活动,不断深化与上海交通大学、复旦大学、同济大学等高校,科研院所,以及张江、紫竹等科技园区的联系对接,建立起长期紧密合作关系,取得了较好成效。

（一）构建跨区域协同创新机制

牢牢把握上海建设全球科技创新中心的战略机遇,打造"研发在上海,转化在嘉善"的协同创新模式。强化与上海高校、科研院所的产学研合作,推动福莱新材料等 300 多家企业与复旦大学等高校、科研院所建立科技合作关系,承接高校、科研院所科技成果转化项目 460 多个,打造上海科创中心重要的成果转化和产业化基地。

（二）为产业转型升级提供科技支撑

通过加强与上海科技园区以及各类科技机构合作,积极主动承接上海科技成果转化和高新技术产业转移,大力引进科技成果、科技人才团队、科技项目等,不断培育战略性新兴产业和高新技术产业,有利于提升嘉善科技核心竞争力,促进经济结构优化升级,转变经济发展方式,实现创新驱动内涵发展。

（三）为企业提升创新能力提供科技保障

通过支持企业加强与上海高校、科研院所的交流合作,鼓励建立产学研基地,柔性引进教授、博士等科技人才,合作开展科技攻关,有利于激发企业自主创新的内在动力,加大研发投入,推动全县各类企业研发机构建设提档升级,力争在传统优势产业和高新技术产业突破一批关键核心技术,开发一批具有自主知识产权的战略产品。

（四）为科技人员提供科技信息共享服务

随着信息时代的来临和知识经济的发展,科技信息资源在科研开发和创新

中的地位越来越重要。通过与上海高校、科研院所、科技园区的合作，可以共享科技文献、科学数据、最新科技动态、行业分析报告等科技信息资源，为企业提供样品检验与分析、技术咨询等服务。

　　总的来看，嘉善接轨上海科技合作取得了显著成效，有力推动了嘉善"开放合作先导区"建设，既有利于嘉善发挥本地区区位优势和政策优势，进一步激发科技创新内动力，推动区域协调健康发展，同时也对沪嘉进一步高水平科技合作提出新要求，需要加快合作机制创新。

第三节　推进国际合作模式创新

　　嘉善具有较好的区位优势和产业基础，通过推进多层次的国际合作模式创新，开放发展优势不断增强。嘉善鼓励跨国公司和有影响力的行业龙头企业落户本地，吸引国内外资金投向先进制造业、战略性新兴产业和现代服务业，探索高质量的国际合作模式创新。嘉善中荷产业合作园、大云中德生态产业园是嘉善深化开放发展的优秀实践案例。

一、嘉善中荷产业合作园

　　2018 年 10 月 16 日，在李克强总理与荷兰首相吕特的共同见证下，浙江嘉善中荷产业合作园成功签下总投资 16 亿欧元的绿色能源项目和总投资 7000 万欧元的农业科技创新项目，在中荷两国引发广泛关注。近年来，嘉善按照习近平总书记"从荷兰推开欧洲的大门"[1]的重要指引，抢抓中荷交流合作机遇，建设嘉善中荷产业合作园，深入推进与荷兰的交流合作，积极参与"一带一路"建设，不断深化对外开放合作，为县域开放发展探索新路径。

　　（一）转变理念思路

　　作为全国首批沿海开放县域，嘉善始终致力于发展外向型经济，突出工业领域大力开展对外招商引资、交流合作，与世界上 100 多个国家与地区开展经贸往来，但开放合作的区域集中度不高，存在合作领域不宽、深度不够、质量不高等问题。嘉善主动转换观念，改变以往散花式、点水式、偏重项目招引的开放合作模式，积极探索以深耕一国推进深度合作的新思路。2014 年，中荷两国开启高层

---

　　① 王晓玉：《荷兰是欧洲门户，我选择从荷兰推开欧洲大门》，《中国青年报》2014 年 3 月 24 日。

互访新阶段,来自荷兰的世界 500 强企业喜力酿酒落户嘉善。嘉善以此为契机,把素有"欧洲门户"之称的荷兰作为嘉善深化国际合作的窗口,以已落户嘉善的荷兰企业为纽带,做好国别产业园"试验田",在产业、贸易、旅游、文化等功能上推动与荷兰深层次合作,提高国际合作紧密度、融合度。2016 年 5 月,嘉善中荷产业合作园正式开园建设,成为长三角地区唯一深耕荷兰的综合开放合作平台,列入浙江省首批国际产业合作园。

(二)深化友好交往

以开放和友谊为基础,通过频繁往来交流,促进相互沟通,增进相互了解,嘉善与荷兰营造了高密度、多领域、深层次深入交流合作的浓厚氛围。2014 年以来,三任荷兰驻沪总领事 7 次到访,荷兰坎贝拉市与嘉善结为友好城市,坎贝拉市政府与企业代表团、荷比卢商会代表团等组织 10 多批次来嘉善考察,坎贝拉瑞威姆工业园与嘉善经济技术开发区结成友好园区。嘉善已 11 次组团赴荷兰考察交流,开展宣传推介,2 次举办"荷兰日·看嘉善"活动,与中荷使领馆、荷比卢工商会、荷兰清洁环保科技委员会、荷兰雇主协会、韦斯特兰绿港等荷兰机构结成战略合作伙伴。2016 年 4 月,嘉善在荷兰鹿特丹举办推介会,荷兰经济部国际司司长及 100 多名嘉善客商参加;2017 年 9 月,嘉善参加"中国荷兰友好省市活动周"登上荷兰《国家日报》头版头条,在荷兰引起了广泛关注,并与各界人士结下深厚友谊。

(三)建设专业平台

为纵深推进与荷兰的对接合作,更好地参与"一带一路"建设和国际合作,2015 年以来,嘉善积极谋划布局专门区块,委托荷兰优秀设计公司规划设计,选用荷兰工程建设承接方,兼顾荷兰特色和本土实际,以国际化标准建设嘉善中荷产业合作园。已规划总面积 13 平方公里,围绕工业投资、科研创新、科技农业、物流贸易、金融服务、教育培训、工业设计、医疗养老、友好城市等 9 大领域开展深度合作,形成了综合示范园、欧美智能制造园、现代农业科技园以及高端城市生活配套区"三园一区"总体布局。2019 年 11 月,中荷农业科技创新示范园正式揭牌,2020 年,重点推进启动核心区"中荷循环农业科创中心"项目的投资建设。至 2020 年底,已入驻喜力啤酒、欧洲物流结算中心等项目 26 个,其中外资项目 20 个,总投资超过 27 亿美元。一期落户喜力啤酒、奥兰治科技孵化、洋汉机械、乐雷光电、慧士通医疗、捷伸电子、IMS 检测等 7 个欧美高端产业项目(其中荷兰项目 4 个),总投资 2.67 亿美元;二期引进荷兰绿色新能源项目、欧洲物流结算中心、欧美智能智造产业园、新加坡模具等 5 家欧美企业,总投资 24.2 亿美元,并储备了多个高端欧美智能制造项目;三期引进绿港中荷农业科技项目,科技创新、绿色生态的产业特色进一步凸显,推动区域高质量开放发展。

(四)建立长效机制

积极推进与荷兰的长效合作,深度融入荷兰及欧洲的开放合作。在政府层面,嘉善与坎贝拉市建立了每年两地政企代表团互访机制,实现多领域、深层次的交流互动;双方互设办事处,在荷兰成立"嘉善驻欧洲办事处"和"中荷园驻荷兰办事处",荷兰在嘉善成立坎贝拉市驻中国办事处,推动形成更加多元的国际合作环境;深入开展"荷兰日·看嘉善"活动,建立常态化合作机制。

在园区层面,探索建立市场化运营机制,成立中荷产业合作园运营公司,双方共同参与园区管理和运营,形成利益共同体。在企业层面,将"引进来"与"走出去"相结合,积极探索中小企业合作机制,搭建合作平台,帮助中小企业对接荷兰知名高校、科研院所,引进荷兰科技人才、创新资源,促进高新技术、科创成果越洋转化。充分发挥紧邻上海的区位优势,抓住上海国际进口博览会机遇,在荷兰组团中充分体现嘉善元素,形成嘉善与荷兰的长效互动合作机制,把更多嘉善优秀企业推向广阔的国际市场。

2019年6月,嘉善中荷园发展再迎"升级版",嘉善中荷园在荷兰成立境外公司并成功收购位于坎贝拉的物业,设立浙江省级海外产业创新综合服务体试点,并且挂牌成立了嘉善国际创新中心(欧洲),在原有办事处的基础上实现了平台扩展和功能深化,致力于打造欧洲高端科技人才的集聚中心,探索"孵化(研发)在荷兰、产业化在嘉善"的协同创新模式。

二、大云中德生态产业园

浙江省嘉善县大云镇位于江、浙、沪两省一市交界处,地处长三角的核心位置,是浙江省接轨上海的第一镇。大云镇是中国鲜切花之乡、全国环境优美乡镇、全国新农村建设科技示范镇、全国创建文明镇工作先进镇、浙江省文明镇、浙江省卫生镇,连续多年入围嘉兴市招商引资十强乡镇。嘉善大云中德生态产业园位于嘉善县西跨"两高"大桥以南,规划面积约2.5平方公里,坚持城市工业发展方向,重点打造以德国为主的欧美精密机械、装备制造产业和与之相配套的现代服务业以及人才研发项目一体化发展的宜业宜居的综合性园区。园区内已经形成了以电子信息、高端装备制造、精密机械和新材料为主导的特色产业。

嘉善大云中德生态产业园由产业提升区(A区)、产业加速区(B区)、产业拓展区(C区)和云谷空间"三区一谷"组成。近几年,在做好产业减法和环境加法、加快产业提升区"腾笼换鸟"的基础上,高品质做好产业加速区即"双创"中心的"筑巢引凤"工作,全力打造以德资为主的高端外资集聚地。大云的"飞地"抱团发展模式、以头脑升级推进产业升级等做法得到了各界的广泛肯定。

（一）依托上海对接国际，高门槛引进远尖精项目

作为浙江接轨上海的桥头堡，大云镇充分发挥区位优势，用足用好上海的高校、人才、科技等平台资源优势，与向阳工业园、颛桥工业园缔结为友好合作园区。同时，完善网络，聚焦德国。常态化保持与德国驻上海总领事馆、德国中小企业联合会、上海德国中心、德国工商总会驻华代表处等德国驻华机构的密切联系，每年赴德招商，拜访企业，举办专题招商会，搭建了熟悉德国企业、联络各界人士、广交各方朋友的平台，2014 年以来，共走访德国企业 60 多家，拜访协会和商会 20 多次，举办招商推介活动 10 余场，扩大了大云中德生态产业园在德国的知名度。每年与全德华人联合会、德国中小企业协会共同举办大云中德生态产业园年会。

大云中德生态产业园在高门槛引进"远、尖、精"项目方面成效显著。项目一期已有德国道博模具、凯瑟机械、中德合资卓瑞精密机械、中新合资田工机电、新加坡塑德精密设备、英国弈烯石墨烯科技等 9 家优质外资企业入驻。二期已有光纤激光智能制造设备研发生产、芬兰永磁加热节能技术、意大利都凌压缩机、中德合资 PCB 行业新材料应用等项目入驻。三期已有富亿德中日、中新合资、中德合资哈威增资、中德合资卡帕精密模具开发、中日合资前川天然调味品等项目入驻。

（二）对标德国融合发展，高起点打造花园式园区

大云自东向西分三大板块，即东部的大云国际旅游度假区板块、中部的小镇生活区板块以及西部的中德生态产业园板块，功能划分十分清晰，实现了产、城、游融合发展。按照镇域景区化、景区全域化的要求，制订了园区品质提升三年行动计划，对标 3A 级景区标准，全力建设景区式园区，打造个性节点景观，推动生产、生活、生态"三生融合"。"双创"中心建设中，注入生态理念、强化功能配备，建成了融商业配套、创客中心、农居美宿、浪漫花海等于一体的多功能商务配套区。

（三）对照转型精准化服务，高品质实现园区提升

根据产业定位、亩均效益等，坚持"生态＋科技＋人才＋资本"的发展理念，实施分类服务、精准施策。对 12 家块状低小散企业实施整体腾退，建设人才公寓和员工生活配套服务区；对占地面积大、产出效益差的企业，以政府回购或回租的方式，加快实施"腾笼换鸟"。截至 2020 年底，已回购企业 5 家，占地 160 亩，回租 2 万平方米，引进项目 8 个；建立年销售额 1500 万元以上规下企业进规培育库，加大服务引导力度，强化产值回归和税源挖潜，园区规上企业由 2011 年的 28 家增至 2020 年的 61 家。主动融入 G60 科创走廊打造创新亮点，大力实施科技创新战略，累计培育国家高新技术企业 13 家，占园区规上企业的 21.3%。

第四节　优化高水平营商服务环境

嘉善县深入贯彻党的十九届五中全会精神,不断优化开放发展的营商服务环境,坚持把"最多跑一次"改革理念延伸至社会治理领域,建立县级社会治理综合指挥服务中心,集成研判社会治理信息,整合社会治理资源,以"最多跑一次"改革与跨省政务服务一体化为抓手,不断优化高质量营商环境,给企业提供全方位服务,让企业赢在起跑线上。[①]

一、"最多跑一次"改革优化营商环境

嘉善坚定不移地深化"最多跑一次"改革、推进"放管服"改革,优化营商环境,以数字赋能,打造"整体智治"现代政府,提升社会治理能力。充分利用互联网技术,推动运用"大脑""智"理社会与敞开"大门"化解矛盾有机结合,实现群众矛盾纠纷调处化解"最多访一地"。自县社会治理综合指挥服务中心运行以来,截至2020年底,共受办群众来访、矛盾调解、仲裁、诉讼及咨询1012件,日均受办63.25件,其中按时办结率83.28%,群众满意率98%。

(一)变多中心为一中心,实现群众"最多访一地"

按照矛盾纠纷化解"只进一扇门"的要求,解决好群众有矛盾纠纷"跑哪里"的问题,县社会治理综合指挥服务中心统筹人民来访联合接待中心、诉讼服务中心、公共法律服务中心、社会矛盾联调中心、仲裁服务中心、善美心灵驿站等各类社会矛盾纠纷的多元化解平台入驻。一期办公面积近2200平方米,设有1个综合指挥大厅和1个服务大厅,共有14个接待处理矛盾纠纷的机构和学生伤害、医疗纠纷、劳动争议等9个专业性、行业性调解组织。县级入驻部门20个,入驻人员56名,对入驻部门和人员实施以中心为主的管理模式。

(二)实施一窗无差别受理,实现群众访接便捷化

按照"全科门诊"目标要求,县社会治理综合指挥服务中心在大厅设立1个取号窗口和10个无差别受理窗口,无差别受理群众提出的各类纠纷化解、信访诉求和投诉举报事项。群众取号后可至无差别受理窗口,由窗口工作人员按照"五分钟"办结理念,完成身份证查验、表格填写、相关材料初检、信息系统输入等事项,经导引员引导至接待室办理,接待室内由信访干部、调解干部、法官、律师、

---

①　本节数据来源于嘉善县政务数据办(县跑改办)2021年工作报告。

仲裁人员、心理咨询师等提供"一对一"专业精细化服务。截至 2020 年底,中心共设有 15 间接待功能室、8 间公共接待室办理。

（三）建立多元调解机制,实现调解挺在诉讼前

县社会治理综合指挥服务中心成立了由 19 名资深调解员和 8 名专家组成的调解专家库,设立 2 名律师常驻、14 名律师轮驻的律师调解工作室,群众可以自主选择某位专家或律师参与调解。简单的矛盾纠纷,一般由入驻部门当场调处解决,涉及镇（街道）职责的通知相关人员到中心参与调处;重大疑难纠纷和群体性纠纷,建立由法官、首席调解员、援助律师和职能部门参加的"3＋X"会商研判机制,多方共同会商解决方案。针对民事诉讼物业纠纷、合同纠纷较多的现象,县住建局、县司法局加快物业和合同纠纷调委会筹建入驻,并招聘一批调解干部充实镇（街道）调解干部队伍,通过多种方式构建"大调解"模式,努力把多元调解机制挺在诉讼前面。

（四）提供一条龙服务,实现群众改革获得感

县社会治理综合指挥服务中心为群众提供受理、调解、仲裁、诉讼、执行一条龙服务,受理窗口统一受理群众诉求后,实施分流办理。矛盾纠纷调解后,将司法确认作为重要的保障措施,依法赋予调解协议强制执行力,提高协议履行率。对难以调解的矛盾纠纷,由入驻的法院、仲裁部门工作人员及时介入,启动立案、判（裁）决等后续程序,确保矛盾纠纷办理全流程无缝衔接。同时,开通网上业务办理平台,通过关注 12345 统一政务咨询投诉举报平台、"善治中心"微信公众号等实现网上预约取号、线上线下联动处理方式,极大地提高了中心的办事效率和群众的满意度。

二、跨省政务服务一体化

2019 年以来,嘉善立足长三角区域一体化发展国家战略,以浙江"最多跑一次"改革为牵引,自觉践行全国唯一的县域科学发展示范点的使命担当,携手长三角生态绿色一体化发展示范区内的上海市青浦区、江苏省苏州市吴江区,坚持以人民为中心的发展思想,紧盯示范区政务服务"一窗办""网上办""自助办"三大领域,全力打破区域数据壁垒,整合三地政务服务资源,实现示范区政务服务多渠道融合,聚力示范区政务服务一体化发展。

（一）主要做法

1.通过服务集成,创新跨省政务服务事项"一窗办"

2018 年 11 月,率先设立长三角一体化服务专区,集成市场监管、税务、人社、公安等多部门资源,实现企业开办、企业注销"一窗受理、一次办结"。建立青

浦、吴江、嘉善三地政务服务联动机制,制定三地政务服务工作方案,统一市场准入 10 项标准,协同推进三地政务服务一体化。

2.通过数据整合,推动跨省政务服务事项"网上办"

叠加浙江省"浙里办"和长三角"一网通办"平台优势,推动长三角生态绿色一体化发展示范区政务服务"无感换乘"。设立自助申报服务专区,配备帮办助办团队,协助群众、企业开展网上申报。推动"一件事"跨省联动,法院执行"一件事"线上高效协同,异地就医"一件事"实现长三角生态绿色一体化发展示范区就医免备案门诊即时结算。

3.通过优势叠加,推进跨省政务服务事项"自助办"

嘉善作为长三角生态绿色一体化发展示范区"自助通办"改革工作的牵头地区,将"推广综合自助终端"的思路导入示范区政务服务自助通办改革,突破行政区域限制和网络差异,推动实现示范区政务服务自助终端硬件、网络、界面"一体化"。突出做好"去表单、减材料、减步骤",不断优化政务服务自助办理体验。

(二)突破成效

1.突破区域行政限制,形成政务服务常态化联动机制

通过加强跨省协作,形成改革合力,率先推行营业执照跨区域通办,首创营业执照住所地址冠"长三角一体化示范区",推进政务服务自助通办,吸引了 40余家省内外同行学习借鉴。相关做法入围 2020 年度浙江省改革创新十佳实践案例,为全省乃至全国毗邻地区政务服务"跨省通办"提供了样本。

2.击穿区域数据壁垒,推动政务服务线上线下双向协同

依托嘉善县机关内部协同办事平台,实现长三角生态绿色一体化发展示范区法院"执行在线"跨区联办,打通跨域执行痛点、堵点。通过事项统一、数据互通、结算联网,解决异地就诊、结算报销等问题,2020 年 8 月底至 2021 年 3 月,全县免备案门诊结算人次 3478 人次,涉及金额 37 万余元。

3.创新自助通办模式,为政务服务跨省通办开辟新路径

通过统一硬件配置,融合网络差异,优化界面设置,推动实现长三角生态绿色一体化发展示范区群众跨省事项就近"自助办理"。2020 年,嘉善县综合自助终端使用人数近 8 万人次,仅提取租房公积金一项,年办件量就达 1.4 万余次。截至 2020 年,除示范区三地外,已有 50 个城市相继接入综合自助终端,自助通办范围不断扩大。

第三章　协调发展：城乡一体化新格局

在经济新常态下，中国经济增长的动力机制迫切需要从传统的投资驱动模式切换到创新驱动模式，这是确保中国不会落入中等收入陷阱的关键。但是，科技创新具有明显的集聚特性，在纯粹的市场经济条件下，科技创新无疑会拉大地区经济差距。① 而此时需要政府通过制定相关公共政策来干预资源配置，以达到区域经济协调发展的目的，加快城乡统筹发展。2003 年，习近平同志就把进一步发挥浙江的城乡协调发展优势，统筹城乡经济社会发展，加快推进城乡一体化作为"八八战略"的重要组成部分。② 党的十八大以来，习近平总书记就推进城乡一体化发展多次作出重要论述，强调要坚持以改革为动力，不断破解城乡二元结构。③

2017 年《示范点发展改革方案》提出，嘉善要加快新型城镇化进程，完善城乡基础设施网络，协调推进物质文明和精神文明建设。到 2020 年，城镇化率达70%，建成县域网络型快速交通圈，各镇（街道）实现特色化发展，美丽乡村创建实现全覆盖，全县城乡统筹发展水平继续位居全省乃至全国前列。

经过近年来的建设，嘉善乡村振兴持续发力，城乡面貌焕然一新，成功创建了第六届全国文明城市，位列全国城乡统筹百佳县市第 4 名。截至 2020 年末，嘉善县常住人口 64.8 万人，城镇化率达到 73.1%。居民人均可支配收入位居全国县市先进行列，城乡居民收入比为 1.6∶1。高铁新城建设加快推进，科技

① 王业强、郭叶波、赵勇等：《科技创新驱动区域协调发展：理论基础与中国实践》，《中国软科学》2017 年第 11 期。

② 《"八八战略"与"干在实处、走在前列"是习书记主政浙江的总抓手和总要求》，《学习时报》2021 年 3 月 17 日。

③ 顾益康、潘伟光：《从全局高度统筹城乡发展》，《浙江日报》2017 年 7 月 31 日。

大道、云湖公园等基本建成,越里一期投入营业。完成 16 个地块、42 万平方米棚户区改造。姚庄镇连续 5 年、西塘镇连续 2 年获小城市培育省级考核优秀,天凝镇列入第二轮市级小城市培育试点。巧克力甜蜜小镇获评全国特色小镇优秀示范案例,归谷智造小镇入选首批省级高新技术特色小镇培育名单。美丽乡村建设进展顺利,成功创建美丽乡村风景线 5 条,省"美丽乡村"特色精品村 27 个,A 级景区村庄 54 个。实施强村"飞地抱团"发展,2020 年村均集体经济经常性收入达到 401 万元。

第一节　统筹协调加快城乡一体化

　　城乡发展一体化是国家现代化的重要标志。在工业化、城镇化的基础上推进城乡一体化,是大多数国家实现现代化的重要特征和普遍路径。城乡统筹、城乡一体化是进一步重塑新型城乡关系的迫切需要、破解社会主要矛盾转化的重要选择、推进乡村振兴的首要路径。① 嘉善的城乡统筹发展水平一直走在全国前列,是城乡居民收入比最小的地区之一。迈向"十四五"时期,嘉善更应在"扎实推动共同富裕"上率先示范,推动更高水平的城乡融合发展。

　　通过系统谋划、系统推进、系统布局,嘉善农村基础设施和公共服务不断延伸覆盖,基本形成体制基本接轨、产业相互融合、社会协调发展、环境有效改善、差距明显缩小的城乡一体化发展新格局(见图 3.1)。在实现规划一体化中, 典

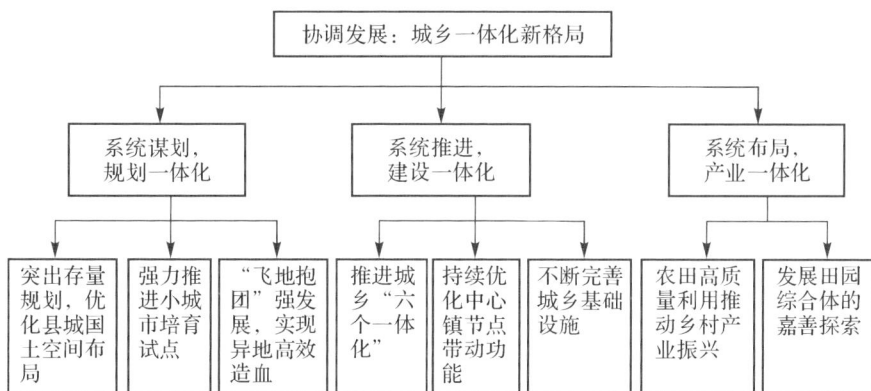

图 3.1　嘉善协调发展模式结构

―――――――――

　　① 张克俊、杜婵:《从城乡统筹、城乡一体化到城乡融合发展:继承与升华》,《农村经济》2019 年第 11 期。

型经验是突出存量规划,优化县域国土空间布局;强力推进小城市培育试点;"飞地抱团"强村发展,实现异地高效造血。在推进建设一体化中,主要举措有推进城乡"六个一体化"、持续优化中心镇节点带动功能与不断完善城乡基础设施。在布局产业一体化中,农田高质量利用推动乡村产业振兴与发展田园综合体的嘉善探索是典型建设经验。

一、协调发展的整体成效

嘉善坚持协调发展理念,构建城乡全面融合新格局,坚持节点带动、城乡联动,扎实推进新型城镇化,城乡全面融合发展格局持续深化。

"十三五"期间是嘉善城乡统筹度持续提升的 5 年。城市面貌显著改善,累计实施棚户区改造 42 万平方米,完成老旧小区改造 95 个,新增城区绿道 40.6公里、各类公园 19 个;姚庄镇、西塘镇小城市培育工作走在全省前列;全市首个创成国家全域旅游示范区和全国旅游标准化示范县,创成国家 5A 级景区 1 个、4A 级景区 2 个,省 A 级景区村庄 54 个;乡村振兴战略全面实施,建成高标准农田 14.6 万亩,粮食产量连年增长,成功创建国家农产品质量安全县;高质量完成美丽乡村"1552"工程;创新开展全域土地综合整治,累计整治土地 13.3 万亩,集聚农民 1.9 万户,土地流转率从 47.4% 提高到 86.6%;村均集体经济经常性收入突破 400 万元大关。[①]

（一）城乡一体发展规划格局不断完善

1. 优化县域总体空间布局

在全省率先编制县级国土空间总体规划,重塑城乡格局,明确建设用地、生态、农业等空间布局,形成嘉善未来新城、祥符荡科创绿谷、临沪高能级智慧产业新区、长三角农业科技园区、长三角生态休闲旅游度假区"一城一谷三区"空间格局。

2. 强化发展战略规划导向

按照"三新一田"战略定位,坚持生态底色,对标世界一流,明确产业发展导向、河湖水面比率、蓝绿空间占比等,谋划实施"十大工程、百个项目、千亿投资",积极探索将生态优势转化为经济社会发展优势的科学路径。

3. 构建"多规合一"规划体系

将主体功能区规划、土地利用规划、城乡规划等多个规划融合为统一的国土

---

① 徐鸣阳:《2021 年〈政府工作报告〉》,2021 年 3 月 4 日,http://www.jiashan.gov.cn/art/2021/3/4/art_1229199208_4527351.html。

空间规划,实现规划体系重构。各专项规划上下协调,部门协同统筹推进,编制形成"1+1+N"规划体系(1 个国土空间规划、1 个发展规划,以及交通、生态环境、水利、产业、文旅、科创等多个专项规划),进一步增强各项规划的相互支撑。坚持"一张蓝图"管全域、"一个平台"管实施、"一套机制"管落地,建立空间规划"一张图"监督系统,实现国土空间规划管理全域信息化覆盖。

(二)城乡在协同配套中实现加速融合

1.城市的龙头带动效应进一步显现

中心城区城市框架进一步拉开,嘉善高铁新城形象不断展现,建成城市规划展示馆、上海人才创业园、越里水街、嘉善大道景观轴等一批标志性工程,启动长三角(嘉善)金融创新中心等一批重大项目,设施配套不断完善,产城融合深入推进。城市有机更新提速提质,高标准启动梅花坊城市客厅建设,完成棚户区改造42 万平方米、老旧小区改造 95 个,实施谈公路下穿沪昆铁路改扩建、平黎公路改扩建等一批重大基础设施工程,城市整体形象、功能进一步提升。

2.中心镇节点功能进一步发挥

稳步推进就地城镇化,深入实施农房集聚改造,中心城镇人口集聚度、产业集中度、功能完善度不断增强,农房集聚率达 53%,姚庄镇和西塘镇省级小城市培育试点、天凝镇市级小城市试点连续获得考核优秀,建成姚庄城乡一体化发展示范片区,大云镇以农旅融合实现镇域景区化、景区全域化,均衡发展的"姚庄模式"、古镇新城的"西塘模式"成为全省经验。

3.现代农村建设进一步加快

深入推进农村基础设施、公共服务与城镇无差别融合,率先实体化运营乡村振兴学院,高起点布局数字乡村、数字农业建设,编制数字乡村总体架构、数字农业发展规划,完善农业信息进村入户,实现 5G 基站建设镇域全覆盖、益农信息社村级全覆盖。深入实施"强村计划"壮大村级经济,创新"飞地抱团"发展模式,从强村带弱村到跨镇抱团,携手浙江庆元县、四川九寨沟县共建跨省"飞地抱团"产业园助力对口扶贫,被评为浙江省公共管理创新优秀案例,全县村均经常性收入突破 400 万元。

(三)城乡融合发展体制机制不断完善

1.开展全域农田流转

在农房集聚改造的基础上,推动农田高质量流转,激活置换、互换、有偿退出以及抵押等农田权能手段,创新"标准田"管理机制,优化资源配置,推动农业适度规模经营。全县农田流转率达到 86.63%,其中整村全域流转 59 个。

2.创新乡村振兴资金保障

通过提取部分土地出让金收益等办法,率先建立乡村振兴专项资金,用于推动各镇(街道)乡村振兴重大项目建设,创新农村集体经营性建设用地入市改革,挂牌出让嘉兴市首宗农村集体经营性建设用地,实现"集中财力办大事"。

3.深化农村产权制度改革

开展农村集体资产清产核资工作,全面完成118个村(社区)农村集体经济组织的清产核资,完善县、镇(街道)两级农村集体产权交易平台,建立农村集体产权交易"分级管理"和"限额准入"制度。制定农村集体资产股权有偿退出、村级集体经济组织赎回及继承、转让、赠予等流转办法,明确农民对集体资产股份的占有、收益、有偿退出及抵押、担保、继承的权能。

二、系统谋划,规划一体化

推进城乡发展一体化是一个庞大的系统工程,需要总体谋划设计和系统科学规划。选准推进城乡一体化的科学路径是促进城乡发展一体化的核心和关键所在。嘉善通过画好县域发展蓝图、完善城镇发展格局、优化村庄规划布点,着力形成城乡一体化发展的体制机制,扎实推动县域科学发展,坚持新型城镇化与新农村建设"双轮驱动",加快推进城乡发展一体化,逐个突破城乡统筹发展难点。

(一)画好县域发展蓝图

嘉善把县域总体规划作为推进城乡统筹发展的先导,2004年以来先后编制实施《嘉善县城乡一体化发展规划纲要》《嘉善县域总体规划》,深入开展"多规合一",促进城乡资源的合理配置和有效整合。2013年、2017年,国家层面两次批复实施嘉善示范点建设相关方案,嘉善进一步着眼于县域全局的整体性规划,打破城乡界限,全域优化布局,明确建设产业转型升级引领区、城乡统筹先行区、生态文明样板区、开放合作先导区、民生幸福新家园"四区一园"的目标定位,真正做到县域一本规划、一张蓝图,城乡整体谋划、整体推进。

突出存量规划,优化县域国土空间布局,改变以往外延式发展的规划思路,通过缩减农村宅基地、腾退低小散工业,在城乡建设用地零增长的前提下优化县域建设用地布局。一是以腾退存量建设用地为主要抓手,科学配置城镇工矿用地,整合规范农村建设用地,重塑县域空间。规划期内计划腾退农村宅基地25平方公里、低小散工业12平方公里、其他存量建设用地6平方公里,共计43平方公里。二是通过有机更新,盘活城镇开发边界内的低效建设用地。规划确定全域有机更新重点区块21个,涉及总面积38平方公里。通过采取腾退整合、技改转型等措施,以强度换空间,以空间促品质,促进土地利用模式创新和土地利用效率提高。三是科学合理布局城乡空间,做好城乡融合这篇文章。在构建"一城一谷三区"的国土空间总体格局基础上,倾力打造城市周边的万亩农田,真正做到城乡一体。

（二）完善城镇发展格局

嘉善按照建设示范点要求和新型城镇化思路,在 2009 年开展了县域行政区划调整,将原来的 11 个镇调整为 6 镇、3 街道,不断完善统筹城乡功能布局,形成"一个中心城区、两个城镇副中心和其他新市镇协调推进"的城乡发展新格局。充分发挥城镇的节点功能,姚庄镇省级小城市培育试点连续四年全省考核优秀,率先建成姚庄城乡一体化发展示范片区。其后,西塘镇入选浙江省小城市培育试点和全国特色小镇,天凝镇列入嘉兴市小城市培育试点,城乡一体发展基础更为扎实。

强力推进小城市培育试点,是推进新型城镇化、加快城乡融合发展的重要战略举措。通过小城市体制机制创新和行政审批权下放,破解了"小牛拉大车"的困局,走出了一条以城带乡、城乡融合发展的新路子。一是增强功能配套,提升吸附能级。持续深入开展多轮浙江省小城市培育试点建设,相继建成一批市政设施、教育卫生、养老服务类项目。完善镇、村两级社区卫生服务体系,加快推进医共体建设,引进上海世外教育集团托管西塘中小学。深入开展农村生活污水无害化处理,城乡生活垃圾市场化运行、分类处理,以及全域秀美建设,完成祥符荡等北部湖荡整治。二是推进农房集聚,强化社会管理。持续深入推进农房改造集聚,促进土地节约集约利用。健全完善全域网格化管理服务机制,组织群众参与"网格夜访"和"平安大巡防",引导商铺使用"平安三率"支付码收费,依托 AI 技术刷脸抓拍等手段,强化小城市治安工作。不断加强镇村干部队伍建设,营造良好的共建、共治、共享治理氛围。三是加强政策护航,推进强镇扩权。出台加快推小城市培育试点工作的若干意见,强化财政、土地、人才等资源要素的政策支持。全面深化"最多跑一次"改革,下放 200 余项服务事项审批权,分别在姚庄镇、西塘镇设立综合自助终端和长三角"一网通办"专窗,实现了长三角地区首批 758 个事项的"一体化通办"。在全省率先实施综合行政执法试点和"四个平台"建设,设立村（社区）便民服务中心红色代办点,配备代办员,建成覆盖全镇的便民服务网。

（三）优化村庄规划布点

嘉善为更好地补齐农村发展短板,推动城镇化触角向农村延伸,持续优化县域村庄规划布点,将原先分散的 1669 个自然村居民点,调整为 21 个城镇新社区、66 个农村新社区、144 个农村自然村落、18 个农村特色自然村落,共 249 个规划布点,并将在推动乡村振兴中进一步加以优化,在缩小城乡之差的同时,充分彰显城乡之别。

把创新"飞地抱团"强村发展模式作为推进乡村振兴和共同富裕的新路子,努力实现"本地低效造血"向"异地高效造血"转变,全力推动"项目空间错配"向"项目空间匹配"转变。一是设计全域递进的强村新布局。打破镇村界线和要素流动障碍,构建强村发展共同富裕新布局,全域整合资源,全域整体受益。二是盘活腾退转型的强村新空间。开展低效用地腾退,为"飞地"发展腾出指标、盘出空间。结合全域土地综合整治,为绿色发展梳通农田肌理、厚植生态优势。通过指标交易,为村集体积累宝贵的可持续发展资金。三是布局"飞地抱团"的强村新模式。按照"县域统筹、跨村发展、股份经营、保底分红"原则,采用"土地＋资金""弱村＋强村"共富新模式,把最好的区块给村集体,在省级以上产业平台、特色小镇、县镇两级商贸区等优势区块,统筹布局"两创"中心,高标准建造标准厂房,吸引优质企业入驻。四是激发区域共富的强村新潜能。县财政每轮统筹安排6000万元资金和200亩土地指标,出台金融扶持、规费减免、红色代办、保底分红等一揽子政策,用于支持相对薄弱村抱团发展。结合全国东西部扶贫协作、浙江省山海协作,推动区域共富,打造全国首个跨省域、跨县域异地帮扶强村发展模式。五是创新统筹高效的强村新机制。创新"统一规划、统一审批、统一建设、统一经营、统一管理、统一核算"的"六统一"体制机制。县镇村三级联动,部门乡镇条块共推,村级抱团资产公司和项目平台运营公司分责共管,先富带后富,探索形成政府推动、市场主导、集体受益、农民得惠的良性发展态势。

三、系统推进,建设一体化

从国际经验看,率先推动城乡基础设施的互联互通是发达国家城乡融合发展的最直接的措施,贯穿城镇化的各个阶段。嘉善围绕城乡基础设施一体化规划建设,补齐农村基础设施短板,不断提升城市建设品位。

（一）构建城乡基础设施一体化体系

近5年来,嘉善县财政支出用于民生的占比保持在75％以上。坚持城乡互补发展导向,重点推进城乡交通一体化、供水一体化、污水处理一体化、垃圾处理一体化、供气一体化、信息一体化"六个一体化",建成各镇10分钟内上高速、县城到各镇不超过20分钟、各镇之间不超过40分钟的交通圈,率先在县一级实现城乡居民"同源、同质、同网、同价"供水,基本实现全县镇级污水处理设施全覆盖,形成"户集、村(社区)收、镇(街道)运、县处理"的城乡生活垃圾处理模式,全县生活垃圾无害化处理率达到100％。

在实现城乡天然气管网、宽带互联网、数字电视等全覆盖的基础上,持续优化提升基础设施建设水平。一是深入推进"四好农村路"建设。加强农村公路建设制度保障和财政保障,编制全县农村公路建设管理办法,实施"四好农村路"三年行动方案。二是深入推进污水治理设施建设。启动建设"三厂四线"工程,大成环保污水处理厂扩容、西塘至姚庄污水管网等项目顺利推进。三是深入实施垃圾分类收处。出台城镇生活垃圾分类实施方案,推进农村生活垃圾分类和资源化利用工作,建成一批垃圾分类资源化站点,垃圾分类成为社会新风尚。

创建全国城乡交通运输一体化示范县,完善城乡一体、快速高效、集约绿色、安全可靠的现代综合交通运输体系。加快推进杭州湾跨海大桥北接线二期、丁诸线航道整治等重大工程,将丁凝公路、丁新公路、平黎公路列入省道网。研究开展通用航空机场前期工作。优先发展公共交通,充分发挥嘉善县综合交通信息服务平台作用。推进海绵城市建设,加快地下综合管廊建设。以城带乡,完善城乡一体供水网、污水网、供电网、燃气网、环卫网等,推进清污分流、污水处理再利用。积极推进"智慧嘉善"建设。

（二）不断提升城市建设品位

编制县域总体规划、城市"双修"规划、空间规划,南部高铁新城入选浙江省民营企业高质量发展优秀案例,建成新西塘越里水街、影视综艺产业园等,产城融合格局基本形成。深入推进城市有机更新,基本完成老城区历史文化遗迹规划设计、老旧小区提升工程,加强交通治堵,完成谈公路、体育路、人民大道等城区主要道路改造建设以及谈公路下穿沪昆铁路改扩建等一批治堵工程,城市整体形象不断提升。

以农房改造集聚为突破口,探索建设农村新社区。2008年在姚庄镇开展试点并有序推开,因村制宜引导村民自愿相对集中居住。截至2020年底,姚庄镇已建成的桃源新邨,建有配备图书室、多功能厅、超市等设施的便民服务中心,新社区绿化率达30%,并有镇上医院、体育馆等公共设施相配套,农民在家门口就享受到城市功能,该新社区已集聚农户2356户共1.4万人,还有2000多户正报名排队。

持续优化中心镇节点带动功能。深入推进新型城镇化,稳步推进姚庄镇、西塘镇、天凝镇省市小城市培育试点,姚庄镇省级小城市形成"姚庄模式"并在全省交流推广,西塘镇入选全国特色小镇和省级小城市培育试点。深入推进农房改造集聚,因村制宜引导村民自愿相对集中居住,农村新社区管理机制不断完善,全县农房改造集聚率达53%。

四、系统布局,产业一体化

产业兴旺是城乡融合发展的重要标志,必须高质量推进乡村产业发展,增强农村"造血"功能和内在动力。通过系统布局,推进嘉善城乡产业一体化发展。2020 年,嘉善出台《嘉善县乡村振兴规划》,以乡村产业持续发展为动能,通过培育特色产业,强化一、二、三产融合发展,实现乡村现代农业产业化。以"人、钱、地"为抓手,破解乡村资源要素制约难题,实施新时代美丽乡村综合集成改革。

(一)特色突出的农业产业

一是农业产业结构逐步优化,形成了食用菌、瓜果蔬菜、水产养殖、花卉苗木、精品粮食等农业产业类型。拥有"中国黄桃之乡""中国甜瓜之乡""中国番茄之乡""中国蜜梨之乡""中国雪菜之乡""中国鲜切花之乡""中国蘑菇之乡"等美誉,是首批国家农产品质量安全县、省农业标准化综合示范县、省生态循环农业示范县、省农产品质量安全放心示范县。二是农业发展平台逐步优化,嘉善县中西部省级现代农业园区、嘉善县姚庄果蔬特色农业强镇、白水塘现代农业园区、西塘镇特色农业强镇等初具规模。农业龙头企业、农民专业合作社、家庭农场等新型农业经营主体发展迅速。三是农业品牌建设顺利推进,"银加善"农业区域公共平台战略影响力不断提升,全县有效期内"三品"总数达 113 个,其中无公害农产品 98 个,绿色食品 14 个,有机农产品 1 个。截至 2020 年底,全县累计流转土地面积 25.03 万亩,农村承包土地流转率达 86.63%。有省级以上农业龙头企业 3 家;家庭农场 911 家,其中县级以上示范性农场 42 家;各类农民合作社238 家,其中被市、县农业主管部门认定为规范性合作社 15 家。全县现有农业地方标准 17 项,有绿色优质农产品 86 个,总面积 14.05 万亩。嘉善各镇(街道)农业产业特色分布情况如表 3.1 所示。

表 3.1　嘉善各镇(街道)农业产业特色分布情况

镇(街道)	特色农业分布情况
魏塘街道	主导农业产业:传统农业、蔬果业 农业园区:东部农业杜鹃花出口生产基地、网埭港千亩优质草莓基地、中部一里谷高科技农业基地、蓝莓基地,西部千亩九熊黄桃基地、淞浩生态樱桃园、龟鳖标准化生产基地 农业品牌:"九熊"黄桃、"靓尚品"蓝莓、"善鹃"杜鹃
罗星街道	主导农业产业:传统农业、蔬果业 农业园区:罗星粮食生产功能区、罗星甜瓜产业示范区 农业品牌:"马家桥"甜瓜

续表

镇（街道）	特色农业分布情况
惠民街道	主导农业产业：稻米、水果、蔬菜 农业品牌："惠绿"蜜梨、"龙洲"生态鳖、"这一季"热带水果、"湖墩"大米、"翠丰"鲜食大豆、"三润"水产
大云镇	主导农业产业：采摘农业、观光农业、休闲农业 农业园区：大云省级花卉产业示范区、大云杜鹃精品园、拳王省级休闲渔业示范基地等
西塘镇	主导农业产业：林果业（葡萄、柑橘、桃）、蔬果业、淡水养殖 农业园区：优庄园果蔬新品种新技术示范基地（东汇村）、祥符罗氏沼虾产业示范区、省级新胜加州鲈鱼特色精品园 农业品牌："蛙蛙响"优质稻米
干窑镇	主导农业产业：传统农业、蔬果业、渔业 农业园区：草莓精品园、省级青鱼特色精品园、银淞生态樱桃园 农业品牌："干窑"大米、"范东"大米、"嘉佑"美米
陶庄镇	主导农业产业：传统农业（水稻种植）、渔业 农业园区：省级鳜鱼示范区 农业品牌："陶箩"大米、"众森"大米、"汾湖滩"水果、"野绿港"黄桃
姚庄镇	主导农业产业：大棚蔬菜（茄子、番茄）、黄桃、花卉、淡水养殖、蘑菇 农业园区：六塔鳖现代渔业主导产业示范区、东泉虾蟹主导产业示范区、姚庄食用菌精品园、新源鳜鱼精品园 农业品牌："锦绣"黄桃
天凝镇	主导农业产业：传统农业、蔬果业、养殖业 农业园区：雪菜示范区、葡萄精品园、水生蔬菜精品园、中华鳖精品园 农业品牌："杨庙"雪菜（嘉善首个全国农产品地理标志）、"景明"果品（省龙头企业品牌）

资料来源：《嘉善县乡村振兴规划》。

按照长三角生态绿色一体化发展示范区总要求，结合嘉善农业产业特色，优化北部绿色生态片、中部高效示范片、南部休闲观光片三大农业片区特色发展。

（二）快速发展的乡村新业态

嘉善围绕"打造成为长三角地区重要休闲旅游目的地"这一发展目标，坚持把旅游作为支柱产业来抓，不断优化全域旅游环境、完善全域旅游功能、推动全域旅游产业融合、扩大全域旅游影响。西塘旅游休闲度假区和大云旅游度假区作为推动旅游业发展的两大主平台，通过大招商、大投入、大建设，正在形成双核驱动、多点开花的良好局面。旅游公共服务、旅游投诉服务、安全保障服务三大服务平台品质提升,夯实了旅游发展基础;"旅游+"作为旅游业融合与创新的重要举措,全面激发了旅游业发展新活力;以"古镇西塘""大云巧克力甜蜜小镇"为主题的旅游品牌日趋成熟;旅游配套设施日趋完善,旅游经济持续快速增长,产业规模和产业竞争力得到了快速扩大和提升,获得"全国休闲农业与乡村旅游示范县"称号。2020年,全县接待国内外游客1844.19万人次,实现旅游总收入227.53亿元。

乡村旅游、电子商务等产业百花齐放。乡村旅游发展势头良好,形成了中国国家历史文化名镇、国家5A级旅游景区西塘古镇旅游景区,以及温泉养生旅游目的地云澜湾温泉景区、水乡漫游体验游目的地碧云花园十里水乡景区和甜蜜生活体验游目的地歌斐颂巧克力小镇3个国家4A级旅游景区和广泛分布的3A级旅游景区和景区村庄。西塘、大云旅游综合体已比较成熟,姚庄旅游综合体正在推进建设,为国家全域10个旅游示范县的创建奠定了扎实的基础。农业电商逐步发展,罗星街道马家桥农村电商平台、姚庄电商创新服务中心等电商平台逐步崛起,农业一、二、三产融合发展速度较快。

(三)农田高质量利用,推动乡村产业振兴

以工业理念抓农业、以市场机制管农田、以反哺政策促发展,推动农田全域有序流转、全链高效运转、全程统一服务,推动农田向园区集中、经营向多元转化、要素向乡村集聚,实现农田高质量利用,推动乡村产业全面振兴。

1.探索"飞田入园"集中耕作方式

坚持农民自愿原则,发挥政策导向作用,做好全域农田有序流转后半篇文章。布局创设"集中种植区",以低效田流转换高标田经营,飞零星田入现代农业小微产业园,有效解决"插花田"问题,吸纳新型农民创业发展,实现小农户转型职业农民最佳半径。

2.创新全生命周期标准田制度

将"亩均论英雄"理念植入现代农业发展,率先以制度定业态布局、项目招引、投资强度、农田标准、生态管控、生产技术、亩均效益、退出条件,系统打造要素集聚、数字赋能、品牌驱动、产业融合的全链条闭环标准田制度体系。

3.开启全链实体农田经营模式

组建农业实体经营公司,从种子种苗、设施装备、田间管理、生产加工、仓储物流、产品销售、品牌转化各环节全链集成、全程服务,叠加科研院所、专家团队、龙头企业等优质资源,建立"农民入股+保底收益+按股分红"利益联结机制,实现政府、市场、村集体、农户多方共赢。

　　4.首创"以地哺农"政策保障体系

　　调整土地出让金分配办法,在乡镇土地出让金净收益中提取一定比率的资金建立乡村振兴专项资金,专项用于乡村振兴项目建设,建立资金管理办法和绩效评价机制,有效解决"钱哪里来、钱用哪里、钱怎么管"三个问题,实现乡村用地收益资金反哺乡村发展。

第二节　城乡协调发展的特色实践

　　作为全国唯一的县域科学发展示范点,近年来,嘉善县深入践行"八八战略",全面贯彻新发展理念,着力推进产业转型升级引领区、城乡统筹先行区、生态文明样板区、开放合作先导区、民生幸福新家园"四区一园"建设,努力把嘉善建设成全面小康标杆县和县域践行新发展理念示范点。嘉善县坚持协调发展理念,构建城乡全面融合新格局,坚持从自治到"三治"融合的乡村治理,发展从"农业＋"到"飞地抱团"的乡村经济,探索公共服务均等化,挖掘与提升地方文化,助力美丽乡村建设,形成嘉善城乡协调发展的特色实践。

一、促进城乡协调发展的深层逻辑

　　党的十九大报告指出,我国社会的主要矛盾已经转化成人民日益增长的美好生活需要和不平衡不充分的发展之间的矛盾,其中"不平衡不充分的发展"就深刻地体现为城乡之间发展的不平衡不充分。缩小城乡差距,提高乡村地区居民的生活水平,为全面建成小康社会补短板,为最终实现共同富裕奠定基础,这是乡村振兴战略提出的潜在目的,也是城乡协调发展的深层机理。具体而言,尽管随着城镇化的发展,大量乡村人口流向城市是客观趋势。但这并不意味着乡村不重要,更不意味着乡村居民都要通过流向城市的方式提高生活水平。根据世界各国城市化的发展规律,城市化具有一定的限度。世界上城市化水平最高的那些国家,如阿根廷、日本、澳大利亚,城市化率大致在90％左右。[1] 其他发达国家的城市化率多集中在70％～85％。也就是说,城市化率具有一定的极限,不可能达到100％。即便城市化没有极限,过高的城市化水平也会带来严重的社会问题。一方面是广大乡村地区的凋敝衰弱,另一方面则要应对严重的城市病问题。就中国而言,根据《国家人口发展规划(2016—2030年)》,到2030年,

────────────

　　① 萧洪恩:《"三农"向何处去:乡村振兴战略与就地现代化之路探析》,《徐州工程学院学报(社会科学版)》2018年第2期。

我国常住人口城镇化率预计达到 70％，届时我国的人口预计为 14.5 亿。也就是说，到 2030 年，我国依然有 4.35 亿人口在乡村居住。这个人口规模超过世界上大多数国家。乡村地区始终会存在庞大人口，这是在中国城市化水平不断提高的同时，不可回避的现实。

乡村始终会存在大量人口，他们理应受到平等对待，共享国家发展成果。但一直以来，在城乡二元体制下，发展战略偏向城市，分配制度偏向市民，产业结构偏向重工业，在这些原因下，我国城市得到飞速发展，广大乡村地区却处于不断衰弱、凋敝的状态。[①]"农村空心化"等农村问题迭出不穷[②]，农村劳动力、人才流失严重，村舍年久失修，到处都是断壁残垣。乡村居民的生活水平与城市居民的差距越来越大。这与我国最终实现共同富裕的目标背道而驰。2017 年，国家出台乡村振兴战略，正是针对这种乡村发展滞后、乡村居民生活水平与城市居民存在较大差距的状况，是人本主义的一种体现，也是缩小城乡差距，决胜全面建成小康社会的迫切要求。

二、积极探索城乡协调发展的实践创新

城乡发展不平衡的关键是乡村的发展滞后于城市的发展，因此推动城乡协调发展的重点在于促进乡村的发展。乡村发展起来了，城乡发展不平衡问题也就得到解决了。

嘉善整体经济发展水平位居"2020 年中国百强县"第 93 名，在浙江省处于中等偏上水平。2020 年末，嘉善常住人口 64.8 万人，人口规模在浙江同样处于中等水平。因此具有一定的代表性。

2005 年 4 月 10 日，时任浙江省委书记的习近平同志到嘉善调研，对嘉善提出要求，希望嘉善在"推进城乡一体化方面创造新经验"[③]。因此，在 2017 年中央提出乡村振兴战略之前，嘉善在城乡协调、城乡统筹方面进行着有力的探索。乡村振兴战略提出以后，嘉善结合之前的城乡统筹基础，制定了《嘉善县乡村振兴战略规划》，旨在进一步推进乡村地区发展，促进城乡协调。

（一）乡村治理：从自治到"三治"融合

人是社会关系的总和，人只有在社会实践中才能更深刻地体会到自己的存

---

① 刘彦随：《中国新时代城乡融合和乡村振兴》，《地理学报》2018 年第 4 期。

② 廖彩荣：《乡村振兴战略的理论逻辑：科学内涵及实现路径》，《农林经济管理学报》2017 年第 6 期。

③ 《国家发展改革委积极推动浙江嘉善县域科学发展示范点建设》，国家发展和改革委员会网站，2017 年 6 月 26 日，https://m.hexun.com/hz/qtt/2017-06-26/189789661.html。

在。乡村居民对自身身份的低度认同,与乡村居民缺少参与公共事务机会,缺乏主人翁感有关。虽然我国建立了基层群众自治制度,但因为村级组织行政化等原因,在现实中,乡村群众自治现状与法律规定之间仍存在较大距离。很长一段时间内,嘉善也面临着同样的状况。但随着经济社会的发展、利益的逐渐分化、矛盾不断增加。嘉善的很多建制村逐渐开始探索更多的村民自治途径,让"村民自己的事自己决定",减少矛盾的产生。这种探索取得了较大成效。嘉善已经形成了比较成熟的以基层党建为基础,着力推动村务公开、村务公决、民生实事票决制等一系列旨在推进基层民主自治的举措,一定程度上提升了乡村治理的效果,减少了矛盾的产生,让许多村民有参与感、主人翁感。

2013 年,浙江省桐乡市率先开展的"自治、法治、德治"相融合的基层社会治理实践取得了一定的治理成效。这一"三治"融合的经验在浙江省委省政府的倡导下在全省各地推广。嘉善在拥有较好自治基础的前提下,通过"三治"融合的探索、实践,实现了乡村治理格局的优化,治理效能得到了进一步提高。从"自治"到"三治"融合,嘉善的乡村治理完成了一次质的提升。

(二)乡村经济:从"农业＋"到"飞地抱团"

城乡协调关键是乡村经济的发展和乡村产业的振兴[①],乡村没有产业,乡村居民就业便得不到解决,整体收入水平便很难提高。没有更高的经济收入,乡村居民便不能享有更高的生活水平,城乡发展必然失衡。

对于广大乡村地区而言,产业振兴的首选是振兴农业,农业是乡村的根本。作为浙江省的农业大县,嘉善在中央提出乡村振兴战略之前,就已经致力于农业的规模化经营和"精品农业"战略。为推进农业规模化经营,嘉善通过承包地流转实现耕地的集约化利用。截至 2020 年底,全县累计流转土地面积 25.03 万亩,农村承包土地流转率 86.63%。耕地的集约化利用,解决了原来低效的小散乱经营问题,为实施"精品农业"战略奠定了基础。随着"精品农业"战略的不断推进,嘉善逐渐形成了"五色"产业带,即金色的粮食、绿色的蔬菜、白色的食用菌、蓝色的水产和彩色的花卉,并获得了"中国蘑菇之乡""中国甜瓜之乡"等众多荣誉称号。

中央提出乡村振兴战略后,嘉善在振兴农业上,开始规划农业大平台建设和培育新型农业经营主体。2018 年嘉善《关于全面实施乡村振兴战略高水平推进城乡深度融合的实施意见》(以下简称《意见》)明确指出,到 2020 年,"培育新型

---

① 　白如钰、黄江、杨育民:《乡村振兴与新时代全面建成小康社会的战略选择》,《农业经济》2020 年第 3 期。

农业主体 300 家,新增省级、市级农业龙头企业 10 家"。同时,依托传统农业产业主产区,打造北部、南部和中西部三个农业大平台。除此之外,还在新型经营主体培育和农业大平台建设的基础上,致力于农业提质工程,促进农业现代化。

乡村产业振兴的根本是农业,但并不限于此。工业、旅游业也是乡村经济发展可以依托的重要板块。嘉善在提振农业的同时,也有计划地开始发展工业和旅游业。例如,为提升薄弱村经济,2008 年推出"强村计划"。嘉善县委县政府在建设用地指标、资金、规费减免等方面对弱村进行扶持,让强村与弱村联手,建立村级经济创业园,"抱团"发展。后来,这一模式被冠以"飞地抱团",受到省委省政府的关注,并在 2019 年开始在浙江省推广。在旅游业方面,《意见》规划了嘉善发展乡村旅游的 5 条风景线,希望以 1 个 5A 级景区、3 个 4A 级景区为依托,发展全域旅游。

（三）乡村社会:公共服务均等化的探索

长期以来,乡村地区严重滞后的医疗、教育、养老、交通条件,成为乡村居民背井离乡的重要因素,嘉善同样存在这样的问题。为了改变这种境况,21 世纪伊始,嘉善就开始探索缩小城乡公共服务差距的路径。近些年来,嘉善缩小城乡公共服务差距的主要政策可以概括为三方面:一是通过农村宅基地的集约化利用,推进农房集聚,农房集聚安置率争取在 2024 年达到 70% 以上。农房的集聚不仅有利于降低政府公共服务供给的成本,也有助于政府向乡村居民提供更优质、更多元的公共服务,这对缩小城乡之间的公共服务差距具有重要意义。二是通过城乡基础设施的规划、建设、运营一体化,缩小城乡差距。嘉善在基础设施建设上,实行城乡一体化策略,如交通、供水、供气、防洪、排水、污水和垃圾处理、通信等基础设施建设均已实现城乡一体。三是致力于缩小城乡之间教育、医疗、养老等方面的差距。在教育上,嘉善从 2010 年开始实施义务教育学校教师的城乡流动,推动城乡之间师资力量的均等化;在医疗上,嘉善构建了嘉善县医院、乡镇卫生院、村卫生室和社区卫生服务机构四级服务体系,形成了"20 分钟医疗服务圈"。另外,还针对年老、疾病、伤残导致失能,且经过不少于 6 个月治疗生活不能自理、需要长期护理的重度失能人员提供长期护理保险。在养老上,嘉善一方面扩大了养老保险的覆盖面,提高养老金额度;另一方面建设并完善了县镇村三级养老服务设施,县有老年公寓,镇有社会福利养老服务中心,村有居家养老照料中心,形成了"20 分钟城乡养老服务圈"。

（四）乡村文化:地方文化的挖掘与提升

在文化上,乡村居民的文化生活水平远远低于城市居民,这也在一定程度上降低了乡村居民的幸福感。针对乡村居民文化生活水平较低、文化活动贫乏的现状,嘉善在乡村文化建设上出台了相应举措:一是大力加强农村文化礼堂建设。通过文化礼堂的建设和有效使用,切实丰富乡村的文化活动,提升乡村居民文化参与体验。二是借助既有地方历史人文传统,深入挖掘"善文化"历史内涵。以解读"善文化"、弘扬"善文化"、践行"善文化"和推广"善文化"为载体,推动系列文化活动进基层。三是以村党群服务中心为基点,建设村图书室,配备专职文化宣传员,提高群众参与文化活动的积极性、主动性,丰富乡村文化生活。

(五)乡村生态:美丽乡村建设

浙江省对生态保护的重视由来已久,省委省政府对生态环境的重视深刻地影响着各县域的生态环境建设。嘉善整治乡村环境的早期举动就源于 2003 年浙江省省委省政府推出的"千村示范、万村整治"工程。这一计划旨在改变乡村"脏乱差"的格局,经过多年实施,极大地改变了许多乡村的面貌。沿着这一计划,浙江省又先后在全省推进"五水共治""三改一拆"和美丽乡村建设等工作。这些工作的推进,使原本"脏乱差"的乡村旧貌换新颜,变得整洁宜居。截至 2020 年,嘉善建成 50 个美丽乡村精品村,45 个 A 级景区村庄,8 个 3A 级景区村,5 个美丽乡村示范镇,5 条美丽乡村风景线。乡村环境进一步改善,乡村居民生活水平不断提升,城乡差距正在不断缩小。

三、嘉善城乡协调发展实践的经验与启示

(一)在全省统筹布局下,协调推进

嘉善城乡之间的协调发展,得益于省委省政府的统筹布局。在乡村公共服务保障上,省委省政府统筹布局了乡村养老照料服务中心、乡村卫生室建设;在乡村文化上,统筹布局了农村文化礼堂建设;在乡村生态上,统筹布局了"千村示范、万村整治"工程、"五水共治"和美丽乡村建设。在总结地方创新经验的基础上,省委省政府又统筹推广了"三治"融合的乡村社会治理新格局,有力推进了乡村地区政治、经济、社会、文化、生态的均衡发展,缩小了城乡差距,促进共同富裕。

(二)以农村土地流转、农房集聚为抓手,改善乡村发展基础

农村土地流转为乡村的发展拓展了空间。一是农村土地流转有助于农村土地资源的优化配置,为农业的规模化、产业化经营提供基础。二是土地流转有助于增加农民收入。一方面,农民可以获得稳定的土地流转收益(当前嘉善土地流转价格为 800~1200 元/亩);另一方面,农民可以成为"农业工人",从二、三产业中获得收入。部分农民的土地还可以转变成资本,通过土地承包经营权入股,取得分红收入。

农村土地的大规模流转,从根本上改变了乡村发展的基础,新的农业经营主体开始出现,土地利用效益得到提高,农民的生活也因此发生改变。与此同时,土地流转还促进了农房集聚。农房集聚直接改变了乡村居民的居住状况和生活环境,政府也能以更加高效的方式为乡村居民提供更加优质的公共服务。

（三）以"农业＋"为基础,全面布局乡村经济

嘉善促进乡村经济发展的政策选择是比较全面的,涵盖各个方面,而不是单单就某个点或某个方面采取行动。概括来说,嘉善发展乡村经济的主要经验有四:一是以农业为根本,以传统农业生产为基础,推动农业的规模化经营、现代化生产和品牌化销售。二是以农业发展为依托,延长产业链条,拓宽产业空间,在"农业＋旅游""农业＋工业"领域。三是针对经济薄弱村,推出"强村计划""飞地抱团",以强带弱,加快区域间、区域内均衡协调发展。四是发挥区位优势,因地制宜,发展全域旅游。嘉善毗邻上海,地处长三角核心区域,交通便利,客源丰富。以此为基础,嘉善以西塘古镇、大云旅游度假区为依托,因地制宜,充分发掘旅游资源,规划了5条美丽乡村风景线。

第三节　实施乡村振兴战略的新路径

2017年10月,党的十九大首次提出乡村振兴战略,并于次年2月以中央一号文件的形式发布了《中共中央　国务院关于实施乡村振兴战略的意见》。作为全国首个县域科学发展示范点,近年来,嘉善在乡村振兴的道路上,通过农田集中流转整治、全域土地整治、农房改造集聚,成功创建浙江省美丽乡村建设先进县,荣获"国家农产品质量安全县""全国农村集体'三资'管理示范县"称号,探索出一条独特的"嘉善路径"。

一、率先实施乡村振兴战略,体现嘉善担当

长期以来,嘉善农村改革一直走在全国前列,近年来围绕示范点建设综合配套改革,深入推进农村体制机制创新,被列为全省农村综合改革集成示范区建设试点。嘉善作为长三角区域内的"双示范区",应责无旁贷地扛起责任,率先实施乡村振兴战略,体现嘉善担当。

（一）嘉善实施乡村振兴的重要意义

嘉善的蔬菜、水果、水产品等农产品一向深受上海及周边地区的欢迎,但随着长三角一体化的推进、经济社会的发展、物流行业的飞速发展,同城效应不断

显露,农产品供给的半径区域在不断扩展。长三角地区消费者可选择的产品大大增加,嘉善的农产品是否还具有强大的竞争力,嘉善农业发展能否跟得上形势的发展,嘉善农村建设是否能够吸引更多周边游客,这些问题的解决需要通过实施乡村振兴战略这个新时代做好"三农"工作的总抓手来实施,是推动嘉善"三农"顺应长三角生态绿色一体化发展示范区建设、完成县域科学发展示范点建设任务的客观需要。

(二)人民对美好生活的新期待是实施乡村振兴战略的客观需求

实施乡村振兴战略是适应社会需求快速提升的客观需求。随着长三角一体化的推进,人们从"吃得饱"转向"吃得好",从"消费产品"转向"消费品牌",人们的消费习惯和消费理念更加国际化、多样化,对农产品及其加工品的绿色化、品质化、个性化、多元化需求越来越强烈,市场上出现了高质高档高价农产品畅销、低质低档低价农产品滞销的强烈反差。因此,在产业发展中要有前瞻性,要强化品牌意识,只有这样才能从根本上改变农业生产供给和市场消费需求不相适应的状况,才能实现农业生产向优质、绿色、新型、高效的方向转变。

(三)呼应高质量发展是实施乡村振兴战略的客观需要

改革开放40多年来的发展,使土地资源、生态资源、空间资源等各方面资源利用已接近饱和,嘉善必须转变发展思路,以长三角一体化国家战略实施为契机,实现新发展理念下的高质量发展。之前的"三改一拆""五水共治""五气共治""退散进集""农房集聚""土地流转"等中心工作,以及木业、植绒、纽扣等产业整治都是源于资源要素的短缺。发展现代农业,必须以农业生产为基础,延伸产业链条,促进一、二、三产业融合发展。这需要跳出农业来看农业,用发展工业经济的理念和思维来发展农业经济,关键在于建园区、立机制、有评价、能带动、会转型、有品牌、可持续。随着上海职能分工的转变、产业结构的调整,发展空间需要进一步拓展,上海部分都市农业将被二、三产业逐步替代,都市农业项目将逐渐向紧靠上海的周边城市转移,这给嘉善的现代农业发展带来很大的机遇。嘉善要依托现有发展基础,发展现代高效生态农业、特色农业和休闲农业,关注农产品加工、包装、品牌、延长产业链等,向"微笑曲线"的两端延伸,调整产业结构,努力承接上海外溢资源,打造高质量产品供应基地。

二、嘉善实施乡村振兴战略的特色优势

嘉善属于典型的江南水乡,因"民风淳朴、地嘉人善"而得名,全县面积506平方公里,其中水域面积占14.6%,户籍人口39万人。2020年,全县农村居民人均可支配收入达到40741元,综合实力位列全国百强县市第93名,获评"首届

浙江全面小康十大示范县"。在长三角绿色生态一体化发展背景下实施乡村振兴战略,嘉善有很多发展特色与优势。

（一）区域经济的发展优势

嘉善地处长三角核心区域,这个区域的经济发展水平较高。农业龙头企业、工商资本、金融、人才、科技等资源集聚,为更好地实施乡村振兴工作提供了强有力的支撑。同时,嘉善地处江浙沪两省一市交界点,距离上海、杭州、宁波、苏州四大城市都在 100 公里左右。县内已建成各镇 10 分钟内上高速、县城到各镇不超过 20 分钟、各镇之间不超过 40 分钟、乡村道路普遍到户、镇村公交全部联通的交通网。得天独厚的区位优势和交通便捷,使得农产品进城、工业产品下乡非常便捷。同时,各地大力推进美丽乡村建设,农村的生态环境焕然一新,对农业招商引资、农业企业入驻有很大的吸引力。

（二）农业转型的产业优势

截至 2020 年,全县耕地面积 38 万亩,农业人口 20.4 万人,全县累计流转土地面积 25.03 万亩,农村承包土地流转率 86.63％。2008 年以来,嘉善大力推进农业现代化建设,金色粮油、绿色大棚果蔬、蓝色淡水养殖、白色食用菌、彩色花卉苗木等"五色产业带"蓬勃发展。2020 年,全县实现农业增加值 22.1 亿元,全县实现农林牧副渔业总产值 47.7 亿元,三次产业结构比调整到 4.22：55.64：40.14,农业强县的基础牢固,农业现代化发展水平位居全省第 15 名。

（三）均衡发展的基础优势

嘉善县作为全国唯一的县域科学发展示范点,在大力推进城乡统筹发展和共同富裕方面取得了不俗的成绩。2020 年,全县农村居民人均可支配收入达到 40741 元,同比增长 7.1％;全县村均经常性收入首次突破 400 万元大关,其中经常性收入 140 万元以上、经营性收入 60 万元以上的村实现两个 100％,城乡收入比缩小至 1.6：1,城镇化率达到 73％,位列中国城乡统筹百佳县市第 4 名。在城乡统筹发展中,农村的教育、文化、卫生等社会事业快速发展,农村水、电、路、气、房等都全面提速,为更高水平实施乡村振兴工作奠定了硬件基础。

（四）体制机制的创新优势

围绕示范点建设综合配套改革,深入推进农村体制机制创新,嘉善被列入全省农村综合改革集成示范区建设试点。2014 年,嘉善在全省率先创新构建形成农村产权"三权三抵押"机制,推出全省首批融农村集体经济股权、农民住房财产权、土地承包经营权"三权"于一体的农村综合产权抵押产品。嘉善是全国人大确定的土地承包经营权抵押贷款国家级试点县。在教育均衡化方面,嘉善义务教育学校教师流动工作被列为国家级教育改革试点项目;在壮大村集体经济收入方面,创新推出强村计划"抱团飞地"工作机制。

三、实施乡村振兴战略的嘉善举措

近年来,嘉善县依托优越的自然条件、良好的区位优势和深厚的文化底蕴,以科学发展示范点建设为契机,大力发展美丽乡村、全域旅游、农房集聚,推进一、二、三产业融合发展,县域环境得到不断改善,社会治理井然有序,给人民群众带来了强烈的获得感和幸福感。

(一)坚持"三措"并举,农业产业做大做强

一是重点做好农业大平台建设文章。优化现代农业规划,调整产业发展布局,打造中西部省级现代农业园区和姚庄果蔬省级特色农业强镇,以及新列入市级创建名单的白水塘现代农业园区和西塘镇特色农业强镇,提升原有南部、北部两个省级现代农业园区发展水平,实现三大主平台同频共振。2018年成立了红旗塘农业经济开发区,2019年成立了嘉善县农业经济开发区,魏塘街道、惠民街道、干窑镇和天凝镇农业经济开发区分别授牌成立,为嘉善现代农业发展增添强劲后劲。二是积极探索工业理念发展农业经济,实现一、二、三产融合发展。开展农业大招商,引进新型主体,在上海举办嘉善农业台湾经贸洽谈会,并承办了"2018浙江·台湾合作周嘉兴专场之嘉台两地农业综合体恳谈会",签约农业项目6个,金额达30.6亿元。与荷兰签订《中荷农业科技创新示范项目框架协议》;与台湾地区新日化股份有限公司签订《玫兰农业科技示范园项目框架协议》,打造融珍贵玫瑰、兰花培育、展示、利用于一体的教育观光基地,拓宽"农业+旅游"发展路径;北京东昇农业技术开发(集团)有限公司投资建设的田园共同体项目落户姚庄镇,推动现代农业全产业链提档升级。在2019年嘉善县农业经济洽谈会上,集中签约了17个项目,签约总金额达35.13亿元,刷新了嘉善历年来农业招商引资的新纪录。三是推动产业大提质,出台现代农业精准扶持和"标准田"管理等11个政策意见,加大农业政策扶持力度,积极培育新型农业主体。概括总结了"以绿色协调发展理念为引领、筑牢粮食生产安全新型基础体系"的经验。

(二)深化"千万工程",乡村面貌绿美成景

2018年4月9日,习近平总书记指出,浙江省15年间久久为功,扎实推进

"千村示范、万村整治"工程,造就了万千美丽乡村,取得了显著成效。① 一是提升城镇品质。2018 年以来,嘉善累计"三改"面积 319.61 万平方米,拆除违章建筑 284.81 万平方米,拆除各类彩钢棚 180.18 万平方米,全县 11 个小城镇环境综合整治省考点全部通过考核验收,姚庄、干窑、大云被列入省级样板镇名单。二是整治农村环境。结合"四位一体"城乡环境保洁机制,开展全域农村人居环境整治提升行动,环境优美村创成率达到 99.1%,以"三大革命"为抓手,建成农村生活垃圾分类收集和资源化处理站 13 个。截至 2019 年底,城乡生活垃圾分类覆盖面达到 99.80%,姚庄镇创新"五统五化"治理新模式,全面推进农村生活垃圾减量化、资源化、无害化处理的成功经验在《人民日报》刊发。2019 年完成污水项目投资 4.8 亿元,完成污水管网建设 34 公里。11 个市控以上断面Ⅲ类水占比达 100%,饮用水源地达标率持续保持 100%。进行"厕所革命",新(改)建农村厕所 241 座。三是扮靓美丽乡村。按照"点上精致、沿线出彩、面上美丽"的总体要求,全面实施美丽乡村升级版建设"1552"工程。"1",环境优美村创建行政村覆盖率 100%;第一个"5",建成美丽乡村风景线 5 条;第二个"5",美丽乡村精品村 50 个;"2",美丽乡村示范村 20 个。落实建设项目 436 个,总投资 2.68 亿元,一批精品村建设初见成效,形成特色和亮点,起到了示范引领作用。

(三)坚持"四育"同步,崇德向善渐成风气

培育现代文明基因,开展习近平新时代中国特色社会主义思想"七进"活动、红船精神进礼堂、善文化节系列活动,建成首个好人公园。培育文明风尚,开展好人选树、"善美家庭"等评创活动,举办各类文明活动 300 余场次。培育文明阵地,建成 1 个新时代文明实践中心、9 个新时代文明实践所、111 家文化礼堂、310 个文明实践点,培育"勤和缪家"等一批文化阵地,形成了浙北农村文化礼堂建设的"嘉善样本"。培育文明细胞,建立文化礼堂"大驻堂"和"理事会",建成道德讲堂 232 个,已开讲 4000 多期,受众逾 30 多万人次。《乡村振兴大家谈》(乡风文明篇)在缪家村录制并在央视播出。

(四)深化"三治"融合,乡村治理和谐有序

重点织密基层治理组织网络,449 个网格党组织、572 个"党员先锋站"覆盖全县乡村。培育形成"善心巴士""善人家"公益街等社会组织服务品牌。理顺乡村善治法治秩序,民主法治村创建覆盖率达 95%,实现村(社区)聘请律师担任

---

① 《习近平近日作出重要指示强调 建设好生态宜居的美丽乡村 让广大农民有更多获得感幸福感》,央广网,2018 年 4 月 23 日,http://news. cnr. cn/native/gd/20180423/t20180423_524208896. shtml.

法律顾问全覆盖。实施综合行政执法改革和"全科网格"省级试点,共下沉一线人员 740 人,下放执法权 1395 项,占全部处罚权项的 92.7%。激发共享共治内生动力,深化完善以"积善之嘉"志愿服务品牌为龙头的"1+6"道德践行模式,各镇(街道)乡贤组织相继成立。成功创建 51 个市级"三治"融合示范村(社区),"智安"小区建设、洪溪村"三治"融合经验做法和社会心理服务体系建设工程纳入《新时代"枫桥经验"实践 100 例》,洪溪村荣获中国最美村镇"治理有效奖"。

(五)坚持精准助创,农民生活日臻幸福

深化推进就业创业,"善农客"领创人才联盟正式启动,将充分发挥领创作用和联盟效应,通过开展各类培训交流活动,挖掘内生动力,激发外在活力,进一步完善乡村人才服务保障,打造一支素质高、善经营、懂管理的农业企业经营管理者、领创者队伍,为嘉善农业农村发展和乡村振兴提供人才支撑,切实担负起示范引领的历史使命。承办实用人才培训班 9 期,各类农民培训主要通过农民学校重点培、职农学园精准培、行业协会专业培、产业联盟合力培,全年累计开展各类农民培训 1.1 万余人次,建成 6 家省级田间学校,碧云花园被评为全国新型职业农民培育示范基地。扶持农村电商创业 580 人,并带动就业 1500 余人。深入推进精准帮扶,出台社会力量参与精准救助实施方案,各镇(街道)实现专职社工全覆盖。深入实施困难家庭大帮扶专项破难行动,走访困难家庭 3195 户,解决实际困难 620 个。广泛开展"日行一善久成林"慈善公益活动,发放救助金 574 万元,惠及困难群众 7196 人次。加大社会救助力度,最低生活保障标准由每月796 元提高至 810 元。全面推进公共服务均衡化,组建 11 个城乡学校教育共同体,新增国家卫生镇 2 个,实现全县 6 镇 3 街道全覆盖。嘉善先后建成 154 家居家养老服务照料中心,承担的国家级养老服务业标准化试点项目通过验收。

(六)深化农村改革,发展活力持续迸发

实现乡村振兴,如何破解资源要素保障难题是关键。一是盘活农业资源。嘉善先后出台了《关于印发嘉善县加快推进农村土地承包经营权流转促进农业规模经营实施方案》《嘉善县人民政府关于引导农村土地高品质流转培育新型经营主体的意见》,加大土地流转及主体培育的扶持力度,制定土地流转相关考核办法,建立土地流转系统,开展土地流转财政资金奖补项目验收。二是深化产权制度改革。农村土地承包经营权确权签订合同 48052 户,签订率 94.38%。农房确权完成权籍调查入库 64379 户,登簿发证 49257 本,超额完成农房发证任务。有 62 个村开展集体经济收益分配,分红金额共计 4128 万元。三是深化"三位一体"改革。组建成立全市首家水产产业农合联,探索建立养殖主体、经营主体和服务主体三方受益工作机制。四是创新金融体制改革。共征集录入农户信

用档案 83062 户，"三信"评定实现全覆盖。支持"飞地抱团"项目 4.92 亿元，受益信用村达 94 个，实现 30 个经济相对薄弱村全覆盖。

四、嘉善实施乡村振兴战略的启示

嘉善实施乡村振兴战略取得了显著成绩，形成了深化"千万工程"、"四育同步"、"三治"融合、精准助创、深化农村改革等发展经验，也对我国县域实施乡村振兴战略提供了有益启示。

（一）持之以恒打好底色，实现高质量发展

随着长三角一体化的加速推进，在农业产业的发展导向上，要突出"高质量发展"理念，在研究嘉善农业产业的基础上，放眼长三角地区的农业产业。要树立品牌战略思维，拓展品牌的外延、内涵，延伸产品的产业链，完善产品的质量安全体系，建立产品可追溯系统。做到"人无我有、人有我优、人优我精"。

（二）持之以恒抹去黑色，实现绿色生态发展

长三角绿色生态一体化发展示范区中的嘉善、吴江、青浦三个地区相对周边大都市来说，还是"农村"，还是"乡村"。要留得住人、留得住乡愁，基础因素就是保护好农村环境，实现生态宜居、生活幸福。因此，按照协同发展的路径，既要建设长三角一体化示范区，更要打造长三角绿色生态美丽乡村示范区。农村环境治理上要抹去黑色，实现人居环境全域秀美的同时，联合长三角绿色生态一体化发展示范区内的吴江、青浦，规划设计贯穿多地的美丽乡村风景线，打破美丽乡村风景线局限在镇域内、县域内的传统。比如"环汾湖美丽乡村风景线""太浦河水上美丽乡村风景线"等，就吸引了周边市民驻足游览两省一市的田园风光。

（三）持之以恒增添亮色，实现加速度发展

乡村要振兴、区域要发展，离不开人才和各类要素的支撑。在农民人才培育上要增添亮色，加大对新型职业农民的培训力度，嘉善、吴江、青浦三地可以联合设立农创客的孵化园、农业的星创天地，凡是在这个孵化园里面成长起来的新型职业农户（农业经营主体），都可以优先享受三地涉农补贴政策，优先到三地流转土地、创业创新。除了人才外，还有土地、资金、空间等指标，也可以实现一体化联动发展，如"跨区域飞地抱团强村项目"等经验，也可在嘉善、吴江、青浦三地推广实施。

第四节 发展田园综合体的积极探索

2017年中央一号文件首次提出了"田园综合体"①。从目前田园综合体的产业发展方向看，它是以生态农业和休闲旅游业为基础融合三产大力挖掘农业延伸产业，打造农业产业集群进行商业化运行的一种新兴农业产业经营模式，是新时代下促进农业改革、农村发展、农民致富，实现乡村振兴的又一新渠道。嘉善作为科学发展的示范点，积极贯彻党中央、国务院制定的"三生同步""三产融合""三位一体"的决策部署，结合嘉善平原地区少山多田的区域环境，在田园综合体建设中立足于"精农业、慢旅游、静生活"的产业定位，逐渐形成较为成熟发展模式。

一、乡村振兴背景下发展田园综合体的重要意义

2018年3月8日，习近平总书记强调："要深刻认识实施乡村振兴战略的重要性和必要性，扎扎实实把乡村振兴战略实施好。"②在乡村振兴战略实施过程中，通过大力发展田园综合体，可以加快农业供给侧结构性改革，推进城乡一体化进程。

（一）为农业供给侧结构性改革提供参考

2017年中央一号文件指出，必须顺应新形势新要求，坚持问题导向，调整工作重心，深入推进农业供给侧结构性改革，加快培育农业农村发展新动能，开创农业现代化建设新局面。田园综合体作为"三农"领域的新生事物是农业产业经营组织形式中的重要组成部分，它的生产经营组合方式是以商业化运营为顶层设计，以企业为参与主体，将一些城市的元素融入乡村一体化发展，它具有市场化运行特征，因此，它的产业发展空间、产业发展平台以及产业发展机理是农业供给侧结构性改革的重要参考，是推进乡村振兴的重要实践。

（二）推进城乡一体化进程

田园综合体的框架设置和经营体系打破了惯常的城乡二元体制，涉及农业、

---

① 《中共中央 国务院关于深入推进农业供给侧结构性改革 加快培育农业农村发展新动能的若干意见》，新华网，2017年2月5日，http://www.gov.cn/zhengce/2017-02/05/content_5165626.htm。

② 《人民领袖:习近平六下团组金句》，中国共产党新闻网，2018年3月19日，http://cpc.people.com.cn/GB/n1/2018/0319/c64094-29874534.html。

工业、商业三大产业,将休闲、养生、文化、农业技术、农副产品、民宿、餐饮等各个领域深层次地有机结合,破解了农村发展无力的窘境,符合城乡一体化建设要求,与党中央、国务院制定的"三生同步""三产融合""三位一体"的决策部署相一致。

二、嘉善发展田园综合体的环境及现状分析

2017年中央一号文件提出,支持有条件的乡村建设以农民合作社为主要载体、让农民充分参与和受益,融循环农业、创意农业、农事体验于一体的田园农村综合体。通过发展环境分析,可以看出嘉善已经形成有利于田园综合体发展的各种环境因素。

(一)嘉善建立田园综合体的环境分析

1. 区域环境分析

嘉善县地处平原地区,位于浙江的东北角、长江三角洲的核心地带、江浙沪两省一市的交界处,北面接壤的是江苏省的苏州市,东面接壤的是上海市,位于上海、杭州、宁波、苏州的交会点。境内有沪昆高速沪杭段和申嘉沪高速2条高速公路,沪杭铁路和沪杭高速铁路、2条铁路、320国道1条和遍布各镇村的二、三级公路。河流水系密布,水运非常发达,水域面积占全域面积的14.6%。优越的地理位置和便利的交通为嘉善农业产业向产品加工业、旅游业、餐饮业等二、三产业融合发展创造了条件。

2. 农业产业环境分析

(1)良好的农业基础。嘉善土地肥沃,农业基础较好,素有"浙江的米袋子、上海的菜篮子"之称,产业结构主要以种植业和水产业为主。2020年,粮食种植面积31.70万亩,总产量13.99万吨;作为全国蔬菜产业重点县,全年蔬菜播种面积21.32万亩,总产量53.25万吨;全县水产养殖面积6.34万亩,总产量3万吨;全县水果种植面积3万亩,实际投产面积2.4万亩,总产量8.12万吨;全县花卉苗木种植面积1.66万亩,另外还有少部分的家禽养殖业,全县农业亩均产值1000元。由于嘉善地理位置优越,嘉善的农产品大都以鲜蔬、活鲜的形式出售,有60%以上的农产品销往上海市场,其他农产品也销往周边各大城市,销售渠道通畅。

(2)运营模式向规模化发展。自推行土地承包责任制以来,嘉善农业经营模式逐渐从单一的家庭经营模式转向大包户、农村合作社、家庭农场等模式多元共存,特别是2016年实施"三权分置"以来,政府更是全方位推动土地流转。截至2020年底,全县累计流转土地面积25.03万亩,农村承包土地流转率达86.63%,助推了农村规模化经营。有省级以上农业龙头企业4家,家庭农场

798家,其中县级以上示范性26家,各类农民合作社276家,被市、县农业主管部门认定为规范性合作社15家。农业现代化程度也相应得到发展,水稻产业耕种收农机化综合水平达到78.6%。

(3)政府加大农业发展扶持力度。为落实《嘉善县现代农业发展"十三五"规划》,嘉善在五大发展理念的引领下,按照"特、富、美、安"县域经济发展的新要求对农业专用资金补助、农业金融保障、农业人才招募、农业产品宣等各个方面给予了相应的政策配套。2017年,推出了经省级批准开展农业田园综合体试点建设等重大建设项目,县财政按不低于省以上补助资金的50%予以配套。

3.人文环境分析

嘉善县属典型的江南水乡,出了《了凡四训》作者袁黄、明代四大画家之一的吴镇、近代表演艺术家孙道临等文化名人;拥有江南水乡西塘古镇文化遗产,以及嘉善田歌、传统纽扣制作技艺、京砖烧制技艺等非物质遗产;嘉善的"善文化"县域文化品牌被列入中央文明办社会主义核心价值观培育工程,成为嘉善的软实力;美丽乡村建设、文化礼堂建设为新农村的建设注入新的活力。

(二)嘉善田园综合体的现状分析

嘉善是比较传统的农业县,改革开放后一直致力于农业改革,在2017年提出田园综合体概念前,已经有类似的农业产业经营模式出现,如碧云花园、尚品农业等。碧云花园是以"农业＋休闲旅游",尚品农业是以"农业＋农产品加工销售"的形式进行运营,经过多年的经营磨合已进入良性循环发展,取得了一定的经济效益和社会效益。在2017年后又先后有浙江嘉佑农业发展有限公司和北京东昇农业技术开发(集团)有限公司入驻嘉善。嘉佑田园综合体已与干窑的长丰村、长生村、新星村合作完成大部分的土地流转,农业核心产业已进入规模化生产、企业化运作,同时逐渐向旅游业、养老业方向拓展;东昇田园综合体已与姚庄镇签订了框架协议,基础设施建设已在建设之中。

三、嘉善田园综合体发展在乡村振兴中的作用

田园综合体的发展要求以产业集聚、"三产融合"聚焦农民受益、农村兴旺为根本,这与推进乡村振兴战略相契合,结合嘉善平原地区少山多田的地理优势在田园综合体建设中立足于"精农业、慢旅游、静生活"的产业定位,对助推乡村振兴起到了极其重要的作用。

(一)以田园综合体为支点,提升农业核心产业

所谓核心,就是在组织结构中最重要的部分。农业供给侧结构性改革要求农业开发新动能从多方位、多角度、多元化的路径去开发利用农业资源,但核心

还是要求发展农业产业,田园综合体企业化运营模式为农业核心产业的孵化、培育、提升创造了条件。

嘉善地处平原地区,有肥沃的土地和良好的农业环境,形成了瓜果蔬菜、食用菌、水产养殖、精品粮食、花卉苗木等五大产业区,创立了"马家桥"甜瓜,"干窑"大米、"锦绣"黄桃等诸多地方农业产业品牌。"银加善"区域公共品牌被评为全省百强知名农产品品牌,但品牌效益不显著。在田园综合体的支持下,嘉善立足于现有的产业区块,因地制宜把握品牌效应,以"精农业"为导向提升农业核心产业,实现高质量、高收益,为以田园综合体为依托的农业向纵深挖掘、横向辐射,发展延伸产业创造条件,也为推进"三产融合"打下基础,这也是推进乡村振兴的长久之计。如嘉善县嘉佑田园综合体立足嘉善传统水稻种植,在已有品牌"干窑"富硒米上做文章,利用技术研发优势与浙江省农科院结对不断进行新品种的研发,将富硒米由单一品种向多品种拓展,利用先进管理流程实时跟踪质量,提升富硒米的品质,使之成为综合体农业发展的核心,为企业向养生、农事体验等延伸产业的发展确定了方向。

(二)以田园综合体为基础,搭建新型农业产业平台

从农村发展历史中可以看到,以农养农、以农兴农的做法是不可取的,近年来中央也一再强调要进行农业供给侧结构性改革。从目前的改革路径来看,农业要进步、农村要发展,走好"三产融合"推进城乡一体化道路才是正确之选。田园综合体在建立农业核心产业的基础上集聚休闲旅游业、农产品加工业、教育培训业、餐饮服务业等延伸产业搭建产业平台,让平台内相互依托又相对独立的产业进行一、二、三产的融合发展,既可使综合体更具市场竞争力和抗风险能力,又可使综合体成为城乡一体化发展道路上的落脚点,以点带面推进乡村振兴。

1.促进休闲旅游业的发展

在当今大城市中,就近、慢节奏的休闲生活已成为人们放松自己比较理想的生活潮流。凭借良好的区域位置、美丽乡村建设下良好生态环境的支持,依托田园综合体建设带来的农业核心产业特色、自然风光和文化内涵等资源,突破平原地区旅游资源匮乏的瓶颈为旅游爱好者提供"假日游""亲子游""科普游""短期健康养生"等服务,满足都市人对水乡的向往和暂时远离城市嘈杂与拥挤的需求;同时,在相互作用下,休闲旅游的发展所带来的人气效应又助推了餐饮业、住宿业等产业的发展,使一、三产业得到融合,为田园综合体的良性运营提供了活力。嘉善大云的碧云花园生态产业园,以杜鹃花盆景培育为产业发展核心,带动休闲旅游等产业的发展,取得了很好的成效。2019年,该产业园花卉收入200万元,旅游门票收入80万元,另外还有餐饮等延伸产业的收入。值得一提的是,在碧云花园的带动力下,十里水乡、巧克力工厂、云澜湾温泉等旅游项目得到开发,大云全域旅游逐渐形成。

2.创新发展农产品加工业

嘉善农业受区位优势的影响只是将农产品以鲜蔬、活鲜的形态直接销往周边城市,农产品的附加值很低。田园综合体的商业化运营、企业化生产方式可以帮助嘉善创新思维发展农产品加工提高农产品附加值。一是以本土农产品作为产品原料和特色,重点打造农产品粗加工基地,并辅助构建特色农产品生产线,提供科普参观和零售服务,打造农产品加工科普教育示范基地。二是结合嘉善现有优势工业基础,加大对农产品加工产业、清洁能源产业引进的支持力度,同时运用先进技术和管理制度,促进农产品加工企业做大做强。三是利用现有农村电商基础,积极推广、普及农产品电商销售模式和渠道;建立冷链流通基地,做到农产品和水产品保质保鲜,提升商品产量及质量,为打造"银加善"农产品品牌打下坚实基础。嘉善尚品农业就实现了农超一体化模式,为农产品的利益最大化创造了条件。总之,依托田园综合体的创新发展,农产品加工业能逐步促进农业发展和产业融合,打造工业、服务业反哺农业的新格局,为城乡统筹一体化进程拓宽渠道。

3.大力发展教育培训业

党的十九大报告指出,要完善职业教育和培训体系,深化产教融合、校企合作。以此为引导,社会各行各业都把人才培养放在首位,每年有较多的资金投入教育培训,嘉善田园综合体"精农业、慢旅游、静生活"的定位极其利于这种隐性消费资源的把握。首先,嘉善通过与浙江大学、上海交通大学、浙江农科院、嘉兴农科院等院校的合作在农业技术上有了很大的突破,如杜鹃花培育技术、花期调控技术、甜瓜种植技术、甲鱼养殖技术及种苗培育技术等都趋于成熟,走在全国前列,而且嘉善的碧云花园又被国家农业农村部列为农村实用人才培训基地,还有多个农业基地被列为各级政府的科普教育基地,因此,嘉善立足"精农业",用自身先进的农业科学技术对外进行农业培训,通过培训一方面促进自身在农业技术上的不断更新、提高,另一方面也可以获得诸如培训、餐饮、住宿等方面的收益。其次,基于身处两省一市交会点的优势,嘉善还立足"静生活"的发展定位,利用各种资源创造条件将各行各业需要培训的人员,从喧嚣的城市转移到田园让他们放下繁杂的心情静心学习,同时也能让综合体获利。2019年,碧云花园培训收入达327万元。

田园综合体的产业平台是复合型的,以农业产业为支撑,呈辐射交叉状发展,所以,除了这些产业的发展,还有很多的产业可以依托田园综合体的平台得到发展,如婚纱摄影业、养老服务业、餐饮业、仓储业等,同时也可以根据实际的运营情况优胜劣汰。

（三）以田园综合体为媒介，拓展农民增收途径

平原地区农业结构比较单一，农业发展很容易出现瓶颈。同时城市的高速发展和较高的收益吸引着大量的农村劳动力外流，村庄"空心化"现象严重。田园综合体以农业为基础产业，辐射带动相关产业的模式，既可以从农业自身出发往纵深挖掘，如科技农业、循环农业、生态农业等，探寻农民增收的渠道；又可以从辐射产业出发多维度探寻，如通过挖掘旅游价值、文化价值、商业价值等让农民增收，赋予农村、农民自主"造血"的功能。在田园综合体的带动下，嘉善部分农民的增收渠道已经拓宽。农民不再承担种植风险，将自己的土地流转收取租金，平均租金为每年 1000 元/亩，而田园综合体的产业平台（见图 3.2）将农业所产生的价值通过开发利用实现价值最大化，而农民则可以就近找到适合自己年龄、特长的工作赚取稳定的工资收入。田园综合体的发展需要外来务工人员的支持，他们的生活起居需要又为原住居民带来新的收入增长点。

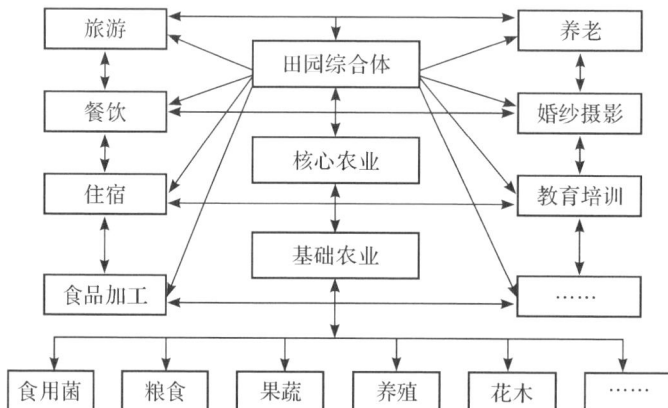

图 3.2　田园综合体产业平台

（四）以田园综合体为平台，发展和传承区域文化

文化是一国家、一个民族的灵魂，同理，一个社区、企业、组织的发展也需要文化的浸润，田园综合体也是如此。田园综合体多产业融合发展的模式能将现代的城市文明和传统的乡俗文化、农耕文化进行融合发展，为农村优秀传统文化的传承提供载体，也能为乡村治理获得多层次的文化支撑，助推乡村振兴战略的实施。

首先，嘉善有嘉善田歌、京砖烧制技艺、嘉善宣卷等非遗文化项目，是农耕文化的沉淀和精髓。嘉善可以利用田园综合体多方位、多角度、多元化的平台，通过深入研究、创意开发，高水平地把这些文化元素作为特色融入各个产业中进行传承和发扬。其次，嘉善"善文化"精神中"勤、孝、谦、和、思"的思想内核是嘉善

城市精神的核心价值,田园综合体可将嘉善"善文化"融通于企业文化助力企业发展。最后,田园综合体"生产、生态、生活"的功能定位可以将美丽乡村、文化庭院、文化礼堂、乡村文艺团队等乡村文化建设融入企业建设中提升企业内涵,提高企业的核心竞争力。

总之,田园综合体作为农业供给侧结构性改革下新兴的农业产业经营模式,是城市与乡村的结合、一、二、三产的结合、生产与生活的结合、传统与现代的结合,以乡村振兴为目标,通过吸引各种资源给乡村注入新的活力重新激活农业、农村、农民的价值感,是推进乡村振兴中的重要一环。

第四章 绿色发展:生态文明思想新实践

"绿水青山就是金山银山"理念是习近平生态文明思想的重要内容,为推动经济高质量发展和生态环境高水平保护提供了根本遵循。"绿水青山就是金山银山"理念体现出遵从自然生态规律,尊重社会发展规律,遵循权利平等和生态正义,寻求生态安全和文化协同的可持续发展理念①,为县域绿色发展提供了思想指南。2021 年,嘉善提出全面提升生态环境质量,进一步擦亮生态底色,拓宽"绿水青山就是金山银山"转化通道。

第一节 践行生态文明思想,擦亮绿色金名片

在绿色发展理念指导下,嘉善要率先建设成为高质量发展的生态绿色实践地,要聚焦生态绿色,着力在践行"绿水青山就是金山银山"理念上做示范、当先锋。要像保护眼睛一样保护河网骨干,像对待生命一样呵护生态绿色,让绿色成为嘉善最厚重的底色、最鲜明的特质和最特有的优势。

嘉善牢固树立和深入践行"绿水青山就是金山银山"理念,紧扣乡村振兴战略,转变发展方式,加强环境治理,突出制度创新,不断擦亮绿色金名片,建立生态新优势(具体发展模式详见图 4.1)。在转变发展方式方面,大力实施美丽嘉善建设三年行动,坚持美丽县城、美丽城镇、美丽乡村、美丽通道"四美"联动,全力建设宜居宜业宜游的美丽新家园。在加强环境治理方面,嘉善的小城镇环境

---

① 齐骥:《"两山"理论在乡村振兴中的价值实现及文化启示》,《山东大学学报(哲学社会科学版)》2019 年第 5 期。

综合整治行动是以政府为中心的整合动员模式。其核心是政府主导,整合社会与市场,动员式推进。在突出制度创新方面,形成了生态环境管理"三统一"的制度成果,统一标准、统一监测、统一执法,打通示范区生态环境管理体系,形成跨域一体的生态环境监管尺度和生态环境行为准则,也为示范区坚持生态筑底提供重要的制度性保障。嘉善联合青浦、吴江打造"上下游联保、污水零直排、水生态修复"的治水新模式。

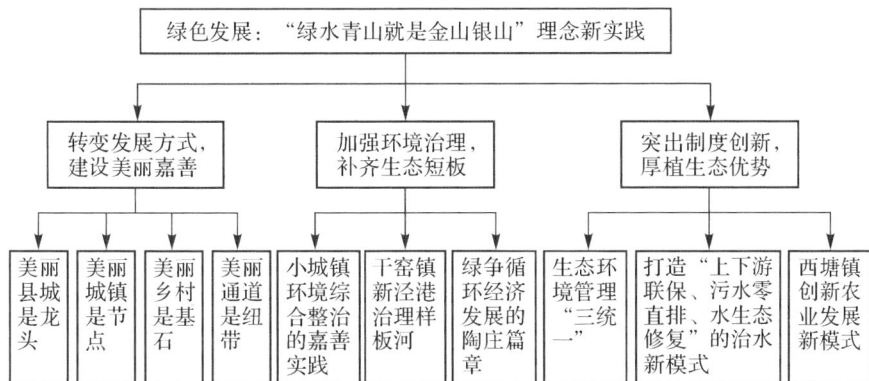

図 4.1　嘉善绿色发展模式

一、绿色发展整体成效

嘉善坚持绿色发展理念,深入践行"绿水青山就是金山银山"理念,围绕打造精致江南水乡目标,打好生态环境治理组合拳,建设美丽嘉善,探索形成平原地区生态文明建设新路子。

"十三五"期间是嘉善绿色发展成效日益提升的五年。劣 Ⅴ 类小微水体全面剿灭,工业园区"污水零直排区"建设全面完成,14 个县控以上断面 Ⅲ 类水质占比从 28.6% 提升到 100%,太浦河饮用水源地水质达标率稳定保持 100%。空气质量优良率(AQI)从 77.5% 提升到 90.7%,PM2.5 浓度从 47 微克/立方米降至 30 微克/立方米,达到国家二级标准。规上工业企业万元 GDP 能耗和取水量逐年下降(见图 4.2),产业结构进一步优化。大力推进"污水革命""垃圾革命""厕所革命",垃圾综合处置能力领跑全市,新建污水管网 206 公里,污水处置能力达到 20.8 万吨/日,新(改)建旅游厕所 115 座。生活垃圾无害化处理率稳定保持 100%,综合处置能力领跑全市。新大成污水处理厂建成投用,东部污水处理厂投入试运行。积极做好两轮中央生态环境保护督察和浙江省生态环境保护督察问题整改工作。陶庄"钢铁小镇"探索绿色循环经济发展新模式入选"美丽浙江绿色发展十佳示范案例"。嘉善水更绿、天更蓝、地更净,成为国家生态文明建设示范县。[①]

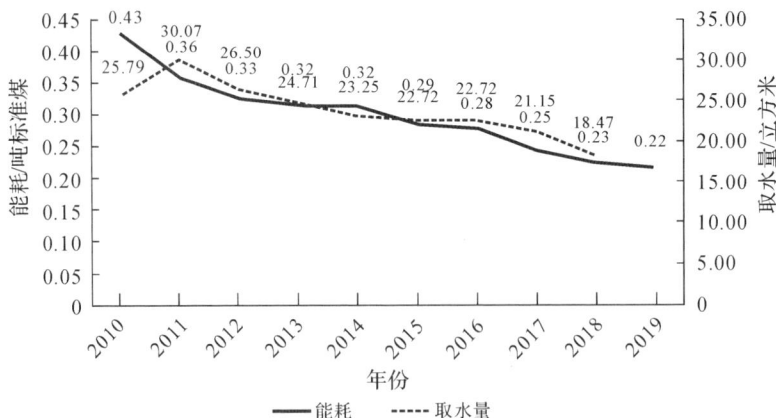

图 4.2　2010—2019 年嘉善规上工业企业万元 GDP 能耗和取水量情况
数据来源：嘉善县历年统计年鉴。

(一)美丽嘉善建设推进城乡面貌焕然一新

1.实施"四美"联动，推进文明创建

深入实施美丽县城、美丽城镇、美丽乡村和美丽通道建设计划，建成中央公园、白水塘滨河公园等一批重大项目，成为浙江省生态文明建设示范县、国家园林县城、浙江省森林城市、浙江省"绿水青山就是金山银山"理念实践样本，在全省率先实现国家级生态镇全覆盖。

2.坚持标本兼顾，攻坚环境治理

持续深化治水、治气、治废，深入实施小城镇环境综合整治，扎实推动"三大革命"，建成垃圾焚烧发电项目，基本实现固废垃圾资源化、无害化处置，实施"污水零直排区"改造，高污染燃料锅(窑)炉全部淘汰清零，消灭Ⅴ类以下水质、市控以上断面全部达到Ⅲ类水标准，太浦河饮用水水源地水质合格率始终保持100%，PM2.5浓度下降36%，全县6个小城镇被列为"省级样板镇"。[②]

3.深化"千万工程"，打造景区村庄

深入实施"千村示范、万村整治"工程，全域推动村庄景区化建设，建成省 A 级景区村庄 54 个，其中省 3A 级景区村庄 8 个，全域秀美村达标率达到 100%，打造"桃源渔歌"等 5 条美丽乡村风景线，"梦里水乡·乡伴西塘"入选省美丽乡

---

① 徐鸣阳：《2021 年〈政府工作报告〉》，2021 年 3 月 4 日，http://www.jiashan.gov.cn/art/2021/3/4/art_1229199208_4527351.html。

② 本章数据主要来源于嘉兴市生态环境局嘉善分局 2021 年工作报告。

村夜经济精品线。

（二）建立健全生态环境长效管理机制

1.完善环境监管机制

严守生态红线,科学编制"三线一单",率先开启环保审批制度改革新模式,"区域环评＋环境标准"改革持续深化扩面。推动监管力量下沉,构建"大生态"监管体系,健全"河长制""湖长制""四位一体"长效保洁等机制,建立使用全市首个小微产废企业危废统一收集信息化管理平台。

2.健全资源有偿使用制度

建立健全资源总量管理和交易制度,实施环境质量和污染排放总量"双控制"、能源消费总量和消耗强度"双控制",率先开展主要污染物初始排污权有偿使用和交易、生态环境状况报告、全域生态补偿,实施生态环境损害赔偿,推动环境要素资源市场化配置。

3.探索区域协同监管机制

建立一体化示范区生态共保机制,严格控制先行启动区开发强度,统一生态环境标准、统一环境监测监控体系、统一环境监管执法,实现示范区水源地共保、跨界环境联防联治。

（三）推进绿色转型,形成生产生活低碳时尚

1.厚植生态绿色优势

发挥江南水乡特色优势,加强生态环境规划引领,严格控制开发强度,蓝绿空间占比不低于75％,联动推进示范区河湖建设保护,积极打造示范区湖荡"蓝色珠链",建成1个省级美丽河湖、27个市级美丽河湖,全县河湖实现从"解决防洪"向"消灭污泥浊水"再向"美丽河湖"的转变。

2.大力发展绿色经济

积极创建省级循环经济示范县,推广循环经济发展模式,构建一批工农业循环经济产业链,建成建筑废弃物资源化循环利用等一批循环经济示范项目,陶庄镇绿色循环经济发展新模式入选"美丽浙江建设典型案例"。推进美丽生态与农旅文深度融合,稳妥开发利用地热资源,发展观光旅游、"互联网＋农业"等新业态新模式,云澜湾研学基地获评"2019浙江十佳研学旅游目的地"。

3.积极倡导绿色生活

大力倡导绿色出行,形成覆盖县城的公共自行车系统,利用本地氢能源产业,建设运行浙江省首座氢电综合供能服务站,率先开通运营氢燃料电池公交线,2020年,全县清洁能源及新能源公交车占比达82.1％。

二、转变发展方式，建设美丽嘉善

近年来，嘉善县按照浙江省委省政府关于"两美"建设的决策部署，大力实施美丽嘉善建设三年行动，坚持美丽县城、美丽城镇、美丽乡村、美丽通道"四美"联动，全力建设宜居宜业宜游的美丽新家园。在全省率先创设绿色发展委员会，创建成为浙江省森林城市，入选全省首批生态文明建设示范县、"两美浙江特色体验地"，打造 5 条美丽乡村风景线，54 个村庄被评为省 A 级景区村庄，西塘古镇入选浙江省首批诗路旅游目的地。推进新一轮全国文明城市创建，成功通过国家卫生县城省级复审考核。

（一）美丽县城是龙头

推进市容管理体制改革，组建市容管理局，深化落实城市综合养护管理"七个一"等机制，加快推进线路"上改下"、绿化亮化品质提升工程，新建城市绿道 51.3 公里，加快中央公园二期、白水塘滨河公园等"城市绿肺"建设，新增绿化面积 8503 亩，创建成为浙江省森林城市，入选全省首批生态文明建设示范县、"两美浙江特色体验地"。

（二）美丽城镇是节点

为高质量推进城乡融合发展，加快推进乡村振兴，建设美丽城镇，2020 年，嘉善出台《嘉善县人民政府关于推进美丽城镇建设的若干政策意见实施》。大力支持美丽城镇省级样板创建工作，支持镇（街道）进行城镇低效用地再开发，充分利用闲置、废弃、低效利用等存量用地开展美丽城镇建设。高污染燃料锅炉全域清零，姚庄镇、西塘镇、干窑镇、洪溪集镇通过省考核验收。深化城乡环境卫生"四位一体"长效保洁机制，整治房前屋后乱堆放等问题 2.9 万个。

（三）美丽乡村是基石

加强规划设计、环境打造、连点成线，成功创建省级美丽乡村示范县，洪溪村、三里桥村、北鹤村、丁栅村、汾南村、干窑村、长生村、横港村 18 个村入选省美丽乡村特色精品村，培育省 A 级景区村庄 54 个，建成美丽村居、美丽庭院等 16273 户，建成美丽乡村风景线 53 条。

（四）美丽通道是纽带

深入开展"四边三化"行动，全面完成红旗塘、320 国道嘉善段等重点通道综合整治，打造省市精品示范道路 2 条。在县内主要对外通道上，按照园林景观一级标准进行绿化，形成满眼新绿、四季常青的生态长廊。加强道路沿线村庄破旧建筑物的立面整治和景观设计，形成与村庄风貌相协调的行车风景线。

三、加强环境治理,补齐生态短板

几年来,全县上下共同努力,不断加强环境治理力度,嘉善镇村环境得到有效改善,乡村建设品质得到较大提升,乡村文化内涵得到深度挖掘,全县"一片区一特色,一村落一景观"的建设格局初步形成,"脏、乱、差"现象得到明显改善,居民生活品质和幸福指数得到很大提升,增强了人民群众的幸福感和获得感。

(一)狠抓村庄人居环境整治

结合小城镇环境综合整治,嘉善大力开展违法建筑拆除、城乡危旧房治理、城中村改造、"四无"企业(作坊)整治、新居民管理和居住出租房屋整治等环境整治"五大"攻坚战,优化人居环境。开展农村生活污水治理,累计受益农户 71544 户,受益率 82.86%,全县所有行政村均实施了农村生活污水治理,覆盖率达到100%;开展房前屋后环境整治,创建美丽庭院示范户 4300 户,达标户 12793 户;建立"四位一体"环境卫生长效保洁机制,村庄专职保洁人员及保洁设备落实率达 100%,魏塘街道虹桥村等 26 个村(社区)被评为嘉善县第一批"环境优美村(社区)"。

(二)努力提升乡村建设品质

嘉善成功入围"国家全域旅游示范区"创建名单,实现市级美丽乡村建设先进镇县域全覆盖,2017—2019 年建成美丽乡村精品村 50 个;切实抓好平原绿化工作,2017 年全县新增及改造平原绿化面积 6344.8 亩,累计创建省级森林村庄(绿化示范村)35 个,干窑镇长丰村等 14 个村庄入选全国第一批绿色村庄;姚庄镇、大云镇被评为浙江省首批农家乐特色乡镇,姚庄镇北鹤村、大云镇缪家村被评为省 3A 级景区村庄,以西塘镇华联村为代表的省级农家客栈(民宿)集中村正在快速建设中;陶庄镇汾南村与嘉善西村文化旅游发展有限公司签订旅游开发项目协议,计划分三年建设大汾湖文化展示馆、汾南村古村落影视基地、国漫孵化中心等项目。

(三)深度挖掘乡村文化内涵

嘉善坚持整治与保护并重,挖掘和整合本地文化资源,把丰富村庄的文化内涵融入绿色村庄建设中,用文化来提升乡村品位,让文化成为乡村的特色标签。陶庄镇汾南村、姚庄镇展幸村莲花泾自然村列入浙江省第一批传统村落名单,正在申报第五批国家级传统村落,陶庄镇汾南村以村庄内民国时期的永禁碑上镌刻的"永禁垃圾投河、埂树砍伐、鹅鸭放河"为村规民约,花费 40 万余元使百年古桥冯家桥修缮一新;全面启动农村文化礼堂建设,已建成农村文化礼堂 59 家,覆盖 70% 的村民,全县形成了"勤和缪家""花样江家""善美和合""美丽洪溪""幸福桃源"等一批"善文化"特质鲜明、可学可看可示范的农村文化礼堂阵地,基本实现了文化礼堂"门常开、人常来"的常红常火现象。

四、突出制度创新,厚植生态优势

嘉善提出的绿色一体化发展制度体系更趋成熟有效,生态优势转化为经济社会发展优势的通道全面打通。近年来,嘉善坚持以建立系统完整的生态文明制度体系为先导,用制度创新促进绿色崛起,以制度创新保护生态环境。通过健全完善生态制度,突出制度创新,把生态优势转化为经济红利,不断提升、厚植生态优势。

(一)健全完善生态制度

为全面落实《中共中央国务院关于深入打好污染防治攻坚战的意见》精神,进一步优化调整环境功能区划,加快建立生态环境分区管控体系,推动生态环境保护精细化管理,助力长三角生态绿色一体化发展示范区建设,2020 年,嘉善制定出台《嘉善县"三线一单"生态环境分区管控方案》。用制度保障生态文明建设,使生态文明建设进入制度化、有序化的轨道。加强湿地保护和修复,强化河流、湖库水域保护及管理。

编制环境功能区划,扩大生态红线范围,严格项目准入,开展主要污染物初始排污权有偿使用和交易,率先开启环保审批制度改革新模式,完成嘉兴市首个"区域环评＋环境标准"改革项目。实施用能预算管理,实现规上用能重点企业在线监管。全省首座氢电综合供能服务站投入运行、首条氢燃料电池公交线开通运营。不断完善城乡环境"四位一体"长效保洁管理制度、督查机制和考核办法,推进市容管理体制改革。

(二)生态环境管理"三统一"

生态环境标准、监测监控和监管执法是生态环境管理的重要领域,三个领域的跨区域统一,意味着打通生态环境管理体系的区域阻隔,"不破行政隶属,打破行政边界",形成跨域一体的生态环境监管尺度和生态环境行为准则,为区域发展"生态筑底"提供制度保障。一是统一标准。按照区域一体化绿色高质量发展要求,推动生态环境标准体系的融合协调,体现标准科学性、引领性、技术经济可行性和区域适用性,以"一套标准"规范一体化示范区生态环境保护工作。二是统一监测。加强交流合作,形成区域性生态环境监测统一工作机制,协同构建环境质量和主要污染源的监测监控和评估预警体系,进一步提升生态环境监测能力和综合保障能力,实现区域生态环境状况的"一张网"监测和科学评估。三是统一执法。坚持区域一体化发展战略导向,制定统一的生态环境行政执法规范,加强执法制度、监管体系、队伍建设、纠错容错机制、立功授奖等领域的一体化探索,打造现代化环境执法体系,实施"一把尺"严格监管。

(三)打造"上下游联保、污水零直排、水生态修复"的治水新模式

嘉善是典型的江南水乡,水系发达,水网密布,维护良好的水环境,对于滋养江南气韵有着重要意义。在水环境治理方面,近年来,嘉善县强化水生态治理并逐步向水生态修复转变,打造"上下游联保、污水零直排、水生态修复"的治水新模式。"十三五"期间,嘉善县11个市控以上断面水质Ⅲ类水达标率由27.3%提升至100%。以姚庄镇盛家湾水生态修复为试点的项目实现了治水模式从水污染防治向水环境保护和水生态修复协同治理的转变。

1."跨界协同"保障水资源安全

"不破行政隶属,打破行政壁垒",嘉善联合青浦、吴江对47个跨界河湖构建联保共治体系,通过建立联合河湖长制、实施联合监管机制、开展联合执法会商、完善联合监测体系、健全数据共享机制,共护"一江清水走绿廊"。

2."三源共治"提升水环境质量

切断污染源头,筑牢截污屏障,率先完成县域全部工业园区"污水零直排区"建设,分类推进老旧生活小区截污纳管提升改造,有效探索重点区域农业面源污染零排放模式,以"水岸共治"促"水岸同绿"。

3."生态扩容"修复水生态系统

有水要有鱼,有鱼要有草,以编制全域水生态修复规划擘画流域水生态蓝图,以打造一体化示范区水生态修复样板对标世界级河湖。

第二节　小城镇环境综合整治的实践

2016年,浙江省委省政府作出全面开展小城镇环境综合整治行动部署,嘉善县委县政府高度重视,根据省委省政府要求全面开展小城镇环境综合整治工作。至2018年底,嘉善全部完成11个整治点省定整治任务,实现"三年任务两年完成"的整治目标。

一、历史背景

2016年9月,浙江省全面开启小城镇环境综合整治行动,力争用3年的时间,彻底改变小城镇面貌,提升小城镇居民生活环境质量。在这3年的小城镇环境综合整治中,各市、县(区、市)为了完成省委省政府提出的要求,在小城镇环境治理上进行了全面部署,开展了一场又一场的环境整治"攻坚战"。政府、社会、

市场 3 个维度的多元力量都或多或少地参与其中。在这场整治行动中,嘉善也参与其中,并取得了巨大实效。

嘉善地处浙江省北部、长三角核心腹地,地形平坦,河流、湖泊密布,是典型的江南水乡。嘉善又靠近上海,经济发展较快,但其产业发展缺乏规划,"村村点火,户户冒烟"的现象在过去很长一段时间内客观存在。加之城镇管理水平较低和重经济轻社会民生的"GDP 主义"作怪,导致嘉善小城镇生活环境较差,与周边大城市形成极为鲜明的对比。

二、多维度的治理机制

为了更好地梳理、分析嘉善在整治工作中的治理机制,笔者将从政府、社会、市场三个视角展开,梳理并分析政府、社会、市场中不同主体在整治中的作为。

(一)政府维度:全面调整与应对

环境整治行动牵涉部门庞杂,这些部门管理职责不同,条块分工不同,很容易造成监督管理缺位和政策协调性不足等问题。为有效应对环境整治工作,完成省委省政府下达的任务要求,嘉善县委县政府首先对自身内部权力结构进行了调整,逐级成立小城镇环境综合整治行动领导小组,并设办公室,以加强内部的协调性。通过成立整治行动领导小组,并由"一把手"任组长,改变原有政出多门、破碎不全的治理格局,增强政府部门间的沟通与协调,起到整合人力、财力、政策资源的作用。县、镇(街道)成立整治行动领导小组,镇(街道)进一步划分责任组,镇(街道)以下划分整治区域网格、路段,这样嘉善就围绕小城镇环境综合整治完成了对权力和组织结构的重构,形成一张县委县政府可以用得上力的"网"。

(二)社会维度:参与广泛

广大的人民群众、各种社会组织是社会的主体。嘉善县委县政府响应省委省政府部署开展小城镇环境综合整治行动必然作用于社会,社会也必然受到影响。小城镇环境综合整治意在改变小城镇"脏乱差"局面,这种整治行动的影响必然是受社会欢迎的。那么作为社会主体的群众、社会组织又会在何种程度、以何种方式参与整治行动呢?

为了让群众配合整治行动,促进生活方式的转变,改变乱停车、乱堆物、乱摆放、乱开挖、乱建筑、乱竖牌、乱拉线等不文明行为,嘉善从上到下开展了大量的宣传工作。县、镇(街道)以电视、报纸、微信公众号、微博为载体,向群众推送宣传报道,群团组织、村(社区)则组织工作人员、志愿者进村落、进庭院、进企业,开展环境卫生整治、文明劝导、入户宣传,引导群众转变生活方式,参与整治行动。

声势浩大的宣传和实质上有益于群众的性质,使得整治行动获得了群众的积极配合。

还有一些行业协会也被政府调动起来参与其中。如 L 街道为加强食品安全协作监管共治,探索成立了餐饮协会。通过餐饮协会,加强了对经营户的指导、监督和引导。但这种行业协会的参与仅是探索性的,尚不具有普遍作用。

(三)市场维度:进与退的选择

市场中最重要的主体是企业。企业既可以是环境的破坏者,也可以是环境的保护者,这与企业所从属的产业类型、技术水平高低有很大关系。嘉善县委县政府全面部署整治行动,企业作为影响小城镇环境的重要因素必然牵涉其中。

企业作为市场的重要主体参与整治行动,其作为大致可以概括为"退"与"进"两个方面。所谓"退",就是腾退、淘汰"低小散"落后产能。嘉善过去的经济发展长期缺乏产业规划,又地处长三角核心区,经济活跃,便逐渐衍生出"村村点火,户户冒烟"的经济发展格局。许多企业处于产业低端,生产规模小,布局分散,污染物处理能力水平低下,加之多为高能耗、高污染行业,常常将废弃物直接向外界排放,给环境造成巨大破坏。因此,淘汰"低小散"落后产能也就成为嘉善整治行动的重要内容。在整治行动中,嘉善制定了评估企业的标准,通过评估全面淘汰落后、高能耗产业。所谓"进",就是引进、培育新企业、新产业。腾退"低小散"落后产能,确实有助于环境的改善。但若一味淘汰,没有补充,则不仅会影响经济发展,同时也会影响社会民生。因此在"退"的同时,必然要"进"。为了有效引进、培育新企业、新产业,嘉善一是保留了部分尚有潜力的企业、产业,通过兼并重组,机器换人,实现转型升级;二是通过产业园区建设引导企业入园。以企业、产业集聚,提高生产效率和污染治理水平;三是通过创业园区、科技企业孵化平台建设培育高新技术产业。

在整治行动中,除了企业的"进"与"退",一些市场因素也开始被引进并运用到环境治理中。政府越来越多地选择购买服务、PPP 项目等,一是因为政府人力、物力、财力有限,难以有效应对;二是源于市场参与治理可带来更高的效率。在小城镇环境综合整治中,环境卫生保洁、城镇秩序管理等事项烦琐复杂,需要耗费大量的人力,嘉善政府便尝试将这些服务外包,实现有效治理。

(四)政府与社会、市场的关系及其变化

在社会的维度上,大多数群众对整治行动的态度是配合,鲜少主动参与。表象上,存在大量"志愿者"参与整治行动,但这些"志愿者"背后却又或多或少地存在政府的影子,很难说是真正的志愿者。另外,政府想让社会组织积极参与整治行动,但让社会组织参与共治却还停留在探索阶段。因此,在政府与社会的关系上,政府明显处于主导地位。

具体而言,从社会的维度看,社会主体或是配合政府行动,或是在政府的动员下粗浅地参与其中。群众、志愿者、社会组织参与的程度、方式都受到政府影响,或限制,或鼓励,他们并没有在这场有益于自身的环境治理行动中积极行动起来,主动参与,发挥关键作用。从政府的维度看,政府对社会有着许多期待:一是希望群众能积极配合整治行动,改变生活方式,文明生产生活;二是希望群众能互相宣传,彼此监督,让整治行动做得更好;三是希望能有大量真正的"志愿者"参与整治行动的各个环节,分担政府的重任;四是希望社会组织帮助政府分担一些整治事项。但社会显然远远没有满足政府的要求,也没有足够的能力和动力去满足。就能力而言,社会的发育程度尚低,群众的自主意识还比较薄弱,自我组织的水平还比较低,这些都很难在短时间内快速提升。就动力而言,虽然小城镇环境综合整治于民有益,但政府长期的不作为或急于作为,为应对考核忽冷忽热,逐渐消磨了群众对政府的信赖。一定程度上,群众并不把这种整治行动当作地方政府真心为民之举,更愿意相信这是地方政府应付上级考核不得已的举动。因此,在长期的社会发展过程中,群众的自主意识在逐步觉醒,也愿意参与一些领域的治理,但对于政府短时间内推进的治理运动,则更多地抱持观望的心态。

从市场的维度看,何种企业"进",何种企业"退",应该引入哪些市场因素、机制,都取决于政府的抉择。因此,在整治行动中,政府先于市场,是主导者。市场仅是政府调整的对象,抑或是用以推进整治行动的政策性工具。逐利本质决定了企业不会心甘情愿被腾退。但政府评估企业的标准一旦发生了改变,政府便能拿出足够的法令规章敦促企业腾退或转型,那些被界定为"低小散"落后产能的企业再也没有回旋的余地。与此同时,一批被政府所认可的新企业将获得足够优惠的政策被引进或支持转型升级。因此从企业的角度看,政府与市场的关系便是政府对市场的一次调整,更具体地说则是产业调整。这种调整可能带有一定的破坏性。政府由于突如其来的小城镇环境综合整治任务,对企业进行整顿,淘汰落后产能。这不利于稳定营商环境的形成,反而容易影响企业对政府的信任。政府引入市场因素、机制推进整治行动,其原因就在于政府意识到了让市场参与环境治理的意义。但政府在整治行动中引入市场因素、机制还只是探索,而且主要运用政府购买服务、PPP项目等相对简单成熟的市场机制。从这一角度看,政府有意愿、有需求让市场参与环境治理,但政府对市场因素、机制的引入和应用并不娴熟。引入市场机制参与环境治理仍然存在巨大空间。

在整治行动中,在政府主导下,通过企业的"进"与"退",形成有助于环境保护的产业格局,引入有助于解决环境问题的市场机制,为环境治理提供屏障和支撑。但这种"进"与"退"的过程并不是持续性的,受政府主导的影响,更可能是断断续续的。

三、经验与启示

嘉善在小城镇环境综合整治中呈现出来的环境治理模式是一种政府主导,整合社会与市场,动员式推进的模式。在这种治理模式下,小城镇环境综合整治能取得巨大成效的原因在于两个层面:一是在上级政府的责任考核压力下,政府内部进行了有效的整合。整治行动领导小组的成立,使得各部门之间责任不清、互相扯皮推诿的"博弈"空间被极大压缩。这让政府得以将精力、资源集中到问题的解决上,并及时封堵随时可能出现的监管、责任漏洞。二是社会主体、市场主体共同参与。小城镇环境综合整治涉及多元利益主体,显然并不是政府"单兵作战"就可以顺利完成的。因此,政府在将自身精力、资源集中到整治行动中的同时,也向社会、市场提出了要求,群众、社会组织、企业等积极参与整治行动。

小城镇环境综合整治在政府强力主导、精力的高度集中、资源的密集投入、广泛的社会动员的情形下取得了巨大成效。通过积极引导社会各类主体的主动和自主参与,有意识地培养群众的公共意识和治理能力,探索引入新的市场机制。只有这样,社会、市场才能逐渐成长为县域环境治理中的重要角色,实现可持续治理。

第三节　干窑镇新泾港治理样板河

在"五水共治"中,嘉善县干窑镇用 40 多天的时间,把远近闻名的"墨汁河"新泾港治理成全省有名的"示范河"。在此基础上,干窑镇加快经济转型升级,实现了高质量发展。2021 年,干窑镇上榜全国千强镇名单,排名第 878,还被评为"2020 年度浙江省森林城镇"。嘉善县干窑镇在新泾港治理中形成宝贵经验,是绿色发展中比较典型的案例。

一、案例背景

嘉善县干窑镇在长期的发展中,积聚了 33 条垃圾河和 4 条黑臭河道。其中,新泾港位于干窑镇集镇西侧,南起干窑村乌桥港,北至南宙村塘北桥,流经干窑村、长生村、南宙村,全长 1900 米,河面均宽约 20 米。治水不寻源,治标不治本,新泾港的污染原因主要有以下四点。

(一)企业污水偷排

经统计,沿河附近企业日排放生活污水和工业污水超过 100 吨,共有木业、塑料制品、管桩、轴承、海绵、涂料等 14 家传统企业的工业污水和生活污水未经有效处理直排入河。其中嘉善峰和木业有限公司污染超标排放最为严重,该企业每根原木需要大量的自来水常年喷灌浸润。在加工过程中,还需要大量水进行蒸煮,蒸煮产生的大量黑水与同样未经很好处理的生活污水一起,通过一根埋在厂房墙角 100 多米长、直径超过 50 厘米的水泥管道直接排入新泾港。这些污水破坏了河水自净能力,是导致新泾港"染病"的重要原因。

(二)生活污水直排

沿河涉及生活污水排放的 3 个行政村的部分生活污水仅通过简单三格式化粪池处理就排入河道,并有多处简易棚厕存在直排现象。以干窑村为例,在新泾港附近的居民有 34 户 100 多人,原来生活污水都是直排入河,2001 年开始陆续建造三格式化粪池,但目前的化粪池渗漏严重,效果并不理想。新泾港沿河村民生活污水主要涉及南宙村 2 个自然村、长生村 2 个自然村和干窑村 1 个自然村。其中,南宙村还涉及塘北沿线渔民生活污水排放问题。部分渔民家中无厕所,附近的公共厕所已经使用了近 40 年,虽然经过数次整修改造,但渔民生活污水还是直接排入新泾港内。

(三)骨牌效应严重

近年来干窑镇劳动密集型产业和传统产业的增速发展,造成低端产业和外来务工人员过度集中,犹如多米诺骨牌效应,引发连锁反应:低端产业吸引外来人口过度集聚导致难管理,外来人员收入低、待遇低、生活条件差,生活垃圾处理超负荷,河道保洁难度越来越大。据统计,新泾港沿线共有出租户 145 户,外来人口超过 300 人,建有多处简易棚厕,棚厕管道均私埋直排入河,使新泾港"病入膏肓"。如新泾港沿线的干窑镇有本地村民 100 人,但 17 家出租户住了 238 名外来人员,给干窑村保洁工作带来了沉重压力。

(四)长效机制缺失

整治不彻底、治标不治本、长效保洁机制缺失是"黑河""臭河""垃圾河"的通病所在。排污管网建设滞后导致污水直排河道,长效保洁机制缺失导致垃圾漂浮物多,河道淤塞导致区域水系不畅,河水完全丧失了自净能力,河床里除了厚厚的淤泥,还有破旧的沉船。问题在水里,病源在岸上,故此治理反反复复,久治无效。治理前,新泾港由 3 个村共同管理,3 个村商定每年轮流保洁,安排 1 名保洁员进行河道日常清洁。但在实际中,河道天天清,但垃圾还是天天有。沿河居民始终没有养成良好的卫生习惯,基础配套设施始终得不到健全。

二、主要做法

2014年3月以来，干窑镇紧紧围绕省委"五水共治，治污先行"战略部署，科学制定新泾港整治方案，以河道清淤保洁，工业、生活污水治理，生猪养殖业转型发展为重点，探索出具有自身特色的样板河道治理模式。

（一）堵疏并举

对新泾港进行河道全面清淤，累计出动人员990人次，出动船只180船次，打捞垃圾611吨，打捞沉船8只，彻底解决河道垃圾沉积和黑臭污泥。由于新泾港河道南侧水闸河口较小，不利于水体交换，因此干窑镇采取打通北端断头的办法，对水闸进行改造以增加水体交换断面，同时拓宽北侧南宙村塘北桥断面的宽度，清除河底淤积，打通新泾港河道南北出入口。开展河床修坡，进行1900米生态护岸工程，水系得以畅通，达到河道洁化、美化的效果，通过改善河道与外界水系沟通，以及借助水生植物种植来恢复河道的生态功能，基本实现"水体清洁、水系流畅、两岸整洁、环境自然、功能配套、机制健全"的新泾港农村环境新面貌。

（二）强化治污

"五水共治"中，治污水在首位，也是人民群众最关心的问题。水污染问题在河里，病根在岸上，因此干窑镇开展村庄整治项目建设，以美化、洁化周边村庄环境来改善居民居住质量，对河道周边305户722人的居民生活废水和生活垃圾，按照能纳管的优先纳管处理，能集中式生态模块处理的通过收集管网建设收集处理，局部比较分散的农户通过单独生态模块处理，采取165户纳管、90户集中式处理、27户分散式处理的方式进行治理，督促周边企业加快内部污水管网改造，确保污水排放达标。同时，加快污水主管网建设，对工业企业工业污水预处理后全部纳管处理，企业生活污水收集纳管处理，确保相关企业应纳尽纳。

（三）重拳整治

在河道治理的同时，积极抓好岸上环境整治工作。要求沿河企业均向内退5～10米，采取种植植被方式保护河岸生态。拆除沿河违章建筑250平方米，拆除改造沿河企业粉尘房2个，并加快了垃圾收集、绿化美化等方面的建设步伐。加快河道两侧违章猪舍拆除力度，18户违章猪舍已拆除，涉及1063多平方米。同时，邀请镇"两代表一委员"、企业监督员等开展巡查，严厉查处堵塞河道和随意排放生活污水、工业污水和废水等违法行为，严控污染源。

（四）全民参与

探索建立沿河村民护河公约。做到人人参与护河。监督沿河企业行为，保护河清水清的长期效果。通过上门入户面对面进行政策宣传，利用文化庭院开展"五水共治美化家园"宣传教育活动,发放倡议书 500 余份,先后召开新泾港河道整治户长会议 5 次,签订《新泾港护河公约》139 份。要求房东们管理好各自出租房的环境卫生,互相监督护河行动。同时,组建由镇机关党员干部、青年团员等 40 人组成的护河先锋队,招募党员干部群众参与志愿者活动,发动沿河农户、企业主参与"五水共治"工作,提高群众的环境保护意识,共同保护新泾港的生态环境。协调完善 3 个村的日常保洁机制,增设垃圾桶、清运三轮车等基础配套设施,完善村庄垃圾收集处理体制,做好日常保洁工作,建立统一的河道垃圾打捞收集队伍,对保洁员实施奖罚考核,结合"巡查、通报、汇报"和"三色督察制度",强化河道巡查督查,保持常年无漂浮物,推动河道长效保洁。

三、取得成效

针对新泾港存在的问题,嘉善县委县政府以及干窑镇党委政府高度重视,通过落实"河长制"、污染源治理、护河公约等一系列举措,建立了河道水生态系统,形成了从水中到岸边较为完整的水陆植物交换系统,保持水体流动畅通,水体自净能力明显提高,达到"水清、流畅、岸绿、景美"的目标。

（一）以治水倒逼产业转型升级

水污染严重的问题、水资源效率低下的问题、水环境质量低劣的问题,归根结底是经济发展方式落后的问题。"五水共治"必然要求基层着力推进绿色发展、循环发展、低碳发展,以保障源头活水源源不断。在实践中,水环境综合整治力度的不断加大,促进了干窑镇产业转型升级的步伐。在治理过程中,集中开展对木业、化工行业、印染行业、塑料制品行业等行业的整治工作,关停废旧塑料企业 8 家,5 户喷水织机户销售转移喷水织机 21 台,加快推动传统优势产业改造升级、集聚壮大。

（二）以治水推进民生幸福家园建设

干窑镇在治水中积极推进农村生活污水治理和污水网管建设,加快城市污水管网向镇村延伸,通过纳管处理、集中处理和分散处理三种模式不断完善污水处理设施,全面提升城乡污水收集处理能力,不断改善水生态环境。截至 2014 年上半年,镇西路至汤家浜的污水主管网已完成主体工程,干洪公路至乌桥港、康民路污水主管网已基本完成,纳管或建设集中式生活污水处理设施的自然村 43 个。还启动实施了中小河流治理重点县综合治理及水系连通试点项目,完成河道疏浚 1900 米,新建护岸 1941 米,土方加固加高 1760 米。

（三）以治水创新治理体制机制

水环境治理涉及面广,关系错综复杂,传统的"九龙治水"格局难以适应水环境综合整治要求。干窑镇积极创新治水体制机制,打好治水"组合拳",通过落实"一把手"责任、强化部门联动、加强人大政协监督、社会公众参与等途径,形成全镇"一盘棋"、上下"一条心"、各方"一股劲"、齐心协力抓治水的强大合力。按照属地管理、分级负责的原则,全面落实河道保洁责任制,组织河道保洁专业队伍,推广立体化保洁模式,全面落实河道长效保洁机制,进一步优化城乡水环境。特别是依托"户长会议"引导群众主动参与"五水共治"的创新之举,被县群众路线教育实践活动领导小组办公室发简报肯定。

四、分析与启示

(一)治水需要正确方法

水环境治理是一项综合性系统工程,涉及自然生态、生产生活、管理体制、社会文化等众多领域,关系城乡居民、企业、政府机关、社会组织等诸多主体。在政府行政系统内部,水环境治理也涉及环保、水利、建设、国土、航运等多个部门。只有对河流开展综合性整治,才能克服"就水论水"治标不治本的缺陷,真正实现"药到病除",绿水长流。干窑镇在治水工作中,主要落实了三个要点:一是找准源头。"治水不寻源,治标不治本"。水体为什么会发黑发臭,必须找准源头,不能病急乱投医,要避免原因分析的简单化,防止源头问题没找准或没找全。如新泾港河道的治理,就是通过地毯式排摸找准了污染源头。为此,在治河的初期,要在制定整治方案的基础上,对沿线污染源、排污口、黑臭支流等情况再次进行地毯式排查,摸清现状,动态掌握新出现的情况,抓好治理方案的补充细化。二是综合施策。治河必须因河制宜、量力而行,打好截污纳管、河道清淤、拆除违建、垃圾清理、生态修复、景观绿化等"组合拳"。三是发动群众和企业。在治水过程中,政府要起领导及主导作用,还要起到引导作用,应该高度重视发动群众和企业的工作,要让广大群众、河边企业参与进去,形成"人人护河"的良好氛围。

(二)治水需要公众参与

水环境治理是一项长期性攻坚工程,水环境治理的公共性、系统性和复杂性,决定了必须树立全社会的共同愿景,促进社会各界集体行动。水环境管理具有广泛性和社会性,有问题也不容易掩盖,水与民息息相关,涉及公众利益,与水环境有关的决策,公众应当享有知情权和监督权。嘉善水环境治理具有鲜明的政府主导特征,社会参与机制不足,环境志愿者与环保社会团体数量相对较少,作用有限。政府主导的水环境治理体系虽然有见效快、执行力强等优点,但是,也存在成本高,难以长期保持等缺点。水环境长效治理必须依靠公众参与。构建开放的水环境治理系统,依靠群众、发动群众、组织群众并引导群众治水,可以收到事半功倍的效果。创新生态环境宣传、教育、培训模式,提升城乡居民的环境意识,充分调动公民参与的积极性是嘉善县域生态文明建设的当务之急。每个社会成员都是污染者,只有每个人都关心关注水环境治理,各行业、各部门、社会各界协同配合,形成自觉保护水环境、自发参与治水的水生态文化时,才能有效提升公众的环境意识,提高公众的自律行为和治理参与程度,营造联合治水的良好氛围。

(三)治水需要常抓不懈

"五水共治"需要常抓不懈,而持之以恒推进"五水共治"必须依靠制度,具体来说共有三个要点。一是加强管制性制度建设,实施最严格的水资源、水环境、水安全管理制度。要坚持以水定产原则,保障生态用水;要坚持功能导向原则,保障水体环境;要坚持安全第一原则,保障涉水安全。二是加强经济性制度建设,让市场机制在水资源、水环境配置中发挥决定性作用。要加快水权界定进程,实施水权交易制度;加快水污染权界定进程,实施水污染权交易制度;加快生态产权界定进程,实施水源保护补偿制度。三是加强社会性制度建设,广泛发动用水户参与到"五水共治"工作中,既参与建设,又参与监督。"五水共治"总体上属于公共物品,因此,政府要承担引领作用。要建立领导体系,健全组织机构,明确部门职责,在可能的情况下要责任到人,例如部分地区推行的"河长制"可以推广到全省。"五水共治"要实现监管功能与建设功能的分离,因此,企业要按照规范和程序积极参与公共工程建设。而作为被服务主体的公众,一方面要承担涉水公共物品的供给;另一方面可以参与涉水公共物品的生产。

第四节　绿色循环经济发展的陶庄篇章

嘉善县陶庄镇地处长三角一体化发展的核心区域,地理位置优越,是不产一块铁却是闻名全国的"钢铁小镇",有40多年的废钢产业发展历史,一度成为全镇全民的"吃饭行当"。当传统粗放型钢铁经济触到"天花板",随处可见的无序堆放、冲压机床的巨大噪声,与人民群众日益改善的生活环境格格不入,如何突破成长的困境,实现可持续发展?

2016年以来,嘉善县陶庄镇以"壮士断腕"的坚定决心打响了腾退整治之战,积极推进镇"两创"中心项目建设,同时成立嘉兴陶庄城市矿产资源有限公司(以下简称陶庄城矿)负责园区运营管理。短短两年间,一个总投资5.5亿元、占地266.5亩的"两创中心"加速崛起。园区内17幢标准厂房和17幢码头仓储用房已全部投用,198家钢铁经营户入驻,为这座"钢铁小镇"的二次腾飞点燃了强劲"引擎"。

一、"钢铁小镇"实现 V 形反转

陶庄镇拥有 3 个大型废旧金属市场及 40 多个废钢加工分选储运码头,从事废旧金属产业人员超过 1 万人,被誉为"全国最大的废钢铁交易市场"。早在 1988 年,每天集聚在净池漾进行交易的船只就多达 2000 余艘,近百亩水域里停满船只,并向四面河道延伸,"钢铁小镇"蜚声国内。

进入 21 世纪后,"钢铁小镇"逐渐显现问题。一方面,"低、散、弱"的发展现状使经济效益逐年下滑,粗放型的钢铁经济触到了"天花板";另一方面,废钢烂铁随意堆放,持续污染也让这座原本风景秀丽的汾湖小镇蒙尘。产出效益低、环境形象差、违建问题突出、安全隐患四伏、税收外流五大痛点,成为陶庄产业升级、环境改善最大的"拦路虎"。

陶庄人直面困局,"钢铁小镇"选择再次出发,以"刮骨疗毒"的决心换得新一轮发展良机。2016 年,陶庄镇党委政府为促进废旧金属产业提档升级、改善城乡生态环境,对 3 个大型废旧金属市场 868 户、主要道路沿线 400 多户废钢经营户,以及 40 多个废钢加工分选储运码头进行腾退整治,拆除违建 30 万平方米。

"关一扇门,开一扇窗。"这边,废钢铁市场腾退快马加鞭;那头,一个总投资 5.5 亿元的"两创中心"项目在南许荡东侧区块落地建成。陶庄以此为支点大力撬动产业转型升级,给"废钢"产业"镀金",推动新旧产能加速转换。陶庄城矿废钢年加工配送能力达到 120 万吨,显示了良好的生态效应、经济效应和社会效应。在新冠肺炎疫情影响下,2020 年,公司经营业绩逆势上扬,全年销售收入突破 30 亿元,创造税收 3 亿元以上。"钢铁小镇"插上了产业二次腾飞再发展的翅膀,破茧成蝶。

二、绿色发展中的"废钢"力量

从地理位置看,陶庄镇处于长三角生态绿色一体化发展示范区内,这决定了陶庄的未来必须走资源节约、环境友好的可持续发展道路。尤其是在长三角一体化上升为国家战略的背景下,地处上海、苏州、杭州、宁波、绍兴等经济发达地区黄金节点的陶庄无疑站到了跨越发展的"超级风口"。

自 2018 年 4 月正式运营以来,陶庄城矿一直致力于做好产业集聚、合规经营、循环发展,"两创中心"全面投入运营后,已成为全国闻名、中国单体规模最大的集回收、加工、利用、分选、配送等功能于一体的废旧金属一体化运行的循环经济市场。

2019 年 3 月,陶庄城矿与上海钢联电商签订"中国陶庄废钢指数"合作协议,旨在帮助废钢铁供需企业及时、准确把握废钢铁价格水平与变化趋势,引导企业合理决策,维护市场稳定。这标志着陶庄市场成为行业发展风向标。陶庄城矿所打造的"集中收购、分部加工、统一对外"的中国废钢加工产业"陶庄模式"获得中国废钢铁应用协会及省、市、县各级领导和专家的充分肯定。

区别于外部普遍的零散式、断链式交易,陶庄城矿吸取以往经验,首创"五控"闭环经营模式,即对个人投售的,要求投售人必须提供本人身份证、银行卡和联系方式等并进行严格的信息核对,做到源头管控;投售的废钢必须运入公司园区内过磅称重,并卸货到公司仓库内,全程进行影像图片记录,做到流程监控;对收购货款公司规定一律经银行转账支付到投售人银行卡中,杜绝现金交易,做到网银调控;严格按规定填开收购发票,保证每笔业务货物流、票据流、资金流的一致性,做到程序掌控;对产废企业销售的废钢,公司严格核实其经营类型、废钢来源等情况,确保是其自身生产经营产生的废钢余料,并且要求带票入园,做到去向把控。"五控"闭环经营模式有效避免了交易过程中税源流失、经营无序等风险,杜绝了虚开发票、流程脱节等现象,得到中国废钢铁应用协会的认可和推广。

为进一步加快转型升级步伐,延伸产业链,做强精密机械优质平台,陶庄城矿已规划建设总投资 30 亿元的"两创中心"二期精密机械小微企业园,计划2023 年 12 月竣工。同时,陶庄城矿大力推进国家高新技术企业创建,在现有 3个发明专利、10 个实用新型专利的基础上,不断提升企业科研水平,着力将废旧金属传统交易市场转变为高效循环经济基地,为长三角生态绿色一体化发展示范区建设贡献废钢再生的力量。

三、"两创中心"助力乡村振兴

陶庄要实现可持续发展,必须对脏乱差和违建说"不",把发展产业和保护环境放到同等的高度,实现经济效益和社会效益的"双轮驱动",增强群众获得感、幸福感。

陶庄镇"两创中心"是嘉善县第三轮"强村计划·飞地抱团"项目,由镇村两级共同出资建设,其中包括陶庄镇、天凝镇的 7 个经济薄弱村和陶庄镇的 6 个一般村、1 个水产养殖场。2019 年初,为相关村发放分红 807 万元;2020 年初,发放分红 1186 万元。该项目开创了村集体"零现金投入、零财务成本、零管理风险"增收新模式,为助力乡村振兴、推进农民增收提供了范本和案例。陶庄镇已创建省 A 级景区村庄 5 个,2A 级景区村庄 1 个,美丽乡村逐步串点成线,在驶上乡村振兴"快车道"的同时,也为长三角生态绿色一体化发展示范区增添更多风景。

陶庄镇加快引进新兴产业,吸引了浙江舒奇蒙能源科技股份有限公司、上海天天汽车零部件项目等高大上、专精尖的公司和项目入驻。同时,利用"双创中心"撬动产业转型升级,推动新旧产能加速转换。陶庄产业转型升级、城乡环境脱胎换骨、村集体经济抱团壮大,将产业转型与美丽城镇、美丽乡村相结合,实现了经济、社会、生态环境"三位一体"的共赢。

第五节　横港村绿色发展之路

横港村位于嘉善县姚庄镇中部,区域面积 2.1 平方公里,户籍人口 1670 人,其中党员 61 名。2011—2020 年 10 年间,横港村抓住三次机遇推动转型发展,逐渐摘掉了"基层党组织软弱涣散村""生态环境薄弱村""经济相对薄弱村"三顶"帽子",成为全国民主法治村、省级卫生村、市级文明村、"优美庭院"示范村和浙江省 3A 级景区村庄。①

一、案例背景:时代赋予的三次机遇

（一）改善环境从顺应"三改一拆"行动开始

2011 年,横港村是姚庄镇第二大养猪村,生态污染、违章建筑让横港贴上了"脏、乱、差"的标签。2013 年,浙江深入开展"三改一拆"三年行动。面对要收入还是要生态的两难抉择,横港毅然决然选择了"生猪"腾退的道路。经过 3 年的努力,成功拆掉了 5.6 万平方米的违章建筑,清零 2.4 万头猪。同时,利用盘活的土地空间建成连栋大棚发展花卉种植业,平衡了生态保护与经济发展的关系。

（二）美丽乡村从把握乡村振兴战略显现

2016 年,横港算清了"生态账",却面临发展出路的问题。2017 年,党的十九大提出了乡村振兴战略,要按照产业兴旺、生态宜居、乡风文明、治理有效、生活富裕的总要求,加快推进农业农村现代化建设。横港再次抓住机遇,加入了建设美丽乡村的行列,通过集体商议、规划设计,实施入口美化提升、河道两岸景观道打造、污水处理设施提升、道路亮化等基础性工程,生态环境得到质的提升,境内 8 条河道从劣 IV 类水改善至 III 类水,清澈见底,横港也成为长三角美丽乡村精品村之一。

（三）生态绿色从紧盯国家战略绘就

2018 年,横港所处的姚庄镇被列入长三角生态绿色一体化发展示范区的先

---

①　本节数据来源于嘉善县姚庄镇人民政府（街道办事处）工作报告。

行启动区,承担起了"引领长三角高质量一体化发展"的重要任务。2019年以来,在国家战略的资源投射下,横港开启了跨越式发展,也逐渐吸引了中央、省市县各级媒体的聚焦关注。处在"聚光灯"下的横港先行先试,创新开辟了一条党建引领、生态优先的绿色发展之路。

二、做法成效:十年转型的破茧成蝶

（一）从"九年换了仨书记"到"全国民主法治村","三治"融合还靠"七字诀"

1."七字诀"的核心是发挥党建引领力

"看、商、治、比、议、督、奖"这"七字诀"是横港村的"两委"班子在带领群众开展"三改一拆"、生猪退养、环境整治、垃圾分类、村集体经济转型发展的工作过程中逐渐总结形成的。通过这7个工作环节,很好地发挥了党员的核心带头作用。在推动"三改一拆"的过程中,村支书张林第一个拆除了自家审批合格的猪棚,退养生猪5头。党员的带头作用,是一种榜样和力量,是一种宣誓和承诺,起到的是红色引擎作用。

2."七字诀"的关键是调动群众积极性

在"治"的环节中,推行党员联户"1＋1"制度,即1名老党员、1名年轻党员联系15户左右农户,联系户的环卫评比、垃圾分类结果等与党员本人的先锋指数、加油积分挂钩。年轻党员擅长开展线上联动,微信群里可随时交流各项工作的进展;老党员则重在线下走访,深入农户家中了解情况。通过这样的塔基式联户方式,带动村民一起参与到村级事务的商议、监督、决策、实施等各个环节,真正实现了"自治"。

3."七字诀"的根本是形成发展凝聚力

"党建引领、党员带头、群众参与"形成的良性循环,密织了在人民群众中的红色链条,发挥了党组织的战斗堡垒作用,提高了百姓参与村级各项事务的主动性和积极性,形成了推动横港发展的强大凝聚力,凝成了厚实的乡村振兴自下而上的基底力量。

（二）从"插花盆景一时美"到"落地生根长久美",美丽乡村要有"好机制"

1.自检自查阶段,形成"学习反馈"机制

为了彻底改变"脏、乱、差"的面貌,横港村多次组织党员、村民代表到美丽乡村示范村学习取经,以"他山之石"推进环境整治。学习后召开户长大会,将村里的环境薄弱点以PPT形式一一呈现,自查反馈,形成对比,激发村民自觉自发要求改进。

2. 保洁整治阶段,建立"联动互评"机制

在房前屋后保洁整治阶段,横港村立足社情民意,由党组织牵头,建立"党群联动、户比互评"工作机制,每月组织一次交叉互评,由全村党员和村民代表按照量化标准轮流参与、匿名打分,每月公示、每年表彰。这套机制率先在党员户中试行,后在全村逐步推广。

3. 垃圾分类阶段,探索党员"双联"模式

在垃圾分类工作启动时,横港村通过党员议事会讨论确定了党员联系群众、党员连带考核的"双联"工作模式,把指导村民垃圾分类作为党员日常走访联系的一项固定内容,党员常态化走访、检查和提醒指导村民学分类、分好类,促进养成垃圾分类的习惯,进一步助力全村生态环境的改善。

4. 生态巩固阶段,创新"生态绿色加油站"机制

为巩固生态环境整治成果,横港村与中国银行嘉善支行结对建设"生态绿色加油站"激励机制,将村民的生态绿色行为考评情况量化为 10 个大类的生态积分,给每位村民办理了一卡通,可利用积分到"生态绿色加油站"兑换生活用品等实物,多余积分可在年底兑换成货币。据统计,2020 年全村累计发放生态奖励35 万元,最高一户一年获得了 3000 元左右的奖励。

(三)从"家家户户猪老倌"到"和和美美农家乐","美丽经济"需有"好动能"

1. "三改一拆",盘活土地资源

实行生猪退养后,横港村利用红旗塘沿线猪舍拆除后的集体土地及农户流转的土地建起了面积达 120 亩的全县首个转型升级农业产业园,其中 30 亩优先给转型升级的农户自建蔬菜大棚,剩下的由村集体以招标形式建成连栋大棚,用于花卉种植。大棚每年能为村里带来 70 万元左右的租金收入。横港村的 1945亩土地,流转率达到了 98%。

2. 打开市场,引入专业团队

2020 年 4 月,横港村和嘉兴远景旅游开发有限公司签约合作,以市场化方式开启了"美丽经济"之路。用政府购买服务的方式,以"公司化运营＋专业化管理"的运作模式,开发旅游项目,包括旅游规划、人流引入、业态导入等,最后由村委会对项目进行监督考核。截至 2021 年底,共建成"玫瑰庄园""柠檬树"等 7 幢主题民宿;电力公司倾情相助,全力打造全电民宿,成为最靓丽的经济增长点。

3. 整合资源,实现动能转换

横港村没有止步于单打独斗,而是把本村兴华农场等农业资源整合起来,抱团发展,打造田园综合体,试图还原一个融农事体验、观光旅游、农耕文化展示等于一体的"现实版"开心农场。村民们纷纷办起了"农家乐",村里和旅行社洽谈

合作,开通旅游专线,走上了一、二、三产融合发展之路。2020 年 5 月,横港村举办了首届"渔舟唱晚,遇见横港里"乡村旅游节,短短 5 天时间,吸引游客 3500 多人次。2020 年,全年吸引游客 10 万人,获得营收 107 万元,真正畅通了生态优势转化为经济动能的绿色通道。

三、经验启示:党群齐心的共富之路

(一)村子强不强,关键要看"领头羊"

"火车跑得快不快,全靠车头带。"2018 年 9 月 21 日,习近平总书记在中共中央政治局第八次集体学习时指出:"要充分发挥好乡村党组织的作用,把乡村党组织建设好,把领导班子建设强。"①加强基层组织建设,村党支部建设是关键。在新形势下,建设坚强有力的村支部(总支)领导班子,特别是选好配强村主职干部尤为重要。横港村曾是有名的"基层党组织软弱涣散村",短短 1 个月内,村"两委"班子 3 名成员因工作压力过大相继辞职。面对这种形势,嘉善县委组织部和姚庄镇党委共同出力,派出工作组进驻村里,在稳定大局的基础上配齐配强村"两委"班子。在"三改一拆"行动中,"领头羊"率先作出表率,党员的作用也随之被激活。

党员力量的激活离不开工作机制的创新。横港村建立"党群联动、户比互评"的工作机制和"党员联系群众、党员连带考核"的工作模式,把村庄保洁、垃圾分类等工作情况纳入党员先锋指数考评,每月公示、每年表彰。这些机制和模式的创新为党员作用发挥搭建了舞台。党员力量的激活,成了横港村发展的重要保障。

(二)村子美不美,重点要能得实惠

让老百姓过上好日子是一切工作的出发点和落脚点。美丽乡村建设的重点在于能够让群众得到实惠、感到满意。只有老百姓过上好日子了,得到实惠了,才会真心实意支持参与美丽乡村建设,为村子发展出谋划策。在美丽乡村建设过程中,横港村深入贯彻践行"绿水青山就是金山银山"理念,把美丽化为收益,壮大了村集体经济,提高了村民收入,改善了村民生产生活环境。

值得一提的是,横港村党总支始终牢记共产党的初心和使命,专门建立了"五彩"扶贫基地,以就业帮扶、结对帮扶、"1+X"组团帮扶等多种形式,帮助本

---

① 《习近平:把乡村振兴战略作为新时代"三农"工作总抓手》,共产党员网,2018 年 9 月 23 日,https://www. 12371. cn/2019/06/01/ARTI1559351774977982. shtml? from = groupmessage。

村残疾人、困难户脱贫,并建立村级慈善基金,为困难家庭雪中送炭。这不仅大大增强了群众对中国共产党、对中国特色社会主义的情感认同、思想认同,更充分体现了社会主义的本质要求。

(三)村子活不活,核心要让群众把话说

"干部干,群众看"是一些农村在发展中遇到的一大难题。如何化解这个难题? 赢得民心民意、汇集民智民力是重要着力点。横港村牢记总书记指示,在发展中始终注重发动群众,让群众做群众工作,让群众当家。横港村十年中的每一次蝶变,都离不开当地群众主动性的发挥。

美丽乡村要不要建? "未来之路"如何走? 横港村畅通线上和线下两个民意渠道。线上,依托微嘉园、党员联户微信群;线下,依托党群议事会、"网格夜访"、"红茶坊"驻点服务日、走访老干部、广泛票决等渠道,听民声、访民意、聚民智,多次商议,梳理形成了横港村五年规划(2021—2025 年)征求意见稿。横港村发展进入新阶段。

第五章　共享发展:民生幸福新体系

改革开放以来,我国经济快速发展,经济总量已跃居世界第 2 位,现代化发展能力持续增强,但发展中出现的收入差距过大等社会问题日益凸显,基尼系数多年在高水平徘徊,超过了世界公认的警戒线。党的十八届五中全会提出共享发展的理念,为嘉善加强共享发展,建设民生幸福新体系指明了方向。在中央支持下,2021 年浙江省承担起高质量发展建设共同富裕示范区的战略使命,这也对嘉善如何加快共同富裕示范区建设,积极探索共享发展的新机制提出了更高要求。

2017 年《浙江嘉善县域科学发展示范点发展改革方案》中提出,嘉善要着眼于富民、惠民、安民,推进共享发展。到 2020 年,全县城乡居民收入差距进一步缩小,平均预期寿命达到 83 岁。

经过近几年示范点建设,嘉善民生福祉持续增进,人民生活更加幸福,基本公共服务均等化水平明显提高。截至 2020 年底,平黎公路改(扩)建、丁诸线航道整治等工程加快推进,城乡公交网络进一步优化;浙师大附校、上师大附校等一批优质教育资源投入使用,创成浙江省教育基本现代化县;实施"健康嘉善"八大工程,县第一人民医院二期、县中医院、县第二人民医院迁建工程投入使用,县妇幼保健医院、罗星卫生院等医疗卫生基础设施开工建设;"善文化"建设被中央文明办列为培育和践行社会主义核心价值观的重点工程,县图书馆、博物馆新馆建成并投入使用;社会养老保险、医疗保险实现了县域全覆盖;人均期望寿命达到 84.37 岁,被评为全国智慧健康养老示范基地;成功创成浙江省食品安全县;连续 15 年创成省级平安县,成功夺得一星平安金鼎,"智安小区"、联勤警务站建设经验全国推广。

第一节　共建共享,提升百姓获得感

做好经济社会发展工作,民生是"指南针"。近年来,嘉善坚持共建共享发展,持续提升人民群众获得感。嘉善百姓的获得感主要来自完善的社会保障体系、健全的公共服务体系、合理的社会治理体系(见图5.1)。

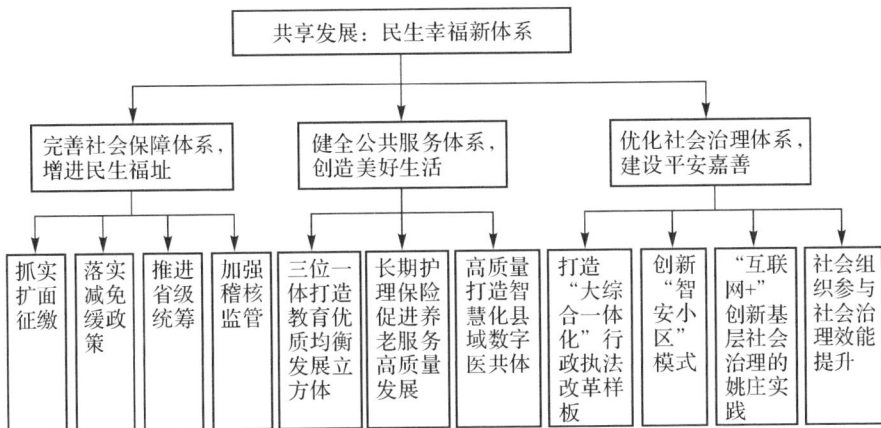

```
                    ┌────────────────────────┐
                    │   共享发展:民生幸福新体系    │
                    └────────────────────────┘
        ┌────────────────────┼────────────────────────┐
┌──────────────┐    ┌──────────────┐        ┌──────────────┐
│ 完善社会保障体系, │    │ 健全公共服务体系, │        │ 优化社会治理体系, │
│  增进民生福址   │    │  创造美好生活   │        │  建设平安嘉善   │
└──────────────┘    └──────────────┘        └──────────────┘
```

图 5.1　嘉善共享发展模式结构

一是扎实推进和完善社会保障体系。通过抓实扩面征缴,有效提升法定参保率;落实"减免缓"政策,切实减轻企业负担;推进省级统筹,加强稽核监管,确保基金安全完整,打造智治格局,构建现代化的社会保障体系。二是健全公共服务体系。嘉善在教育、养老、医疗等领域开展多项改革,三位一体打造教育优质均衡发展立方体、长期护理保险促进养老服务高质量发展,高质量打造智慧化县域数字医共体。三是优化社会治理平台。坚持统筹发展和安全,把安全稳定贯穿于"双示范"建设各领域和全过程,通过提升数字治理水平和构建现代治理体系,双管齐下加快打造"整体智治、唯实唯先"的现代政府,建设更高水平的平安嘉善。通过打造"大综合一体化"行政执法改革样板、创新"智安小区"模式、提升社会组织参与社会治理效能,不断提高人民群众的获得感、幸福感和安全感。"互联网＋"创新基层社会治理的姚庄实践是嘉善社会治理的优秀实践案例。

一、共享发展整体成效

嘉善坚持共享发展理念,把提高群众获得感、幸福感、安全感作为共享发展的核心。按照"民生为先、民生为重、民生为本"的要求,牢固树立以人民为中心的发展思想,大力推进城乡一体、优质均衡、普惠共享的民生事业建设,不断满足人民对美好生活的向往。

"十三五"期间是嘉善群众幸福度稳步提升的 5 年。嘉善将全部财力的80.6%用于改善民生,总额达 305 亿元。城镇登记失业率控制在 1.74%的较低水平。社会养老保险、医疗保险实现全覆盖,镇(街道)示范型居家养老服务中心、村(社区)居家养老服务照料中心实现全覆盖。投入教育经费 79.60 亿元,实现翻番;新建、改扩建学校 30 所,新增学位 16890 个;培育市级及以上名师名校长 178 名;引进华师大、浙师大等知名高校开展合作办学。投入 30 亿元推进"健康嘉善"八大工程建设,县第一人民医院二期、县中医院新院等投入使用,县妇幼保健医院等开工建设,全省首批实现国家卫生镇"满堂红"。创成省食品安全县。全国首创的"智安小区"实现县域全覆盖,刑事警情比未建前下降 67.5%,106 个小区实现刑事案件"零发案",荣获全省首批一星"平安金鼎"。①

(一)构建高质量社会保障体系

1. 扎实推进就业创业

深入实施城乡一体的积极就业政策,深化大众创业促进机制改革,出台创业担保贷款、创业社保补贴等"创十条"政策,建立大学生创业学院、创客空间等载体,建成长三角人才创新园和人力资源服务产业园,每年发放各类就创业补贴达千万元,全县拥有 8 家市级以上创业孵化基地,带动就业达万人,城镇登记失业率控制在 1.74%的较低水平。

2. 积极促进富民增收

不断完善城乡居民增收机制,实施城乡居民收入倍增计划,积极推进收入分配和社会保障体制改革,健全资本、技术、专利、管理等要素市场报酬机制,探索开展企业工资集体协商,协调开展行业性、区域性工资集体协商。积极拓宽农民增收渠道,培育发展混合型农业经营主体,引导农村劳动力转移就业,发展农村电商,壮大村集体经济,帮助农村就业困难人员就业创业,累计建成农村电商服务站 310 个,入选国家电子商务进农村综合示范县,城乡居民人均可支配收入逐年提高(见图 5.2),2020 年分别达到 65266 元、40741 元。城乡发展差距进一步缩小,城镇和农村人均可支配收入比从 2016 年的 1.84 降低到 2020 年的 1.60。

3. 稳步提高保障水平

不断完善社会保障体系,社会养老保险、医疗保险实现县域全覆盖。率先出

---

① 徐鸣阳:《2021 年〈政府工作报告〉》,2021 年 3 月 4 日,http://www.jiashan.gov.cn/art/2021/3/4/art_1229199208_4527351.html。

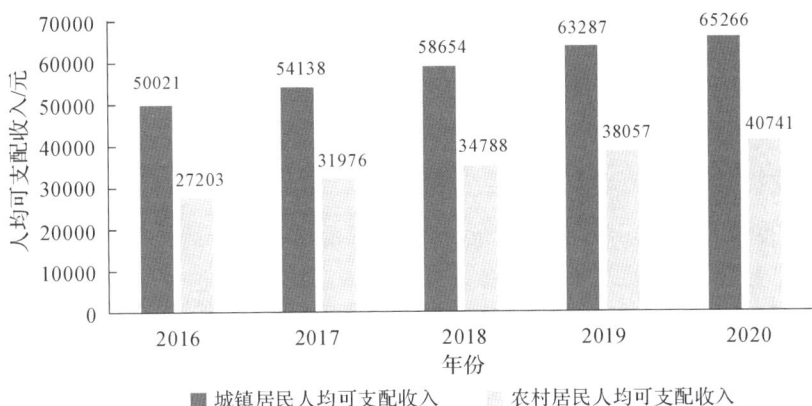

图 5.2　2016—2020 年嘉善县城镇、农村居民人均可支配收入变化情况
数据来源:嘉善县历年统计年鉴。

台长期护理保险制度,推动困难残疾人生活补贴与重度残疾人护理补贴全覆盖,深入推进社区精准康复、省级住房租赁等试点建设,最低生活保障对象、特困人员医保资助参保率达 100%。医疗保障不断完善,每千人病床数从 2010 年的 227.98 张提高至 2019 年的 484.46 张(见图 5.3)。农村最低生活保障和最低工资标准分别达到 860 元、1800 元。

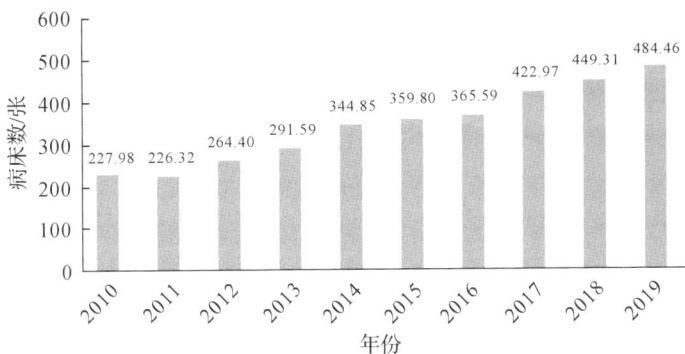

图 5.3　2010—2019 年嘉善县千人病床数变化情况
数据来源:嘉善县历年统计年鉴。

(二)构建高水平公共服务体系

1. 文化建设体现特色化

深入挖掘地域人文,大力弘扬"善文化",打造新时代文明实践中心国家级试点,新建县博物馆、图书馆,建成遍布城乡的农村文化礼堂、善城智慧书屋、农村书场书屋等文化载体,深入开展"善文化节"、周末大舞台等文化活动,保护嘉善

田歌、踏白船等地方文化遗产,推动"善文化"融入百姓日常生活,形成县域治理正能量,涌现出6位"中国好人"、20位"浙江好人","善文化"被中央文明办列为培育和践行社会主义核心价值观的重点工程。

2. 教育实现现代化

高质量配置教育资源、普及15年基础教育,深入推进义务教育学校教师流动、县管校聘、智慧教育等重大改革试点,高标准推进义务教育学校标准化建设,建立4个教育集团、11个城乡义务教育共同体,以高校助推、名校托管的方式新建20所学校,形成办学集团化、资源高端化、流动常态化新机制,被评为全国首批义务教育发展基本均衡县,入选省"互联网＋义务教育"实验区。满足人民群众不断增长的精神文化需求,图书流通人次增长迅猛,从2010年的45.06万人次增加至2019年的246.62万人次(见图5.4)。

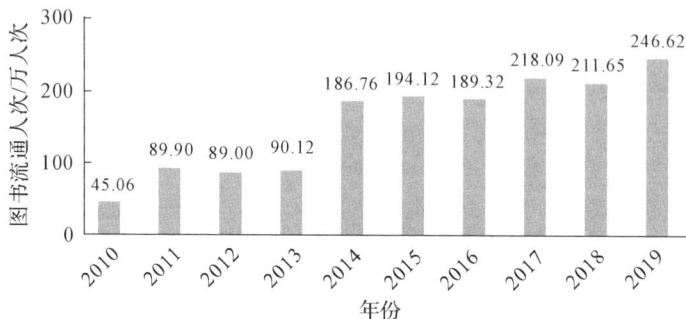

图 5.4　2010—2019 年嘉善县图书流通人次变化情况

数据来源:嘉善县历年统计年鉴。

3. 医疗加快数字化

深化健康嘉善建设,推进县公立医院综合改革和基层医改,新建县第一人民医院、第二人民医院、妇幼保健医院等重点基础设施。建立县、镇、村三级公共卫生服务网络,实现镇(街道)、村(社区)卫生所(站)全覆盖。成立国际医疗中心,对标上海提升县急救中心功能配置,实现示范区内院前急救统一调度。创新县域数字医共体建设,获评国家医共体信息化建设创新奖,建成覆盖城乡的"云诊室"平台,启用长三角首个5G智慧健康屋,率先实现"医后付"公立医院全覆盖。

4. 养老服务形成多元化

深化省级养老服务业综合试点、国家级养老服务业标准化建设试点,完成省级养老服务示范区建设,建立"医养融合"养老服务模式、"颐养云"智慧养老服务平台、失智老年人照护服务体系,实现区域养老机构、养老流动服务车、居家养老服务照料中心及社会化运营"四个全覆盖",建成以居家为基础、社区为依托、机构为补充、医养相结合的多层次养老服务体系,被确定为全国智慧健康养老应用示范基地。

（三）构建现代化社会治理体系

1.改革便民服务模式

深入实施"最多跑一次"改革,加快政务服务数字化转型,大力实施"一窗办理",创新"跑前指导员""红色代办"等做法,率先推行"无差别全科受理",并实现县、镇、村三级全覆盖,创新"去柜化"政务服务新模式,实现从"面对面"窗口受理向"肩并肩"帮办服务转变,围绕企业准入到退出、个人出生到死亡,深入实施全生命周期"一件事"改革41项,98.3%的政务服务事项实现"网上办",97.9%的政务服务事项实现"掌上办",98.6%的民生事项实现"一证办",90%的民生事项实现"乡镇办"。

2.推动治理重心下移

完善网格治理体系,深化新时代"网格连心、组团服务",建立"镇(街道)—村(社区)—网格—小区(村民小组)—微网格"五级治理体系,全县万名党员干部进村入社,实现"农村长联十户、城市长联一楼"。在新冠肺炎疫情防控中有效发挥作用,快速阻断全市首例输入性新冠病例造成的疫情传播,嘉善做法成为抗击新冠肺炎疫情典型经验,天凝镇新联村因此获全国抗击新冠肺炎疫情先进集体、先进党组织。深化综合行政执法改革和基层治理"四个平台"建设,率先形成"一支队伍管执法"机制,构建"县镇一体、条抓块统"治理体系,推动社会治理重心下移、力量下沉。

3.创新矛盾调处机制

坚持和发展新时代"枫桥经验",创新"一体两翼三基四联""五同步"防范邻避风险等经验模式,以"最多跑一次"理念推进矛盾调处化解"最多跑一地",设立县社会治理综合指挥服务中心,以及镇(街道)、村(社区)矛盾调解中心,率先推行"一窗受理、一门办理""线上指挥调度、线下专班接处"等模式,形成矛盾调处化解三级联动、分级诊疗体系,提供"访、调、仲、诉、引、育"全链式服务,群众办事满意率达99.3%。

4.打造整体智治格局

在持续深化基层"三治"融合的基础上,以数字赋能推进智慧治理,深入实施"雪亮工程",建设"智安街道",建成智慧交通、智慧水务、数字城管等管理系统,率先实现"智安小区"、5G网络全域覆盖。在新冠肺炎疫情防控中,创新"健康码＋智安小区"防控系统,推动"一图一码一指数"精密智控落细落实,被省委书记袁家军称为"精密智控"的社区版。加强与阿里巴巴合作,建设"城市大脑",打造"一图观全域、一屏管全局"的智慧嘉善,全面构建县域治理整体智治体系。

二、完善社会保障体系,增进民生福祉

嘉善社会保障体系不断完善,基本养老保险制度基本健全,实现了全民医保目标,社会保障制度成为广大人民群众共享改革发展成果的重要制度安排。

(一)抓实扩面征缴,有效提升法定参保率

扎实推进社会保险精准扩面,部署落实城乡居保年度续保,有效确保社会保险应保尽保。2020 年,全县城镇职工基本养老保险参保人数达 35.73 万人,同比增长 10.3%,其中企业职工基本养老保险参保人数达 33.94 万人,同比增长 10.8%。城乡居民基本养老保险参保人数达 6.32 万人。全年共发放养老金 35.50 亿元,同比增长 2.6%,其中企业职工基本养老保险金额 28.60 亿元,同比增长 3.4%。失业保险参保人数达 20.22 万人,同比增长 8.7%;领取失业保险金 6518 人,同比增长 11.8%。城乡居民基本医疗保险参保人数达 20.64 万人。基本养老保险户籍人员法定参保率达到 97.57%,超额完成市目标任务。

(二)落实减免缓政策,切实减轻企业负担

为进一步减轻用人单位的经济负担,根据上级文件精神,联合税务部门,积极贯彻落实好社会保险降费减征工作。截至 2020 年 10 月底,累计减征社会保险费 10.6 亿元,其中基本养老保险、失业保险、工伤保险费减免 8.90 亿元、基本医疗保险费 1.71 亿元。此外,嘉善累计申请缓缴社会保险费企业 138 家,累计缓缴金额 2241 万元。

(三)推进省级统筹,实现基金统筹并轨战

积极与省、市人社部门沟通衔接,有序推进企业职工基本养老保险省级统筹制度实施。认真分析梳理及细化嘉善养老保险政策的差异化、个性化需求。做好异常数据的比对清理、信息勘误和数据迁移,确保社保征缴、待遇发放、财务系统与省系统的无缝对接。组织各镇(街道)、村(社区)、农商银行等经办人员开展了两场省级集中系统业务操作培训,确保省级集中顺利推进。2020 年 9 月,嘉善省级集中顺利完成对接,省级集中系统顺利上线运行。

(四)加强稽核监管,确保基金安全完整

积极开展日常社保基金稽核检查和整改落实工作,确保基金安全、规范、有序运行。加强与公安、民政等部门的沟通合作,定期做好社保待遇(养老和工伤待遇)领取人员的线上无纸化资格认证工作。主动积极与检察机关及相关部门、兄弟县市的沟通对接,做好违规领取待遇人员的信息比对和联合追讨,有效杜绝了业务经办风险和制度漏洞,切实保障了参保人员的合法权益。通过稽核检查,2020 年 1—10 月,共计处理违规领取待遇人员 99 人,其中判刑人员 71 人,稽核

发现 28 人,追回损失共 17 万余元。

三、健全公共服务体系,创造美好生活

健全基本公共服务体系,增强兜底线、保基本的能力,是完善共建共治共享的社会治理制度的重要基础,是推动发展成果更多更公平惠及全体人民、实现共同富裕的重要支撑。近年来,嘉善加快推进基本公共服务均等化,建立健全基本公共服务标准体系,基本公共服务保基本、兜底线基础更加坚实,促进共同富裕、实现人的全面发展作用更加凸显。

(一)高标准办好教育事业

建设国际教育园区项目。规划总面积 2000 亩左右,以高等教育为主,以培养高素质、应用型人才为目标,引进世界知名大学和特色学院,推进合作办学,建设一流学科。实行开放式办学,建立资源共享的教育实验区。重点抓好提高民生保障水平,推进公共服务均等化,促进外来人口共享发展成果。围绕富民、惠民、安民,完善城乡居民收入分配机制,促进农村居民收入增长速度快于城镇居民,稳步缩小城乡收入差距。坚持财政向民生事业倾斜,投入大额资金建设保障性住房和改造农村困难家庭危旧房。全面推进义务教育标准化学校建设,实施城乡教师双向流动和农村学校名师全覆盖,努力实现城乡学校零差异、城乡师资零差距、城乡学校零择校。实行县、镇、村卫生一体化管理,推进县级医院与所有镇(街道)卫生院合作。把外来常住人口作为新居民,发放居住证,让他们在就业、技能培训、卫生计生、文化体育、法律援助等方面享受与本地居民同等服务,并根据积分安排其子女入学,为其提供公共租赁住房租金补贴。

(二)高水平建设健康嘉善

近年来,嘉善县以打造省级县域医共体信息化建设示范县为契机,牢牢把握"双示范"建设重大机遇,通过"数字赋能"加速推进县域医共体高质量发展。2020 年以来,嘉善先后受邀在全国基层卫生健康创新发展大会、全省县域医共体现场推进会上做典型经验分享。嘉善数字医共体建设获评"国家医共体建设价值案例信息化建设创新奖"。

1. 以互联互通为基础,打造四级跨域分级诊疗体系

注重信息化建设的顶层设计,以区域平台为基础统建开发医共体业务应用,推进信息互联互通,实现省、县、镇、村资源共享。一是联通沪杭优质资源。打通跨省域、跨层级的网络链条,依托长三角数据交换平台,实现长三角居民健康档案信息互通共享;建立远程医疗协作网,连接沪杭优质医疗资源,为实时技术指导、可视远程诊疗及急危重症转诊提供承接载体。投资近亿元重构"医共体+长

三角"院前急救体系,建设急救运营平台,实现"总院急救中心＋分院急救站点"急救网格全县域覆盖。与上海青浦区、苏州吴江区建立示范区院前急救联盟,急救响应能力居全省前列。二是县域数据资源共享。实现基层一体化区域云 HIS 与全县统一使用的医共体信息系统无缝对接,全面打通五大业务条线数据,获评"2019 年度国家医疗健康信息互联互通标准化成熟度区域信息平台四级甲等(区县级)"。建设 13 个基层"云诊室"平台、全县域覆盖的"五大诊断共享中心",实现县域机构数据和业务全联通,快速提升基层医务人员诊疗服务能力。三是改革赋能高效运行。以改革为抓手保障分级诊疗实施。一方面大力推进 DRGs 点数法付费改革,促使医共体主动控费、精细管理、精准治疗;另一方面积极完善补偿机制,县财政每年安排专项资金作为改革风险金,促使医共体整体运行更系统、更高效。

2. 以智慧医疗为载体,构建便民惠民服务链条

坚持以人民为中心的发展理念,推动智慧医疗向主动服务、惠民服务、连续服务三个方向发力,切实提高群众就医获得感及满意度。一是医防服务更主动。启用长三角首个 5G 智慧健康屋为居民提供自我监测,健康数据依靠 5G 技术高速传送家庭医生团队及医防融合工作室,实现医共体主动服务;建设"移动家医"应用,家庭医生与专科医生实时在线监测居民健康,实现防病关口主动前移;升级改造健康档案系统,建立居民全生命周期 360 视图,实现居民电子健康档案主动向社会开放查询。承担国家慢病协同管理体系首批试点县工作,先行破解慢病患者就医难、求药难等问题。二是智慧医疗更惠民。在总院与分院间建设"云诊室""共享中药房",群众看病配药少跑腿;聚焦挂号、转诊、结算等关键就医环节,为居民提供"云胶片""智慧药房""刷脸付""医后付"等智慧医疗服务,巩固和延伸医共体服务内涵,惠及群众超 10 万人次。三是服务模式更连续。以全县域住院床位、专家门诊及检验检查号源等为基础,打造区域医疗资源数据中心及连续性服务平台,可一键式为居民提供四级医疗机构转诊、专家联系、病床调配、入院检查等连续性服务。平台实时联通基层医养结合病区及康复专科病区,为下转病人提供"医、养、护、康"全周期管理服务。平台启用以来,分院首诊人次同比增长 11.98％。

3. 以精密智控为目标,创新信息化综合监管模式

把数字化转型作为医共体发展新路径,在信息化与医共体综合管理融合上下功夫,运行效能全面提升。一是创新监管方式。以大数据为支撑,实现事前、事中、事后业务全流程监管,通过一数多屏动态展示医共体用药、医疗费用、质控指标和运营管理等各类信息,绩效评价更精准、更直观、更科学;承担省数字医共体监管平台试点建设,制定涵盖 8 大类 150 余项的监管指标体系,已在全省推广

使用。二是创新管理形式。从资源配置、人财物管理、服务拓展等方面丰富医共体管理体系。建立钉钉组织架构线上管、医疗机构 HIS 系统内部管、医共体平台统一管三种人员管理模式,实现资金核算、资金申请、报销审批无纸化,各类物资统一采购和精细化配置。完善"互联网＋急救"平台功能,实现电子化派单、GPS 定位、远程指导等。三是创新应用模式。完善影像诊断中心、检验中心、消毒供应中心等业务应用,统筹安排预约、诊疗、转诊、结算等环节,推动服务流程再造;推进互联网预约分诊、签约服务、就诊全过程提醒、结果查询等应用,打造数字化、智能型医共体。

(三)高质量推进养老服务

嘉善作为全省养老服务业综合改革联系点,紧紧围绕综合改革试点任务,率先在全省出台长期护理保险制度,创新养老服务机制,拓展养老服务领域,有效解决了重度失能者的生活照料和生活护理问题,减轻了失能人员家庭的事务性及经济负担,老年人的获得感和幸福感不断增强。

1.全面实施长期护理保险制度

自 2017 年 1 月 1 日起,在全省率先制定并实施长期护理保险制度。一是明确覆盖范围,覆盖全县所有职工基本医疗保险和城乡居民基本医疗保险参保人员。二是明确保障范围,规定符合条件的重度失能、4 级中度失能以及重度、中度失智参保人员,都能享受长期护理保险待遇。三是明确保障标准,分接受定点护理服务医疗机构护理床位、养老机构护理床位及居家上门护理服务三种类型。截至 2020 年底,接受居家上门护理服务的人数占享受待遇总人数的 79.3％,重度失能人员、4 级中度失能人员待遇享受标准分别为每人每月 960 元(其中 660元为护理券)、360 元护理券;接受养老机构护理服务的人数占享受待遇总人数的 19％,重度失能人员、4 级中度失能人员待遇享受标准分别为每人每月 1080元、600 元。科学的制度设计保证了全县失能失智老年人都能享受到较好的护理服务。

2.着力推进养老服务设施建设

长期护理保险制度实施以来,在已享受待遇的 5159 人中,老年人占比高达96.2％。为此,嘉善大力推进养老服务设施建设。进一步新(改、扩)建全县养老机构,共投入建设资金 15 亿元以上。拟新增机构养老床位 2000 张,所有机构均按护理型养老机构设计建设并设置失智专区,半数以上养老机构与医疗机构毗邻建设,有力促进医养康养相结合。提前实现各镇(街道)居家养老服务中心全覆盖,已建成 11 家。每年提升改造村(社区)居家养老服务照料中心不少于 10家,所有照料中心均达到 3A 级以上建设等级。

3.有效提升养老护理服务水平

科学设置长期护理保险护理服务项目,结合老年人护理服务需求,通过专业院校合作引进、中职学校自我培育、领军人才日常带培等方式大力培育壮大养老护理员队伍。建设长期护理保险业务管理中心和县智慧养老服务平台,有效指导、监督、提升养老服务质量。全县所有镇(街道)居家养老服务中心、村(社区)居家养老服务照料中心均由专业组织社会化、连锁化运营。由高等级养老机构牵头,其他养老机构、镇(街道)居家养老服务中心、村(社区)居家养老服务照料中心为成员,构建县域养老服务联合体,促进机构社区居家养老服务有机融合。

(四)高起点打造文化嘉善

近年来,嘉善县在坚持政府主导、社会参与、共建共享原则的基础上,围绕提升公共文化服务效能,着重从县、镇(街道)、村(社区)、个人四个层面进行探索,逐步建立起社会力量参与公共文化服务体系,通过统筹"放"与"管",有效实现了从"办文化"向"管文化"的职能转变,为全面构建嘉善现代公共文化服务体系提供了生动样本。2018年11月,浙江省文化和旅游厅举办了"社会力量参与公共文化服务"专题经验交流活动,嘉善县文化局作为全省6家、嘉兴市唯一单位做经验交流。同月,嘉兴市文化局在嘉善召开全市镇(街道)综合文化服务中心委托社会力量参与运营管理现场会。

1.县级层面

一是积极倡导、培育文化社团组织,推动群众业余文艺团队向文化社团转型,现已完成19个文化类社会组织的备案登记。二是采用招投标方式购买文艺演出,如天凝镇辣妈宝贝已经连续三年入围,演出数次达到近70场次,不仅为本地居民丰富了精神生活,也为社团的生存和发展搭建了平台。三是出台《镇(街道)综合文化服务中心委托社会力量运营管理规范》地方标准,由质监部门发布,为全省各地提供可借鉴、可复制的经验。四是实行图书馆理事会制度。为全县文化事业单位的法人治理提供了实践经验。

2.镇(街道)层面

探索镇级公共文化设施"所有权"和"经营权"分离的市场经营管理模式,实现管理的专业化和设施、设备、人才、市场等资源的整合利用,提高公共文化服务水平和效益。如魏塘街道文化中心委托众悦文化服务中心负责文化中心的运营管理,以"政府承担、定向委托、合同管理、评估兑现"的模式提供新型公共文化服务,在全县率先探索出一条基层文化中心社会化运作的新路子。

3.村(社区)层面

全面实施文化社团驻堂制度。截至2020年底,全县有驻堂文艺队伍100多个,其中文化社团驻堂近10个,最为突出的是嘉善满庭芳戏曲社和嘉善民生艺术团,分别进驻魏塘街道城东村、罗星街道和合社区,一方面解决了这两个社团的活动场所、演出平台和部分经费,另一方面丰富了文化礼堂的内容。

4.个人层面

2017年3月成立的嘉善县文化志愿者大队,截至2020年底,共完成文化志愿者注册1039名,另有7500多名未注册志愿者活跃在嘉善基层,成为群众文艺舞台上的一支强大的生力军。同时与浙江美术馆创新推出了"小角见大师"美育志愿服务项目,推动"流动美术馆"走入乡村文化礼堂。

四、优化社会治理体系,建设平安嘉善

近年来,嘉善以创建全国法治政府建设示范县为总目标,坚持"双示范"与法治政府一体建设,连续3年被评为全省法治建设先进单位,2019年法治建设考核位列全省第2名。先后承担行政执法监督规范化、行政处罚系统"互联网+监管"、基层综合行政执法改革、执法评估等4个省级试点建设任务,实现了平安县"十五连冠"、平安镇(街道)"满堂红",人民群众安全感满意率达到96.86%,获得一星"平安金鼎"。坚持统筹发展和安全,把安全稳定贯穿于"双示范"建设各领域和全过程,通过提升数字治理水平和构建现代治理体系双管齐下,加快打造"整体智治、唯实唯先"的现代政府,建设更高水平的平安嘉善。

(一)建设平安嘉善

以打造全省平安建设示范区、全国最具安全感县域为目标,推进基层社会治理法治化、精准化、信息化、社会化,提高平安嘉善建设水平。完善立体化社会治安防控体系,实现智慧安防全域覆盖。完善矛盾纠纷多元化解工作体系,推进法治信访、阳光信访、精准信访,重大决策社会稳定风险评估应评尽评。完善公共安全监管体系,把平安建设相关内容纳入企事业单位和个人的征信体系。探索"互联网+"社会治理新模式,完善网络舆情应对机制,健全网上网下联动工作体系。完善社会共治机制,充分发动社会组织和广大群众参与社会治理和平安建设。探索建立平安指数,构建以群众获得感为核心的平安建设成效评价体系。

(二)创新社会治理

社会治理不断创新。持续推进"平安嘉善""法治嘉善"建设,成功实现省平安县"十五连冠"。开展扫黑除恶专项行动,深入推进寄递、电力等12个重点行业反恐防范标准化建设。设立县社会治理综合指挥服务中心,推行出租房屋"旅馆式"管理以及"智安小区""雪亮工程"建设,创新基层社会稳定"一体两翼三基四联"模式,打造社区"小区客厅",重大决策社会稳定风险评估信息化管理经验在全省推广。

社会治理,需要法治,更需要全社会共同参与。嘉善通过提升社会治理数字化水平,激活了社会治理共同体"智安小区""智安街道"等构成的县域智慧安防网,带来了满满安全感;"企业服务直通车"等平台的开通,进一步拓展了智慧管理应用场景,满足实现企业需求;出租房屋"旅馆式"管理,实现了出租房屋的安全规范标准管理;以"最多跑一次"改革撬动政务服务数字化转型,更是以智慧服务增强了群众获得感,而"数字嘉善"城市大脑,则统领了"一图观全域、一屏管全局"的智慧嘉善。

(三)"五抓"护航平安

1.抓根本

平安建设中,党的领导是根本。在领导机制上,嘉善县委始终坚持把平安嘉善建设作为"一把手"工程,建立平安综治领导责任制,创新建立了全县平安稳定工作每季度主体例会制度,该例会制度参加者均为县、镇及部门"一把手"。"一把手"亲自抓、分管领导具体抓、班子成员协助抓、县镇村三级联动抓的工作格局也逐渐形成,推动解决平安建设中存在的突出问题。在实际工作中,嘉善县把涉及平安建设的具体内容分解为各个小项目,每个小项目都有相应的负责人,如"平安书记""河道警长""项目警官"等。嘉善县以项目和项目负责人方式推动平安建设工作服务中心工作。近些年,在长三角一体化发展、乡村振兴、文明创建等中心工作背后,都有平安建设作保障。

2.抓机制

平安嘉善的建设需要机制予以"保驾护航"。嘉善县在常态考核机制的基础上(比如每月排名通报"平安三率"、县领导约谈、平安暗访"三查三整改"等机制),探索形成了"一体两翼三基四联"维稳模式,筑牢社会稳定的层层防线。平安嘉善建设的关键在基层,为了强化基层在平安建设中的主体责任,嘉善县按照"下沉治理中心,推动标本兼治"的原则,构建了以"防火""灭火"和"治理"机制为三角支撑的"一体两翼三基四联"基层维稳工作体系。这个维稳模式可以有效地把责任压实在一线,把力量充实在一线,把矛盾化解在一线。各镇(街道)也结合实际情况,创新了各类工作机制,如嘉善县魏塘街道的综合治理重要事项"零报告"制度。

3.抓专项

平安建设涉及经济、政治、文化、社会、生态等方方面面,内容繁杂,又影响甚广。为了提高平安建设效果、提升人民群众满意度,嘉善县以专项整治的方式攻坚克难,整治了平安建设中的痼疾。近年来,嘉善县将影响平安建设的突出问题分成了10余个专项、40多个重点项目,予以项目化推进、清单式管理。比如以创建"无信访积案县"为目标,开展"清初访、查重访、化积案"专项行动,年初排定信访积案总表,按照平安建设的工作要求,多方合力化解积案,仅 2019 年就化解了 89 件,信访生态持续好转。针对群众纠纷涉及主体多、越级走访多、民商事案件多等突出问题,嘉善县将"最多跑一次"改革理念引入社会治理领域,成立嘉善县社会矛盾纠纷调解处化解中心,实现矛盾纠纷化解"只进一扇门""最多跑一地"。自 2019 年 9 月中心运行以来,日均受办 75.1 件,群众满意率 95.5%,调解成功率达到 95.37%。

针对人民群众反映强烈的交通安全问题,嘉善县实施安全管理大执法、安全隐患大整治、安全素质大提升"三大行动",紧盯电动车、工程车、拖拉机"三大重点",狠抓"17 条"刚性措施,2019 年实现较大以上道路交通事故"零发生",道路交通事故死亡人数同比下降明显,达到 12.73%。此外,近年来嘉善县还开展了"扫黑除恶"专项斗争、"黄赌毒"专项打击整治、防范打击电信网络诈骗、非法集资和传销百日攻坚行动等。

4. 抓基础

"基础不牢,地动山摇。"嘉善县在平安建设中秉持着"关键在基层,关键在基础,关键在落实"的要求,坚持发展"枫桥经验",健全完善力量下沉、保障下倾的工作机制,增强基层实力、激发基层活力、提高基层战斗力,夯实平安建设的基础。按照"以块为主"原则,理顺乡镇行政执法体制,强化属地管理,建设"四个平台",特别在人事任免和选拔培养、绩效奖励上以乡镇为主,提高基层一线人员积极性。按照"充实基层"原则,嘉善县把"网格化管理、组团式服务"提升为"网格连心、组团服务",建立"微嘉园"社区服务信息平台,优化网格布局,配强网格力量,并推动社会治理从粗放向精细转变。嘉善县结合当地实际、形势变化与群众需求,不断创新发展"枫桥经验",成果丰硕,产生了"一约两会三团"、村务公决制、乡贤参事会、社区平安微项目等一大批平安建设品牌。

5. 抓智能

平安嘉善的建设也离不开科技的支撑。党的十九届四中全会通过的《中共中央关于坚持和完善中国特色社会主义制度 推进国家治理体系和治理能力现代化若干重大问题的决定》强化了科技在提高社会治理水平中的作用。在近几年的平安建设中,嘉善注重运用"互联网+"技术手段,逐渐形成"智慧安防"模式,为健全社会治安防控体系建设提供了新途径。小区、街道、交通、消防、租房、物业、用电……林林总总,涉及群众生活每个方面,都以"智"命名,每个"智"的背后实际是科学技术在支撑。在平安建设智能化管理上,嘉善在全省首创社会组织"公益地图"云平台,通过积分管理,定期发布公益服务、规范化建设和活跃度三个排行榜,全面激发社会组织参与社会治理。近年来相继打造了"善心巴士""公益集市""善人家"、蓝天救援等社会组织服务品牌。

第二节　"互联网＋"创新基层社会治理的姚庄实践

党的十八大以来,创新社会治理、增强百姓的安全感、满足人民群众的获得感是政府治理一直以来的目标。县域治理作为国家治理的重要基础,在创新社会治理方面顺应了大数据时代的要求,推出了"互联网＋"社会治理方式。嘉善县姚庄镇在探索"互联网＋"治理中取得了一定的成效,但是也面临着数据安全、权力集中、管理员流动大、数据共享难等挑战,解决这些难题则要做好顶层统筹与平台建设、技术运用与网格员管理、数据甄别与筛选。

"郡县治,天下安。"县域作为国民经济和社会发展的基本单元,是发展经济、保障民生、维护社会稳定的重要基础。县域治理是国家治理的重要基石,具有不可替代的作用和地位。

2016 年,习近平总书记就加强和创新社会治理作出重要指示,强调要继续加强和创新社会治理,完善中国特色社会主义社会治理体系,努力建设更高水平的平安中国,进一步增强人民群众安全感。① 嘉善县姚庄镇创建了嘉兴市首个镇级社会治理综合指挥平台,实行网格化管理,顺应了大数据时代社会治理的趋势。

一、"互联网＋"社会治理的提出

（一）问题的提出

目前,社会治理工作的创新改革在实际中存在种种问题,导致政府在新形势下创新建设基层社会治理的机制迫在眉睫,具体体现在三个方面:一是社会治理的改革进入深水区,人民群众的实际利益与社会发展发生碰撞,给改革设置了障碍;二是人民群众的期盼和在接受新鲜事物渠道拓宽后提出的诉求过高,阻碍或者减缓了改革的进程;三是改革发展与群众的诉求发生碰撞后,矛盾处理的平衡点把握不准等。在此背景下,社会治理一张网建设的提出,为扫清发展改革与百姓诉求的矛盾障碍提供了一条有效的通道。

（二）治理与"互联网＋"社会治理

1. 治理的概念

治理源自政府失灵和市场失灵,与政府引导的自上而下的规制不同,它更倾

---

① 《习近平就加强和创新社会治理作出重要指示强调 完善中国特色社会主义社会治理体系努力建设更高水平的平安中国》,共产党员网,2016 年 10 月 12 日,http://cpc.people.com.cn/shipin/n1/2016/1013/c243247-28777086.html。

向于引导大众积极参与,所以更加分散灵活。国外学者罗西瑙对治理的定义是:"治理是一种由共同的目标支持的互动,这些管理活动的主体未必是政府,也无须依靠国家的强制力量来实现。"①我国学者俞可平认为,治理是公共管理组织为了最大限度地促进社会公共利益,运用权威去引导、控制和规范公民的各种活动。②

2."互联网＋"社会治理

"互联网＋行动"首次被提出是李克强总理在 2015 年 3 月 5 日第十二届全国人民代表大会三次会议上做的工作报告,报告中指出,"对开发利用网络化、数字化、智能化等技术,要着力在一些关键领域抢占先机、取得突破"。"互联网＋"有别于"＋互联网",全国人大代表马化腾在 2015 年全国人大会议上表示,"互联网＋"指利用互联网的平台、信息通信技术把互联网和包括传统行业在内的各行业结合起来,从而在新领域创造一种新生态,具有网络化、平台化、互动性的特点。

二、姚庄"互联网＋"基层社会治理实践探索

(一)嘉善县姚庄镇探索"互联网＋"基层社会治理的背景条件

姚庄镇位于嘉善县东北部,东与上海市青浦区、金山区相连,西北面与江苏省吴江市隔河(太浦河)相望,处在两省一市交界处,被称为浙江省接轨上海的第一站。极具特色的地理位置,使得姚庄镇辖区内跨省流动人口较多,是外来租房户、新居民集聚的重点地区,人口构成的复杂性、人财物流动的频繁性,加大了姚庄镇社会管理和治安整治的难度;城市化的快速推进,大拆迁大建设大发展,也导致各种社会问题快速增加。如何快速反应、及时处理,控制矛盾扩大,为群众创造一个安乐稳定的社会环境,提升政府部门的公众形象,对各单位来说都需要承担多重压力。经过充分调研,立足于实际工作需要,姚庄镇初步建立了一个融合综合治理、行政执法、市场监管、行政服务中心四个部门的社会综合治理大平台,创建社会治理一张网。通过梳理社会治理综合指挥平台的事项处理流程、岗位分工职责和工作规范等,确保平台有效运转,推动社会治理工作的信息化、规范化、高效化。

(二)嘉善县姚庄镇探索"互联网＋"基层社会治理的主要做法

通过建立社会治理综合指挥平台,把各条线有效整合于一张网上,促使人

---

① [美]詹姆斯·N.罗西瑙:《没有政府的治理:世界政治中的秩序与变革》,刘小林等译,江西人民出版社 2001 年版。

② 俞可平:《治理与善治》,社会科学文献出版社 2000 年版。

员、设备、时间等资源能高效整合利用,解决局部资源不足、责任认定不清、处理进度迟缓等原有问题,实现信息采集大共享、管理力量大整合、事件处理大联动、社会服务大集中的社会综合治理模式。

1. 一站式受理

将专职网格员在日常走访、巡查工作中发现的矛盾纠纷、安全隐患等事件信息,群众在日常生活中发现、爆料的内容,来电、来访、咨询、投诉中各类待处理事项集中整合于一个大平台上,进行一站式受理,弥补了信息员日常工作中发现问题不属于本部门管辖的就不上报的漏洞,也避免了实际工作中一个复杂问题可能存在多部门重复上报、受理的现象。

2. 中心指挥调度

基于移动通信网络、行业终端,依托联动管理平台将事件发生的位置信息实时反映到指挥中心,并通过 GIS,利用地理空间框架数据、单元网络等数据查询事发地周边人、地、事、物、情等资源,实现人员定位、轨迹回放和数据统计等功能。在矛盾纠纷发生时,调用可用监控、调配附近的工作人员进行现场处置。全程实时监控,反馈现场情况,为中心指挥调度提供准确方向和依据。

3. 数据信息共享

在一个平台上将实有房屋、出租房屋、实有人口、流动人口、重点场所、重点人员、商户信息等社会服务信息共享展示,通过位置信息合理调用所需的社会服务资源,打破部门之间的信息壁垒,整合基础信息,提高工作效率。实现公共资源一网整合共享,日常工作一网考核评估,关联数据一网查询比对,社会事件一网分流督办。

4. 事件流转处理

由各个渠道汇总的事件信息,包括专属网格村(社区)工作站上报的各类事件和反馈的信息,集中在指挥平台,一站式受理,按所属网格、管辖部门分类分派、流转处置。职能部门能处置的自行处置,难以解决的上报镇级,协同各职能部门联动处理事件;不属于本单位管辖的事件通过系统流转至应属单位及时处置。重大紧急事件直接上报指挥中心,并设置短信提醒责任领导,第一时间到场指挥处置,在最短时间内调度解决。

5. 考评监督机制

按照相关事件处理的工作要求,在规定时限到期前 1 天进行短信提醒,督促当前处置人提高办事效率,及时处理代办事项。并且通过系统的反馈渠道实时向指挥中心及群众反馈办事过程,接受多方监督,处置透明。建立一套绩效考核体系,加强对工作质量和效率的考核,提高专项工作的完成质量,提升各级联动部门整体的监管效率和监管水平。

三、"互联网＋"基层社会治理中的成效与挑战

(一)取得的成效

1."硬件＋软件"设施完善,提高社会治理效率

自主研发了全市首家镇级层面的社会治理综合平台暨"姚庄镇社会治理综合指挥平台",真正打通"四大平台",实现"一张网"覆盖,多部门联动的高规格、高实效的工作体系,确保发现问题后,第一时间了解记录情况,上传指挥平台,流转中心派单,责任人处置、回复的工作流程,形成简单事项当场处置,疑难事件第一时间上报、联合会商、7天内处置完结的高效工作节奏,真正实现了全镇一盘棋工作战略大格局,为社会综合治理的短平快处置打下坚实基础。

2."人员＋技术"双重保障,实现精确规范治理

姚庄镇将原来94个网格整理为66个,(其中工业园区6个专属网格,商铺4个专属网格,桃源新邨5个专属网格,姚庄社区4个专属网格,丁栅社区2个专属网格,俞汇社区1个专属网格,计22个;村级网格44个,其中一类网格2个,二类网格4个,三类网格38个)。专属网格的人员配备,本着从主管条线产生的原则,落实部门主要负责人为指挥长,副职为网格指导员,中层干部和一线工作人员为网格长,配备专职网格员。并进一步整合全镇派驻机构工作人员和各类协辅人员为兼职网格员,明确各项分工责任,加强管理,强化联动,坚持横向到边、纵向到底的无死角管理化模式。

3.社会治理全覆盖,及时化解社会矛盾

网格管理的覆盖面不断拓宽、服务内容不断增多,实现了浙江平安建设信息系统与自主研发的姚庄镇社会治理综合指挥平台的无缝对接。网格长充分发挥"政策宣传员""民情邮递员""网格百晓生""调解老娘舅""贴心大阿姐"的多重角色,了解并且解决民生诉求,反馈上报群众遇到的困难,做好网格内群众、成员单位及其他群体的服务和权益维护保障工作。

(二)面对的挑战

1.信息安全有隐患

在大数据时代,"互联网＋"思维已被人们广泛接受,"互联网＋"行动被企业、政府、各类组织运用到工作和生活中。各种领域的数据信息不断叠加形成巨大效应。"互联网＋"下的基层社会治理,网格全覆盖,实时监控,在实现无死角治理的同时,也会带来信息安全隐患。在技术层面,信息平台的搭建和运行还处于探索阶段,系统会随着信息技术的发展不断完善,黑客可能会进入系统并对核心部分进行攻击。

2. 权力集中,缺乏灵活空间

姚庄镇的一网化是嘉兴市首家乡镇一级的社会治理运用。2015 年浙江省文件提出构建社会治理网格化全覆盖后,嘉善政法委在调研宁波等地的基础上决定在姚庄开展试点建设。从最初的构想到后来的实施、运行,都是在上级部门的指示下进行的。权力集中带来的问题是缺少灵活处置的空间。网格化治理由综治办牵头,派出所、行政执法等部门联动执法,需要各部门配合。因此,需要加强顶层制度设计,促进各部门协调配合。

3. 新居民比例大,人员流动快

由于特殊的地理位置,姚庄镇外来人口比例很大,新居民的流入和流动性强,给村级网格员带来很大压力。村级网格员属于兼职,没有工资和福利津贴等待遇,以奖励代替酬劳,发现重大线索奖励 2000 元。对于新居民网格员来说,报酬与经济收入不高,不具有吸引力。因此,维持村级网格员队伍的稳定,加强对村级网格员的管理是面临的重要问题。

4. 信息资源共享的瓶颈突出

"互联网＋"在基层社会治理创新的实践并不多,嘉善县有四个试点,其中姚庄和西塘做得相对完善,但数据库、操作系统、软件和用户界面彼此独立,地方之间、部门之间的信息并没有实现资源共享和整合。因此,信息资源共享的瓶颈依然突出。

四、"互联网＋"创新基层社会治理创新的启示

(一)做好顶层统筹与平台建设,实现资源整合是前提

"互联网＋"社会治理是利用现代信息技术,让群众积极参与其中的新型治理方式。区别于传统的社会治理方式,"互联网＋"社会治理实现了社会各方广泛参与其中。从姚庄的实践探索中可以发现,政府、企业、群众都参与到网格化治理中,但是这种治理方式跨度大、覆盖面广、实效性强,需要充分整合资源才能真正发挥应有的作用。从姚庄综治办的实践来看,"互联网＋"的基层治理方式需要高层部门来做统筹规划、制度设计、整体部署,建立全省统一的电子政务服务平台,实现省、市、县、镇各级政府和相关部门所建立的各种应用系统的整合利用。

(二)技术运用与网格员管理,是基层社会治理的关键

姚庄镇社会治理综合指挥平台系统包括事件管理、网格管理、"三实"管理、统计分析和地理信息。事件分为三类:一类简单问题、二类复杂问题、三类疑难问题。要求网格员发现问题后第一时间处置并上报,二类、三类问题不能单独处

置,要汇报至网格长处协同处置。网格员分为镇级网格员和村级网格员:镇级网格员的待遇包括基本工资和绩效奖励,村级网格员采取以奖代酬的方式,发现线索根据事件等级予以奖励。网格员的招录、集中培训、提供装备、明确职责和范围,这是创新基层治理的关键。

(三)立足公众需求,有序推进基层治理创新是目标

建立社会治理一张网建设的落脚点是突破为民服务的"最后一纳米",关键在于在事件处理的事前、事中和事后的快速反应上如何形成合力,促使资源的高效整合利用和各部门的快速联动,切实把问题解决在萌芽状态。一是要有一支在基层一线走访群众,收集社情民意和化解社会矛盾,综治部门自己抓在手上的专职队伍;二是建立统一的社会治理清障组,统一领导,统一调配,统一执法,避免在工作推进过程中出现推诿、扯皮和不作为现象;三是要进一步规范部门、站所与中心指挥室的联系,在意识形态上保持高度一致,牢牢把握"分工不分家,有责共担,有难共上,有事共处"的工作原则,有序推进基层治理创新。

(四)数据甄别与筛选,是创新基层社会治理的基础

大数据时代,信息数据集呈几何级增长,信息爆炸的结果有利有弊。政府在利用信息带来资源便利的同时,也面临着信息增长带来的提取有效信息难的问题。信息的传播过程也存在缺陷,存在错误信息,或者对事件判断失误,或者数据之间存在冲突,如果使用这些错误数据,就会影响政府的决策和执行。因此,政府必须对数据进行甄别和筛选,加快研究数据监测和数据修复,并加强对数据相关人员的监督管理。

第三节 社会组织参与社会治理效能提升

地处长三角一体化发展示范区的嘉善是浙江省级"社区治理与服务创新实验区",市场主体数量较多,截至 2019 年底,实有市场主体 6 万余户,外来流动人口存量约 38 万人。基于不同行业、生活习惯、观念民俗等差异,群众对社会治理与公共服务的需求也日益多样化。嘉善县积极顺应公共服务的新变化,发展社会组织,统筹社会资源,逐步构建县、镇、村三级社会组织孵化培育网络,形成以社区为主阵地、社会组织为主要载体、专业社工为主力的"三社联动"机制,截至2020 年底全县共有社区社会组织 2500 多家。

一、功能聚合：社会组织参与社会治理的价值

（一）长三角一体化的重要支撑

随着长三角区域一体化上升为国家战略，一体化的领域更广泛，一体化的层次更深，一体化的质量要求更高。担负率先探索从区域项目协同走向区域一体化制度创新的示范区，构建政府、市场、社会互动共治的一体化治理体系是发展大势，必须发挥社会组织的桥梁架构与协作调解的功能优势。作为示范区重要组成的嘉善以社会组织"双孵化、双提升"专项行动为抓手，育管并举，量质并重，全面推进社会组织依法有序参与长三角一体化示范区社会治理。与青浦、吴江合作，建立社会组织资源共享机制，组建长三角区域社会组织发展联盟，共建养老服务一体化等10个重点领域党建示范合作项目，推进信息互通、人才互动，共同提高区域内社会组织一体化发展。

（二）协同治理的必备载体

在市场体系发展和社会转型加速的背景下，传统的单向行政管理已经难以契合利益关系复杂化和公共需求多样化的社会现实，社会组织凭借其灵活性、专业性、规范性、相对自主性和创新性，整合社会资源优化配置，有效分解政府治理压力，推动惠民便民政策制度进行有效传递和落地，实现政府治理和社会调节、居民自治良性互动。嘉善县社会组织接替政府放权后释放的一些管理空间和领域，在社区矫正、居家养老、文化体育等社会建设领域崭露头角。例如，嘉善作为全国智慧健康养老应用示范基地、国家级社会化养老服务示范区，探索出"9643"多层次养老服务体系。

（三）公共服务的内生需求

经济发展的长足进步与行政体制的适应性改革共同引致社会领域发生变革。社会大众更加注重生活品质，社会消费由生存型向发展型、享受型转变，对公共服务的数量与质量需求大大增加，个性化需求更是强烈。而实践证明，仅仅依靠公共部门和市场部门是很难满足这些需求的。社会组织作为一种自主治理的组织形式，不仅是社会化公共服务的重要参与者，也提供各种专业化服务，还能通过第三方客观中立评估、监督优势，协助政府提升公共服务效能，维持社会秩序。嘉善县11家社会化养老组织，为11.2万名老年人提供居家养老服务。按照区域经营方式，运营着全县154家城乡社区居家养老服务照料中心。

二、资源耦合:嘉善县做大做强社会组织的基本实践

（一）做实党建引领,领航社会组织发展方向

第一,健全社会组织党建推进机制。成立县社会组织综合党委、镇(街道)社会组织联合会党支部,建立社会组织党建科,明确综合党委成员单位。创新实施"红色强基·示范共建"社会组织党群服务中心建设工程,以阵地强化社会组织党建,提升社会组织组织力。截至 2020 年 6 月,全县共建立社会组织党组织89 家。

第二,完善社会组织党建政策体系。制定印发《关于进一步加强和改进社会组织党建工作的实施意见》《社会组织党群服务中心规范化建设标准》《社会组织党建示范点创建标准》等文件,对社会组织党建工作、建设标准和社会组织党群中心功能布局、管理运用进行明确规定。同步建立星级评定、党建指导、党建考核三项机制。

第三,强化分级管理。根据社会组织的活动区域、性质特点等,对社会组织党建工作进行分级分类管理。充分发挥好属地党委部门、行政管理部门和业务主管部门合力,建立起"三位一体、共同负责、通力合作、齐抓共管"的管理体制。全县 89 家党组织中,镇(街道)属地管理 61 家、主管单位行业管理 26 家、综合党委兜底管理 2 家。

第四,强化阵地建设。一是活动阵地全覆盖。在探索阶段,统筹党员先锋站、便民服务中心、文化礼堂等基层社会资源,为社区社会组织活动提供阵地保障。后期高标准推动县、镇(街道)、村(社区)、行业四大领域建设,推进社会组织党群服务中心全覆盖,打造零距离、嵌入式、接地气的社会组织党建工作阵地。二是活化精神阵地。创设社会组织"红色微课堂",成立社会组织党校,常态化举办社会组织党组织书记培训班和领军人才研修班,切实推进社会组织和党组织人才队伍建设,提升社会组织党建意识和党务工作业务水平,增强社会组织从业人员党性修养。三是点亮示范阵地。以示范带动社会组织整体提升。实施社会组织"十点示范、百点提升"专项行动,对一些基础良好、示范性强的社会组织,创新设立加强社会组织党组织"政治辅导员"、党建辅导员等举措,加强党建培育指导。截至 2020 年底,全县已选树党建示范点 10 家,培育党员先锋岗 30 个,评选优秀党建项目 25 个,160 多名社会组织从业人员获得县级以上各类先进称号。

（二）夯实要素保障,美化社会组织成长生态

第一,打造孵化服务链。县委专门成立社会工作委员会,各镇(街道)分别成立社会工作领导小组,组建社会组织联合会,负责社会组织培育发展工作。建立

健全以县社会组织培育发展中心为统领、镇(街道)社会组织服务中心为支撑、村(社区)社会组织服务站为基础的三级孵化培育网络,为社区社会组织孵化培育提供有针对性的指导和服务。仅 2020 年以来,全县新孵化培育的社区社会组织数量达 1163 家,社区社会组织累计达 2512 家。

第二,稳健成长供应链。加大社会组织扶持力度,制定《关于加快推进政府购买社会组织公共服务的指导意见》,配套制定《政府向社会力量购买服务采购办法》《政府向社会力量购买服务资金绩效评价实施办法》《政府向社会力量购买服务预算管理办法》,对购买与承接主体、购买范围、购买程序、资金管理和绩效监督进行具体规约,将社区矫正、居家养老、文化体育等服务事项交由社区社会组织承接,推行公共服务社会化,壮大社会组织。截至 2020 年底,全县共有 161家社会组织纳入承接政府购买服务目录。

第三,壮大人才保障链。坚持社工多元化培养,提升社会组织参与社会治理的专业化水平。出台社会工作人才扶持激励办法,对参考人员实施"三免一奖励"激励政策,对取得国家社会工作师、助理社会工作师资格的人员分别给予1200 元和 800 元的一次性奖励。对持证社工给予每月 100 元至 200 元补贴。充分发挥县社会组织培育发展中心作为省级社工人才实训基地作用,实施社区社会组织领军人才培养计划,开展专业社工培训。截至 2020 年底,全县社区社会组织共有持证人才 560 名,其中县级以上领军人才 56 名。

(三)拓宽治理路径,提升社会组织服务效能

第一,深化"三社联动"工作机制。深化以"社区为平台、社会组织为载体、社会工作者为支撑"的"三社联动"机制,按照"县级统筹、镇街打包、社区落地"原则,推行社区服务社会化运营。建立群众出题、社区点题、社会组织答题的"三题"式工作机制,将适合由社会组织承接的有关社区服务事项交由社会组织承接,推动社会组织与社区治理深度融合。

第二,创新服务形式。创新"社区服务社会化",举办专场推介会,将社区服务需求与社会组织服务提供进行有效对接。2020 年以来,全县社会组织及其党组织承接民生服务、社区增能等服务项目 300 余个。探索"社群连心·组团服务"模式,组建五大服务团组,从产业帮扶、民生服务、扶贫帮困等领域,为群众提供专业化服务。实施"社会组织进网格"行动,引导社会组织牵手网格,开展邻里互助、纠纷调解、社区治理等服务,动员群众表达民意、参与决策,促进社区和谐稳定。

第三,聚焦长三角"一体化",推动区域互助共融。成立"青浦·吴江·嘉善"长三角社会组织党建联盟,建立社会组织资源共享机制,共享三地社会组织公益创投和政府购买,推动形成养老服务、社区矫正等 10 个重点领域党建示范合作

项目。建立人才实训基地,统一人才培养标准,推动三地社会组织领军人才共育。

（四）注重全程监管,抓牢社会组织规范发展

第一,首创社会组织"公益地图"信息平台。将全县社会组织党群服务中心和社会组织党组织纳入平台管理。对社会组织公益服务质量、数量与服务半径,以及社会组织党建活跃度及其标准化建设进行量化考评、公示,实现了全县社会组织"零距离"信息化监管。创新载体向社会即时展示了社会组织形象,通过在线传播,不断加强"社会组织公益地图"与社会公众的有效互动,提高社会组织信息透明度和公众知晓率。

第二,创新社会组织评价机制。制定社区社会组织星级考评管理办法,围绕遵章守法、履行职能、优化服务、党建工作等指标,对社会组织服务运行情况进行量化积分,强化事前、事中、事后评估,并纳入"社会组织公益地图"云平台进行实时监督。积分评价结果作为社会组织等级评估、优先承接政府购买服务、年检登记、评先评优等重要依据。

第三,集中观察和日常管理双结合。选择15个社会组织较多的村(社区)作为县级观察点,对观察点社会组织运行情况进行研判分析,及时发现社会组织运行管理问题短板,总结有效做法,为社会组织规范运行、政策制定提供依据。全面严格开展社会组织年检和评估工作,将年检工作与党建工作、等级评估、政策引导"三结合",实现参检率、合格率两个百分百。委托独立的第三方专业会计事务所对社会组织开展财务规范、委托项目资金有效性等开展专项财务审计,规范社会组织财务管理。

三、实践反思与启示

（一）加快构建完善的社会组织培育提升机制

嘉善提升社会组织参与社会治理效能的具体实践启示,嘉善一定要特别重视社会组织的培育和提升工作,这是社会组织参与社会治理的前提和基础,具体来说包括以下三点。

第一,建立更加完备的社会组织孵化培育机制,加大社会组织培育力度,优化社会组织布局,分类培育与经济社会发展相互协调、结构合理、功能完善的社会组织发展体系,尤其是加速推动枢纽型、支持型社会组织的培育,发挥同区域、同领域社会组织自治自律、集成服务、协调指导等方面的作用。

第二,设立省、市、县社会组织发展基金,用于社会组织可持续发展和参与基层治理和社会服务。协助社会组织明确自身的服务宗旨、服务范围与服务内容,

在提供服务时对准社区居民的生活需求,以获取居民的长期信任与持续支持。与地方政府基于契约交换履行职责,分工合作,在共享基础上回应社会需求。

第三,加速提升社会组织参与社会治理的专业化水平,强化其参与社会治理的能力,尤其要强化社会工作专业人才建设的制度供给,完善社会工作专业人才管理培训、激励评价机制,探索建立社区社会工作者职业津贴制度,探索建立社会人才体系建设,加快基层政府内部社会工作岗位开发。

(二)加速打通社会组织参与社会治理的通道

嘉善提升社会组织参与社会治理效能的具体实践启示,嘉善一定要特别重视社会组织参与社会治理通道的打通,这是社会组织参与社会治理和效能发挥的关键,具体来说包括以下三点。

第一,加大政府职能转变力度,落实政府购买社会组织服务的常态化机制,理顺社会组织承接公共服务的体制机制,以公益创投、购买服务、项目制合作为媒介,让社会组织有机会承接转移出的部分政府职能。

第二,在已制定的政社两份清单(政府职能向社会组织转移目录清单、承接政府职能转移和购买服务的社会组织目录清单)的基础上,增加“社区购买社会组织服务需求清单”,形成政府、社区、社会组织三份清单,构建政府购买社会服务的工作闭环。

第三,探索社会组织参与基层治理“四个平台”建设,形成“网格长＋社区社会组织＋志愿服务”的新型“全科网格”运行机制,强化全科网格的智慧化、标准化、专业化、体系化建设。

(三)加快智慧技术的开发与应用,推广嘉善“社会组织公益地图”云平台建设的经验做法

嘉善县创建的“社会组织公益地图”云平台,解决了政府、社会组织、社区供求信息不对称的短板,成为三者及时发布社区服务供求信息的重要平台。既有效实现了对社会组织服务行为的动态信息化监管,又提供了实时展示社会组织形象的窗口,有力地推进了社会组织参与社会治理。因此,嘉善建议充分利用浙江省在智慧技术和信息经济发展方面的优势,进一步丰富、完善、推广嘉善“社会组织公益地图”云平台建设经验。完善信息公开共享机制,整合群众需求与公共服务事项,提升沟通交流效率,促进信息协同。

(四)加速构建社会组织参与社会治理的监管和评价机制

第一,要加强政府购买服务项目监管机制,规范服务项目申请审批、签约实施和评估监管等环节,完善操作流程和评价机制。强化事中、事后监管,完善撤销制度,联合财税等行业经济管理部门建立联合监管机制,推行社会组织信息信

用公开制度,去劣存优。

第二,建立社会组织服务质量评估制度,通过委托第三方开展绩效评估,对项目履行情况、目标完成情况、社会效益和群众满意度情况进行抽查评价,对政府与社会组织合作共治解决公共问题、提供服务的薄弱环节进行整体性评估,优化协同治理,提高社会资源利用效率,有效提升社会组织的服务水平和服务质量。

第三,转变管理理念,实行社会组织分类管理制度。社会组织分类管理应该是在政府管理技术与社会组织功能匹配之间寻求最佳平衡点。深入分析社会组织的性质、职责差异,在基础管理上实行分类登记、分类扶持和分类监管,激发社会组织潜在的功能。

第四节 统筹城乡养老服务体系建设

嘉善县是浙江省养老服务业综合改革试点,近年来,嘉善县一以贯之做好"统筹城乡"这篇大文章,突出"城乡一体、全域覆盖"的理念,通过深化改革,形成了以居家养老为基础、社区养老为依托、机构养老为补充、医养护相结合的多层养老服务体系,探索出了一批可推广、能复制的养老服务业综合改革、试点创新的经验。

一、嘉善县统筹城乡养老服务体系建设的做法与成效

(一)城乡协同推进养老服务设施建设,编织多级养老服务网

第一,坚持多元共建,加快推动养老机构建设。全面放开养老服务市场,鼓励采取公建民营、民办、PPP 等模式建设养老机构。截至 2020 年底,全县已建成养老机构 11 家,其中县级机构 2 家,镇(街道)级机构 7 家,民办机构 2 家,每百名老年人拥有床位 4.6 张。

第二,率先实现居家养老服务照料中心县域全覆盖,并实现社会化运营、连锁化经营。截至 2020 年底,全县共建成居家养老服务照料中心 154 家,划分为 18 个片区,通过公开竞标交由 11 家社会组织进行连锁化运营。

第三,创新养老服务供给模式,开展流动服务车建设。全县配备 9 辆流动服务车,实现镇(街道)全覆盖,并委托所在镇(街道)卫生院或民营医院负责运行,提供各类养老服务,每年约有 2 万多人次老年人享受上门服务,这一做法被评为全省十大贴心民政服务品牌。

（二）创新体制机制，推进养老服务体系的制度化、标准化、专业化

第一，探索完善长期护理保险制度。2016年底，嘉善在全省率先推出长期护理保险制度，将县域内职工基本医疗保险和城乡居民基本医疗保险的参保人员，全部纳入制度保障范围，最高涉及54万人，筹资标准为每人每年120元，每年筹资5000多万元。探索制定相关实施细则及管理办法等配套政策；开发出失能评估、护理待遇支付、护理定点机构等各类信息系统；推出基本生活护理、医疗护理、康复辅具租赁等3大类29项护理服务项目；建立了护理人员实时定位、服务对象满意度测评、志愿者定期探访等制度，加强对服务质量的监管。

第二，探索制定养老服务业标准。嘉善县是国家级养老服务业标准化试点，经过近3年建设，共制定通用基础标准78项，服务保障标准61项，服务提供标准42项，总计181项。其中收集国家标准115项，行业标准10项，地方标准14项，编制内部标准42项，形成以机构养老、居家养老、智慧养老、健康服务、老年旅游、老年金融和休闲文化为核心要素的养老服务标准化体系。2018年11月6日，嘉善县以优秀等级顺利通过国家级养老服务业标准化试点评估验收。

第三，探索构建完善的社会化运营机构的运行管理、考核评估制度。制定印发《嘉善县城乡社区居家养老服务照料中心社会化运营实施办法》，搭建社会化运营会商平台，吸引养老组织以竞争性谈判的方式承接照料中心日常运营工作；制定《嘉善县城乡社区居家养老服务照料中心第三方评估办法》，以政府购买服务的形式，委托第三方专业评估机构，针对各村（社区）居家养老服务照料中心的管理运营、服务内容、群众满意度等进行综合评定。

（三）整合优势资源，推进"医养护一体化"

第一，推行医养结合模式。2016年11月，嘉善县被确定为浙江省医养结合试点单位，此后通过毗邻建设、协议合作、内设机构等方式，不断推动医养护深度结合。截至2020年底，全县80%以上的居家养老服务照料中心与村（社区）卫生服务站实现毗邻建设，所有公办养老机构和照料中心均与就近医疗机构签订合作协议；民办养老机构分别内设医疗机构，入住老年人能够享受"楼上养老、楼下看病"的便利。

第二，推行智慧养老服务。依托县社会化养老服务指导中心，建立"颐养云"智慧养老服务平台，设立老年人基本信息库、流动健康服务指导中心、老年家政服务指导中心、就餐配送指导中心、紧急援助中心"一库四中心"。老年人基本信息库将全县11.67万名老年人的基本数据及需求信息全部纳入系统，为强化养老服务分析研判提供大数据支撑；4个中心分别在提供免费上门诊疗服务、生活照料服务、送餐服务、紧急援助服务等方面提供精准特色服务。

（四）强化养老服务业人才培育,夯实养老服务体系建设根基

第一,创新专业护理人才培育方式。采取政校合作的方式,在县中等职业技术学校开设三年制养老服务专业,5届共招收学生118名。护理人员实习期内享受不低于全县职工最低工资标准的实习津贴,转正后薪酬待遇不低于上年度全县在岗职工年平均工资的1.2倍。

第二,建立养老护理领军人才工作室。在全省率先扶持创办11个养老护理领军人才工作室,采取"领军人才＋团队"模式,以高级养老护理员、养老护理能手等为负责人,以医疗人员、专业社工为团队成员,常态化开展养老护理带培工作。截至2020年底,已带培护理学员200多名。

第三,强化护理人员技能培训。依托县级养老机构,建立培训实践基地,每年举办养老机构及居家上门护理人员的技能培训班。

第四,建立志愿互助机制。依托县、镇（街道）两级社会组织培育发展中心,积极培育和引进为老社会组织,全县共有为老服务团队400多个;探索建立"依老养老"志愿互助机制,已建立老年志愿服务团队36个。

二、嘉善实践对推动全省养老服务体系建设的启示

（一）要特别重视养老服务人才队伍建设、社会组织培育和长期护理保险制度三者之间的联动共建

养老服务人才队伍是社会组织提供养老服务和长期护理保险制度实施的基础与保障,社会组织在参与养老服务事业过程中提供多层次、多形式的养老服务,让老年人能够买得到、享受得到各种养老服务是长期护理保险制度能够顺利推行的前提。因此,嘉善建议全省在面上推进养老服务体系建设进程中要更加注重系统性,要特别重视养老服务人才队伍建设、社会组织培育和长期护理保险制度三者之间的联动共建。

（二）要加快部署养老服务业从业人员的培育工作,为整个养老服务体系建设提供根本保障

养老服务业从业人员是整个养老服务体系建设的根基。在嘉善统筹城乡养老服务体系建设的实践过程中,存在养老服务行业从业人员供给严重不足、文化素质低、技能水平低、年龄大、性别失衡、收入低、社会认同度低、流动性大等制约性短板。虽然嘉善县提前布局,十分重视养老服务业人才培育,但在满足全县整个养老服务行业的人员需求和服务质量要求方面仍捉襟见肘。随着浙江省老龄化程度不断提高,未来全省对养老服务业从业人员的需求将会大幅度提升,因此,嘉善建议要在全省提前布局,加快养老服务业从业人员的培育,做好存量

工作。

（三）要加快推进养老服务业供给侧结构性改革，实现养老产品多样化

构建多层次的养老服务网络，提供多样化的养老服务产品是嘉善统筹城乡养老服务体系建设过程中得出的经验之一。因此，嘉善建议全省养老服务体系建设过程中要进一步加大养老服务业供给侧结构性改革力度，全面放开养老服务市场，鼓励民间资本设立多种类型的养老机构，大力扶持、引导社会组织参与养老服务体系建设，实现养老服务产品供给主体的多元化，以满足多样化、多层次的养老服务需求。

（四）探索推广养老服务业片区化、连锁化运营模式

将县内 154 家居家养老服务照料中心划分为 18 个片区，引入品牌养老服务机构开展连锁化经营的嘉善实践有力地推进了养老设施格局统一化、管理业务标准化、监护服务专业化，实现了养老服务业从业人员在连锁机构内的有效配置，降低了企业经营成本。鼓励和促进养老机构连锁化经营的运营模式是提升养老服务质量的必由之路。因此，嘉善建议在省内成熟地区进一步推广养老服务业片区化、连锁化运营模式，鼓励养老机构连锁化经营、集团化发展，实施品牌战略，培育一批各具特色、管理规范、服务标准的龙头企业。

（五）加快推进养老服务业标准化建设

养老服务业标准化建设是养老服务业发展的内在要求，也是建设社会养老服务体系的重要技术支撑。嘉善县在国家级养老服务业标准化试点建设中探索制定的 181 项标准，有力提升了养老服务业规范化程度和专业化水平，减少了办事环节和公共服务成本，为规范全县养老服务内容与要求，维护老年人权益，提升管理与服务效能提供了重要依据，推进了养老服务业标准体系建设。因此，嘉善建议在全省进一步加快推进养老服务业标准化建设，推动养老服务业国标、行标、地标的建设，改善当前养老服务业标准体系碎片化、不健全的现状，为浙江省社会养老服务体系建设提供技术支撑，让养老服务提档升级。

第五节　党建统领共同富裕的缪家村模式

嘉善县大云镇缪家村是习近平同志在 2008 年莅临嘉善调研时的村级考察点。近年来，缪家村党委始终牢记习近平同志在考察缪家时的殷切嘱托，紧紧围绕"党建统领、共同富裕"，牢牢把握发展机遇，坚定厚植发展优势，坚持"一张蓝图绘到底、一任接着一任干"，打开"幸福密码"，全力打造"农业强、农村美、农民

富"的新时代乡村振兴缪家样板。[①]

一、坚持"农村基层党组织领导核心地位不动摇",强化三种能力,铸牢坚强战斗堡垒

(一)强化政治引领力

村党委坚持把加强政治建设作为首要任务,高质量开展"两学一做"学习教育、"不忘初心、牢记使命"主题教育和党史学习教育,学深悟透习近平新时代中国特色社会主义思想,用于推动工作、指导实践。带头落实上级各项决策部署,全面推行村社任期规划公议公决制度,组织党员走村入户征求意见,"两上两下"审议审核,并写进干部干事创业承诺,主动公示接受群众监督评价,真正把党的主张转化为全村党员群众的自觉行动。

(二)强化队伍战斗力

在 2020 年高质量完成村级组织换届,注重将思想好、干劲足、作风正、能力强的优秀干部选进村"两委"班子,重点选优配强"一肩挑"人选,村"两委"班子平均得票率 94.58%,平均年龄 35 周岁,大专以上学历达 100%。在征地拆迁、环境整治、垃圾分类等重点工作一线,组建"红云突击队",让党员干部成为战斗冲锋的"一面旗帜"。

(三)强化组织覆盖力

牢固树立"一切工作到支部"的鲜明导向,创新组织设置模式,在全县率先成立首个村级党委,积极探索农村网格党建,建立 5 个网格支部,统筹整合党员中心户、文化中心户、网格中心户等资源,形成"村党组织+网格党支部(党小组)+党员中心户+群众"的农村网格党建工作新格局。注重抓好新领域新业态党建,建立农业专业合作社、巧克力工厂、碧云花园等党支部,以此统领乡村振兴各项工作。

二、坚持"绿水青山就是金山银山",推动三大转变,绘就绿色共享画卷

(一)画好"美村图",推进生态迭变

在 4 届村党委班子的接续努力下,将生态建设、美丽经济纳入全村发展整体

---

① 李回雄、李茸:《嘉善大云镇缪家村——幸福家园话远景》,《浙江日报》2012 年 11 月 15 日。

规划,按照"村域景区化、景区全域化"标准,扎实推进农村人居环境整治工作,全面推行党员包河道、包路段、包区域和认领政策宣传岗、治水先锋岗、扮美家园岗、巡检督查岗、民情传递岗等"三包五岗"制度,建好用好党员河(段)长、党员楼栋长、党员路长等"三长"队伍,高标准打造"全域大花园",以全域生态铺就美丽经济"新底色",成功创建浙江省 3A 级景区村庄。

(二)撒下"黄金米",加速产业质变

村党委坚持"保护生态就是保护生产力,改善生态就是发展生产力",秉承绿色发展理念,打通"美丽经济"转化通道,大力培育碧云花园现代农业产业园、西班牙橄榄园、歌斐颂巧克力乐园等美丽经济新业态,探索乡村旅游、规模流转、农村电商等增收路径,打造融合温泉、水乡、花海、农庄等元素的特色文化景区,真正让好环境吸引好项目、好项目成为好"钱景",推动 2020 年村集体经济收入达到 1380 万元,其中美丽经济转化收入 385 万元,占 27.9%。

(三)走上"富民路",实现幸福蝶变

在全域旅游基础上,村党委聚焦群众致富增收,通过稳定工资性收入、拓展财产性收入、增加股金分红和民宿开发等补充性收入,探索形成推动农民增收的"薪金、租金、股金、福利金、养老金、创业金""六金"模式,每年为村民发放各类福利、分红,2020 年共计发放 400 万余元,最多的农户拿到了 6000 多元,农民人均可支配收入超过 5 万元,连续 6 年增幅超过 8%。

三、坚持"以人民为中心",突出初心为民,密切党群干群关系

(一)架起"同心桥",坚守为民谋事初心情怀

建立落实党群议事会、基层民主协商、民情民事"秒接快办""红色代办"等工作机制,创新"云访室、云网格、云管家"的"三朵云"社会治理服务体系,形成收集、交办、反馈等工作闭环,全力构建共建共治共享基层治理格局。截至 2020 年底,缪家村通过"三朵云"平台共化解信访问题 6 个,收集百姓报事信息 828 条,办结率 100%,努力打造和谐村庄、文明社区的典范。

(二)织密"连心网",激活为民干事神经末梢

全面深化新时代"网格连心、组团服务"工作,完善"微网格"、健全"微嘉园"、深化"微治理",将全村细分微网格 27 个,选优配强 54 名微网格长,依托"微嘉园"、联户微信群等平台,通过村社干部"包网入户"等形式,常态化开展线上"问访",线下"走访",做好民情排摸、民事调解、政策宣传等工作,着力破解民生难点痛点问题。特别在新冠肺炎疫情防控期间,微网格长冲锋在前、奋战一线,协助

村干部守好小门,涌现出一批"抗疫先锋"。

(三)构筑"暖心圈",延伸为民办事服务半径

深入实施党建引领民生建设"八个一"工程,拿出核心位置、最好地块,高标准建成"便民服务一条街",打造一个舒心宜居小区、一个高效便民服务大厅、一个功能齐全的文化礼堂、一个全科型医疗服务站、一个幸福的居家养老中心、一个综合性先锋站、一条智能化常态服务热线、一个设施齐备的邻里中心"八个一"民生服务阵地,构建村域"五分钟党群服务圈"。深入推进整村提升工程,抓好村史馆、智慧缪家、龙正公园、文化广场等六大项目,提升服务阵地、强化服务实效。

四、坚持"以改革的办法解决发展稳定中的问题",释放三大动能,做好乡村振兴示范

(一)念好"土地经",激活要素内生动能

针对缪家村人均耕地少、土地分散等关键瓶颈,围绕"地、田、房"要素,深化产权制度改革,全力推进全域土地综合整治、全域农田规模流转、全域农房有序集聚的"三全"集成改革,在守住耕地红线、提升耕地质量的基础上,盘活土地要素资源,做到宜农则农、宜游则游、宜居则居。截至 2020 年底,已成功打造 2500 亩全域土地综合整治样板区,全村土地流转面积达 4500 亩,流转率达 95%,全村农房集聚农户 996 户,集聚率达 95%。

(二)盘好"项目库",挖掘持续发展动能

在激活要素配置的基础上,找准发展路径,提升发展品质。一方面,立足村域实际,精准招引歌斐颂巧克力、文松氧吧等优质项目,推动一、二、三产融合发展。另一方面,探索"飞地"发展,依托"县域统筹、跨村发展、股份经营、保底分红"的发展模式,在镇级"两创中心"等"金边银角"区域,以村集体入股"飞地抱团"强村项目,总投资 1150 万元,按照投资额的 10%享受保底分红。

(三)筑好"人才路",汇聚创业创新动能

紧扣乡村人才振兴目标,积极引导海归"创二代"莫雪峰、"返乡大学生"杨珍、"全国劳模"柴金甫等一批人才反哺家乡、创业创新,不断强化人才支撑。率先建立缪家乡村振兴学院,主动加强与上海交通大学、浙江省乡村振兴研究院的办学合作,重点打造 6 条精品教学线路,全面推广缪家经验。2020 年,共接待各类参观、培训达 285 批次 6000 余人次。每年举办长三角"V30"村书记论坛,邀请江浙沪皖地区 30 位先进村书记代表共同研讨、群策群力,为缪家乡村振兴提供智慧经验。

下篇

嘉善积极推进一体化示范区建设

2013 年，嘉善获批成为全国唯一的县域科学发展示范点，迎来了第一个重大发展机遇；2019 年，长三角生态绿色一体化发展示范区正式揭牌，嘉善成为一体化示范区的重要组成部分。两个"示范"叠加，机遇史无前例。嘉善两次进入国家战略的核心，站上了更高的发展舞台，打开了更大的价值窗口。

推动长江三角洲区域一体化发展，是习近平总书记亲自谋划、亲自部署、亲自推动的重大战略。① 建设长三角生态绿色一体化发展示范区（以下简称示范区），是实施长三角一体化发展战略的先手棋和突破口。推进长三角生态绿色一体化发展示范区建设，有利于集中彰显长三角地区践行新发展理念、推动高质量发展的政策制度与方式创新，率先实现质量变革、效率变革、动力变革，更好引领长江经济带发展，对全国的高质量发展，也能发挥示范引领作用。

2019 年 10 月 25 日，经国务院审定，国家发改委印发《长三角生态绿色一体化发展示范区总体方案》（以下简称《总体方案》）。11 月 3 日，习近平总书记在听取上海市委市政府工作汇报时，对一体化示范区建设寄予厚望，指出一体化示范区作为一体化制度创新的试验田，要大胆试、大胆闯，自主改。②

2020 年 7 月 12 日，嘉善编制印发《嘉善县推进长三角生态绿色一体化发展示范区建设方案》，奋力扛起长三角更高质量一体化发展排头兵和"重要窗口的重要窗口"的历史使命，按照"半年拉框架、一年出形象、三年大提升、五年作示范"的总体要求，以战略思维、改革理念、国际标准、超常规举措全力打造"三新一试验田"。

嘉善作为长三角生态绿色一体化发展示范区的重要组成部分，积极实施长三角一体化战略。从制度一体化、生态治理一体化、创新要素配置一体化、公共服务一体化几个维度出发，高起点规划，科学谋划发展蓝图，积极参与推进一体化制度创新，出台相关政策，积极引进高端创新资源，谋划推动示范区公共服务的一体化进程。

经过前期努力，在国家和两省一市的大力支持下，嘉善与青浦、吴江合力推进一体化示范区建设实现良好开局，探索形成的一体化制度创新经验得到复制推广，区域高质量一体化合作进展顺利，为长三角更高质量一体化发展奠定了坚实基础。

---

① 《经济日报：紧扣一体化和高质量两个关键》，中国经济网，2019 年 12 月 3 日，https://baijiahao.baidu.com/s? id=1651849746539072908&wfr=spider&for=pc。

② 《这块一体化制度创新试验田里，长三角示范区要大胆试什么闯什么》，第一财经，2019 年 11 月 19 日，https://baijiahao.baidu.com/s? id = 1650635724418531895&wfr = spider&for=pc。

第六章 战略一体化:推进示范区建设的总体思路

　　长三角生态绿色一体化发展示范区建设是长三角一体化国家战略实施的重大举措,对推进长三角高质量一体化发展具有示范效应。示范区是在不改变行政隶属基础上打破行政壁垒,通过一体化体制机制创新实现区域高质量协调发展。示范区积极探索从区域项目协同走向区域一体化的制度创新,破解改革难题,强化改革系统集成,畅通区域经济循环,努力在以国内大循环为主体、国内国际双循环相互促进的新发展格局中实现更大作为,为全国区域协调发展探索可复制可推广的制度模式。

　　作为浙江参与长三角一体化发展国家战略的重要支点、服务全国发展大局的重要抓手,嘉善加强整体战略布局,着力高起点规划,科学谋划发展蓝图,推进一体化制度创新,一体化示范区建设实现良好开局,为引领长三角更高质量一体化发展奠定坚实基础。

第一节　示范区建设的战略意义与主要思路

　　长三角生态绿色一体化发展示范区建设,是实施长三角一体化发展战略的先手棋和突破口,是践行新时代协调发展理念的试验田。示范区建设有利于集中彰显长三角地区践行新发展理念、推动高质量发展的政策制度与方式创新,率先实现质量变革、效率变革、动力变革,更好引领长江经济带发展,对全国的高质量发展，也能发挥示范引领作用。①

一、示范区建设的重大战略意义

推动长江三角洲区域一体化发展，是习近平总书记亲自谋划、亲自部署、亲自推动的重大战略。建设长三角生态绿色一体化发展示范区，是实施长三角一体化发展战略的先手棋和突破口，是践行新时代协调发展理念的试验田。

（一）长三角一体化发展是我国区域协调发展重大战略布局

随着经济、社会的迅速发展和人口的增加，在资源主要由政府配置的条件下，我国各地方经济社会协调发展面临一定"行政壁垒"，区域间竞争不断加剧，省市间竞争大于合作，难以有效实现全国一盘棋和双循环的协调发展格局。与此同时，城市群日益成为中国经济高质量发展的主平台，如何进一步加强城市群一体化协调合作也成为区域协调发展必须解决的时代命题。

正是因为看到了中国区域协调发展面临的新情况新问题，2018 年，中共中央、国务院印发了《关于建立更加有效的区域协调发展新机制的意见》，明确提出要完善市场一体化发展机制，深化区域合作机制，优化区域互助机制，健全区际利益补偿机制等，到 21 世纪中叶，建立与全面建成社会主义现代化强国相适应的区域协调发展新机制。中国先后将京津冀协同发展、粤港澳大湾区、长三角一体化和成渝双城经济圈等作为区域协调发展重大平台。

2018 年 11 月 5 日，习近平主席在首届中国进口博览会上宣布支持长三角一体化发展上升为国家战略。② 2020 年 8 月 20 日，习近平总书记在合肥主持召开扎实推进长三角一体化发展座谈会并强调，要深刻认识长三角区域在国家经济社会发展中的地位和作用，结合长三角一体化发展面临的新形势新要求，坚持目标导向、问题导向相统一，紧扣一体化和高质量两个关键词抓好重点工作，真抓实干、埋头苦干，推动长三角一体化发展不断取得成效。③ 习近平总书记指出，长三角一体化发展战略实施一年多以来，三省一市和有关部门贯彻落实党中央决策部署，工作抓得紧，有不少亮点。一是对党中央战略意图领会到位，把长三角一体化发展放在国家区域发展总体战略全局中进行统筹谋划，扣紧了全国发展强劲活跃增长极、高质量发展样板区、率先基本实现现代化引领区、区域一

---

①　本节所用数据来源于两区一县统计年鉴、统计公报等。

②　《习近平：共建创新包容的开放型世界经济》，《人民日报》2018 年 11 月 6 日。

③　《习近平主持召开扎实推进长三角一体化发展座谈会并发表重要讲话》，新华网，2020 年 8 月 22 日，https://baijiahao. baidu. com/s? id＝1675694284777649676&wfr＝spider&for＝pc。

体化发展示范区、改革开放新高地的战略定位。二是创新方式方法,围绕重点领域和重点区域进行突破,以点带面加快一体化进程。三是战略实施成果已经显现,规划政策体系"四梁八柱"初步构建,多层次工作机制发挥实效,在这次疫情防控和恢复经济过程中,一体化机制和互联互通基础设施发挥了作用。总的来说,长三角一体化发展新局面正在形成。①

(二)示范区是长三角高质量一体化发展的试验田

2019 年 12 月,中共中央、国务院印发《长江三角洲区域一体化发展规划纲要》(以下简称《规划纲要》),明确提出要高水平建设长三角生态绿色一体化发展示范区。在严格保护生态环境的前提下,率先探索将生态优势转化为经济社会发展优势,从项目协同走向区域一体化制度创新,打破行政边界,在不改变行政隶属关系基础上实现共商共建共管共享共赢。

2019 年 10 月 25 日,国务院正式批复《长三角生态绿色一体化发展示范区总体方案》(以下简称《总体方案》)。11 月 1 日,在长三角生态绿色一体化发展示范区建设推进大会上,一体化示范区、示范区理事会、示范区执委会正式揭牌。同日,一体化示范区理事会召开第一次全体会议,审议通过理事会工作规则、沪苏浙落实示范区总体方案的重点任务分工和理事会近期重点工作事项清单等文件。

示范区建设,是在生态绿色约束条件下,不依靠"政策红利",而是通过一体化的体制机制创新,利用市场化手段来配置要素资源,打造成为生态优势转化新标杆、绿色创新发展新高地、一体化制度创新试验田和人与自然和谐宜居新典范,实现区域高质量协调发展。根据《总体方案》,到 2025 年,一批生态环保、基础设施、科技创新、公共服务等重大项目建成运行,先行启动区在生态环境保护和建设、生态友好型产业创新发展、人与自然和谐宜居等方面的显示度明显提升,示范区主要功能框架基本形成,生态质量明显提升,一体化制度创新形成一批可复制可推广经验,重大改革系统集成释放红利,示范引领长三角更高质量一体化发展的作用初步发挥。到 2035 年,形成更加成熟、更加有效的绿色一体化发展制度体系,全面建设成为示范引领长三角更高质量一体化发展的标杆。

二、一体化示范区建设路径

站在新的历史起点上,长三角三省一市应立足服务国家战略,充分利用资源

---

① 《习近平主持召开扎实推进长三角一体化发展座谈会并发表重要讲话》,《经济日报》2020 年 8 月 23 日。

禀赋条件和区位优势，共同打造长三角一体化发展示范区，加强区域产业协同发展和产能协作，以改革创新推动长三角地区实现更高质量一体化发展。

《总体方案》提出，示范区建设要坚持生态筑底、绿色发展，改革创新、共建共享，追求品质、融合发展，远近结合、联动发展的基本原则。根据《总体方案》，一体化示范区的战略定位是：生态优势转化新标杆、绿色创新发展新高地、一体化制度创新试验田、人与自然和谐宜居新典范。

一体化示范区横跨沪苏浙，毗邻淀山湖，涵盖上海青浦区、江苏苏州吴江区和浙江嘉兴嘉善县，面积 2400 多平方公里。选择青浦区金泽镇、朱家角镇，吴江区黎里镇，嘉善县西塘镇、姚庄镇作为一体化示范区的先行启动区，面积约 660 平方公里，着力构建"十字走廊引领、空间复合渗透、人文创新融合、立体网络支撑"的功能布局，严格控制开发强度，蓝绿空间占比不低于 75％，规划建设用地不超过现有总规模。

（一）一体化示范区建设基础

一体化示范区地理相近、文化同源、人文相亲，生态环境和历史文化资源优势明显，这一地区"最江南"，历史上同属于"吴根越角"，有浓厚的江南文化特色，经济基础及区位优势较好。

1. 两区一县基本情况

青浦区，位于上海市西部、太湖下游、黄浦江上游，东与闵行区毗邻，南与松江区、金山区及浙江省嘉兴市嘉善县接壤，西与江苏省苏州市吴江区、苏州市昆山市相连，北与嘉定区相接。青浦区下辖 3 街道、8 镇，总面积 676 平方公里。以青浦城区为中心，东部河江交错，西部湖荡群集，内河航运具有天然优势，可通行 50～300 吨货船，是江浙沪地区的重要水上通道。水系丰富，农业较发达。

吴江区，隶属江苏省苏州市，位于江苏省东南部，东临上海，西濒太湖，南接浙江，北依苏州主城区。全区总面积 1176.68 平方公里，其中水面积 2.67 万公顷，占全市总面积的 22.70％（均不包括所辖太湖水面）。改革开放以来，通过民营经济和外向型经济的"双轮驱动"，吴江形成了丝绸纺织、电子信息、光电缆和装备制造四大主导产业，新能源、新材料、生物医药和新型食品四大新兴产业，以及现代服务业的"4＋4＋1"产业体系。

嘉善县，是浙江省嘉兴市下辖县，位于嘉兴市东北部、江浙沪两省一市交会处，境域轮廓呈"田"字形，东邻上海市青浦、金山两区，南连平湖市、嘉兴市南湖区，西接嘉兴市秀洲区，北靠江苏省苏州市吴江区和上海市青浦区。地处长三角城市群核心区域，是浙江省接轨上海第一站，是全国综合实力百强县之一，更是全国唯一一个国家命名的"县域科学发展示范点"。民风淳朴，素以鱼米之乡、丝绸之府、文化之邦名扬天下。

2.两区一县发展基础

两区一县经济发展水平较高,产业结构较为合理,经济发展水平总体相当,增长潜力较大。2020年,青浦GDP为1194.01亿元;吴江GDP为2002.83亿元,首次突破2000亿元大关;嘉善GDP为655.77亿元。2020年,青浦、吴江、嘉善GDP同比增速分别为3.8%、0.6%、8.0%,嘉善增速列浙江省第二,嘉兴市第一,领跑一体化示范区。2020年,两区一县城乡居民人均可支配收入为59669元,远高于全国平均水平。其中,嘉善最高,为65266元;其次是吴江,为59997元;青浦最低,为53744元。

产业结构日趋合理,主导产业特色鲜明。2020年,青浦产业结构呈"三二一"格局,第三产业占比达64.0%。吴江和嘉善产业结构呈"二三一"格局,吴江三次产业结构比调整为1.87:49.94:48.19,嘉善调整为3.37:53.06:43.57。两区一县产业集群专业化分工格局初步形成。青浦以"三大两高一特色"产业为主导,是中国国际进口博览会的永久举办地;吴江以丝绸纺织、电子信息千亿产业集群和装备制造、光电缆五百亿产业集群为支撑,华为研发中心落户区内;嘉善以电子信息、装备制造、木业家具、纺织服饰为特色,阿里巴巴"数字嘉善"城市大脑建设全面启动。

3.两区一县发展优势

一是区位优势明显。一体化示范区距离上海市中心60公里左右,距离虹桥交通枢纽30分钟车程,距离苏州市50公里左右,距离嘉兴市60公里左右,区域内高速公路路网纵横(有沪渝、沪杭、申嘉湖等高速公路)。

二是生态基底较好。一体化示范区蓝绿空间占比约为69%,先行启动区蓝绿空间占比较高,约为77.5%。一体化示范区现状河湖水面率为19.76%,其中青浦区17.28%,吴江区23.92%,嘉善县13.21%。主要水体包括贯穿示范区的太浦河、东太湖、汾湖、元荡和区域内最大的淡水湖淀山湖。

三是古镇文化丰富。这一区域有"吴根越角"的文化底蕴,文化相近、人文相亲,先行启动区5个镇中,有朱家角、金泽、西塘、黎里4个国家级历史文化古镇,具有典型江南水乡特点。

(二)践行"两个率先、一个加快"

示范区作为长三角共建强劲活跃增长极的重要抓手,责无旁贷要在探索形成新发展格局方面发挥先行先试作用。根据《总体方案》,示范区要率先探索将生态优势转化为经济社会发展优势,率先探索区域一体化发展制度创新以及加快重大改革系统集成和改革试点经验共享共用。

1.生态优势转化为经济社会发展优势

把保护和修复生态环境摆在优先位置,坚持绿色发展、集约节约发展,加快探索生态友好型高质量发展新模式,为长三角践行"绿水青山就是金山银山"理念探索路径和提供示范。打造生态价值新高地、绿色创新发展新高地、绿色宜居新高地。在打造生态价值新高地方面,要加强生态环境综合治理,构建优美和谐的生态空间,建设著名文化生态湖区;在打造绿色创新发展新高地方面,着力发展绿色经济,提升创新发展水平;在打造绿色宜居新高地方面,要打造江南水乡文化品牌,建设美丽宜居乡村环境,建设互联互通基础设施体系,提升公共服务保障水平。

2. 探索区域一体化发展制度创新

聚焦规划管理、生态保护、土地管理、要素流动、财税分享、公共服务、公共信用等方面,建立有效管用的一体化发展新机制,为长三角地区全面深化改革、实现高质量一体化发展提供示范。探索建立统一编制、联合报批、共同实施的规划管理体制,探索统一的生态环境保护制度,探索跨区域统筹土地指标、盘活空间资源的土地管理机制,探索项目跨区域一体化管理服务机制,探索促进各类要素跨区域自由流动的制度安排,探索跨区域投入共担、利益共享的财税分享管理制度,探索共建共享的公共服务政策,建立统一的公共信用管理制度。

3. 加快重大改革系统集成和改革试点经验共享共用

党的十八大以来党中央明确的全面深化改革举措,可以在地方试点的,一体化示范区要集中落实、率先突破,进行系统集成,两省一市实施的改革创新试点示范成果均可在示范区内推广分享。一是加快构建高质量发展体系,即率先构建一体化高质量发展指标体系、高质量发展政策体系、高质量发展标准体系、全面反映和衡量区域高质量发展水平的统计体系,率先实施体现新发展理念的绩效评价制度、以高质量发展为主要导向的政绩考核制度。二是推进城乡统筹发展,即深化农村产权制度改革,探索乡村产业混合所有制经营,加强公共服务一体化发展。三是激发创新创业活力,即完善吸引海外高端人才制度,完善创新激励制度,促进创新要素流动。四是提高政府行政效能,即深入推进行政审批制度改革,深入推进事中事后监管制度改革,推进信息资源互联共享。

三、破解难题与主要举措

建设一体化示范区,是实施长三角一体化发展战略的先手棋和突破口,有利于集中彰显长三角地区践行新发展理念、推动高质量发展的政策制度与方式创新,率先实现质量变革、效率变革、动力变革,更好引领长江经济带发展,对全国的高质量发展也能发挥示范引领作用。此次一体化示范区建设,是在生态绿色约束条件下,不依靠"政策红利",而是通过一体化的体制机制创新,利用市场化手段来配置要素资源,实现区域高质量协调发展。

（一）跨区域协调合作的难题与破解机制

省市县行政边界的跨界地区，是地区关系协调最迫切最直接、矛盾问题最明显的地区，矛盾问题突出表现在以下几个方面。

1. 跨区域统筹规划管理缺失

空间规划不对接，基础设施对接弱，断头路多；永久基本农田保护线和生态保护红线在边界地区往往不对接，土地空间功能相互干扰，缺乏对生态保护区的共保机制；污染产业以及垃圾填埋和焚烧场等多在边界布局，导致环境邻避影响事件时有发生。

为此，《总体方案》提出，建立统一的国土空间规划体系。构建示范区统一的"总体规划—单元规划—详细规划"三级国土空间规划体系，统一基础底板和用地分类，统一规划基期和规划期限，统一规划目标和核心指标。一体化示范区国土空间规划和各类专项规划由两省一市共同组织编制、共同报批、联合印发。

2. 区域生态保护协调难

水资源利用和环境污染交互影响，江河湖水资源的跨地区分配利益机制和饮用水源地及清水通道的跨地区保护机制亟待完善，跨界上游水污染排放可能导致下游的水环境质量下降，环境矛盾和纠纷较多。

为此，《总体方案》提出，加快建立统一的饮用水水源保护和主要水体生态管控制度。两省一市共同制定实施示范区饮用水水源保护法规，明确管控范围、管控标准和管控措施，探索建立地表水环境联动监测及水资源应急供给机制，加强湖泊上游源头涵养保护和水土保持，共同制定太浦河、淀山湖等重点跨界水体生态建设实施方案。协调统一太浦河、淀山湖、元荡、汾湖"一河三湖"等主要水体的环境要素功能目标、污染防治机制以及评估考核制度。

3. 公共服务共建共享程度不高

食品安全、社会治安、渣土车管理、垃圾倾倒等社会治理事务难以跨界联动执法；110公安报警和120医疗急救难以做到跨界服务，跨界公交线路和地铁很少，需要边界换乘；各地社会保障标准差异大，共享难度较大；重大事件如上海世博会、南京青奥会、进口博览会等基本上在一个城市举行，很少有和周边其他城市的合作共建。

为此，《总体方案》提出，探索区域公共服务便捷共享的制度安排。实行不受行政区划和户籍身份限制的公共服务政策。推进实施统一的基本医疗保险政策，逐步实现药品目录、诊疗项目和医疗服务设施目录的统一。探索组建跨区域医疗联合体，建立居民就医绿色通道。完善医保异地结算机制，开展异地就医急诊、门诊医疗费用直接结算试点。鼓励优秀品牌养老服务机构在示范区布局设点或托管经营，探索试点跨行政区养老服务补贴异地结算。探索以社会保障卡为载体建立居民服务"一卡通"，在交通出行、旅游观光、文化体验等方面率先实现"同城待遇"。按可达性统筹 120 服务、110 服务范围，统一使用 021 固定电话长途区号。

4. 资本、技术、信息等要素流动不顺畅

产业发展缺乏融合对接，投融资管理自成体系，财税共享机制缺乏或不完善。凡此种种，限制和约束跨界地区的要素流动、优势互补、资源共享，合作交易成本高，一体化红利弱，影响了整体竞争力的提升，壁垒效应明显，也阻滞了长三角整个区域的一体化进程。因此，率先开展跨界地区的一体化体制机制的探索试验，最容易出效果，也具有代表性和示范意义。

为此，《总体方案》提出，推进要素资源跨区域交易。在示范区建立土地使用权、排污权、用能权、产权、技术等要素综合交易平台。加强各类公共资源交易平台合作，深化公共资源交易平台整合，研究建立区域交易合作机制，推进信息、场所、专家等资源共享，鼓励市场主体跨省市自主选择平台进行公共资源交易，促进要素跨区域流动。

（二）设计区域协调发展新机制

跨界地区一体化体制机制的改革创新需要针对地区发展不协调、区域发展差异大出现的问题症结来展开。跨界地区协调难度较大：客观上，跨界地区分属于不同的行政主体，资源整合困难，从各自利益和权限出发，合作深度受到限制；主观上，多层级跨界合作和一体化制度缺失，无法平衡跨界合作的成本－利益格局，使得跨界合作难以达成一致。

从多层级行政管理及治理体系看，第一，中央对地方的多项管理基本上按照行政层级推进，这在很大程度上限制了地方政府的管控要素和有限控制之手伸到邻近地区。第二，长三角现有的省、市、县等各级政府之间的合作协作机制缺乏顶层设计和契约机制，不能约束彼此的合作行为，地区合作只能借助高层级的跨区域规划和协商协作平台，内部协调合作规则不稳定。在一些专项领域，沪苏浙皖四方政府可能在会议中签署和达成了一些协议，而现实操作中特别是在没有更高层次行政意志和约束性法律法规的条件下，很多达成的合作意向往往因各方利益冲突而难以落实，或因领导换届、规划调整等最终不能落地。第三，市场化及民间的协作有待加强，企业与民间组织，包括协会、商会在内的民间机构并未有效参与到一体化的合作协调中，非政府组织的灵活性特点没有得到充分发挥。内部管理协调由行政部门推进，缺少市场和民间力量的配合，使得一体化工作推进较难，实施效率较差。

为此，一体化的体制机制探索宜针对跨界地区规划管理、资源环境、公共服务、要素流动等不协调问题及体制机制掣肘障碍，按照成本共担、利益共享原则，坚持以市场化主导,制定和设计市场统一开放、规划协调有序、发展功能协同互补、设施服务共建共享、生态环境联防共治的区域协调发展新机制。

同时,需要从中央和地方事权改革、地方合作平台机制的规范和制度化、鼓励市场主体和公众参与等多层面、多维度,不断尝试,不断完善,确保区域协调机制改革举措横向到边、纵向到底,最大限度放大改革创新合作红利,探索一条上下联动、整体推进的全面改革创新之路和新型区域治理体系,使之能够有效推动跨界分工、合作、协同和共享,实现发展要素自由流动、产业和经济有序分工、开发和保护空间得当、社会公平公正、人民共享发展成果。

(三)构建开放协调的区域空间格局

长三角更高质量一体化发展的逻辑要义在于发挥各方优势特色,明晰城市功能定位及分工协作机制,形成分工合理、各具特色的区域空间格局。基于长三角一市三省资源禀赋、战略地位及政策先行优势,长三角一体化发展示范区将从实施国家战略的高度,把握区域空间结构优化的机遇,从区域层面构建开放协调的空间格局,进而加强在功能、产业、科创、交通、环境、设施方面的衔接,促进区域空间协同和一体化发展。

《总体方案》提出,统筹生态、生产、生活三大空间,把生态保护放在优先位置,不搞集中连片式开发,打造"多中心、组团式、网络化、集约型"的空间格局,形成"两核、两轴、三组团"的功能布局。"两核"即环淀山湖区域和虹桥区域,"两轴"即沿沪渝高速和通苏嘉高速的两条创新功能轴,"三组团"即以青浦新城、吴江城区、嘉善新城等节点为支撑的城市功能组团。

长三角生态绿色一体化示范区应运而生,成为长三角一体化发展的重要探索,在不改变行政隶属关系的前提下打破行政壁垒,探索一体化体制机制创新,通过制度创新实现经济高质量发展。高水平建设长三角生态绿色一体化发展示范区,探索将生态优势转化为经济社会发展优势、从项目协同走向区域一体化的制度创新,为整个长三角生态绿色发展注入新的活力。

(四)形成可复制推广的先进经验

示范区一体化战略的实施重点在于落实五大发展理念,探索区域发展协调机制,缩小地区差距,进而推动整体性的高质量发展。因而可以预见,这一跨江浙沪的一体化发展示范区建设,是长三角区域一体化发展的重大实施举措。

《总体方案》提出,加快构建高质量发展体系。率先建立跨行政区域的一体化高质量发展的指标体系,率先构建财政、金融、产业、创新、投资、消费、城乡区域、社会发展等协同配合、良性互动的高质量发展政策体系,率先建立生态环保、营商环境、公共服务、产品、工程和服务等领域的高质量发展标准体系,率先构建全面反映和衡量区域高质量发展水平的统计体系,率先实施体现新发展理念落地的绩效评价制度,率先实施以高质量发展为主要导向的政绩考核制度。

按照创新、协调、绿色、开放、共享发展理念,加大改革创新开放力度,探索跨界地区的要素流动和地区合作的新型治理模式,探索区域协调发展和一体化分工、合作和协同的体制机制的落地性,探索从区域项目协同走向区域一体化制度创新,推动全面深化改革举措集中落实、率先突破、系统集成,促进示范区共享发展和共同繁荣,提升人民的幸福福祉、经济社会发展质量和区域整体竞争力,充分显现一体化体制机制创新带来的巨大合作红利和重大发展成效,加快形成可实施有成效、可复制可推广的先进经验,而后率先在长三角的跨界地区推广复制,进而形成可以影响全国的新型区域发展协调机制。

因此,在示范区改革创新区域一体化体制机制,科学推动跨界率先协调发展,事关长三角区域一体化发展战略意图的落地和操作,具有非常重要的战略和现实意义。

四、示范区建设成效

建设长三角生态绿色一体化发展示范区是实施长三角一体化发展战略的先手棋和突破口。从 2019 年长三角一体化示范区揭牌以来,围绕一体化制度创新,形成了 74 项具有开创性的制度创新成果;坚持"制度创新+项目建设"双轮驱动,聚焦生态环保、互联互通、创新发展和公共服务四大领域,全力推进 65 个重大项目,为示范区高质量发展注入新动能。着力整合政府、市场和社会各界力量,持续完善"机构法定、业界共治、市场运作"的新型跨域治理模式,凝聚了一大批优秀市场主体和优质要素资源参与示范区建设。

（一）取得成效

第一,示范区围绕"8+1"重点领域,深入开展一体化制度创新,已形成 74 项一体化制度创新成果。如两省一市共同编制报批示范区国土空间规划,已由两省一市政府正式联合上报国务院审批,这份规划标志着示范区 2413 平方公里实现了"一张蓝图管全域",是国内首份跨省域共同编制、具有法定效力的国土空间规划。

第二,示范区重点聚焦四类项目抓落地,持续提升示范区高质量发展水平,重点推进 100 多个亮点项目。其间,示范区执委会会同两区一县梳理形成示范区项目库,分类示范。截至 2020 年,示范区政府性投资项目总投资 1663 亿元,年度投资 422 亿元。此外,示范区重点推进了 16 项生态保护类项目。在统一规划、同一标准下,通过共同立项、委托立项、协同立项等方式,重点推进了 7 项互联互通类项目。重点推进了 28 项产业创新类项目、26 项公共服务类项目,打造了一批优质的教育、医疗、文化、体育等基础设施项目。

第三,示范区探索"理事会—执委会"与"开发者联盟"运行机制,构建形成了"业界共治、机构法定、市场运作"的跨域治理新格局。如两省一市人大协同立法,制定发布了关于促进和保障示范区建设若干问题的决定,明确赋予执委会跨区域项目审批权、先行启动区控制性详细规划审批权等,保障示范区加大改革创新探索力度。2020 年 8 月 26 日,包括中国三峡集团在内的 12 家单位成立示范区开发者联盟,来自各个行业领头羊为示范区持续赋能。

第四,一体化制度创新红利,带来区域高品质发展。2020 年,示范区实现地区生产总值 3852.61 亿元,逆势上扬,实现正增长。完成规模以上工业总产值 6557.34 亿元,全社会固定资产投资 1522.86 亿元,实到外资 17.84 亿美元,成为了投资新热土。

(二)示范区建设的思路和计划

结合《总体方案》要求、"一田三新"战略定位,示范区将继续紧扣制度创新度、项目显示度、民生感受度,做好"高质量一体化发展"这篇文章,探索率先将生态优势转化为发展优势、率先从项目协同走向一体化的制度创新。一体化制度创新是示范区建设的核心使命。

示范区执委会将聚焦"8+1"重点领域,推出 30 多项一体化制度创新成果,进一步探索更深层次、更高水平的一体化制度创新。重点在规划、生态、土地管理、财税分享、体制机制等方面进行制度创新。

第一,规划管理方面,将编制形成示范区先行启动区国土空间规划、水乡客厅城市设计和重点区域控制性详细规划,研究形成示范区先行启动区统一的规划建设导则。生态环保方面,将完成"一河三湖"等主要水体的环境要素功能目标、污染防治机制以及跟踪评估制度,开展生态环境"三统一"制度深化落实工作,推进示范区环评制度改革。

第二,土地管理方面,将研究建立示范区建设用地机动指标统筹使用机制,探索开展示范区基本农田规划调整试点工作。项目管理方面,将研究形成示范区投资项目管理办法和固定资产投资项目在线审批平台运行管理方案,推动建立统一受理、并联审批、实时流转、跟踪督办的工作机制。要素流动方面,将推进知识产权跨区域联保共治和管理服务一体化,研究推动示范区不动产登记跨省通办,探索制定重点领域跨区域标准,探索推进职称联合评审、职业技能等级证书互认和高技能人才项目共享机制。财税分享方面,将继续深化完善长三角电子税务局建设,研究形成示范区跨区域财税分享实施方案。

第三,公共服务方面,将研究形成第二批公共服务项目清单,研究建立示范区医疗机构检验检查报告互联、互通、互认工作机制,率先实现示范区"医保一码通"。公共信用方面，将研究建立示范区跨区域公共信用数据共享交换机制，深化示范区统一的公共信用报告应用，探索推进跨区域"信易＋"特色应用。体制机制方面，将配合中央推动长三角一体化发展领导小组办公室做好示范区制度创新经验复制推广工作，加强对国家级改革创新试点成果应用，深化改革系统集成。重大项目是示范区一体化高质量发展的有效载体。

第四，在重大项目推进方面，示范区共有 65 个重大项目，其中，互联互通类项目 12 个，生态环保类项目 16 个，创新发展类项目 28 个，公共服务类项目 26 个。同时，着眼于远近结合、滚动式推进，示范区执委会会同两省一市有关部门和两区一县，制订形成了《长三角生态绿色一体化发展示范区重大建设项目三年行动计划（2021—2023 年）》，将围绕"一厅三片"集中示范和生态环保、设施互通、产业创新、民生服务四个方面分类示范等五大板块，加快推进 18 个行动计划，包含 100 多个重大项目。

第二节　嘉善推进示范区建设的总体思路与路径

为全面贯彻习近平总书记关于长三角一体化发展的重要讲话和重要指示批示精神，认真落实《规划纲要》《总体方案》《浙江省推进长江三角洲区域一体化发展行动方案》，进一步明确嘉善推进一体化示范区建设的总体要求、重点任务和工作举措，交出示范区建设的"联考卷"高分答卷。2020 年 7 月 12 日，嘉善编制印发了《嘉善县推进长三角生态绿色一体化发展示范区建设方案》（以下简称《建设方案》）。

一、总体思路

嘉善按照"三个突出""十个示范"要求，全面推进一体化示范区和县域科学发展示范点"双示范"建设，率先探索将生态优势转化为经济社会发展优势、从区域项目协同走向区域一体化制度创新，推动重大改革举措集中落实、系统集成，努力实现高质量发展、高品质生活、可持续发展的有机统一，走出一条区域共建共享、生态文明与经济社会发展相得益彰的新路径，努力在更高起点的深化改革和更高层次的对外开放中展现更大作为，奋力担当新时代全面展示中国特色社会主义制度优越性的重要窗口的重要窗口（以下简称"重要窗口的重要窗口"），建设成为凝聚嘉善智慧、彰显嘉善特色的新时代中国现代化标杆。

以坚持高标定位、战略协同，坚持生态优先、创新发展，坚持集成推进、重点突破，坚持政府引导、市场主导为基本原则，"三新一试验田"为战略定位，聚焦示范引领长三角更高质量一体化发展,聚力打造生态优势转化新标杆、创新发展新高地、一体化制度创新试验田、人与自然和谐宜居新典范。

奋力扛起长三角更高质量一体化发展排头兵和"重要窗口的重要窗口"的历史使命,按照"半年拉框架、一年出形象、三年大提升、五年作示范"的总体要求,以战略思维、改革理念、国际标准、超常规举措全力打造"三新一试验田"。

根据《建设方案》,到2025年,示范区建设格局基本形成,一批标志性工程建成运行,科创产业、城乡区域、基础设施、生态环境、公共服务等领域基本实现一体化,对外开放水平明显提升,重大改革系统集成释放红利,一体化体制机制基本建立。全县地区生产总值突破千亿元;规上工业企业R&D经费占地区生产总值比例达到4%左右,战略性新兴产业增加值占规上工业增加值比重达到50%以上;森林覆盖率不低于10%,空气质量优良天数比率达到90%以上,地表水省控以上断面好水(水质优于Ⅲ类)比例达到100%;城乡居民收入水平差距缩小到1.6:1。

二、实施路径

嘉善提出借力上海龙头带动作用,着力构建"五大功能板块引领带动、六个一批标杆性项目示范驱动、七条关键廊带协同联动"的一体化发展路径,全面推动一体化示范区建设。

(一)变革重塑五大功能板块

统筹生态、生产、生活三大空间,强化主体功能引导,推进县域空间格局系统性重构、创新性变革,着力构建嘉善未来新城、祥符荡科创绿谷、临沪高能级智慧产业新区、长三角农业科技园区、长三角生态休闲旅游度假区"一城一谷三区"城乡五大功能板块。

1. 嘉善未来新城

以高铁新城、嘉善主城区、北部新城为核心,重点聚焦高品质宜居生活创建、创新要素集聚、公共服务和商务配套优化,增强综合服务功能和科技创新能力,打造融创新经济、现代服务业、高品质人居环境于一体的产城融合新标杆,成为长三角世界级城市群的黄金节点。

2.祥符荡科创绿谷

以祥符荡为中心,融合西塘千年古镇,联动汾湖、沉香荡、马斜湖,营造生态优美的亲水空间,扩大嘉兴综合保税区B区效能,全面推进高端人才集聚、高端创新资源导入、科技创新产业发展、高端配套提升,打造创新人才荟萃、创新主体集聚、创新成果涌流、创新活力迸发的世界级科创绿谷和长三角创新生态"智力场"。

3.临沪高能级智慧产业新区

整合嘉善经济技术开发区、中新嘉善现代产业园、姚庄经济开发区等平台,重点发展数字经济、生命健康、新能源新材料等新兴产业,形成带动区域产业转型升级、具有国际竞争力的长三角战略性新兴产业集群,打造国内一流、国际知名的高能级战略平台。

4.长三角农业科技园区

依托嘉善农业经济开发区,联动天凝镇、干窑镇、陶庄镇、魏塘街道部分区域,打造星创天地、现代农业产业科技创新中心等载体,强化农业科技成果转化和孵化功能,着力发展具有品牌优势的农业高新技术产业集群,打造长三角农业科技创新策源地。

5.长三角生态休闲旅游度假区

以大云旅游度假区为核心,联动开发区(惠民街道)部分区域,创新"旅游+"发展模式,招引推进一批旗舰型项目,完善旅游配套服务体系,推动嘉善全面构建以"北西塘、南大云"为核心的全域旅游格局,打响"吴根越角·寻梦嘉善"旅游品牌。

(二)全力攻坚六个一批标杆性项目

嘉善着力推进一批战略性、标志性、引领性重大项目,培育发展新动能,推动一体化示范区率先实现质量变革、效率变革、动力变革。

1.一批交通互联互通项目

以打造"高质量一体化生态绿色交通发展示范区"为目标,建立多层次交通网络体系,推进一批轨道交通项目建设,共建"轨道上的一体化示范区"。加快推进省际高快速路畅通工程和航道综合整治,全面打通省际断头路,聚力建设长三角交通战略通道。

2.一批生态绿色共保联治项目

坚持生态保护优先,集中力量推进全域河湖水系综合提升、全域生态景观提升等重点项目,高水平推进清水绿廊和蓝色珠链建设,提升全域生态环境质量,加快打造生态价值新高地,为长三角践行"绿水青山就是金山银山"理念探索路径和提供示范。

3.一批未来产业项目

依托湖荡水网、田园风光优势,聚焦共建长三角强劲活跃增长极,高浓度集聚全球高端创新资源,加快落地和推进一批数字经济、生命健康、新能源新材料等战略新兴产业项目,高标准构建国际一流产业创新生态体系,打造面向未来的世界级新兴产业集群。

4. 一批现代服务业项目

主动对接"上海服务"品牌,着力打造重点服务业集聚区,围绕服务业平台经济、分享经济、体验经济等新业态,培育和推进一批辐射带动性大、示范引领性强、产业联动有力的服务业重大项目,推动世界级现代服务高端要素集聚,打造长三角服务业发展新高地。

5. 一批公共服务提升项目

围绕均等化、普惠化、便捷化,加快布局建设一批公共服务设施、高端优质教育、医养综合服务等重大项目,全面提升公共服务供给能力和供给质量,推动一体化发展成果惠及全体居民,不断增强人民群众的获得感、幸福感和满意度。

6. 一批活力新城品质项目

以国际化视野全面提升城市品质,加快实施数字嘉善、未来社区、"城市双修"等重点项目,完善城市综合配套功能,提升嘉善未来新城的人口、产业、功能集聚力,打造生态环境优越、科创要素聚集、人文特色浓厚、社会治理有效、宜居宜业宜游的品质善城。

(三)联动推进七条跨区域关键廊带建设

充分发挥嘉善地处长三角地理中心的独特区位优势,以关键廊带为纽带,加强区域协同联动发展,推动五大功能板块能级跃升,形成全县域全方位推进一体化发展整体格局。

1. 虹桥至一体化示范区绿色创新廊道

加快推进虹桥至先行启动区嘉善片区轨道交通建设,进一步放大虹桥国际开放枢纽辐射带动效应,提升区域生态环境,集聚国际国内创新要素,联动发展高端商务、会展论坛等,共同打造世界级创新廊道和国际化商务区。

2. G60 科创走廊

加强与上海松江、嘉兴、杭州等城市的对接合作,积极吸引高端创新要素集聚,健全协同创新机制,构建协同创新共同体,促进创业空间、创新资源、金融服务等共建共享,着力打造 G60 科创走廊重要节点。

3. 通苏嘉甬创新廊道

以通苏嘉甬高速、高铁为纽带,串联苏州、嘉兴、宁波,发挥苏州、嘉兴高铁新城枢纽、宁波港作用,加快特色小镇建设,放大嘉兴综合保税区 B 区区域辐射作用,推动形成区域开放新格局。

4. 东部南北快速路产业功能廊道

以东部南北快速路为纽带,进一步集聚创新要素资源、高新制造业总部和高能级科创平台,打造世界一流的数字经济、生命健康、新能源新材料产业基地,引领带动区域产业链、价值链向高端跃升。

5.伍子塘南北向生态文化廊道

以伍子塘为纽带，串联高铁新城中心河、北部新城、祥符荡、水乡客厅、淀山湖，加强慢行绿道、游船河道、节点景观建设，提升整体生态品质，共同构筑一体化示范区蓝色珠链，打造城市绿肺。

6.太浦河清水绿廊

合力推动太浦河清水绿廊建设，提升太浦河绿色水源通道、绿色生态廊道等复合功能，推进沿河沿线环境整治、水体优化提质、环境景观塑造，共同把太浦河打造成一体化示范区重要的清水廊道和景观主轴，为创新经济发展厚植生态优势。

7.沪嘉城市功能走廊

以沪杭铁路为纽带，带动沿线人流、物流、商流、信息流、资金流集聚，进一步优化城市发展格局、激活区域经济活力、提升嘉善未来新城能级，打造融创新经济、现代服务业、高品质人居环境于一体的产城融合新标杆。

三、重点任务

嘉善扛起长三角生态绿色一体化发展示范区建设的重大使命，坚定不移实施首位战略，勇当长三角更高质量一体化发展排头兵。嘉善在推进示范区建设过程中，高品质推进全域生态建设、高起点构筑经济发展体系、高层次扩大联动开放格局、高标准促进城乡融合发展、高质量促进公共资源共享、高水平建设先行启动区、高效能探索改革制度创新。

（一）高品质推进全域生态建设，共同夯实示范区绿色生态本底

深入践行"绿水青山就是金山银山"理念，坚持生态优先、绿色发展，大力推进生态文明建设，推动区域生态环境共保、共治、共管、共建，打造绿色美丽一体化示范区。主要举措是联动保护重要生态环境空间、联动推进生态环境协同治理、共同提升全域生态环境品质、共同推动集约节约发展。

重点是编制实施生态环境保护和绿色发展专项规划共同实施饮用水水源保护区生态保护提升项目；实施全域"污水零直排"项目，推进全域环境大整治大提升专项行动；实施"城市双修"工程、美丽城镇建设行动计划、美丽乡村"1552"工程，推进全域生态绿道体系建设。

（二）高起点构筑经济发展体系，共同打造示范区最活跃增长极

实施创新驱动战略，依托优美环境、人文底蕴，高浓度集聚高端创新资源，高起点发展高端高新产业，加快建立优势互补、协同发展、具有核心竞争力的先进产业集群。到2025年，规上工业产值力争突破2500亿元。主要举措是共建长

三角世界级先进制造业集群、共同打造长三角数字经济产业集群、共同打造长三角现代服务业新引擎、加快打造高能级战略平台、共同打造绿色创新发展新高地。

重点是围绕数字经济、生命健康、新能源新材料等重点领域,打造现代化的产业创新体系;加快建设省级国家数字经济创新发展试验区,实施服务业高质量发展行动计划,打造知识创新型总部集聚区,高水平打造临沪高能级智慧产业新区,推进科技成果转移转化示范县建设等。

(三)高层次扩大联动开放格局,共同增强示范区对外发展活力

积极融入"一带一路"倡议,创新开放合作模式,打造开放合作大平台,构建立体全面开放格局,打造对外开放新高地。到 2025 年,累计实际利用外资达 30 亿美元,高技术产业实际利用外资占比达 50% 左右。主要举措是深化面向大都市的开放合作、共同建设高质量外资集聚地、共同深化区域金融合作、着力打造长三角最优营商环境、着力优化人才发展环境。

重点是参与上海大都市圈空间协同规划编制实施,推进虹桥国际会务嘉善拓展区建设,深化浙江自贸区嘉兴联动创新区建设;建立"长三角(嘉善)科技板",加强一体化示范区"放管服"改革联动;制订实施"祥符英才"计划,实施"创新嘉善·精英引领计划"等人才引育重大工程等等。

(四)高标准促进城乡融合发展,共同提高示范区宜居宜业品质

牢固树立城乡"一盘棋"理念,优化城乡发展布局,协调推进乡村振兴战略和新型城镇化战略,实现更高水平的城乡融合发展。到 2025 年,常住人口城镇化率达 75%,城乡统筹发展水平继续位居全省乃至全国前列。主要举措是塑造集约高效的空间格局、加快城乡一体化融合发展、推动区域交通互联互通、联动打造长三角智慧城市新标杆。

重点是共同编制实施示范区国土空间总体规划;争取永久基本农田规划调整试点;高标准建设嘉善未来新城优化城乡基础设施和公共服务体系建设;推进一批交通互联互通项目建设,打造 3 个"半小时交通圈";推进 5G 和 Ipv6 网络规模部署和推广应用,构建智慧城市管理系统等。

(五)高质量促进公共资源共享,共同提升示范区美好生活水平

围绕增强人民群众幸福感、满意感,推进公共服务便捷共享、江南文化共推共荣、社会治理深度融合,不断优化高品质公共资源供给,合力打造跨区域民生共建共享示范样板。到 2025 年,人均期望寿命达到 84.5 岁,群众安全感满意度达 98% 以上。主要举措是推动优质教育资源共建共享、推动卫生健康事业高质量发展、共同打造新江南文旅品牌、协同健全多层次社会保障体系、联动推进社

会治理共治共享。

重点是协同扩大优质教育供给,推动与上海大学、浙江大学等大院名校合作办学;实施"健康嘉善2030"行动,争取省内外三甲综合医院托管县级医院,加快导入国际高端医疗资源,探索建立示范区120指挥调度中心;高标准布局建设公共文化设施,加快国家全域旅游示范区创建;健全社会保障体系;开展县域治理能力现代化建设试点等。

(六)高水平建设先行启动区,共同打造示范区生态绿色样板间

加快先行启动区率先完成生态优势转化为经济社会发展优势的路径探索,聚力打造高质量发展的生态绿色实践地和一体化发展的跨界融合区。主要举措是共建江南水乡新天地、共建创新活力新引擎、共建未来城市新样板、共建现代治理新典范。

重点是共建蓝色珠链景观带,高标准建设水乡客厅,打造"世界级湖区";引育一批特色型高等学院、人工智能实验室、企业技术研发基地,打造世界级科创绿谷;共同打造"水乡客厅"交通枢纽;建设运营一批未来社区,建设宜居宜业宜游的现代化国际社区;打造全球创业者大会永久举办地;推进现代治理方式变革和改革创新等。

(七)高效能探索改革制度创新,共同激发示范区引领内生动力

积极探索实施行之有效的区域一体化和县域一体化制度安排,推进全面深化改革系统集成,着力增强示范区制度供给,为长三角地区全面深化改革、实现高质量一体化发展提供示范。主要举措是率先探索一体化制度创新、推进重大改革系统集成、推动试点经验共享共用。

重点是推进规划管理、生态环境、土地管理、项目管理、要素流动、财税分享、公共服务、公共信用等区域一体化制度创新;推进县域一体化制度创新;积极探索省级综合授权改革,争取省级改革创新试点落地实施;复制上海自由贸易试验区经验,鼓励国有科技型企业开展股权和分红激励;总结推广改革创新经验成果等。

(八)高站位厚植"红色基因",共同筑牢示范区发展基石

坚决扛起"三个地"的政治担当,大力弘扬红船精神、浙江精神,进一步淬炼干在实处、走在前列、勇立潮头的精神内核,推动党的建设高质量发展。主要举措是夯实示范区建设干部队伍、聚力打造党建领航新高地、全力推进清廉嘉善示范区建设。

重点是打造具备"五种气度"的高素质专业化干部队伍,建立选贤任能"全生命周期"闭环制度链;建立"不忘初心、牢记使命"常态化机制,推进长三角一体化

"城镇圈"党建工作;探索建立联动协作平台;探索建立示范区反腐倡廉区域协作机制,守护政治生态的"绿水青山"。

第三节　嘉善推进高质量一体化发展的主要举措

嘉善扛起长三角生态绿色一体化发展示范区建设的重大使命,坚定不移实施首位战略,勇当长三角更高质量一体化发展排头兵。嘉善聚焦规划先行,科学谋划发展蓝图。逐步推进一体化制度创新改革,各单位有效推动各项工作的落实,通过改革全力推动嘉善发展。①

一、高起点定位规划

嘉善在一体化示范区建设之初,就把规划编制放在首位,全面对标深圳、雄安,高站位谋划、高起点编制,力求把嘉善每一寸土地都规划得清清楚楚、明明白白。主抓统筹规划,加强与沪苏的物流、水利、环保等专项规划的衔接,并积极推动长三角区域发展规划的启动。

规划管理上,共同参与编制的《长三角生态绿色一体化发展示范区国土空间总体规划》(以下简称《国土空间总体规划》)即将由国务院批复实施,将成为国内首份两省一市共同编制、具有法定效力的跨省域国土空间规划;对照"世界级滨水人居文明典范"的发展愿景,共同参与编制《先行启动区国土空间总体规划》以及综合交通、生态环保等专项规划。

2020年以来,聘请段进院士担任嘉善总规划师,综合集成国内一流规划团队,在全国县一级率先完成新一轮规划编制,形成了以发展规划为统领、《国土空间总体规划》为基础,综合交通、生态等37个专项规划为支撑的"1+1+N"规划体系。特别是在省委省政府的关心支持下,在省发改委、省自然资源厅等省级部门的精心指导下,发展规划、《国土空间总体规划》等8个规划上升视为省级规划。

同时,紧密衔接示范区《总体方案》和《国土空间总体规划》,以"50年不落后"为标准进行全域城市设计,并编制形成嘉善片区"1+1+1+N"规划体系:第一个"1",即嘉善片区发展规划,围绕"三新一试验田"战略定位,通过实施"十百万"行动,即"十大工程、百个项目、万亿投资",明确了具体目标和发展举措。第二个"1",即嘉善片区国土空间总体规划,聚焦"一城一谷三区"五大功能区块,暨

---

① 本节主要数据来源于嘉善县自然资源和规划局(嘉善县林业局)工作报告。

嘉善未来新城、祥符荡科创绿谷、临沪高能级智慧产业新区、长三角农业科技园区、长三角生态休闲旅游度假区,开展空间布局和项目实施的科学谋划,已经完成国土空间总体规划征求草案初稿。第三个"1",即先行启动区(嘉善)概念性城市设计,重点对祥符荡科创绿谷进行设计,初步考虑核心区规划面积42平方公里,蓝绿空间占比80％左右,环湖荡布局7个水乡创新单元,形成"七星伴月"格局,正在作进一步深化,同步启动环湖重要道路施工方案设计。"N",即综合交通、生态环境、产业发展、水利发展、文化旅游、科技创新等专项规划,均已形成阶段性成果。

（一）嘉善片区发展规划

嘉善全面贯彻落实习近平总书记关于长三角一体化发展的重要讲话和重要指示批示精神,完整准确全面贯彻新发展理念,对标对表《规划纲要》《总体方案》,科学编制示范区嘉善片区发展规划,明确发展战略方向,来统领其他各类规划。

1. 发展目标

定量提出了到2025年、2035年两个阶段的发展目标,远景展望到2050年。

（1）到2025年发展目标

到2025年,示范区嘉善片区建设取得系统性、突破性、标志性成果,争创社会主义现代化先行示范区,重点在培育高质量发展增长极、提升科技创新实力等7个方面先行示范。

第一,培育高质量发展增长极先行示范。GDP力争达到1200亿元左右,人均GDP力争达到17万元左右,规上工业总产值力争达到2500亿元左右。

第二,提升科技创新实力先行示范。R&D经费支出占GDP比重达到4％。高新技术企业达到800家以上,科技型中小企业达到1200家以上,高新技术产业增加值占规上工业增加值比重达到75％。新引育高端人才1000人以上。

第三,推进数字化改革先行示范。率先构建完善"1＋5＋2"工作体系。数字经济核心产业增加值占GDP比重达15％以上。

第四,服务新发展格局先行示范。打造畅通双循环的黄金新节点,利用外资力争进入全省前5位,5年新引进世界500强企业投资项目超25个,累计实际利用外资30亿美元以上。

第五,打造品质城市先行示范。加快提升中心城市能级,提高在长三角世界级城市群中的功能地位。常住人口城镇化率力争达到75％。构建形成3个"半小时交通圈"。

第六,建设生态文明先行示范。地表水水质优良比例保持100％,PM2.5平均浓度控制在每立方米27微克以下,空气质量优良天数比率达93％以上。

第七，促进共同富裕先行示范。力争保持城乡统筹水平全国前 5 位，城乡居民收入比缩小到 1.6∶1 以内，人均期望寿命达到 84.5 岁，群众安全感满意度达98％以上。

（2）到 2035 年发展目标

到 2035 年，率先基本建成凝聚浙江智慧、彰显浙江特色的高水平现代化示范区，成为"新时代全面展示中国特色社会主义制度优越性的重要窗口"的"重要窗口"，建设成为生态优势转化新标杆、绿色创新发展新高地、一体化制度创新试验田、人与自然和谐宜居新典范。GDP 达到 2500 亿元，人均 GDP 达到 25 万元，R&D 经费支出占 GDP 比重达到 6％；PM2.5 平均浓度控制在每立方米 25 微克以下，空气质量优良天数比率 95％以上；常住人口城镇化率达到 80％，城乡居民收入比缩小到 1.5∶1。

（3）到 2050 年远景展望

到 2050 年，高水平全面建成社会主义现代化示范区，各项发展指标达到国际先进水平，人民生活更加幸福和谐，为中国建成富强民主文明和谐美丽的社会主义现代化强国、实现中华民族伟大复兴中国梦贡献更多的嘉善力量，高质量建成活力强劲的创新城市、品质卓越的智慧城市、永续发展的零碳城市、温度满满的幸福城市。

2. 空间布局

坚持"世界眼光、国际标准、中国特色、高点定位"，推进县域空间系统性重构、创新性变革，形成"一城一谷三区"五大功能布局。

"一城"，即未来新城。整合高铁新城、嘉善主城区和北部拓展区，按照未来社区理念，建设国际化产城融合新社区，打造创新、宜居、人文、开放、智慧的未来新城。

"一谷"，即祥符荡科创绿谷。利用世界级湖区优势，营造生态优美的亲水空间，环湖规划智慧学镇、创新总部、科技研发等七大水乡创新单元，形成"七星伴月"的创新生态组团，争创国家级高新区。

"三区"，即临沪高能级智慧产业新区、长三角农业科技园区、长三角生态休闲旅游度假区。东部的临沪高能级智慧产业新区，将省级"万亩千亿"平台中新嘉善现代产业园、省级姚庄经济开发区等平台整合纳入国家级嘉善经济技术开发区，打造融入大上海、辐射长三角的高能级产业平台；西部的长三角农业科技园区，利用"万亩良田、千亩湖荡"的独特优势，通过生产、生活、生态"三生"重构，打造农业经济开发区，争创国家级农业科技园区；南部的长三角生态休闲旅游度假区，利用现有的 3 个国家 4A 级景区，通过全域规划设计、全域提升，打造国家级旅游度假区，成为长三角重要休闲旅游目的地。

3.重点任务

聚焦"一体化""高质量"两个关键词,按照省委书记袁家军要求,更加突出科技核心地位、"链主型"企业培育、大都市区标准的交通基础设施建设等,进一步凸显浙江在长三角一体化发展中的战略作用和优势特色,加快实现高质量发展、竞争力提升、现代化先行。具体包括 8 个方面的重点任务:①坚持创新核心地位,打造世界级湖区创新聚落;②厚植实体经济根基,打造面向未来的产业体系;③升级枢纽门户功能,打造交通高质量发展先行区;④放大水乡生态优势,打造生态文明建设示范地;⑤加速城乡深度融合,打造城乡协调发展引领地;⑥激发"善文化"张力,打造文旅创新融合新典范;⑦共创美好品质生活,打造高水平共同富裕幸福城;⑧强化"整体智治"理念,打造数字变革排头兵。全力塑造新优势、培育新动能、激发新活力、展现新形象,加快争创社会主义现代化先行示范区。

(二)嘉善片区国土空间总体规划

嘉善联合青浦、吴江共同编制了全国首个跨省域的《国土空间总体规划》,在此基础上,还精心编制了《长三角生态绿色一体化发展示范区嘉善片区国土空间总体规划》,推动"多规合一",实现一张蓝图绘到底、一张蓝图管到底。

1. 规划目标

聚焦"一城一谷三区"空间格局和"北斗七星"全域创新格局,科学划定生态保护红线、永久基本农田保护红线、城镇开发边界线、历史文化遗产保护控制线"四线",推动生态、农业空间有效保护,建设空间进一步集聚。到 2035 年,全县生态保护红线达 8.2 平方公里,永久基本农田保护面积不低于 28.2 万亩,城镇开发边界达 153 平方公里,历史文化遗产保护控制线达 1.4 平方公里。

2. 实施路径

按照国家方案要求,在不新增建设用地规模、不核减基本农田数量的前提下,通过实施"六量"调控,优化布局、向内挖潜,积极推动国土空间集约节约利用,保障各项规划能够落地落实。一是摸清家底,框定总量。到 2035 年,建设用地总规模 163.33 平方公里(除重点基础设施外),城乡建设用地规模控制在 144 平方公里内。二是划定底线,限定容量。通过划定生态保护红线、永久基本农田保护红线、城镇开发边界线"三线",严格限制城市建设开发容量和开发强度上限,倒逼城市走集约节约发展之路。三是增减挂钩,配优余量。规划期内城乡建设用地不增加,所有增量用于规划期内的交通水利等基础设施,5 平方公里余量全部用于交通水利基础设施建设。四是有机更新,盘活存量。全域有机更新盘活存量 23 平方公里。五是全域整治,产生流量。通过全域土地综合整治,农村宅基地复垦可产生流量空间约 25 平方公里;低效工业企业用地腾退可产生流量空间约 12 平方公里；其他存量建设用地挖潜 6 平方公里，共计约 43 平方公里。六是强化亩均，提升质量。针对"五未"土地等低效用地，提升 21 个重点区块 6 万亩土地利用效率，到 2035 年力争实现嘉善县建设用地每平方公里地区生产总值不低于 15 亿元。

（三）嘉善片区生态环境保护和绿色发展规划

嘉善深入贯彻"绿水青山就是金山银山"理念，按照高质量发展要求，坚持一体化导向，通过构建集约的"三生"空间、推进绿色低碳循环发展、高标准提升环境质量、推进高效治理体系和治理能力现代化，高水平建设新时代美丽嘉善。

具体举措是通过实施生态绿色示范工程，重点推进伍子塘生态文化绿廊、北部湖荡及水系连通、"污水零直排区"等项目，构建形成"七横五纵、八园十荡、城水相依、林田共生"的生态格局。

"七横"指太浦河、红旗塘、茜泾塘、南松花港、三店塘—嘉善塘、白水塘、中心河；"五纵"指杨庙塘—龙口港、芦墟塘—石井塘、伍子塘—陆斜塘—三里塘、和尚塘—日晖桥港—油车港、新中河—花神庵港；"八园"为长三角客厅郊野公园、沉香荡郊野公园、汾湖郊野公园、夏墓荡—蒋家漾郊野公园、丁家漾郊野公园、大云郊野公园、北部新城环湖公园、高铁新城滨水公园；"十荡"为白鱼荡、长白荡、沉香荡、马斜湖、祥符荡、汾湖、西浒荡—北许荡、夏墓荡、蒋家漾、六百亩荡。

同时，嘉善还将加强能源消费强度和总量双控，率先开展"近零碳""净零碳"试点，建设绿色低碳循环城市；开展以生态环境为导向的城市发展模式（EOD）示范建设，率先建立平原水乡地区生态环境价值实现机制，打造生态产品价值实现标杆城市。

（四）嘉善片区综合交通规划

嘉善立足"50 年不落后"，全面提升枢纽门户功能，着力打造长三角国际枢纽集群重要节点、接沪融杭连苏战略前沿、高水平现代化综合交通标杆。重点是构建"三圈六网一枢"综合交通体系。

"三圈"就是打造长三角主要城市之间、示范区主要节点之间、县域内部各组团之间 3 个"半小时交通圈"。

"六网"就是打造四通八达航空网、多式一体轨铁网、内畅外达道路网、交旅融合水运网、休闲漫游碧道网、功能复合地下网 6 张网。四通八达航空网主要是构建区域航空网、县域直升机网、低空无人飞行网 3 张空中网络，设置异地城市航站楼和货运站，对接周边重要机场资源，接受通用机场覆盖，打造西塘直升机机场，发展低空飞行旅游产品。多式一体轨铁网主要是构建多层次一体化"2221"轨铁网（2 条高速铁路：沪杭高铁、通苏嘉甬高铁；2 条城际铁路：沪杭城际、沪嘉城际;2条市域轨道:上海17号线延伸、苏州10号线延伸;1条普速铁路:沪杭铁路),打造"轨道上的嘉善"。内畅外达道路网主要是构建"七横五纵"干线路网,其中包含"三横三纵"高快速路,实现县域任意地点"10分钟上高快速路"。加强与青浦、吴江、嘉兴市区等毗邻地区的道路联通,规划形成与上海(青浦、金山)对接道路13条,与吴江对接道路5条、与嘉兴市区对接道路8条。交旅融合水运网主要是构建"两横两纵"(两横:长湖申线、湖嘉申线—杭申线;两纵:芦墟塘—杭申线、丁诸线)骨干航道,打造重走红色之路、重识江南古镇、生态休闲体验、县域南北游览线等水上特色游线,推动交旅融合。休闲漫游碧道网主要是构建"八横四纵"水乡碧道,"三环四片""四好"农村路,加强"多道合一"系统建设,营造完善的慢行出行环境,实现"出门5分钟亲水见绿"。功能复合地下网主要是构建"一轴四片多点"地下空间网络结构,实现地下、地面、地上空间综合开发。

"一枢"就是根据定位和服务特征,构建"一枢两站"枢纽体系。"一枢"即嘉善站城际枢纽(汇聚沪杭铁路、沪杭城际、沪嘉城际、上海轨道17号延伸线),作为客流集散的核心枢纽,服务中短距离出行;"两站"即嘉善南站(沪杭高铁)、嘉兴北站(通苏嘉甬高铁)两个高铁过境站,服务长距离出行。"一枢两站"枢纽体系通过轨道交通、中运量公交及干线道路高效衔接,任意两站之间联系时间在30分钟以内。

二、推进一体化制度创新

推进一体化改革破难,加快破解发展瓶颈。嘉善以数字化改革为引领推进全面深化改革,加强改革系统集成,形成了一批突破性、原创性的嘉善经验。在示范区一体化制度创新上,按照《总体方案》中8个方面的制度创新要求,协同青浦、吴江形成32项具有开创性的制度创新成果,其中22项制度创新经验在国家层面得到推广。嘉善聚焦规划管理、生态保护、土地管理等重点领域,推进年度31项一体化改革任务,力争成熟一项、总结一项、推广一项。

(一)生态保护

聚焦生态绿色,持续擦亮发展底色。长三角生态绿色一体化发展示范区在谋划时没有"生态绿色"四个字,中央反复审议研究后,最终加了"生态绿色"。长三角生态绿色一体化发展示范区的建设就是要更好践行习近平总书记的"绿水青山就是金山银山"理念,在生态优先、绿色发展上作出示范。

嘉善以"千万工程"①为牵引,以"梦里水乡"为主题,打造全域秀美"千万工程"升级版,不断厚植水乡生态优势。

在生态环境上,两区一县共同制定生态环境标准、监测、执法"三统一"制度,出台重点跨界水体联保专项方案,建立起重点跨界水体河(湖)长协作等制度,牵头开展了首次环保跨界联合执法。

在这个过程中,嘉善重点抓了以下工作。

1. 打响生态环境整治攻坚战

锁定先行启动区(西塘、姚庄两镇)等"七大重点区域",以"四条铁律"强势推进生态环境基础设施提升等"六大行动",2020年整治各类环境问题4万余个,县控以上断面Ⅲ类水占比达100%,饮用水水源地达标率保持100%,PM2.5浓度同比下降16.7%,首次达到国家二级标准,空气优良率首次迈上90%,全省生态环境质量公众满意度排名提升26位。

2. 实施全域秀美专项行动

一手抓自然村落提升,深入推行"四位一体"长效管理,建立农村人居环境整治"排名战"和"红黑榜"制度,另一手抓农房改造集聚,以未来社区标准改善人居环境,建成桃源新邨等一批高质量农村新社区。截至2020年底,嘉善已建成环境全域秀美村106个、美丽乡村精品村27个、美丽乡村风景线5条,累计集聚农户4.5万户,成功获评全国村庄清洁行动先进县、全省深化"千万工程"建设新时代美丽乡村工作考核优胜县。

3. 推动美丽经济大发展

创新深化农文旅融合发展,引进了总投资85亿元的五彩姚庄、华腾农旅、嘉佑农业等一批龙头项目,北鹤、红菱等美丽乡村成为"网红打卡地"。2020年村均集体经济经常性收入突破400万元,乡村旅游人次突破136万人次,综合收入超亿元。

(二)土地管理

土地管理上,共同制定印发示范区存量土地盘活工作方案,嘉善盘活存量土地、推动高质量发展经验做法将作为示范区首个典型案例在长三角地区推广。嘉善率先探索开展的全域土地综合整治经验做法,得到国家发改委高度肯定,作为示范区首个典型案例在长三角地区推广。嘉善的主要做法,关键是把握了以下三条路径。

---

① "千万工程",即从全省选择1万个左右的行政村进行全面整治,把其中1000个左右的中心村建设成全面小康示范村。

1. 以倒逼企业转型升级为抓手,全力盘活工业存量土地

开展了"退散进集"暨以"四无"为代表的村级低端产业腾退整治,将零星、分散的工业企业向工业园区集中;同时将各村腾退"低散乱污"企业获得的土地指标和资金整合起来,引导经济薄弱村将分散的资源集聚至"飞地"项目(比如,嘉善探索建设了全省首个跨市、跨省三地共建"飞地抱团"强村项目——嘉善、庆元、九寨沟"飞地"产业园)。

2. 以推进美丽乡村建设为抓手,全力盘活农村存量土地

主要是加大城镇布局、乡村空间利用等方面的整治力度,开展空间腾挪和碎片化耕地的集成开发。同时,嘉善还聚焦农房有序改造集聚、保护提升特色自然村落,一以贯之走出了一条从"两分两换"①试点实践向农房集聚常态化推进的新路子。农房改造集聚"211"工程:按照村庄布点规划"1＋X＋Y1＋Y2"的模式,规划 21 个城镇型新社区、66 个城乡一体新社区、144 个保留拓展点及 18 个特色自然村落保护点。

3. 以拓展提升城市能级为抓手,全力盘活城区存量土地

主要是通过统筹推进棚户区、城中村和老旧小区三大改造工程,高质量盘活和利用城区土地,同时坚持立体化开发、多元化利用,进一步拓展城市发展新容量。2021 年,嘉善启动 21 个区块 6 万亩土地整治提升,消化"五未"土地 2.3 万亩,农房集聚 1 万多户,建成 100 万平方米以上标准厂房,实施征迁项目 252 个,征地近 2 万亩,拆迁近 6000 户。

(三)要素流动

1. 促进人才一体化流动与培育

参与出台示范区外国高端人才工作许可互认实施方案,在示范区内率先建立外国人工作居留"单一窗口",审批时间由 30 个工作日缩减到 5 个工作日。2020 年,嘉善实现青吴嘉三地专技人才资格和继续教育学时互认、中等职业教育统一招生;引入省、市 23 名优秀人才来善挂职服务。

2. 便利企业流动与创新驱动

深化青吴嘉政务服务一体化,统一企业登记标准、办理流程、服务模式,示范区 1747 项事项纳入"自助通办"范围;推动出台示范区企业登记统一标准,嘉善企业可使用"长三角一体化示范区"字样冠名。长三角医疗器械注册人制度率先在嘉善落地;浙江省知识产权保护中心嘉善分中心设立已获省市场监管局批复;

---

① "两分两换",即把农民的宅基地和承包地分开,搬迁和土地流转分开,以宅基地置换城镇房产,以土地承包经营权置换社会保障。

与省商务厅签署合作协议,嘉兴综保区 B 区在全国率先实施跨境电商首票实单测试。

3.优化金融要素供给

2021 年以来,争取省、市财政补助 19.56 亿元,先后获得国家开发银行、中国银行、民生银行等各级银行信贷支持规模超 2900 亿元,导入浙江金控、中芯聚源、浦东创投等各类产业基金 20 余支,认缴规模达 400 亿元;与浙江股交集团开展全面合作,推进共建上交所长三角分中心,浙江科创助力板在嘉善开板,爱德曼氢能源、新思考电机 2 家嘉善企业首批挂牌。

(四)公共服务

公共服务上,示范区探索形成了"医保一码通"、教师一体化培养、职业教育一体化发展、科技创新券通用通兑等制度创新体系,大大提升了示范区共建共享服务水平。

1.推进医疗服务一体化

共同制定出台示范区医保一体化建设实施意见,参与建立示范区统一异地备案库,推动一体化示范区医保参保人员区域门诊就医免备案。与浙大医学院、浙二医院开展更紧密、全方位合作,重点建设未来医院标志性项目,加快建立长三角诊疗中心,建成一所融教、研、产、医于一体的智慧健康管理医疗综合体,挂牌成立浙江大学医学院附属第二医院嘉善分院。特别是在新冠肺炎疫情防控期间,发起建立了信息共享、人员互认、车辆互通、卡点共用、物资互帮、治安共管等 6 项联防联控机制,有力推动了示范区公共卫生安全协同治理。

2.探索教育服务一体化

推进专技资格和继续教育学时互认、职业教育一体化招生,嘉善首批 13 名学生成功异地入学。成立上海大学嘉善基础教育发展集团,公办学校全面推行中小学高级教师及以下职称自主评聘。深入实施学校扩容提质"857 工程",加大集团化办学推进力度和覆盖面,积极推动上海大学、上海理工大学合作项目落地。

以数字化改革助推一体化。依托"数字嘉善"城市大脑,全面深化"县乡一体、条抓块统"改革,完善"一中心四平台一网格"体系,打造社会治理共同体,做优"县域善治"品牌。紧盯公共安全领域薄弱环节,完善平战结合的风险防控网,深化示范区高质量平安法治一体化合作机制,擦亮"平安嘉善"金字招牌。嘉善打造了全省领先的"健康大脑—数字医共体",整合 8 个智慧健康应用平台,集成 29 个跨部门跨区域的业务系统,实现与 37 家沪杭三甲医院互联互通,并基于"浙里办"平台和嘉善"12320"健康服务热线打造数字健康服务门户,构建了一张囊括"基层医院—牵头医院—医共体""居民—医生—医院""数据—业务—服务—协同"的服务网,形成了区域医疗机构服务、责任、利益、管理、发展"五个共同体"的发展新模式,2020 年获评"国家医共体建设价值案例信息化建设创新奖",制定的监管指标体系已在全省推广应用,并入选国家卫健委医共体信息化建设典型案例,在全国推广。

三、高质量发展实践

嘉善以"奋进示范区、奋战示范点"为工作主题,勇担使命、勇猛精进、勇立潮头,各项工作取得明显成效,实现高质量发展。2020 年,地区生产总值增长 8%,规上工业增加值增长 20.9%,增幅均列全省第 2、全市第 1;实际利用外资 4.24 亿美元,居全市第 1,连续 19 年跻身全省利用外资十强县;出口总额增长 47.8%,增幅居全市第 1;财政总收入增长 5.5%,一般公共预算收入增长 5.9%,固定资产投资增长 4.7%,城乡居民人均可支配收入分别增长 3.1% 和 7.1%。

(一)优化空间布局

1.谋篇定向,高标规划

2020 年,省、市推动建设示范区大会相继在嘉善召开,全面吹响举全省、全市之力支持示范区嘉善片区建设的"冲锋号",省市两级高含金量的支持政策加速落地。面对前所未有的机遇,以"再起宏图、再造嘉善"的决心擘画发展蓝图,制定出台《嘉善县推进长三角生态绿色一体化发展示范区建设方案》。对标雄安、深圳,高标准编制"1+1+1+N"重点规划体系,明确"一城一谷三区"五大空间功能布局和"1+6+102"城乡布局,嘉善片区发展规划等 8 个规划上升视为省级规划,得到省委省政府高度肯定。谋划实施总投资超 5000 亿元的"六个一批"重大项目。

2.五大攻坚战取得阶段性胜利

2020 年,嘉善高标准建立指挥作战体系,专班运作、合力攻坚。全力打好征地拆迁攻坚战,完成征地 2.2 万亩、征迁 6371 户,174 个项目实现征迁清零。全力打好生态环境整治攻坚战,重拳整治姚庄东方路沿线、陶庄废钢等 7 个重点区块,"水气废"治理成效明显,生态环境质量公众满意度全省排名跃升 26 位,美丽嘉兴建设考核居全市第 1。全力打好产业平台提升攻坚战,祥符荡科创绿谷加快推进城市设计,引进浙江大学长三角智慧绿洲等重大项目;临沪高能级智慧产业新区加快推进中新智慧园、上海之窗·智慧科学城等标志性项目建设。全力打好全域土地综合整治攻坚战,完成土地整治 6.9 万亩,集聚农户 5613 户。全力打好交通基础设施提升攻坚战,平黎公路嘉善段改(扩)建工程、罗星至南湖七星公路(嘉善段)等 33 个交通基础设施项目全面启动。

（二）集聚高端要素

1. 嘉善高质量发展动能日益强劲

2020年，联动出台嘉善史上力度最大、含金量最高的"祥符英才"新政、科技新政、金融新政，引育省级以上高端人才55名，新增国家高新技术企业127家，居全市第1；合作引进上海大学（浙江）高端装备基础件材料研究院等重点科创平台；成功获得各级银行信贷支持规模超5100亿元；全国首个拟上科创板企业培育库浙江科创助力板在嘉善开板；列入省级小微企业信用评级试点县。

2. 城市品质能级加快提升

2020年，嘉善以全市第1、全省第3的成绩荣膺"全国文明城市"称号。嘉善金融创新中心、梅花坊城市客厅等标志性项目开工建设，老火车站等7个有机更新地块腾退率达97.4%，30个老旧小区改造提升工程基本完工；枫南社区列入浙江省未来社区创建试点；2020年新增城市绿道8.5公里，中央公园、白水塘滨河公园等一批高品质城市公园向市民开放；引进超千万元农业产业项目13个，华腾牧业建成投产；归谷智造小镇连续三年获省级考核优秀，大云镇创成文旅特色型美丽城镇省级样板，陶庄镇汾南村荣获全国文明村；环境全域秀美村达标率实现100%。

（三）培育新兴产业

近年来，嘉善县坚持"转型提档"重塑产业结构，着力于加快推动"数字经济、生命健康"主导产业如智能传感器产业、车联网产业、氢能产业、生命健康产业等实体经济未来新兴产业转型升级，通过争取土地、资金等要素资源实现在产业链核心环节形成集群集聚发展优势，从传统产业向高科技集群的转型。与2015年相比，2020年，嘉善县经济优质度快速提升，三次产业比从5.5∶55.1∶39.4调整为3.4∶53.0∶43.6，高新技术产业增加值、战略性新兴产业增加值占规上工业增加值比重分别从40.4%提高到73.5%、从26.3%提高到59.1%，其中产业转型升级引领区高新技术产业增加值占规上工业增加值比重即达73.47%。

1. 加快发展智能传感器产业

具体包括规划合理布局、补齐设计短板、开展应用示范、保障公共服务等四个方面。力争实现智能传感器向中高端升级，同时拓展汽车电子、工业控制、医用智能传感器等应用领域，结合接轨上海的示范区建设机遇，引进相关领域的产业项目及创新人才，加快嘉善县集成电路产业关键核心技术攻关与科技成果转化，力争将嘉善县打造成智能传感器创新中心。

2. 加快发展车联网产业

以嘉善高铁新城为核心区域开展基于宽带移动互联网的智能汽车、智慧交通应用示范,加大产业链招商,鼓励引导骨干企业加大技术研发和产业化项目实施,统筹安排产业发展资金,加快完善封闭场地测试场景、城市开放道路测试场景和智慧高速测试场景三大测试服务基地,为未来嘉善县车联网产业的技术研发测试与创新提供具有核心竞争力的车联网产业集群环境,深化建设国家智能网联汽车(浙江嘉善)示范区。

3.加快发展氢能产业

具体包括核心技术攻关、氢能产业布局、氢能产业链延伸等三个方面。通过推进创新研发、装备制造、设施建设、推广应用、标准规范协同发展,按照试点示范促设施建设、设施建设促推广应用、推广应用促产业发展的路径,开展嘉善县的嘉兴公交应用示范试点建设,加快推动嘉善县氢能产业发展壮大。

4.鼓励发展生命健康产业

具体包括生物材料、新兴生物技术、医药与医疗器械三大产业发展方向。以中国归谷嘉善科技园为依托,通过结合人工智能和健康医疗两大产业领域优势,加大落地项目的培育力度,建设优质生命健康产业发展生态体系,力争将嘉善县的归谷园区、嘉兴生命健康产业园等园区打造成为生命健康产业集聚区。

(四)优化营商环境

以打造营商环境最优县域为目标,竭力为企业提供更细更实更精准的优质服务,全力推进实体经济高质量发展。探索建立长三角一体化示范区毗邻区域产业联动合作机制,完善产业一体化发展准入办法和产业指导目录,制定统一的产业规划和招商联动机制。深化"科技接轨上海",积极参与长三角科技协同创新体系建设,建立完善青浦—吴江—嘉善三方科技合作机制。加强与青浦区、吴江区的合作,启用"跨省通办"综合受理服务窗口,建设企业开办全程网上服务平台,探索在区域内企业经营许可、各类资质认定、程序方式等方面执行统一标准规范、统一便利化服务。不断优化政府效能。2020年率先运用目标体系、责任体系、推进体系和评价体系"四个体系"狠抓工作落实,县级政府绩效指数排名列全国第5。落实投资新政、养老服务、财政管理、就业创业、土地利用等五方面重大政策措施成效明显,获省政府督查激励,为全省县级最多。深化"最多跑一次"改革,在全省率先建立外国人工作居留"单一窗口",24小时自助服务终端实现全覆盖,一般企业投资项目审批"最多80天"实现率100%。法治政府建设考核位列全省第2,营商环境跻身"中国综合投资热力百佳县市"第3。

第七章　制度一体化:支持示范区建设的制度框架与政策体系

中国改革已经进入以强化制度建设为核心的全面深化改革阶段。2014 年 2 月 17 日,习近平总书记在省部级主要领导干部学习贯彻十八届三中全会精神全面深化改革专题研讨班开班式上发表重要讲话,指出:"今天,摆在我们党面前的一项重大历史任务,就是推动中国特色社会主义制度更加成熟更加定型。可以说,从形成更加成熟更加定型的制度看,我国社会主义实践前半程的主要历史任务是建立社会主义基本制度,并在这个基础上进行改革,现在已经有了很好的基础。我国社会主义实践后半程的主要历史任务是完善和发展中国特色社会主义制度,为党和国家事业发展、为人民幸福安康、为社会和谐稳定、为国家长治久安提供一整套更完备、更稳定、更管用的制度体系。"[1]

长三角生态绿色一体化发展示范区是实施长三角一体化发展战略的先手棋和突破口。为深入贯彻《规划纲要》和《总体方案》,支持示范区大胆试、大胆闯、自主改,在改革集成、资金投入、项目安排、资源配置等方面加快形成政策合力,率先将生态优势转化为经济社会发展优势,率先探索从区域项目协同走向区域一体化制度创新,国家、省、市、县在支持示范区建设中,相应出台了一揽子创新政策,以更多的制度创新助推示范区一体化建设,为示范区高质量发展注入强大动力。

第一节　国家和省市制度创新授权赋能

为了支持示范区建设,深化区域一体化制度创新的探索,国家和两省一市对

---

① 《习近平:坚定制度自信不是要固步自封》,共产党员网,2014 年 2 月 17 日,https://news. 12371. cn/2014/02/17/ARTI1392637889824989. shtml。

示范区授权赋能，在改革集成、资金投入、项目安排、资源配置等方面给予了有力的政策支持，形成系统的政策支持体系，相关示范区的县区也积极探索一体化制度与政策，极具改革示范意义。

一、支持示范区发展的相关政策体系

为了建设示范区，国家和两省一市各级党委政府通过跨区域协调组织、行政协议和立法协作等方式制定纲领性文件以及相关规划和政策（见表 7.1），共同推进一体化制度建设，为推动示范区高质量一体化发展进行改革授权与赋能。

（一）国家层面

中共中央政治局会议于 2019 年 5 月审议通过了的《规划纲要》，中共中央、国务院于 2019 年 12 月印发实施了《规划纲要》，目的在于推动长三角一体化发展，增强长三角地区的创新能力和竞争能力，提高经济集聚度、区域连接性和政策协同效率。国家发改委于 2019 年 11 月经国务院批复正式发布《总体方案》，进一步高起点规划、高水平建设长三角生态绿色一体化发展示范区。

（二）两省一市层面

上海市人民政府、江苏省人民政府和浙江省人民政府为深入贯彻《规划纲要》和《总体方案》，支持示范区大胆试、大胆闯、自主改，在改革集成、资金投入、项目安排、资源配置等方面加快形成政策合力，于 2020 年 6 月印发《关于支持长三角生态绿色一体化发展示范区高质量发展的若干政策措施》（以下简称"两省一市 22 条"）。

浙江省严格落实省委省政府"举全省之力支持示范区建设"决策要求，加快推进示范区启动建设，争取示范区嘉善片区早出形象，2020 年 6 月，浙江省专门出台了《浙江省关于支持共建长三角生态绿色一体化发展示范区的政策意见》（以下简称"浙江省 19 条"）。

嘉兴市为全面落实《规划纲要》和《总体方案》，将嘉善片区建设成为新时代全面展示中国特色社会主义制度优越性的重要窗口的重要窗口，于 2020 年 7 月印发《嘉兴市关于支持共建长三角生态绿色一体化发展示范区的政策意见》（以下简称"嘉兴市 20 条"），从财政、金融、交通、用地等方面明确了 20 条具体政策。

（三）县级层面

为了进一步明确嘉善县推进一体化示范区建设的总体要求、重点任务和工作举措，交出示范区建设的"联考卷"高分答卷，嘉善县人民政府于 2020 年 8 月印发《嘉善县推进长三角生态绿色一体化发展示范区建设方案》。

表 7.1 各级政府支持示范区建设出台的政策文件

政府机构	政策文件	出台时间
中共中央、国务院	《长江三角洲区域一体化发展规划纲要》	2019 年 12 月
国家发改委	《长三角生态绿色一体化发展示范区总体方案》	2019 年 11 月
上海市、江苏省、浙江省人民政府	《关于支持长三角生态绿色一体化发展示范区高质量发展的若干政策措施》	2020 年 6 月
浙江省人民政府	《浙江省关于支持共建长三角生态绿色一体化发展示范区的政策意见》	2020 年 6 月
嘉兴市人民政府	《推动建设长三角生态绿色一体化发展示范区的实施意见》	2020 年 5 月
	《嘉兴市关于支持共建长三角生态绿色一体化发展示范区的政策意见》	2020 年 7 月
嘉善县人民政府	《嘉善县推进长三角生态绿色一体化发展示范区建设方案》	2020 年 8 月

二、政府纵向改革授权

改革永远在路上,改革之路无坦途。支持示范区实施综合授权改革试点,是党中央从全局出发作出的重大战略决策部署。那么,具体针对一体化示范区的改革授权试点,从两省一市到浙江省与嘉兴市层面都出台了改革授权政策,给予了一体化示范区不同程度的支持,包括支持率先推进改革系统集成、加大向示范区嘉善片区放权力度、支持机构职能体系改革创新、提供一体化发展保障等。

（一）支持率先推进改革系统集成

"两省一市 22 条"要求两省一市各相关部门、单位负责推进重大改革系统集成和改革试点经验共享共用。党的十八大以来党中央明确的全面深化改革举措,可在地方试点的,支持示范区的两省一市各相关部门、单位集中落实、率先突破、系统集成。两省一市实施的改革创新试点示范成果,均可在示范区推广分享。

为了将示范区嘉善片区建设成为新时代全面展示中国特色社会主义制度优越性重要窗口的重要窗口,"浙江省 19 条"与"嘉兴市 20 条"也都提出要推进重大改革系统集成和改革试点经验共享共用。浙江省支持示范区嘉善片区实施其所需要的省级改革创新试点,实行改革备案制;嘉兴市支持嘉善片区在嘉兴市承担的省级及以上重大改革试点上率先探索、重点突破,并且市县联动争取新的国家试点落地嘉善片区,并及时总结推广嘉善片区改革创新成果。浙江省和嘉兴市共同配合,支持嘉善片区集中落实、系统集成党的十八大以来党中央明确的全面深化改革地方试点举措。

（二）加大向示范区嘉善片区放权力度

"浙江省 19 条"与"嘉兴市 20 条"都明确提出加大向示范区嘉善片区放权力度。浙江省支持先行探索省级综合授权改革,以批量授权的形式公布省级管理权限下放清单,除法律、法规明确规定不能委托行使外,省政府及其有关部门可视情委托示范区嘉善片区行使省级管理权限,在投资项目核准备案、人才招引、企业跨区域迁移等行政许可方面进一步放权,在规划管理、生态保护、土地管理等一体化体制机制创新方面进一步赋能,在银行业务审批、数据共享接口方面进一步扩权,探索项目跨区域一体化管理服务机制,在完善监管条件下,支持将原需省市两级审批的投资类项目审批权限下放至示范区嘉善片区。嘉兴市将集全市之力协调解决一体化体制机制创新瓶颈问题,合力争取一批含金量高的试点、政策、项目、要素等集中在嘉善片区落地。

浙江省与嘉兴市都赋予了嘉善片区省市级管理权限,制定权限下放清单,在行政许可、审批事项扩权、一体化体制机制创新等方面依规放权、扩权与赋能。按照充实一线、加强基层的原则,省市层级将适宜由嘉善片区管理的行政审批、行政处罚等权力事项下沉,通过整合审批、服务、执法等方面力量和资源,提升嘉善片区管理服务水平。

（三）支持机构职能体系改革创新

"浙江省 19 条"与"嘉兴市 20 条"都明确支持深化机构职能体系改革创新。浙江省坚持机构编制"瘦身"与"健身"相结合,支持推进大部门制、扁平化改革,构建与示范区嘉善片区建设相适应的行政管理模式,在机构编制管理政策范围内,支持探索统筹盘活各类行政事业编制资源。而嘉兴市积极支持管理体制改革创新,设立嘉善片区管理机构,加强管理服务力量,同时配合浙江省共同构建与示范区嘉善片区建设相适应的行政管理模式,积极争取省机构编制资源支持,在机构编制管理政策范围内,积极探索创新统筹,盘活各类行政事业编制。

（四）提供一体化发展保障

"两省一市 22 条"提出要加强组织保障。两省一市各有关单位要进一步提高政治站位,加强组织协调,根据本政策措施制定工作方案,确保各项措施落实到位、取得实效。两区一县要承担主体责任,主动作为,研究建立产业合理布局、有序招商和错位发展等工作机制。两省一市对两区一县实施有别于其他市县的体现新发展理念的绩效评价和政绩考核办法。

"浙江省 19 条"支持共同开展一体化制度创新。聚焦规划管理、土地管理、投资管理、要素流动、财税分享、公共服务、生态保护、公共信用等方面,支持探索一体化制度创新。支持示范区嘉善片区开展县域治理能力现代化建设试点,推动建立长三角改革联动机制,将省直单位推动示范区嘉善片区体制机制创新纳入全面深化改革。"嘉兴市 20 条"支持探索一体化发展差异化考核。在嘉善片区率先探索实施符合一体化发展要求的差异化考核和市县双向评价机制,加大以示范区建设为重点的长三角一体化发展工作考核力度。

三、要素配置与市场建设

《规划纲要》指出,为了给更高质量一体化发展提供动力,不仅要破除制约一体化发展的行政壁垒和体制机制障碍,同时也需要建立统一规范的制度体系,构建要素自由流动且统一开放的市场体系。显而易见,长三角作为国内大循环中心节点已经成为中国经济发展最活跃、开放程度最高、创新能力最强的区域之一,而示范区的高水平建设能为长三角生态绿色一体化发展提供探索路径和提供示范。

刘志彪等学者认为,像中国这样地广人多且各区域情况复杂不一的大国,破除"行政区经济",建设全国统一市场的任务不可能一蹴而就,必须分区域、分步骤、分阶段推进。其中,应当从具体区域的市场一体化开始,以消除区域分割、拆除要素资源流动的壁垒为目标,清理废除妨碍统一市场和公平竞争的各种规定和做法,并以完善产权制度和要素市场化配置为重点,实施相互开放和市场化配置。①

随着当前长三角地区间产业集聚和空间功能分工水平不断提高,示范区嘉善片区在与其周边地区间深化产业分工与合作进而形成示范区市场一体化的过程中,不仅需要跨越区域分割导致的行政边界,还需要有针对性地拆除嘉善片区所碰到的资本、土地、劳动力等生产要素流动的壁垒,也就是说,必须极力避免要素流动障碍对经济效率和区域平衡发展产生的不利影响。因此,为推进建设示范区嘉善片区的"有序"市场一体化,浙江省与嘉兴市两级在推进金融与资本市场改革、推动土地市场化配置、规范人才要素管理等几个方面充分发挥了"有为"政府的资源调控作用。

(一)财税支持与金融化改革

在要素流动中,资本要素行政管制特征最为突出。财税支持作为政府建设

---

① 刘志彪、徐宁:《统一市场建设:长三角一体化的使命、任务与措施》,《现代经济探讨》2020 年第 7 期。

与调控市场的重要手段,政府不同层级在嘉善片区建设重大生态类项目、产业结构调整项目、存量低效用地盘活项目、重大功能性项目等方面加大财政支持力度,新增地方债券额度向示范区嘉善片区倾斜。同时,加快金融基础设施互联互通,为金融机构跨域展业提供支持,有利于打破以往银行信贷等资源无法有效跨城流动的僵局,加快区域金融一体化,为区域协同发展提供有力支撑。

1. 加大财税支持力度

"两省一市22条"提出加大财政支持力度。两省一市将按比例共同出资设立示范区先行启动区财政专项资金(3年累计不少于100亿元),用于示范区先行启动区的建设发展以及相关运行保障。在此基础上,两省一市加大对示范区财政支持力度(具体办法由两省一市自行制定),积极争取中央专项转移支付和地方政府债券等方面的财政支持,积极争取中央财政和两省一市财政共同出资设立示范区投资基金。

"浙江省19条"与"嘉兴市20条"都明确提出加大财政资金支持力度。按照"综合施策、统筹协同"的原则,浙江省在2020—2022年省级一般公共预算上统筹安排50亿元资金支持示范区嘉善片区建设,并且安排一定额度政府债券,根据示范区嘉善片区项目实施进度给予支持且优先支持先行启动区建设。嘉兴市按照省级一般公共预算补助额度的50%给予配套补助,重点支持嘉善片区建设,通过组建长三角创新投资集团,市级产业母基金出资参与支持嘉善片区产业基金组建,并利用市级产业基金积极与省级产业基金合作,引导产业资本、社会资本向嘉善片区重点项目倾斜。

2. 加大金融支持力度

"两省一市22条"提出加大金融创新力度与大力发展绿色金融。一是加大金融创新力度。两省一市人民银行、银保监、证监、地方金融监管部门负责支持符合条件的各类资本在示范区依法设立银行、保险、证券、基金以及金融租赁公司、财务公司、汽车金融公司、消费金融公司等金融机构,支持符合条件的金融机构跨区域在示范区设立分支机构,提升示范区分支机构层级,深化业务创新,服务示范区发展。二是大力发展绿色金融。两省一市人民银行、银保监、证监、财政、地方金融监管、发展改革部门负责支持在示范区发展绿色信贷,发行绿色债券和绿色资产支持证券,推行绿色保险,开展水权、排污权、用能权、碳排放权、节能环保质押融资等创新业务。有效对接国家绿色发展基金,充分发挥国家级政府投资基金和项目的示范引领作用,鼓励社会资本设立各类绿色发展产业基金。

"浙江省19条"提出加大金融支持力度。支持示范区嘉善片区优先享受区域性股权市场改革试点政策,支持浙江股权交易中心建设示范区嘉善片区科技创新特色板,助推片区内企业在科创板上市,逐步探索建立中小微企业非公开发行证券的交易流通机制,推动创新科技型企业、专业化投融资机构、特色中介服务机构集聚发展,打造私募股权基金资本集聚和项目落户高地。共同推动设立长三角上市公司创新产业母基金,支持示范区嘉善片区企业上市并购,鼓励符合条件的银行业金融机构在示范区嘉善片区设立绿色支行、科技支行等,在信贷资源配置、资金价格、创新产品试点、审批权限等方面给予政策倾斜,加大对绿色生态发展和创新科技型企业的支持力度。优先支持示范区嘉善片区企业债券发行。

"嘉兴市 20 条"提出加大投融资支持力度。由市县两级共同出资,引入浙江上嘉建设公司、浙江长三角城建集团公司等优质资源,组建投资建设集团公司,共同推动嘉善片区重大项目的投资建设。由市(县)国企通过增信、担保、资产注入等方式统筹提供融资资源支持,协调嘉兴银行等金融机构加大对嘉善片区项目建设融资支持力度。"嘉兴市 20 条"提出加大金融服务力度。优先支持嘉善片区符合条件的重点企业上市,争取上交所绿色服务通道。支持嘉善与青浦、吴江共同打造长三角核心区中小企业直接融资试验区;支持嘉善片区开展金融改革创新,推进私募基金创新园建设。

(二)推动土地市场化配置

长三角作为中国经济的重要增长极,在经济社会发展取得巨大成就的同时,资源环境约束趋紧的矛盾也日益突出,土地开发强度平均达到 30% 左右,土地开发强度总体上呈增长趋势,增速越来越快;且区域间土地开发强度具有严重的不均衡性,相互之间差异较大。因此该区域中土地要素稀缺,需要通过省市政府的政策调节来达到更高效率配置。

1. 建立建设用地指标统筹管理机制

"两省一市 22 条"提出建立建设用地指标统筹管理机制,示范区建设项目用地指标由两省一市规划资源部门优先保障。涉及区域规划的轨道、高速公路、国道、航道、通用机场等重大基础设施项目用地指标,由省(市)以上统筹安排。按照土地节约集约利用原则,由两省一市建立建设用地指标周转机制,周转期最长不超过 5 年,保障示范区重大项目实施。

"浙江省 19 条"提出推动国土空间布局优化,要求加大对示范区嘉善片区国土空间规划编制实施的支持力度。在浙江省和嘉兴市国土空间规划编制中,优先考虑示范区嘉善片区建设需求。开展永久基本农田规划调整试点。高起点编制并加快批准实施嘉善县国土空间规划。

2. 落实最严格耕地保护制度

"两省一市 22 条"提出落实最严格耕地保护制度,两省一市规划资源部门要推进全要素生态绿色全域土地综合整治,在耕地总量平衡、质量提升、结构优化的前提下完善各类空间布局，优先将示范区全域整治项目申报列入国家试点。开展永久基本农田规划调整试点，对示范区国土空间规划中确定的城镇开发边界、生态保护红线内的零星永久基本农田实行布局调整。符合条件的重大建设项目因选址确实无法避让永久基本农田的，可根据项目用地规模，制订占用补划方案并在永久基本农田储备区（库）内实施补划。对于省际断头路等重大、急需的基础设施、生态治理项目建设占用耕地、林地的，由两省一市在完善占补平衡管理的基础上，探索建立承诺补充机制。

"浙江省19条"提出创新土地资源要素统筹，建立示范区嘉善片区重大项目库，由省发改委和省自然资源厅共同制订年度项目计划。计划内交通、水利、能源等单独选址项目所需新增建设用地计划指标应保尽保，实行挂账审批，对先行启动区项目所需新增建设用地计划。支持符合国家统筹占补平衡指标的项目申请。建立示范区嘉善片区建设用地增减挂钩指标周转机制，周转期不超过5年。

3. 提高土地资源配置效能

"两省一市22条"提出提高土地资源配置效能，要求两省一市规划资源部门鼓励工业、仓储、研发、办公、商业等功能用途互利的用地混合布置、空间设施共享，强化公共服务设施和市政基础设施的功能混合。优化调整村庄用地布局，通过村内平移、跨村归并、城镇安置等方式，推进农民集中居住。鼓励农业生产和村庄建设等用地复合利用，促进农业与旅游、文化、教育、康养等产业的深度融合。

"浙江省19条"提出鼓励土地资源节约集约利用，鼓励示范区嘉善片区乡村土地综合整治项目优先纳入省级工程并申报列入国家试点，在耕地总量不减、质量提升、结构优化的前提下，完善各类空间布局。支持示范区嘉善片区率先探索地下空间综合开发利用，设定地下建设用地使用权和确权登记，鼓励采用长期租赁租让结合、先租后让方式供地，支持高新技术产业、战略性新兴产业、先进制造业发展。支持开展宅基地、承包地等农村改革。

"嘉兴市20条"在浙江省级统筹规划下提出将加大土地资源要素支持。列入重大项目库中的基础设施和产业项目，涉及的耕地占补平衡指标在省、部统筹支持的基础上按"三个一点"的办法给予支持，涉及的标准农田补建指标根据市储备库情况给予支持。

（三）规范人才要素管理

在区域要素流动中，最核心的是人才的流动，而高技能人才往往由于比重偏低、增长缓慢、发展波动显著、薪资待遇偏低、政策亟待完善等原因导致在人才市场上的流动受到限制，而配置人才要素最有效的办法就是完善吸引高技能人才的制度，具体措施包括人才的引进、管理和利用。为了对嘉善片区人才市场进行赋能,完善吸引海外高层次和紧缺人才制度,"两省一市22条"要求完善吸引海外人才制度,"浙江省19条"支持引进创业创新人才,"嘉兴市20条"提出共同打造创业创新人才高地,支持专技人才队伍建设,具体政策包括加快人才引进、改革人才管理机制、支持人才项目立项等。

1. 加快人才引进

支持两省一市科技、人力资源社会保障部门在示范区设立"外国人工作、居留单一窗口",为外国人提供出入境和停居留便利。对拟长期在示范区工作的高科技领域外籍人才、外国技能型人才和符合示范区产业发展方向的单位聘雇的外籍人才,可以适当放宽年龄、学历和工作经历限制,符合条件的,一次性给予2年以上的工作许可。

浙江省积极争取将外国人来华工作许可审批权下放至示范区嘉善片区;设立"外国人业务单一窗口",对引进的外国高层次人才,适当放宽年龄、学历和工作经历等限制,可办理2年以上工作许可。为推进嘉善片区各事业单位高层次人才引进,嘉兴市要求适当提高专业技术高级岗位比例,同时开展市级职业技能竞赛嘉善专场,视同市级竞赛。

2. 改革人才管理机制

浙江省支持设立人才管理改革试验区,在人才发展体制机制上先行先试,制定高层次人才目录,对试验区引进的紧缺型高层次人才,按"一事一议"原则赋予省内自由落户权。嘉兴市也将发挥统一战线优势,加大海外高层次和紧缺人才引进力度,助力创新要素高效有序流动。落实嘉兴服务长三角人才一体化发展行动方案,支持举办全球创业者大会,加快全球高端科创资源集聚,探索建立资质互认、户口不迁、关系不转、身份不变、双向选择的人才引进机制。

3. 支持人才项目立项

浙江省支持人才及其团队申报省级以上人才项目,因此嘉兴市积极协助嘉善片区向省争取"一事一议"重大人才项目资金支持和省级以上高端人才、团队项目绿色通道,省、市对符合条件的给予指标单列。省、市都将实施"百人计划",即5年内通过在所属机关单位选派100名优秀干部与人才支持示范区一体化建设与嘉善片区更高质量发展。

四、科技创新与产业建设

在科创产业融合发展方面,《规划纲要》提出推动高质量一体化发展,必须深入实施创新驱动发展战略,走"科创+产业"道路,促进创新链与产业链深度融合,通过建设科创中心引领产业升级与实体经济发展。也就是说,地方政府需要发挥引领、改革与服务的重要作用,完善创新激励制度,通过给予企业优惠性政策倾斜如打造省级人才基地、科技创新高能级平台等,支持企业在科创产业建设中发挥主导作用,让创新资源跨区域流动,推动跨区域创新主体的合作,实现向新兴产业的高质量转型与前沿科技的高水平创新,通过构筑全面开放新格局以及更深更广更宽的全方位合作的方式使长三角区域成为世界级的科创枢纽与核心技术的策源地。

（一）聚力打造高能级平台

"两省一市22条"要求探索科技创新一体化发展和激励机制。两省一市科技、民政部门要推动示范区内科技创新券通用通兑,鼓励相关地区建立科技创新券财政资金跨区域结算机制。针对目标清晰的示范区内企业共性技术需求,探索"揭榜制"科研项目立项和组织机制,支持示范区内企业申报三省一市科技攻关项目,推动项目驱动一体化发展。示范区内自然科学和工程技术领域的科技类社会组织可以直接向民政部门申请登记。

"浙江省19条"提出高水平建设祥符荡科创绿谷,积极争取在祥符荡科创绿谷设立秀洲国家级高新区分园,布局建设长三角一体化创新中心,借鉴杭州未来科技城（海创园）模式,加快建设祥符荡创新中心。

"嘉兴市20条"支持嘉善片区发挥G60科创走廊桥头堡作用,在支持打造绿色创新发展新引擎的同时合力推动高能级大平台和创新型新平台建设,积极推动中新嘉善现代产业园等平台整合优化,支持嘉善经济技术开发区优化提升和嘉兴综保B区适时赋权扩容,打造临沪高能级智慧产业新区。

浙江省与嘉兴市合力争取嘉善片区创建国家绿色技术创新综合示范区、国家创新型县,要求嘉善片区发挥G60科创走廊桥头堡与纽带作用。浙江省支持国内外知名企业、高校和科研机构在示范区嘉善片区设立新型研发机构和创新载体,因此嘉兴市也积极推动之江实验室、清华大学长三角研究院、中电科南湖研究院等创新载体在嘉善片区落户。浙江省与嘉兴市合力推进省级县域国家数字经济创新发展试验区建设,打造数字经济产业发展新高地,积极争取国家数字经济政策先行先试,支持培育智能传感、人工智能、生命健康、新能源、新材料、智能网联汽车等新兴产业,合力推进传统优势产业转型升级,加快发展科技、金融、商务等特色服务经济。

（二）聚力完善高效率产业协同机制

一体化示范区探索建立高效率产业协同机制,包括统一项目准入标准、统一项目管理平台、统一企业登记标准、完善企业全生命周期服务体系、统一公共信用评价体系、建立区域信用联合奖惩机制。

"两省一市22条"提出优化企业自由迁移服务机制。长三角区域纳税信用级别为 A 级、B 级的企业,因住所、经营地点在示范内跨省(市)迁移涉及变更主管税务机关的,由迁出地税务机关为符合条件的企业办理迁移手续,并将企业相关信息即时推送至迁入地税务机关,由迁入地税务机关自动办理接入手续,企业原有纳税信用级别等资质信息、增值税期末留抵税额等权益信息可予承继,由两省一市税务部门负责。同时,"两省一市 22 条"提出创新医药产业监管服务模式。两省一市药品监管部门要优化生物医药全球协同研究用对照药品的进口流程,探索引入市场化保险机制,提高医药产业等领域的监管效能。允许示范区内医疗器械注册申请人委托长三角医疗器械生产企业生产产品。

(三)聚力实现高程度开放

"浙江省 19 条"与"嘉兴市 20 条"都提出支持高层次扩大对外开放。在改革自由贸易试验区方面,省市两级积极推广自由贸易试验区改革经验和创新举措,支持开展跨境电子商务综合试验区建设,适时争取嘉兴综合保税区 B 区扩容。并且加强与虹桥国际商务区在综合交通、科技创新、平台产业等方面的对接力度,大力推进"总部+基地""生产+生活""主展+分展"等协同发展模式,支持打造虹桥国际会务嘉善拓展区、国际商务嘉善协同发展区,承接进博会溢出效应,支持上海嘉善国际创新中心建设,发挥窗口功能,拓展国际化合作。在打造高质量外资集聚地方面,省市聚力加快中新嘉善现代产业园建设,争取中荷(嘉善)产业合作园上升为国家级国际产业合作园区,加快推进中德、中意等国别园区建设,支持争取跨境电商零售进口试点(海关 1210 监管模式)。发挥欧洲国际创新中心作用,支持拓展建立北美创新中心,扩大全球招引版图,支持开发区运营主体率先上市。

五、基础建设与公共服务

从根本上提高经济发展能力,必须优化基建建设和公共服务保障,这也是保障嘉善片区产业集聚的硬实力和软实力。因此,省市两级都提出要加快交通与新一代信息基础设施的建设,实现城乡公共服务均等化,推进教育、医疗等公共服务体系的发展与生态文明建设,提升公共服务保障水平,提高嘉善片区居民的归属感、幸福感,让人们在嘉善安居乐业。

(一)完善交通建设

交通是区域一体化发展的硬件基础。加快交通建设,实现嘉善片区对内对外互联互通。协同建设一体化综合交通体系需要加快建设高速铁路、城际铁路和城际轨道交通等现代轨道交通运输体系,构建高品质快速轨道交通,提升省际公路通达能力,合力打造世界级机场群,协同推进港口轨道建设,形成区内各地区间的互联互通、无缝对接，大力增强区域综合交通服务和管理能力。

因此，嘉善片区的交通一体化不能停留在表面、量变的阶段，还需要进一步建设铁路与城际轨道交通，提升省际公路通达能力，接轨航空运输等方面。统筹推进跨区域基础设施建设需要形成互联互通、分工合作、管理协同的现代基础设施体系，而省市两级通过协同建设一体化综合交通体系为嘉善片区发展提供支撑保障。"浙江省19条"和"嘉兴市20条"都提出打造互联互通交通体系，在建设嘉善片区互联互通体系中具体政策包括以下两个方面。

1. 轨道交通线并轨

浙江省要求争取沪嘉城际铁路、示范区轨道交通线（青浦至嘉善段）等项目落地。在建设沪嘉城际铁路方面，嘉兴市通过优化轨道交通网络体系规划，串联一体化示范区城镇组团，推动沪嘉城际"一号工程"、沪昆铁路嘉善段高架改造建设。在建设示范区轨道交通线方面，嘉兴市围绕项目协调，加强示范区轨道交通网络规划衔接，启动并深化示范区轨道交通项目（嘉兴至青浦）等项目研究，支持嘉善县中（低）量轨道交通项目规划建设实现跨区域与上海轨道交通互联互通。

2. 联通省际航道

浙江省要求加快推进嘉善东部南北向快速通道、高等级航道规划建设。因此，嘉兴市支持嘉善片区规划建设"三纵四横"省际路网并争取列入国省道公路网布局规划项目，支持亭枫高速北延、G60大云互通改造、G320国道改扩建等重大项目规划建设，支持丁诸线及北延、芦墟塘等嘉善片区航道规划建设。

（二）加快新型基础设施建设

数据作为一种资源，最大的特点就是可以重复使用，叠加增值，作为资源不是越用越少，而是越用越多。建设数据市场最重要的前提就是数据资产的权益保护和数据的开放共享。浙江省与嘉兴市都需要加快在嘉善片区建设新一代信息基础设施，为深化数字化改革提供保障，深入推进地理位置类、市场监管类、民生服务类等政务公共数据资源开放应用。

信息是区域一体化发展的技术基础。浙江省与嘉兴市将加快嘉善片区新型基础设施建设，清扫信息一体化的技术障碍。协同建设新一代信息基础设施，共同推动智慧领域应用，合理建设长三角工业互联网，打破信息封锁和阻碍，构建区域信息交互平台，实现"一个平台"管规划实施，推进信息资源互联共享，有助于弱化嘉善片区地理空间对生产要素分割影响，推进资源要素跨区域交易，使更多的跨地区合作成为现实，有效降低信息获取成本与交易成本。

"两省一市22条"提出加快新一代信息基础设施建设。两省一市工业经济信息化、通信管理、大数据管理部门推动电信、广电运营商加快实施5G、千兆光纤等新一代信息基础设施跨区域共建共享，探索跨域电信业务模式创新。深入推进 IPv6 规模部署,统筹规划示范区互联网数据中心及边缘数据中心布局,加强对云计算、物联网、区块链等新一代信息技术的基础支撑和服务能力。支持引导示范区重点行业和重要企业建设工业互联网标识解析二级节点和标识解析企业节点。推进数字制造、量子通信、智慧交通、未来社区等应用,加快"城市大脑"建设。在此基础上,"两省一市 22 条"提出要优化公共资源配置。两省一市发展改革部门要在示范区推进公共资源交易平台信息共享、资源整合,促进排污权、用水权、碳排放权、用能权等环境权益交易场所的互联互通。为加快嘉善片区建设新一代信息基础设施,"浙江省 19 条"支持新型基础设施建设,"嘉兴市 20 条"支持未来交通率先发展,具体政策包含以下两个方面:

1. 共建新一代信息基础设施

浙江省支持示范区嘉善片区开展第五代移动通信技术(5G)先行先试,实现嘉善城区信号全覆盖、重点区域连片优质覆盖,率先布局双千兆网络建设,深入推进互联网协议第六版(IPv6)规模部署,率先开展人工智能、5G、物联网应用。嘉兴市主动参与数字湾区、示范区城市大脑、长三角一体化新型数据中心建设,配合浙江省共建信息基础设施,加快构建智慧城市运营管理体系,打造长三角智慧城市标杆,统筹推进能源、水利等基础设施共建共享。

2. 支持区域智慧交通体系建设

为了智慧交通应用,加快"城市大脑"建设,浙江省开展智能网联汽车道路测试,实现无感交通出行,加快建设绿色低碳未来社区,支持示范区嘉善片区主城区和先行启动区电网按设区市标准建设。嘉兴市将智能网联车道路认定、专家组组建、号牌发放等权力下放,争取嘉兴牌照在其他示范区实现互认,支持废弃高速测试场的运营,部署智能网联汽车数据中心。

(三)保障医疗资源

从资源配置角度,中国长期以来形成的医疗资源配置不均衡,导致优质资源向大城市的大医院集中,严重影响了医疗服务体系的整体效能。因此,在优化嘉善片区医疗资源的过程中,省市两级将合力从优化医疗资源配置和推进医保数据互通这两方面制定政策措施,让嘉善片区居民充分便利地享受到优质的医疗资源。

1. 优化医疗资源配置

"两省一市 22 条"提出优化医疗资源配置。两省一市卫生健康部门要整合区域内医疗卫生资源,实施公共应急和传染病联防联控,有效处置突发公共卫生事件。鼓励省(市)级三甲医院在示范区建立分院或者特色专科,与示范区内医院建立结对支持机制,打造长三角医疗培训一体化平台。支持示范区内符合标准的医院创建三甲。支持境外医疗机构、境外医师在示范区办医、行医。推广影像资料、检验报告互认。

"浙江省 19 条"支持卫生健康事业高质量合作发展,支持省级医院与示范区嘉善片区开展多种形式的合作办医,推动在示范区嘉善片区建设医疗研究中心。"嘉兴市 20 条"支持打造健康中国县域样板,支持嘉善片区建设优质医院与创新基地,支持嘉善片区加快卫生健康科技成果转化,推动跨区域远程诊疗等智慧医疗发展,打造健康中国县域样板。浙江省支持国际高端医疗资源落户示范区嘉善片区,嘉兴市全面扶持县域龙头学科建设,将市级重点学科带头人下沉到嘉善片区工作,推动评聘高级职称医务人员赴嘉善县级医院驻点工作。

2. 推进医保数据互通

"两省一市 22 条"提出探索推进医保目录、医保服务一体化。两省一市医疗保障部门要在示范区内注重打破区域限制,重点推进医疗资源互补、医保信息互通、医保标准互认、业务经办互认、监管检查联合。完善医保异地结算机制,在示范区内全面实现异地就医门诊、住院医疗费用直接结算。

浙江省要求推动长三角地区卫生健康行政部门和医疗卫生机构健康数据信息互通共享和业务协同。嘉兴市将特殊病种(规定病种)纳入跨区域异地就医刷卡结算,实现沪苏浙皖全区域参保人员异地就医门诊和住院医疗费用直接结算,支持嘉善片区在智慧医保、业务经办和长护险定点机构互认等方面的深度融合。

(四)优化教育资源

随着社会的不断向前发展,知识经济的时代已经到来。每个地区、每个国家都会通过集聚高质量教育资源,进一步培养、吸引与利用高技能人才实现产业繁荣发展。也就是说,教育资源的合理配置对嘉善片区来说至关重要,具体措施包括建设优质教育资源与推动教育资源共享两个方面。

1. 建设优质教育资源

"两省一市 22 条"提出打造教育协同发展试验区。两省一市教育部门争取高水平大学在示范区设立分校区、联合大学和研究机构,并开设优势学科、专业。支持优质教育集团在示范区办学或者合作办学,对落户在示范区的高校、中小学校在开办条件和运行保障上给予支持。支持打造职业教育高地,结合示范区产业特点建设高水平职业院校,建设产教融合示范区。探索跨省职业教育"中高贯通""中本贯通"人才培养模式改革试点。支持依托现有资源,建立长三角一体化师资培训中心。

"浙江省 19 条"支持推动优质教育资源共建共享,浙江省按规定重点支持优质教育集团和省内基础教育名校在示范区嘉善片区办学或者合作办学、示范区嘉善片区引进国内外著名大院名校。"嘉兴市 20 条"支持发展优质教育,嘉兴市支持嘉善县争创全国义务教育优质均衡发展县,支持嘉善片区引进上海大学等大院名校,引入高端师范高校师资培养培训资源,开展合作办学,强化名师、名校长跨区域交流合作。

2. 推动教育资源共享

"两省一市22条"要求推动继续教育资源共享。两省一市教育、人力资源社会保障部门在示范区内实行继续教育学时(分)互认、证书互认。对省级专业技术人才知识更新培训项目,可突破参训对象地域限制。聚焦示范区内重点产业,共建专业技术人员继续教育基地和高技能人才培养基地,并积极申报国家级基地。

浙江省推动终身教育资源共享,在示范区内实行继续教育学分互认、证书互认,支持开展中小学校高级教师以下职称自主评聘改革试点,实施职业教育一体化发展推行"中本贯通"设高水平技师学院,高地。嘉兴市推动高职院校在嘉善片区建立产业学院,指导建设高水平技师学院,并且推动嘉善片区加入长三角"四地教育联盟",支持嘉善片区实施教育实验项目。

(五)治理生态环境

生态问题是跨区域的系统性问题,公共外部性强,大都涉及财政支付问题,存在保护不全面不统一、建设资金不充足等问题,因此"浙江省19条"提出支持全域生态环境整治提升,"嘉兴市20条"提出支持生态和水利建设,省、市两级围绕这些问题实施了保护生态环境空间、支持生态和水利建设和实施城市"双修"工程等三方面政策。

1. 保护生态环境空间

浙江省要求与县、市共同打造"世界级生态湖区",高标准建设水乡客厅。嘉兴市将严格执行"三线一单"准入制度,指导编制实施嘉善片区生态环境保护规划,构建蓝绿交织、林田共生的生态网络。以水资源和生态系统保护为重点,加强太浦河—长白荡水源涵养保护区、汾湖生物多样性保护区保护力度,共同实施饮用水水源保护区生态保护提升项目。

2. 支持生态和水利建设

浙江省支持区域生态廊道和自然保护地建设,大力实施示范区嘉善片区全域水系连通工程及农村河道综合整治试点,加快实施北部湖荡整治、伍子塘流域综合整治、中心河拓浚,支持高标准饮用水互备互通互济保障工程建设。嘉兴市支持嘉善片区全域开展"区域环评+环境标准"改革扩面,增加外排污水容量。在满足全市水资源量用水不变情况下,优先保障嘉善片区需求。保障水利建设资金需求,除省级及以上补助资金外,按照嘉兴市进一步完善重大水利建设筹资机制相关政策,对流域性水利工程建设给予50%比例的资金补助。

3. 实施"城市双修"工程

浙江省支持结合生态修复、城市修补的"城市双修"工程。嘉兴市聚力推动生态环境治理,支持开展生态环境基础设施提升、"低散乱"行业整治、农业农村面源污染整治、船舶码头污染整治、河湖和小微水体整治、大气污染整治。嘉兴市聚力提高生态环境品质,支持实施全域河湖水系综合提升项目,全面提升太浦河等重要河湖及沿线生态品质,推进环湖生态景观廊道和慢行交通系统建设,共同打造蓝色珠链。

第二节 示范区一体化制度创新的探索

示范区一体化发展需要推动重大改革举措的集成联动,实质在于示范区内部各地的高水平的竞相开放。示范区一体化的核心含义是破除行政壁垒,从体制机制上实现高质量一体化管理。高质量一体化发展还要求转变政府职能,加快探索市场一体化、公共服务一体化、生态治理一体化等方面的制度创新。

一、体制机制创新

现阶段,示范区通过两省一市人大授权,逐步建立跨区域一体化的管理制度,探索示范区各领域的跨区域一体化协调管理体系机制。

(一)一体化管理组织创新的法律保障:人大授权

为了使重大改革于法有据,实现改革决策和立法决策相衔接,就必须出台相关的政策法规,两省一市人大常委会在党委领导下积极主动作为、通力密切合作。2020 年 9 月 24 日上午,浙江省第十三届人民代表大会常务委员会第二十四次会议通过《关于促进和保障长三角生态绿色一体化发展示范区建设若干问题的决定》;上海市、江苏省人大常委会也先后于 24 日、25 日通过相关决定。在整个立法过程中,注重发扬立法民主,密切保持沟通和协作,及时回应关切,重点在地方立法协同的"协"字上做文章、在"同"字上下功夫。授权主要涉及以下三部分。

1. 确定指导思想和适用范围

规定示范区建设要坚持新发展理念,不破行政隶属,打破行政边界,率先探索将生态优势转化为经济社会发展优势、从区域项目协同走向区域一体化制度创新,实现绿色经济、高品质生活、可持续发展的有机统一;明确示范区和示范区先行启动区的范围依照《总体方案》确定。

2.明确相关职责

规定了示范区理事会的相关职责,明确示范区理事会、执委会的相关职责;授权执委会行使省级项目管理权限,按照两省一市人民政府有关规定统一管理跨区域项目,负责先行启动区内除国家另有规定以外的跨区域投资项目的审批、核准和备案管理,联合上海市青浦区、江苏省苏州市吴江区、浙江省嘉善县人民政府行使先行启动区控制性详细规划的审批权。

3.加强法治保障

明确在示范区内,本市地方性法规的规定,凡与总体方案不一致,需要调整实施的,由市人大常委会依法做出决定;因改革举措需要暂时调整或者暂时停止实施本市地方性法规的,示范区执委会可以向市人大常委会提出建议,由市人大常委会依法决定。

这是沪苏浙两省一市人大常委会为保障重大国家战略实施,首次就示范区建设同步做出法律性问题决定,是对中国立法制度的一次有益探索和创新,也是充分保障重大改革于法有据的需要。

(二)一体化管理组织机制的创新:理事会+执委会+发展公司

2019年11月1日,沪苏浙共同召开示范区建设推进大会,两省一市党委主要负责同志共同为一体化示范区、示范区理事会、示范区执委会揭牌,示范区理事会、执委会正式成立。当日下午,示范区理事会组织召开第一次全体会议,审议通过了《长三角生态绿色一体化发展示范区理事会工作规则》。2020年4月9日,示范区理事会第二次全体会议召开。

示范区的"理事会—执委会—发展公司"三层管理架构将充分体现上接国家战略、下达区镇发展的承上启下作用,重点聚焦两省一市、两区一县想做、要做而又做不了的事,重点在顶层设计、统筹资源、跨区域协调、标准规划制定等方面发挥作用,而将更多具体工作交给相关地区来执行。

1.决策机构是理事会

理事会由两省一市政府常务副省(市)长轮值,主要负责研究确定一体化示范区建设的发展规划、制度创新、改革事项、重大项目、支持政策和协调推进,对两省一市党委政府负责。同时积极探索市场化、社会化治理机制,组建企业家联盟,广泛吸纳国内外知名企业家、国际机构领导人、知名科研机构、智库等参与示范区治理。

2.执行机构是执委会

作为一体化示范区开发建设管理机构,执委会负责一体化示范区发展规划、制度创新、改革事项、重大项目、支持政策的具体实施,重点推动先行启动区相关功能建设。

3.建设主体是发展公司

两省一市将共同遴选具有丰富开发经验的市场化主体,共同出资发起成立一体化示范区发展公司,作为先行启动区的建设主体和市场化的投资运作平台,负责基础性开发、重大设施建设和功能塑造等。

示范区理事会、执委会已经成立。理事会理事长由两省一市常务副省市长担任,实行"轮值制",两省一市三级政府相关部门的领导作为理事会成员。理事会下设执委会,由上海市政府副秘书长、市发改委主任、长三角区域合作办公室主任担任主任,具体推进破壁行政管理体制、加快管理一体化进程。相较于传统行政机构,执委会扮演的是"老娘舅"角色,统筹协调青浦、吴江、嘉善共同推进一体化示范区建设,在不改变行政隶属的基础上打破行政壁垒。示范区建设也从传统行政区划调整的纵向一体化实践转向由执委会统筹协调各区域各模块各条线的横向一体化实践,以此来推进区域高质量协调发展。

二、整体统筹规划

示范区通过执委会行使跨区域管理权。执委会主要负责顶层设计、统筹资源、跨区域资源的协作。具体的项目落地、产业发展、公共事务,由两区一县来承担,各地本身有经验,也有非常完整的工作体系。这样既能发挥执委会"统"的作用,也能体现两区一县"分"的职能。

(一)探索建立一体化的规划管理体制

规划水平决定着示范区的建设品质,建立统一的规划管理制度是一体化制度创新的首要任务,也是区域一体化发展的直接体现。2020 年 6 月 18 日,由两省一市共同编制、具有法定效力的《长三角生态绿色一体化发展示范区国土空间总体规划(2019—2035 年)》正式公布。

示范区国土空间总体规划是规划管理一体化制度创新的核心内容。规划定位为指导示范区长远发展和总体空间安排的法定规划,重点明确空间战略、区域协同和底线管控原则。规划明确示范区将打造成为人与自然和谐共生的生态空间、全域功能与风景共融的城乡空间、创新链与产业链共进的产业空间、江南韵和小镇味共鸣的生活空间,以及公共服务和基础设施共享的服务空间;规划还进一步明确了示范区的开发强度,建立了覆盖示范区全域的"四线"管控体系,即统筹划定生态保护红线、永久基本农田保护红线、城镇开发边界线、文化保护控制线等。这份规划的形成,意味着两省一市对示范区统一了基础底板和用地分类,统一了规划基期和规划期限,统一了规划目标和核心指标。

(二)制定区域一体化发展专项规划

专项规划作为国土空间总体规划的重要支撑,是指导区域一体化发展在水利、生态环保、综合交通、供排水、产业发展、文旅等方面的重要规划,自总规划公布之后,各专项规划陆续制定与发布。

三地各行业部门共同牵头、共同参与,委托设计团队共同编制专项规划。专项规划全面落实创新、协调、绿色、开放、共享的新发展理念和长三角一体化发展国家战略,致力于将示范区建设成为一体化制度创新试验田、生态优势转化新标杆、绿色创新发展新高地、人与自然和谐宜居新典范。专项规划深化战略空间联动,深化与上海市区、江苏苏州、浙江嘉兴的错位发展和相互配合。作为国土空间总体规划的重要支撑,该规划在生态环保、产业发展、综合交通、供排水、水利、文旅等方面做了诸多创新,整个规划方案既有国际视角,又有本土情怀,可谓"上接天线,下提地气"。规划不少内容具有很强的前瞻性,兼具操作性,契合了长三角一体化示范区"高原中的高峰"和"极中之极"的定位。

(三)制定跨省域国土空间规划

《长三角生态绿色一体化发展示范区国土空间总体规划(2019—2035 年)》于 2019 年 3 月启动,并于 2020 年 10 月由两省一市共同上报国务院审批。规划作为以示范区为例的首个跨省行政单元编制的国土空间规划,其组织编制、技术要点、规划审批等内容为中国国土空间规划编制体系的完善提供了有效样本与有益借鉴;保障规划的可操作性。作为一种全新的规划范式,示范区规划的操作性对示范区自身建设以及示范推广意义重大,示范区总体规划与上下位规划的衔接,将保障示范区规划的可操作性。示范区国土空间总体规划的组织编制、规划协商、规划审批以及成果特点的全面总结与提炼,形成了大量可复制可推广的经验,将为其他跨省城地区的国土空间规划编制提供参考借鉴,在更大范围开花结果。

三、市场一体化的制度创新

在示范区一体化发展过程中,市场一体化是重中之重,加强各地区市场化改革和提升对外开放程度均有助于降低市场整合的省界效应,提升城市群整体的市场一体化水平。对此,示范区针对要素流动一体化、生态治理一体化、公共服务一体化均拟定了相关政策和计划。

(一)建立统一的存量土地盘活工作方案

长三角作为中国经济的重要增长极,在经济社会发展取得巨大成就的同时,资源环境约束趋紧的矛盾也日益突出,土地开发强度平均达到 30% 左右,且区域间土地开发强度具有严重的不均衡性,相互之间差异较大。因此制定统一的存量土地盘活工作方案有助于在新时期提高区域集约用地水平进而助力区域经济发展和功能提升。

　　2019 年 12 月,示范区存量土地盘活工作方案正式启动。方案提出统一的
"存量土地盘活"概念,形成两类五种盘活模式,提出差别化盘活策略,并据此建
立"项目库",形成了"年度计划"。具体而言,远期(至 2035 年)目标强化国土空
间规划任务落实,示范区异地盘活面积不低于 150 平方公里,就地盘活面积不低
于 160 平方公里,先行启动区异地盘活面积不低于 40 平方公里,就地盘活面积
规模不低于 17 平方公里;中期(至 2025 年)目标聚焦先行启动区,确定为 21.15
平方公里,其中异地盘活 11.18 平方公里,就地盘活 9.97 平方公里;近期(至
2022 年)目标聚焦先行启动区,确定为 9.78 平方公里。在长三角一体化融合加
速的当下,此举无论是从社会经济效益、空间效益还是从环境效益来说,都具有
十分重要的意义。

　　(二)建立跨区域人才流动制度

　　人才政策是促进区域一体化发展的重要保障,是加快区域协同发展的催化
剂,是城市创新发展的活力源泉。对于示范区发展来说,如何最大限度地发挥人
才的效用,很大程度上依赖于人才政策的协同程度。2020 年 9 月 22 日,一体化
示范区执委会会同上海、江苏、浙江两省一市人力社保部门联合出台了《长三角
生态绿色一体化发展示范区专业技术人才资格和继续教育学时互认暂行办法》
等制度,具体包括以下几个方面:①外国人工作许可证(A 类)跨区域互认;②一
地认定,三地互认,一体化示范区实行外国高端人才统一互认措施;③海外人才
居住证制度一体化机制;④在一体化示范区内探索推动人才互认互准共享,创设
更开放有效的人才集聚制度;⑤在示范区内专业技术人才职业资格、专业技术职
务任职资格、继续教育学时等三个方面实行互认互准。这些制度旨在构建更加
开放的人才合作共享机制,打造外国高端人才来华工作首选地、自由流动示范
区、创新创业活力场,推进一体化示范区高质量发展。

　　(三)设立示范区财政专项资金

　　财税问题也是行政壁垒中较难突破的问题,进一步打破区域间、部门间信息
壁垒,将有助于谋求更高层次更宽领域的合作共赢,做优做强长三角区域。2020
年 7 月 3 日,浙江、上海、江苏联合举行新闻发布会,共同发布"两省一市 22 条"。
在加大财政支持力度方面,"两省一市 22 条"提出,两省一市共同出资设立示范
区先行启动区财政专项资金,3 年累计不少于 100 亿元。积极争取中央专项转
移支付和地方政府债券的财政支持,以及中央财政和两省一市财政共同出资设
立示范区投资基金。两省一市将按比例共同出资设立示范区先行启动区财政专
项资金,用于示范区先行启动区的建设发展以及相关运行保障。在此基础上,两

省一市还将加大对示范区的财政支持力度（具体办法由两省一市自行制定）。

（四）实现金融服务同城化

在要素流动中，金融要素行政管制特征最为突出。加快金融基础设施互联互通，为金融机构跨域展业提供支持，有利于打破以往银行信贷等资源无法有效跨城流动的僵局，加快区域金融一体化，为区域协同发展提供有力支撑。2020年4月2日，示范区执委会、人民银行上海总部等13个部门联合出台《关于在长三角生态绿色一体化发展示范区深化落实金融支持政策推进先行先试的若干举措》，包括同城化结算服务、跨区域联合授信、移动支付互联互通等若干措施。这也标志着示范区金融服务"同城化"全面启动。该措施围绕推进同城化金融服务、试点跨区域联合授信、提升移动支付水平、支持设立一体化金融机构、推进跨区域公共信用信息共享、推进一体化绿色金融服务平台建设、推进一体化科技金融服务、建立金融信息共享合作机制等8个方面研究形成了16条具体举措，主要集中在"跨域、绿色、创新、共享"跨域，就是推进跨域同城化金融服务。若干举措与其他推进金融服务改革文件最大的不同就在于文件适用的范围涵盖了示范区全域，最突出的特点就是同城化、一体化。

（五）建立统一的企业投资项目核准目录和互认制度

制定统一的企业投资项目核准目录和互认制度对于化解跨省域企业投资核准尺度不一、权限划定有差异等问题具有重要意义，可以最大限度地降低企业进入市场的制度成本，促进市场经济要素资源在示范区内的自由流动。2020年10月10日，两省一市人民政府共同发布《长三角生态绿色一体化发展示范区政府核准的投资项目目录（2020年本）》，核准目录充分发挥示范区执委会跨区域事务综合协调职能，做到两个"坚持"，即坚持最大限度缩小核准范围，坚持最大限度下放核准权限。除国家明确要求保留在省级，不得下放的核准事项外，非跨界项目能放尽放，核准权限全部下沉至青浦、吴江和嘉善。2020年10月9日，示范区执委会、两省一市市场监督管理局联合起草制定的《长三角生态绿色一体化发展示范区统一企业登记标准实施意见》正式公布实施。该制度以统一市场准入制度为核心内容，使企业能够充分享受制度变革红利。该意见通过企业名称和住所两个重要登记事项的改革创新，进一步增加示范区内企业的身份认同感和获得感，扩大示范区产业集聚的试点效应。

（六）建立统一的产业发展指导目录和产业准入标准

制定一体化示范区统一的产业发展指导目录和产业准入标准，是贯彻落实《总体方案》的重要举措，对于探索一体化示范区产业高质量发展新模式有重要意义。2020年7月15日，理事会发布《长三角生态绿色一体化发展示范区产业发展指导目录（2020 年版）》和《长三角生态绿色一体化发展示范区先行启动区产业项目准入标准（试行）》。指导目录和准入标准代表了示范区在探索项目管理、投资管理一体化制度创新上的实践成果，实现了产业发展导向、项目准入标准的跨省域统一。在比较分析两区一县现有标准的基础上，按照"正视差异、底部抬升、逐步对标、动态调整"的原则，对投资强度、产出强度、税收强度、容积率等方面提出量化指标。产业发展政策的出台，在全国首次实现了跨省级行政区域执行统一的产业发展指导目录和产业项目准入标准，体现了"首创性"，彰显了"一体化"。

四、公共服务一体化的制度创新

基本公共服务均等化是缩小城乡差距和贫富差距以及地区间不均衡发展的重要途径。示范区围绕这一目标，列出项目清单来建立公共服务共建共享机制。《长三角一体化示范区共建共享公共服务项目清单（第一批）》共 20 条，涵盖卫生健康、医疗保障、教育、文化旅游、体育、养老、交通、政务服务等八大领域。

（一）实现医疗保障领域同城化

实现示范区内医保一体化，是区域公共服务领域的一次重要制度创新，符合示范区"一体化制度创新试验田、人与自然和谐宜居新典范"的战略定位。示范区在不触及核心障碍的前提下，从技术上解决了跨区域医保结算的问题，具有较好的可复制性。全力打造示范区"医保一卡通 2.0 版"，提升参保人员异地就医实时刷卡结算的获得感和满意度。率先在示范区实现跨省医保直接结算免备案。实现跨省统一医保经办服务。实现跨省异地医保基金联审互查。实现"互联网＋"医院医保结算互联通。青浦区、吴江区、嘉善县三地人民政府和医保部门，按照国务院文件相关要求，加强协同协作，数次开会研讨方案，并加大向上争取力度，最终实现了示范区内医保"免备案"。执委会坚决贯彻好理事会的精神与要求，与三级八方多次磋商推动异地就医直接结算试点，确保示范区内公立医院医保一体化 100％全覆盖。

（二）建立卫生监督三地联动执法机制

医疗卫生综合监管制度是 5 项基本医疗卫生制度之一，是完善落实其他 4 项制度的基础和保障。示范区成立了青吴嘉三地卫生监督综合执法联动办公室，并制定了工作章程。示范区三地卫生监督机构基于地理位置相近、互促共进等方面的基础，开展重点工作项目、专项执法项目的联合执法，特别是强化进博会卫生监督保障、防范和打击无证行医、突发公共卫生事件等方面的协同联动。加强区域联合宣传，开展跨区域联合执法、联合办案。党建共建、人才培养、业务联动,如建立一体化工作架构、咨询顾问机制、执法联动机制、信息互通机制、联合培训机制、轮值机制,统一处罚裁量基准模式。制订年度工作计划。结合实际工作需要明确年度若干执法联动主题项目和业务交流项目,确定承办单位并制定具体工作实施方案,定期通报工作推进落实情况,做好年度工作总结评估。制订年度工作计划。在推进健康中国建设和深化医改的新形势下,建立高效规范的医疗卫生行业综合监管制度,是全面建立中国特色基本医疗卫生制度的重要内容,是推进医疗卫生行业治理体系和治理能力现代化的重要标志。

(三)建立职业教育一体化工作机制

构建职业教育一体化发展机制,有利于加快产业转型升级。2020 年 7 月 31 日,一体化示范区执委会、上海市教育委员会、江苏省教育厅、浙江省教育厅四部门联合下发了《长三角生态绿色一体化发展示范区职业教育一体化平台建设方案》,旨在通过建立跨行政区域的产教融合、校企合作联动机制,合力打造高质量的区域职业教育协作典范,努力实现教育资源、产业资源和企业资源的有效配置和优势相融,为示范区及长三角一体化发展提供高质量的技术技能人才支撑,助力经济社会高质量发展。统一示范区内职业院校招生录取、中等职业学校教学标准、中等职业学校学籍管理标准;建立职业教育教师信息服务统一平台、职业院校学生升学就业统一平台、产教融合统一平台。加强示范区内职业教育高端资源建设。争取发挥高端资源的牵引作用,沪苏浙在示范区引进高端职业教育资源开展合作办学,打造长三角职业教育高地。方案的发布推进了三地职业教育与行业企业更大范围、更宽领域、更深层次的合作,促进了教育链、人才链与产业链、创新链有机衔接,加快实现了教育从"互通"向"互融"的转化。

(四)建立旅游公共服务一体化机制

旅游公共服务体系建设是衡量一个区域旅游业成熟程度的重要标志。从示范区现有情况来看,服务体系建设还存在一定的短板。为此,需要协同推进示范区旅游公共服务的全域共建、全域共享,形成示范区畅达的交通网络、完善的咨询层级、高效的智慧服务,建立多层次、跨区域、高水平的旅游公共服务体系。2020 年 6 月 16 日,由浙江省文化和旅游厅牵头,三级八方共同编制了《长三角生态绿色一体化发展示范区江南水乡古镇生态文化旅游圈建设方案》。提出了生态绿色共保工程、文化基因共解工程、文旅产品共建工程、文旅品牌共创工程、数字文旅共联工程、交通网络共通工程、公共服务共享工程、治理体系共融工程、文旅富民共惠工程等十大工程。共同打造古镇金名片。传统模式下,行政区划阻隔往往会抑制区域旅游一体化联动效应的发挥,跨行政区旅游公共服务合作往往举步维艰。示范区旅游公共服务一体化机制,不仅发挥了"1＋1＋1＞3"的协同效应,也为解决旅游公共服务供需失衡和结构不合理、旅游公共服务碎片化等问题进行了有益尝试。

（五）建立跨省域公交联运机制

一体化示范区跨省公交线路的开通,有利于完善示范区内部公交网络、提高客运服务水平,有利于打破行政区划壁垒、建设协同高效管理体制机制,是推进区域联动协同的系统集成和务实创新。示范区陆续完善示范区内部公交网络、提高客运服务水平,五路公交线路跨界串连、形成闭环。三地公交部门按照高标准、舒适性、绿色环保等要求统一规划、联合实施,跨界串连、形成闭环。公交线路设计消除了毗邻地区原先公交线路在设置上的"各自为政",接轨上海轨道交通17号线,并串连起三区三古镇。

示范区公交网络的形成,让分属不同省市的三地成为"一个区域",进一步完善了区域一体化沟通协作机制,为长三角区域一体化发展探路先行、积累经验、做出示范。此举同样构建起两省一市行业管理部门领导小组合作框架,形成多部门、多渠道的会商协调机制。另外,示范区跨省公交一体化机制的形成,也将倒逼三地科学合理划分财政事权和支出责任,加快建立交通运输领域权责清晰、财力协调、区域均衡的财政关系。

（六）组建大数据治理平台

大数据时代,数据资源已成为城市重要生产要素。借助"城市大脑"或"智慧大脑"有效运用数据,实现城市科学治理和智慧决策已成为各方共识。上海市青浦区、江苏省苏州市吴江区和浙江省嘉兴市嘉善县三地均已开展"城市大脑"建设,但由于三地分属不同行政区域,均在各自行政区域范围内进行系统建设,三地政务数据呈现分割局面,数据未能实现互联互通。建设示范区大数据治理平台,将有助于通过数据互联互通实现示范区"不破行政隶属,打破行政边界"的改革要求,同时为一体化数字经济示范建设提供基础支撑,实现以数据一体化驱动一体化制度创新的愿景。通过打通青浦、吴江和嘉善三地政务数据互联互通的"断头路",实现三地政务信息的"眼明心亮",为培育示范区创新经济、数字经济发展创造条件;为一体化示范区规划管理、生态保护、土地管理、项目管理、要素流动、财税分享、公共信用、公共服务等"6＋2"制度创新提供有效支撑,助力示范区重点领域治理"得心应手"。随着示范区各项工作的深入推进,根据工作需求不断完善功能模块设置,边运行、边优化,不断更新迭代,建立动态更新机制,更好地服务示范区一体化发展。

（七）统一公共信用数据归集标准和公共信用报告制度

公共信用一体化建设是长三角生态绿色一体化发展示范区八大制度创新的

有效串联,是全面展示示范区"一体化制度创新试验田"定位的重要窗口。2020年9月14日,两省一市信用办联合印发了《长三角生态绿色一体化发展示范区公共信用信息归集标准(试行)》。该标准以国家标准为基础,用数据标准统一引领制度标准统一。如法人信息归集标准共22项信息类型,其中19项为国家信息归集标准确定内容。区别于国家标准的信息类型中,"跨区域联合奖惩对象信息"为沪苏浙三省一市联合推进的旅游、环境保护、食品药品安全、产品质量等领域统一确定的涉及法人和自然人的守信和失信名单信息,"其他信息"为三地实际归集的信用评价和信用承诺等信息。强化制度标准统一与技术实践的衔接,制定公共信用信息归集标准规范,明确各项信息的信息项名称、数据标识、数据类型、数据长度和备注等信息,将制度标准转换为数据语言。在法律约束范围内,在整合长三角区域公共信用信息的基础上,整合金融信用信息和市场信息,实现信用信息的完整性,这不仅是长三角区域一体化的现实需要,也为进一步实现全国信用信息的整合提供了坚实基础。

五、生态治理一体化的制度创新

生态一体化是长三角区域一体化的重要维度,是区域一体化中重要的合作领域。但受行政区管辖的制约,示范区生态一体化治理一直面临着一些问题,主要包括生态环境标准、环境监测监控体系、环境监管执法标准不统一等问题。因此,示范区在建设中围绕这几个问题形成了一体化创新。

(一)建立"三统一"制度建设行动方案

在跨域生态治理中,由于政出多门,不能形成统筹协调的生态治理政策,最终影响生态治理成效的现象时有发生。基于此,建立相关的标准监测、执法统一制度势在必行。2020年10月28日,长三角一体化示范区执委会联合两省一市生态环境部门发布了《长三角生态绿色一体化发展示范区生态环境管理"三统一"制度建设行动方案》。标准统一方面,确定了近期推进的生态环境标准清单;监测统一方面,制定了大气监测超级站运行管理、示范区空气质量预报等技术规范;执法统一方面,沪苏浙皖三省一市生态环境部门共同签署了《协同推进长三角区域生态环境行政处罚自由裁量规则和基准一体化工作备忘录》。"三统一"制度是一个重要创新,有利于破解跨区域生态环保分而治之的难题,充分调动上下游、左右岸协同治理积极性,探索区域联动、分工协作、协同推进的新路径,为区域一体化生态保护提供示范;有利于进一步挖掘示范区生态环境价值,加快实现生态优势转化为经济社会发展优势,落实新发展理念,为长三角践行"绿水青山就是金山银山"理念探索路径和提供示范。

（二）建立统一的饮用水水源保护和主要水体生态管控制度

流域作为一个生态系统，具有不可分割的整体性，重点跨界水体联合保护机制的建立能进一步完善多方协同保护机制，为长三角生态绿色一体化发展和跨界水体生态环境保护探索路径和提供示范。重点跨界水体联合保护方案以示范区和协调区 47 个跨界河湖为研究重点，紧扣"一体化"和"高质量"的工作要求，在巩固沪苏浙两省一市已有的水污染防治协作机制等成果的基础上，建立完善重点跨界水体联保工作机制，为共同控制饮用水水源安全风险、有效应对重点跨界水体突出水环境问题，及稳定提升水生态环境质量，提供制度创新和政策保障。示范区建立重点跨界水体联合保护机制，扎实推进水污染防治、水生态修复、水资源保护，促进跨界水体水质改善，有利于创建三地共治一方水的一体化治理模式，从分段分界各自治理走向流域性一体化治理；有利于加强跨界生态环境综合治理、构建优美和谐的生态空间、建设环淀山湖世界级湖区，打造生态价值新高地；有利于以点带面，共同放大生态环境共保联治的成果经验，共同建设绿色美丽长三角。

（三）制定跨界水体生态一体化实施指导意见

示范区内生态良好、湖荡密布、水网交错，生态用地占比达 68.9％，绿化覆盖率提 40％，拥有 400 多个自然湖泊，水面率达 18.6％，尽管示范区内水体生态修复工作一直以来都有行动，但成效甚微。考虑到跨域项目没有成熟经验借鉴，本指导意见以元荡示范段为例，梳理一体化实施过程中的问题和解决措施，围绕跨域一体独有基因，提炼形成针对跨域项目的可复制可推广经验，为示范区跨界水体生态修复及岸线贯通项目提供指导。示范区内各行政主体在相关规划的基础上制定建设项目清单及建设计划，并会同执委会形成跨域项目库。同时，针对每个实施项目，通过协同会商，在建设目标、建设重心、建设范围、建设时序等方面达成共识。对于在各行政区内的项目，涉及牵头单位、立项方式、审批方式等，均按照各行政区范围内原有方式操作。对于跨域单体子项工程，各方应分别立项，安排资金，并由示范区执委会会同各参与方共商确定主体实施的责任方、开展相关联合审批等。该指导意见以生态空间规划为引领，推动国土开发保护"一张图"；以环境质量改善目标为导向，推动生态环境治理"一盘棋"；以全城生态系统为考量，推动生态环境执法"一把尺"。

第三节　嘉善推进示范区建设的政策体系

2019 年，嘉善成为长三角生态绿色一体化发展示范区嘉善片区。嘉善紧紧抓住国家战略带来的发展机遇，开始新的探索，坚持善谋破题、实干为先，当好"嘉兴左先锋"，努力在落实长三角一体化发展国家战略中展现嘉善作为。

为了高起点开展顶层设计，嘉善深入贯彻落实习近平总书记关于长三角一体化发展的重要论述和指示，以及中央和省、市有关的决策部署，以高度的政治自觉和强烈的使命担当，从"五位一体"总体布局、"四个全面"战略布局和践行新发展理念等多个高度出发，全面系统研究一体化示范区嘉善片区规划。在推进一体化示范区建设中，嘉善辛勤耕耘一体化体制机制试验田，积极推进"6＋2"重点领域一体化发展制度创新，打出了一套高质量发展组合拳，在人才、土地、产业、开放、公共服务等方面，形成了一批区域一体化创新制度。

一、人才政策

人才是科技创新的关键。作为沪苏浙三省交界的省际边界县，嘉善并不具有人才优势，因此，加速人才招引成为人才队伍建设的突破口。嘉善出台了一系列人才政策，激励人才创新创业。

（一）"祥符英才"计划

全面落实中央、省委、市委有关人才工作精神，全面落实长三角一体化国家战略，全面增强县域人才竞争优势。2020年，嘉善面向全球发布以"祥符英才"命名的人才新政2.0版——《关于实施"祥符英才"计划打造长三角人才高地的若干意见》。"祥符英才"计划聚焦长三角人才一体化创新高地建设，重点围绕更大力度引进高精尖缺人才、更具效率健全多元化引才育才机制、更实举措推进各领域人才集聚发展、更高能级建设人才创新创业平台、更优服务打造最优人才发展生态等内容，政策含金量高、惠及面广、补贴力度大。

1. 构建"1＋X"政策体系，实现各层次人才"全覆盖"

"祥符英才"计划是由1个总政策、若干操作细则构成的"1＋X"政策体系，已制定细则17个。具体内容从顶尖人才"一事一议"、硕博倍增计划、产业人才集聚、高校毕业生引进、大学生创业支持，再到专业技术人才培养、高技能人才引育等，实现各层次人才"全覆盖"。比如，针对浙江省推出的"鲲鹏计划"，嘉善建立了"一事一议"专项引进机制。

2. 建设人才管理改革试验区，平台载体"创新"更多

"祥符英才"计划明确提出建设一体化示范区嘉善祥符荡人才管理改革试验区，探索人才引进、人才评价、人才服务等的标准化，在一体化示范区内实行专业技术人员职业资格、继续教育证书等资质互认互准制度。制定实施"人才高地"发展需求的特殊人才政策，研究制定"不求所有，但求所用"的"柔性引才"政策，探索不完全绑定挂钩人才户籍、社保、档案等，确保人才享受人才政策"应享

尽享"。

3.痛痛快快给政策，人才引进"落地"更简

"祥符英才"计划坚持痛痛快快给政策原则，避免烦琐哲学。如创新实施领军人才项目快评机制。"招商""招才"并举，对产业紧缺人才在3年内社保个人缴纳部分全额补贴，重大产业项目还能享受人才特殊支持政策。加快政策兑现，2020年嘉善首批人才住房券完成申领。2020年还推出人才福利房，10类人才均可优惠购买。此外，对在影响发展全局的不可抗力事件处置中做出突出贡献的创业项目，可一次性追加资助。

4.政企同频，让市场引才"激励"更优

"祥符英才"计划调整中介引才与企业引才奖励政策，让激励"导向标"更加鲜明，全面发动全球海纳孵化器、高端人才中介、行业龙头企业、大院名校等社会力量，充分发挥市场"专业嗅觉"。

（二）引培卫生领域人才

人才是卫生健康事业发展的战略资源，是深化医药卫生体制改革和高水平建设健康嘉善的重要支撑。为深入推进人才强县战略，进一步加强嘉善县卫生人才队伍建设，2020年，嘉善印发了《关于进一步加强嘉善县卫生人才队伍建设的实施细则》。

1.建立"一事一议"制度

鼓励医疗卫生单位引进省级以上高端人才和急需紧缺的高层次人才及学科团队，经充分评估和主管部门审核后，可单独确定个人收入政策，并按其专业技术水平直接聘任，不受岗位限制。简化高层次人才引进程序，医疗卫生单位引进紧缺急需专业的35周岁以下硕博士、45周岁以下高级职称人员，经批准可采取面试、考核的方式录用。探索实施紧缺专业毕业生年薪制。

2.深化接轨沪杭柔性引才，倡导"双主任制"

探索聘任业务或科教院长、科室主任、技术或管理顾问等合作方式，推进医院学科建设和管理能力提升，并根据其在综合管理、学科建设、人才培养、技术指导、协同创新等方面的工作业绩和贡献，每年给予交通、伙食、住宿等包干补贴。对其他柔性引进的知名专家学者，由医疗卫生单位和人才通过签订服务协议协商确定，每年给予交通、伙食、住宿等包干补贴。特殊情况，建立"一事一议"制度。

3.财政扶持力度大

对新入选《嘉善县卫生健康人才分类目录》的卫生类国家、省、市级的高端人才，分别给予一次性奖励。对新入选市"351"人才工程的医学领军人才、学科带头人和学科带头人后备人才在3年培养期内给予优秀人才工资外津贴，并分别

给予一次性科研经费资助。对入选卫生健康系统其他人才工程的人才,在培养期内可参照标准给予优秀人才工资外津贴,并给予一次性科研经费资助。

（三）引培教育领域人才

为了引进一批教育高层次人才,培育一批在省内外具有一定知名度且具有引领教育发展能力的教育领军人才和教育名家,充分发挥高层次人才在教育改革发展中的引领作用,提升嘉善教育人才队伍建设水平,特实施嘉善县教育高层次人才引育工程。2019年,嘉善出台了《嘉善县教育高层次人才引育工作实施方案》。

1.人才引进

第一,合理制订人才引进计划。根据嘉善教育现代化建设的需求,制订人才引进计划,每年引进一批具有先进教育理念、较高教育理论水平且能适应教育现代化发展需要的优秀教师和校长,引进和吸纳一批行业、企业的能工巧匠和技术骨干人才。加大引进国家级教育专业人才、省特级教师、学科竞赛金牌教练、正高级职称人才和"双一流"建设高校优秀毕业生的力度。

第二,精准确定人才引进范围。在教育管理创新、课程和教学改革、教育教学研究、教育技术开发等领域,按照人才类别层次、职称荣誉、成果、紧缺程度等条件和要求,编制《嘉善县教育高层次人才引育目录》（以下简称《目录》）。

第三,创新人才引进办法。通过积极上门沟通,主动引才,组织专场招聘、网络招聘等方式拓展人才引进渠道,引进符合条件的教育高层次人才和紧缺人才,并按有关规定办理招聘手续。对招聘符合《目录》的人才,经批准可采取由教育主管部门会同用人单位直接面试考核的方式聘用。对职业教育急需的部分特殊专业技能人才,采用柔性方式灵活聘用。

2.人才培育

第一,实施教育高层次人才梯次培养。建立"县学科带头人—县名师（名校长）—市学科带头人—市名师（名校长）—市教育领军人才—市教育名家—省特级教师、省'万人计划'领军人才、青年拔尖人才—国家'万人计划'领军人才、国家'万人计划'青年拔尖人才"高层次人才梯次培养架构,按层级定位明确标准,实行分层培养、分类培育,形成明确的专业发展方向和梯次培育格局。

第二,建立教育高层次人才发展平台。深入实施"名师名校长工程""长三角中小学名校长联合培训项目""京苏粤浙中小学卓越教师培训项目""中小学教师海外提升计划",深入推进教育"沪杭同城"战略,优化"名师工作室"制度,进一步拓展教育高层次人才引育平台和成长渠道,鼓励在职教师学历提升。

第三,支持教育高层次人才提升能力。鼓励高层次人才与国内外教育名家结对,择优选派高层次人才到国内外知名院校、名师研修基地等进修深造,依托高校人才培养优势,引导各类学校与国内外知名高校在师资培训、教育资源共享等方面开展密切合作。支持各类高层次人才开展教育教学研究,参与国内外学术交流活动、出版有重要学术价值著作,鼓励学科团队在课程研发、教学改革等方面进行探索创新。

3. 人才激励

第一,完善教育高层次人才编制和职称评聘政策。优化教师编制资源配置,学校编制优先用于引进教育高层次人才。学校空余编制不足时,由教育部门协同机构编制部门在核定的全县教师编制总数内统筹调剂,用于引进教育事业发展急需的人才。建立"一事一议"制度,对引进的 A、B 类人才,经充分评估后,可单独确定个人收入政策。

第二,完善教育高层次人才引进政策。引进的 A、B、C、D、E 类人才,县财政分别给予奖励资金。奖励资金分 5 年兑现,奖励对象到岗每满 1 年并考核合格的兑现 20%,未取得教师资格证的录用人员须在获得相应学段教师资格证后方可兑现。奖励对象不再享受嘉善引进高层次人才补贴及名校应届毕业生一次性补贴。

第三,完善教育高层次人才培育政策。县财政每年安排教育高层次人才培育经费,主要用于奖励在职的省特级教师,市教育名家和教育领军人才,省、市、县名师(名校长),省、市教坛新秀,市、县学科带头人和教学能手等各类人才,并对国家、省、市优秀科研成果获得者给予奖励。

二、土地政策

历经 30 多年的高强度开发,嘉善土地开发面积已逼近生态保护红线。2003年,习近平在浙江工作时指出资源环境的约束问题从深层次看还是经济增长方式的转变问题,要以凤凰涅槃的精神进行脱胎换骨的改造,真正提高经济增长的质量和效益。[①] 近年来,嘉善按照习近平总书记的要求,"壮士断腕"推进"低小散"块状行业"腾笼换鸟",取得了"凤凰涅槃"的成效。

嘉善以示范区建设为契机,坚持向存量要空间、向集约要效益,采取倒逼企业转型升级、推进美丽乡村建设、拓展提升城市能级三项措施,打好工业、农村、城镇存量土地"全域盘活"组合拳。为此,嘉善县人民政府先后出台《嘉善县人民政府关于调整征地区片综合地价的通知》《关于推进自然资源事业高质量发展的若干政策意见》《嘉善县国有土地上房屋征收相关补偿标准》《嘉善县集体经营性

---

① 杨洁、张瑞洁等:《小空间大作为! 嘉善"腾笼换鸟"的县域实践》,《嘉兴日报》2017年 8 月 11 日。

建设用地入市管理暂行办法》《关于调整县城区集体土地上房屋征收公寓房安置价格标准的通知》等一系列土地相关政策。

（一）调整征地区片综合地价

为进一步加强征地服务和管理，切实维护被征地农民的合法权益，促进经济社会高质量发展，2020年6月30日，嘉善县人民政府办公室公开发布《嘉善县人民政府关于调整征地区片综合地价的通知》。在区片划分上，全县9个镇（街道）均实行统一的征地区片综合地价。

（二）推进自然资源事业高质量发展

为充分发挥公共财政在支持自然资源事业发展中的作用，实现集中财力办大事，助推乡村振兴，2020年12月1日，嘉善县人民政府办公室公开发布《关于推进自然资源事业高质量发展的若干政策意见》。其中有关土地政策的有三大类：进一步加强耕地保护、进一步促进土地节约集约利用、进一步推进全域土地综合整治与生态修复工程。

1.进一步加强耕地保护

第一，耕地有偿保护。耕地保护补偿资金适用于本县范围内土地利用总体规划确定的永久基本农田和城乡建设用地扩展边界外的一般农田。行政村（社区）未发生违法用地、破坏耕地等行为的，原则上每年6月底拨付上年度耕地有偿保护资金；行政村（社区）存在违法用地、破坏耕地等行为，整改到位的，原则上每年12月底前拨付上年度耕地有偿保护资金。

第二，占补平衡四类指标统筹。原则上对补充耕地指标、旱地改水田指标、耕地质量等级提升指标、标准农田补建指标进行100%统筹。补充耕地指标统筹按新增耕地面积计算；旱地改水田指标按新增水田指标计算；耕地（永久基本农田储备库）质量等级提升统筹按提质面积计算；标准农田补建指标统筹按新增标准农田面积计算。

第三，永久基本农田储备库建设。永久基本农田储备库建设奖励适用于镇（街道）通过土地开发整治新增的质量等级高于或等于第七等，且通过部级复核并纳入储备区数据库管理的永久基本农田，县财政给予奖励。

第四耕作层表土剥离。建设项目占用耕地，建设单位未自行开展耕作层剥离的，收取土地复垦费，建设单位开展耕作层剥离并经验收合格后退还。

2.进一步促进土地节约集约利用

第一，农房集聚。镇（街道）经县发改局书面认定为参照"未来社区"标准建设的小区安置集聚农户的，用普通标准建设的小区安置集聚农户的，镇（街道）通过宅基地复垦新增的耕地，县财政分别给予每户奖励。镇（街道）应将获得的奖励资金优先支持村集体经济发展。

第二,建设用地复垦指标统筹。县级对城乡建设用地增减挂钩节余指标(复垦指标)按拆旧区复垦面积的 30% 及以上进行统筹,统筹收购价不低于一定标准。根据镇(街道)耕地保护和土地节约集约利用成效,可对指标统筹收购价实行差异化。

第三,"五未土地"处置。对完成"五未土地"处置年度任务的镇(街道),在上级下达的"增存挂钩"年度计划指标中,指标来源属于镇(街道)自有增减挂钩指标(复垦指标)的,优先安排计划指标,免收用地指标有偿调剂费。对未完成"五未土地"处置年度任务的镇(街道),由县级直接盘活"批而未供"指标,统筹安排用于全县急需用地项目。

第四,支持国土资源节约集约模范镇(街道)创建。对成功创成国土资源节约集约模范镇(街道)的,给予新增建设用地计划指标 20 亩的奖励。

3.进一步推进全域土地综合整治与生态修复工程

第一,支持重点项目建设。对列入国家、省、市级工程名单,且通过市级整体验收,各类子项目完成报备入库的全域土地综合整治与生态修复工程,在原标准基础上分别上浮一定幅度享受建设用地复垦指标、占补平衡四类指标、宅基地复垦奖励政策,在项目奖励结算时拨付。

第二,强化绩效考核运用。对年度项目平均绩效考评前三名的镇(街道),优先推荐上报国家、省、市级示范项目,优先推荐融资项目,并在年度考核中予以加分。

(三)集体经营性建设用地入市管理

党的十九届三中、四中全会提出了深化农村土地使用制度改革的总体设想。新修订的《土地管理法》明确规定,土地利用总体规划、城乡规划确定为工业、商业等经营性用途,并经依法登记的集体经营性建设用地,土地所有权人可以通过出让、出租等方式交由单位或者个人使用,取消了多年来集体建设用地不能直接进入市场流转的二元体制,为城乡一体化发展扫除了制度性障碍。

依法依规推进集体经营性建设用地入市,可建立健全城乡统一的建设用地市场,构建更加完善的要素市场化配置体制机制,以此激活土地要素,提高资源配置效率,促进乡村振兴和城乡融合发展。同时,可促进存量建设用地的盘活利用,提高土地资源开发利用水平,为全县高质量发展提供新动能。2020 年 12 月 29 日,嘉善县人民政府公开发布《嘉善县集体经营性建设用地入市管理暂行办法》(以下简称《办法》),主要内容如下。

1.对入市范围进行合理规定

①土地利用总体规划、城乡规划确定为工业、商业等经营性用途,并依法登

记的集体经营性建设用地;②零星、分散的集体经营性建设用地;③符合土地利用总体规划和土地整治规划,在复垦后异地调整入市。

2.入市主体与入市方式

入市主体为村股份经济合作社或其代理人以及镇(街道)下属全资公司或其代理人。入市方式为出让、租赁等有偿使用方式。集体经营性建设用地使用权出让最高年限按照以下用途确定:①工矿、仓储用地,出让最高年限为 50 年;②商服、旅游等用地,出让最高年限为 40 年;③集体经营性建设用地,使用权租赁最长年限不得超过 20 年。

3.明确入市程序

①集体经营性建设用地入市经所在集体经济组织集体研究决定,出具《集体经营性建设用地入市决议》;②经有资质的评估机构评估,出具地价评估报告;③所在镇人民政府(街道办事处)审核,并经相关部门确认;④由集体经营性建设用地入市实施主体向自然资源规划部门提出入市申请;⑤自然资源规划部门审核后报县人民政府批准,核发"嘉善县集体经营性建设用地入市核准书"。

三、产业政策

嘉善县始终坚持以开放型经济为主导,以全面接轨上海为首位战略,着力加快转变发展方式,不断调整产业结构,突出创新驱动、产业链带动、挖潜促动。2019—2020 年,嘉善县出台了一系列产业政策大力培育发展生命健康、新能源(氢能源)、集成电路等高能级产业,着力推进以现代服务业为核心的第三产业向第二产业渗透,在发挥市场主导作用的同时以产业政策来引导和扶持未来新兴产业的发展。

(一)产业政策导向

为了深化建设长三角一体化示范区,嘉善着力于加快推动如智能传感器产业、车联网产业、氢能产业、生命健康产业等实体经济未来新兴产业高质量发展。

1. 智能传感器产业

相关政策包括规划合理布局、补齐设计短板、开展应用示范、保障公共服务等四个方面。力争实现智能传感器向中高端升级,同时拓展汽车电子、工业控制、医用智能传感器等应用领域,结合接轨上海的示范区建设机遇,引进相关领域的产业项目及创新人才,加快嘉善县集成电路产业关键核心技术攻关与科技成果转化,力争将嘉善县打造成智能传感器创新中心。

2. 车联网产业

以嘉善高铁新城为核心区域开展基于宽带移动互联网的智能汽车、智慧交通应用示范,加大产业链招商,鼓励引导骨干企业加大技术研发和产业化项目实施,统筹安排产业发展资金,加快完善封闭场地测试场景、城市开放道路测试场景和智慧高速测试场景三大测试服务基地,为未来嘉善县车联网产业的技术研发测试与创新打造具有核心竞争力的车联网产业集群环境,深化建设国家智能网联汽车(浙江嘉善)示范区。

3. 氢能产业

相关政策包括核心技术攻关、氢能产业布局、氢能产业链延伸等三个方面。通过推进创新研发、装备制造、设施建设、推广应用、标准规范协同发展,按照试点示范促设施建设、设施建设促推广应用、推广应用促产业发展的路径,开展嘉善县的嘉兴公交应用示范试点建设,加快推动嘉善氢能产业发展壮大。

4. 生命健康产业

相关政策包括生物材料、新兴生物技术、医药与医疗器械三大方向。以中国归谷嘉善科技园为依托,通过结合人工智能和健康医疗两大产业领域优势,加大落地项目的培育力度,建设优质生命健康产业发展生态体系,力争将嘉善县的归谷园区、嘉兴生命健康产业园等园区打造成为生命健康产业集聚区。

(二)产业政策共同特点

促进产业发展的产业政策实质上是政府在出现市场失灵时对产业活动实施的一种有效干预,而嘉善县在制定和实施本区域不同产业布局的产业政策时又具有其推进产业结构优化升级的共同特点,可以归纳为以下三个方面。

1. 扶持奖励依据多样化

嘉善县政府按照各产业项目实际情况确定扶持奖励依据。如按照新增项目设备投资额给予补助,按照年度企业增值税地方留存增量部分额度对实缴增值税增幅达到要求的企业进行一定奖励,按照对年销售收入不同分别对鼓励企业扩量提质给予不同奖励,按照企业实施技术改造所投入的实际生产性设备投资额按比例给予补助,按照当年度研发投入对列入产业目录企业的按比例给予补助。

2. 注重企业创新自发性

对获得国家级、省级、市级重要奖项的企业进行奖励支持。如对列入氢能产业目录的有关企业,嘉善县政府按当年研发投入的20%给予科技研发补助;对新认定的国家级、省级、市级企业技术中心,分别给予一定的奖励;对新认定的国家级和省级技术创新示范企业、制造业创新中心,分别给予奖励;对新认定的国家级质量标杆企业、制造业单项冠军示范(培育)企业、工业产品质量控制和技术评价实验室、产业技术基础公共服务平台,给予一次性奖励。

3. 讲究产业政策时效性

嘉善县的产业政策每两三年就会由嘉善县人民政府根据省、市下发的指导政策文件,结合本县内外部环境的实际变化重新制定不同方向、不同工具、不同力度的产业政策,县经信局会同有关部门根据对应产业政策制定实施细则来适应社会、经济、科技、人口等因素发展的新要求。

四、公共服务政策

公共服务是居民最为关切的事情,长三角一体化必须着力提升居民的获得感。近年来,嘉善不断努力,出台一系列政策法规,通过深化养老服务综合改革、推进教育高质量发展、推进医疗卫生事业高质量发展、推进全域旅游发展以及推进示范区政务服务一体化,全面推进嘉善公共服务高质量发展。

(一)推进示范区政务服务一体化

2019年以来,嘉善县携手青浦区、吴江区,紧盯一体化示范区政务服务"一窗办""网上办""自助办"三大领域,聚力打破区域数据壁垒,整合三地政务服务资源,实现示范区政务服务多渠道融合,破题示范区政务服务一体化发展。示范区政务服务"一窗办、一网办、一机办"模式已基本形成,各项工作按计划均已提前完成。

1. 主要做法

第一,以"整体政府"理念推动"服务集成",率先实现长三角政务服务"一窗办"。嘉善将浙江"最多跑一次"改革经验全面注入长三角一体化发展,形成了具有嘉善特色的政务服务一体化发展模式。一是创新设立长三角政务服务专区,推动服务零距离。2018年11月,嘉善县结合全省企业注销便利化改革试点优势,在全省率先设立长三角一体化企业服务专区,通过整合部门力量,推行"一站式、集成式、保姆式"服务,实现企业开办、企业注销"一窗受理、一次办结",有效破解长三角企业来善落户政策不明、流程不清、数据不通等问题,为来善企业提供一流便利的系统性政务服务。2020年,已办理常态化企业一次性开办4007例,企业注销530例。二是建立示范区政务服务联动机制,推动服务零障碍。2019年,青吴嘉三地建立长三角一体化政务服务联动机制,并签订三地政务服务年度工作方案,厘清工作重点,明确各方责任,组建"长三角政务一体化"工作交流群,协同推进三地政务服务一体化。比如,嘉善县自然资源规划局与上海市公积金管理中心成功签订核查共享协议,建立数据共享机制。业务协同时间从原本的5天压缩到半天。2019年以来,三地已先后开展政务服务一体化交流会商20余次。三是锚定政务服务一体化重点领域,推动服务零差异。结合"营商环境最优县"建设,将市场主体准入作为推动政务服务一体化的主要切入点,全力推进跨区域市场准入简化、优化、便利化。青吴嘉三地市场监管部门多次协商,最终形成三地统一的市场准入标准、审批模式、办理时间以及服务举措方面的 10 条政策性实施意见。

第二,以"无感换乘"体验倒逼"数据整合",全力推进长三角政务服务"网上办"。嘉善县充分叠加浙江省"浙里办"和长三角"一网通办"改革优势,积极探索跨区域政务服务"一网通办",推动示范区政务服务"无感换乘"。一是设立自助申报服务专区,让办事更省时。在县级政务服务大厅创新设立自助申报服务专区,配备一批电脑终端供群众企业使用,统一安装"浙江政务服务网"和长三角"一网通办"系统,实现两套系统同步运行,并特别配备专职服务人员全程指导网上办事,无须排队取号,群众企业即可直接在线完成申报。二是开发个性化网办界面,让办事更省力。在全省"浙里办"平台总体框架下,结合长三角一体化发展需求,开发"嘉善网上办事"个性化服务界面,优化操作流程、简化申请材料、细化快递服务、完善办件信息等功能,推动跨区域网上办事由"可办"升级为"好办"。三是建立"三十三"特色服务机制,让办事更省心。创新设立红色导办、蓝色帮办、黄色助办三支特色服务团队,推动服务关口前移,使群众企业办事需求第一时间得到会意,满足多元化需求,政务大厅空号率、废号率明显下降,政务服务网办比例显著提升,推动政务服务不断向"无前台化"迈进,长三角群众企业来善办事更加顺畅。

第三,以"人机互动"模式实现"优势叠加",牵头推进长三角政务服务"一机办"。嘉善县牵头推进示范区"自助通办"专项改革,实现"一机可办三地事"。一是明思路强担当,推动自助终端"标准化"。在嘉善召开的示范区政务服务一体化研讨会上,明确"自助通办"由嘉善牵头,作为示范区政务服务一体化主要突破口,列入示范区一体化年度重点工作。在嘉善、吴江两地政务服务自助终端相对统一的基础上,叠加上海"一网通办"优势,突破行政区域限制,克服网络环境差异,反复比对磨合,实现示范区政务服务自助终端硬件的"一机化"。结合各地"自助办"服务优势,统一长三角"一网通办"服务界面,让群众企业在示范区内任意一地都能享受到无差别的政务服务。二是建专班破难题,推动办理事项"无界化"。2020 年,嘉善联合青浦、吴江政务服务部门正式组建示范区政务服务"自助通办"工作专班,建立破难机制,推动定向攻坚,先后解决自助机通办实现方式、自助机跨区域互联互通等 7 个问题。将高频事项、民生事项、常用证明作为改革的主攻方向,切实解决群众企业最为关心关注的事。一体化示范区首批758 项事项已纳入"自助通办"范围,包括嘉善 171 项事项、31 类证明,吴江 433项事项、9 类证明,青浦 114 项事项。同时,在示范区综合自助终端上除了可办理青吴嘉三地事项外,还可办理上海市金山区、湖州市南浔区和嘉兴市所属各县(市、区)的政务服务事项。三是抓整合优体验,推动自助办理"一证化"。明确"内部整合十外部融合"的工作路径,高标准、高站位打造改革试点。将浙江省嘉兴市全面推广综合自助终端的思路导入示范区政务服务"自助通办"改革,推动三地全面整合综合自助终端功能。嘉善已实现市民卡、公积金、医保、医疗卫生等5个大类68项功能的整合,以嘉善县的先行经验带动示范区整体提升,形成示范区自助服务的"聚合效应"。突出做好"去表单、减材料、减步骤",推动实现政务服务自助办理"101模式",即群众到任意一台自助终端上,只凭一张身份证,无须填写表单,一分钟内即可完成申请。

2.取得显著成效

第一,建立工作机制,强化三地联动,首创营业执照跨区域通办,形成了改革成果的社会影响力。通过制定工作方案、三地定期会商、互派业务骨干学习交流等方式,加强了部门层面的跨省协作,梳理出一批标准化的事项清单,实现长三角政务服务线下跨区通办。2020年3月29日,嘉善县成功办理了首张跨区通办营业执照;7月1日,办理首张住所冠以"长三角生态绿色一体化发展示范区"的企业营业执照;9月5日,嘉善与青浦联动办理首张使用长三角"一网通办"服务电子印章的跨区通办营业执照。

第二,共享先进做法,共建数据平台,打造青嘉吴三地线上专栏,形成了改革成果的业内影响力。通过对企业营业执照、结婚证、居住证、出生医学证明等8类电子证照的共享互认,以统一政务服务办事入口的方式,推进示范区政务服务事项"全程网办"和"线上线下联动办理"。

第三,突破数据壁垒,统一系统平台,破题自助终端跨省通办,形成了改革成果的群众影响力。嘉善作为示范区"自助通办"改革工作的牵头地区,整合三地政务服务资源,统一自助终端软硬件配置,优化自助终端使用界面,实现示范区群众跨省业务就近办理,探索出一条跨省通办的新渠道。

(二)推进教育高质量发展

为贯彻落实全国、省和市教育大会精神,加快推进嘉善教育现代化进程,办好人民满意教育,2019年8月30日,嘉善县人民政府公开发布《嘉善县人民政府关于推进教育高质量发展的若干政策意见》。就推进嘉善教育高质量发展提出如下政策意见。

1.促进教育协调发展

一是支持普通教育发展,设立教育均衡发展专项经费,逐步提高学前段、义务段和高中段学校公用经费,建立生均公用经费统筹管理机制,县教育局统筹管理公用经费新增部分,重点用于小规模学校、薄弱学校的生均公用经费补助。支持职业教育发展。二是改善中职学校办学条件,添置和更新实训设施设备,强化教学改革、队伍建设、校企合作、现代学徒制等。三是支持民办教育发展,加快民办教育集团发展,创新办学体制。

2. 推动教育优质发展

一是结合"红船精神"和"善文化"特色,打造"红船善育"县域德育工作品牌,着力推进美丽学校、文明校园建设。二是注重家庭教育,大力开展星级家长学校建设,构建长三角有影响力的家庭教育服务体系。三是推进课程和教学改革,深入实施精准教学、"互联网＋义务教育"城乡学校结对、STEAM 教育等教学改革项目试点。四是积极推进高水平合作交流办学,大力引进优质教育资源,深化集团化办学和城乡教育共同体建设,实施"强校工程",遴选培育一批新优质学校、特色学校,增加优质教育资源总量。

(三)推进医疗卫生事业高质量发展

为推动《"健康嘉善 2030"行动纲要》顺利实施,推进嘉善医疗卫生事业高质量发展,2019 年 12 月 31 日,嘉善县人民政府制定了《嘉善县人民政府关于推进医疗卫生事业高质量发展的若干政策意见》,主要内容如下。

1. 改善医疗卫生基础设施条件

支持医疗卫生机构建设,实施新一轮社区卫生服务机构提升工程,推进等级医院建设。不断提高医疗机构医疗条件和改善就医环境。提升医疗设备配置标准,引进高端医疗设备,提高医疗诊治水平,满足患者诊疗需求。大力实施智慧医疗与智慧公卫信息化,完善医共体内人、财、物信息管理系统建设。

2. 提升医疗卫生服务能力

鼓励和扶持基层医疗卫生机构发展特色专科,开展特色服务。大力引进沪杭优质医疗资源,提升县级医院服务能力,探索沪杭医生团队参与家庭医生服务。加强县域中医药龙头学科建设,推广基层适宜技术,建设基层医疗卫生机构中医馆和中医角,支持基层医疗卫生机构开展中医非药物治疗。

3. 强化医疗卫生人才队伍建设

大力引进高层次人才,建立卫生高层次人才奖励制度。组织选派青年卫生人才外出培训进修,组织市级以上各类人才结对帮教。探索县级公立医院医生定向培养,鼓励科研创新。加快重点学科发展和学术技术带头人培养,积极培育市级以上重点科技创新团队、重点学科团队。

4. 推进医疗卫生体制改革

支持基层医疗卫生机构绩效改革,推动基层医疗卫生机构补偿机制改革平稳有序开展,实行当量工作考核,促进基层医务人员改善服务质量和提升服务效率。支持县域医共体建设,整合县域内医疗资源,提升基层医疗卫生机构医疗服务能力,逐步建立基层首诊、双向转诊、急慢分治、上下联动的分级诊疗制度。

第八章　生态治理一体化：
跨流域协同治理机制

长三角作为全国高质量发展的引领区域，在习近平生态文明思想的指引下，不断解放思想、勇于创新、敢于突破，形成了一系列生态治理一体化的生动实践，为我国区域生态绿色一体化发展提供了新样板、新方案、新路径。作为长三角一体化发展的"先手棋"和"突破口"，一体化示范区肩负着跨区域生态协同治理的历史责任和重大使命。示范区在不破行政隶属、打破行政边界，实施跨区域生态环境一体化管理的制度创新上迈出了坚实的一步，先后出台了《长三角生态绿色一体化发展示范区生态环境管理"三统一"制度建设行动方案》（以下简称《"三统一"行动方案》）、《长三角生态绿色一体化发展示范区重点跨界水体联保专项方案》（以下简称《水体联保专项方案》）、《跨界水体生态修复与岸线贯通工程一体化实施指导意见》（以下简称《实施指导意见》）等一批制度创新成果。

作为示范区的重要组成部分，嘉善片区紧紧围绕"重要窗口的重要窗口"和"十彩嘉善"目标定位，以"生态绿色"为核心，以环境质量提标进位为"靶心"，共同加强跨流域协同治理的制度创新和实践探索，坚决打赢污染防治攻坚战收关战，打好生态环境整治攻坚战、翻身仗，努力建设底色更加鲜明的美丽嘉善，共建生态美丽的一体化示范区。

第一节　示范区的生态治理一体化

水是生态之基，示范区要构建人与自然和谐共生的生态格局，首要任务是以区域内交错密布的河湖水系的自然本底为生境建设基础，强化滨水湿地恢复与保护,治理和提升水体生态环境。示范区内河湖水系具有平原河网水系显著特点,也具有江南水乡文化特色,所以水环境治理需要以系统治理的思维和流域治理的思路。① 针对长期存在的人水争地不断、面源污染凸显、涝灾呈现同期、协同管控偏弱等问题,示范区加强生态治理一体化的实践探索,通过一系列的制度创新,初步形成跨领域协同治理的新模式新机制,生态治理得到极大改善。

一、示范区水环境存在的问题

长三角区域三省一市经济发展路径和主导产业均存在差异,加之目前生态环境管理体制依然存在部门分割难题,尚未真正建立行之有效的生态环境协同治理机制,导致推进长三角区域生态一体化面临很大的挑战。如何兼顾经济社会发展与生态环境保护,是长三角地区未来发展必须共同面对并解决的"地域之痛"。

2019 年,三省一市提出要建设长三角生态绿色一体化发展示范区,要求示范区把保护和修复生态环境摆在优先位置,打造"生态价值""绿色创新发展""绿色宜居"三个新高地,以"一河三湖"(太浦河、汾湖、淀山湖、元荡)为重点,加强生态环境综合治理,构建优美和谐生态空间,建设世界著名文化生态湖区。一体化示范区位于典型的江南水乡区域,河网纵横、湖荡密布,水资源十分丰富。受行政区划影响,区域内河湖水环境既受本地各类污染源排放影响,也受上游来水水质影响。例如上海片区水环境既受上游太湖来水水质影响,也受太浦河穿越江苏吴江、浙江嘉兴沿线汇水水质影响,还有来自江苏昆山经淀山湖下泄来水水质影响。

(一)水系统问题

示范区内河网纵横交错,湖荡水面簇聚,区内现状河网约 6657 条,湖荡约 431 座,具有非常典型的江南水乡特色。经过多轮治理,示范区内的排水系统基本实现了空间全覆盖,建成区内基本无直排区。整体水环境得到显著改善,但距离实现示范区总体Ⅲ类水目标仍有一定差距。经测算,2018 年示范区全域年入河(湖)污染物总量 COD、NH 3-N、TP 和 TN 分别为 29608.2 吨、2049.5 吨、481.4 吨、7359.9 吨(见表 8.1)。对比水环境容量模型计算结果可知,示范区由于水系较多,整体水环境容量较高,可以承载现状入湖污染物负荷冲击,但由于 TN、TP 目前的削减率依然不高,未来在更高水质要求的条件下,上述污染物总

---

① 季永兴、韩非非、施震余等:《长三角一体化示范区水生态环境治理思考》,《水资源保护》2021 年第 1 期。

量仍有进一步下降的必要性。

表 8.1　2018 年示范区各区县水环境容量与年入河（湖）污染物总量

（单位：吨）

行政区	指标	COD	NH3-N	TP	TN
青浦区	水环境容量	17075.6	580.3	37.7	614.5
	污染物入河量	8469.9	585.3	117.0	2204.8
吴江区	水环境容量	30998.1	1087.1	95.8	1266.6
	污染物入河量	15688.1	1050.5	249.2	3462.8
嘉善县	水环境容量	17228.2	661.8	107.0	774.1
	污染物入河量	5450.2	413.7	115.2	1692.2
合计	水环境容量	65301.9	2329.2	240.5	2655.2
	污染物入河量	29608.2	2049.5	481.4	7359.9

数据来源：根据公开资料整理。

（二）核心问题

示范区内大部分河湖水体水环境质量均得到有效改善。但综合来看，仍存在下列问题。

1. 人水争地不断，导致水面破碎、生境系统受损

局部河湖湿地生境遭受破坏，滨水空间利用消极；河湖水体蓝线受到侵占，生态系统受到侵蚀，缺少生态缓冲空间，岸线结构相对硬质化；水面破碎化程度高，主要廊道生态属性如生物栖息等功能相对不完整。

2. 面源污染凸显，环境治理进入深度瓶颈期

农业面源污染难以有效治理，重要湖荡水体的 TN、TP 指标仍居高不下，富营养化风险高，区域水网动力不足。三者叠加，导致示范区整体水质提升难度进一步加大。

3. 涝污呈现同期，雨洪叠加水质下降同步出现

受区域水文特征和汛期降水影响，圩内污染物随支流洪涝水外排至圩外河道，呈现"雨污同期"的特征，汛期河湖水体水质恶化明显。

4. 协同管控偏弱，跨界河湖治理诉求难协调

以区域内太浦河为例，上游要借助滨水空间发展产业，下游要作为核心城市水源，诉求不同往往导致矛盾丛生。整体上示范区跨界河湖水质达标率相对较低，断面Ⅲ类及以上水质仅占 62.9%，由于分属两省一市，水环境治理客观上存

在主体不清、边界不明和标准不统一等多重难题困扰。

二、示范区生态一体化治理制度创新

长三角生态绿色一体化发展示范区建设,聚焦"8+1"重点领域,推出多项具有突破性、首创性的制度创新成果。在生态保护领域,重点推出《"三统一"行动方案》《水体联保专项方案》《实施指导意见》等制度创新成果。

（一）生态环境标准、环境监测监控体系、环境监管执法"三统一"制度

生态保护功在当代、利在千秋。然而,不可否认的是,在跨域生态治理中,由于政出多门,不能形成统筹协调的生态治理政策、最终影响生态治理成效的现象时有发生。基于此,建立相关的标准和统一的监测、执法制度势在必行。2020年10月28日,两省一市生态环境部门、示范区执委会联合正式发布《"三统一"行动方案》。这标志着示范区内将加快实现统一的生态环境标准、统一的环境监测和统一的环境监管执法。建立"三统一"制度是《总体方案》中明确的重大制度创新之一,也是承载示范区锚固生态底色、厚植生态优势、发展生态经济的核心制度创新。

1. "三统一"制度的内容和亮点

《"三统一"行动方案》主要包括生态环境标准统一、环境监测监控统一和环境监管执法统一的工作目标、主要任务和制度保障,明确了3方面56项具体工作清单。《"三统一"行动方案》的正式印发,标志着示范区在不破行政隶属、打破行政边界,实施跨区域生态环境一体化管理的制度创新上迈出了坚实的一步。《"三统一"行动方案》重点围绕打造生态优势转化新标杆、绿色创新发展新高地、一体化制度创新试验田、人与自然和谐宜居新典范的核心要求,明确到2022年基本形成"三统一"制度体系,进一步夯实示范区生态环境联保共治的制度基础,为长三角一体化战略的顺利实施提供了有效的制度示范和创新引领。

生态环境标准、环境监测监控、环境监管执法,都是生态环境管理的重要领域。这三个领域的统一,意味着打通示范区生态环境管理体系,形成跨域一体的生态环境监管尺度和生态环境行为准则,也为示范区坚持生态筑底提供重要的制度性保障。这一制度成果,在示范区生态环境制度一体化方面不仅具有基础性、关键性的重大作用,更是今后进一步探索示范区生态环境一体化制度系统集成的根基性制度。

标准统一方面,突出以"一套标准"规范示范区生态环境保护工作,重点推进"三个同步"。一是同步落实示范区重点行业全面实施大气特别排放限值;二是同步推进标准阶段性研究发布,立项、研究、发布一批生态环境标准规范;三是同步研究标准制定、修订工作流程,建立符合示范区特点、便于操作的标准制定、修

订统一发布模式。

监测统一方面,完善以"一张网"统一生态环境科学监测和评估,重点建设"三个体系"。一是完善生态环境质量监测评估体系,构建先行启动区和沿沪渝高速、通苏嘉高速的"一核两轴"大气监测网络;二是强化污染源监测监控体系,建立移动源监测评估体系;三是建设环境预警应急监测体系,包括空气质量预测预报、水环境质量预警体系、突发环境事件应急监测体系和监测质量管理体系,推进生态环境监测数据共享共用。

在执法统一方面,强化用"一把尺"实施生态环境有效监管,重点打造"两个一"。一是组建一支生态环境联合执法队,率先实现跨界执法协作互认,形成示范区执法人员异地执法工作机制;二是建立一套执法规程,统一示范区执法事项、执法程序和裁量标准,建立健全案件证据互认、处罚结果互认机制。推动执法信息互通共享,实现生态环境信用互通。

2."三统一"制度的推进方法

示范区所在三地主要环境问题有所不同,环境监管手段也有差异。在"三统一"推进过程中,执委会及相关部门按照"一盘棋"思想,以共商共建共治共享共赢为原则,采取了"优势互补、共同研究、协同推进"的工作模式。

两省一市在区域环境标准、监测、执法统一协调方面,前期积累了大量的工作经验。无论是示范区《"三统一"行动方案》编制等系统性工作,还是统一标准研究等专项性工作,均根据各地的工作基础,先行确定牵头单位,明确工作方向。在牵头单位的带领下,组建由三地构成的联合团队,对各地实际情况开展细致梳理并做差异性分析。

经过多次沟通、多轮征求意见,示范区在最大化寻求共识的基础上,形成了具有可操作性的行动方案和工作任务。推进工作采取牵头单位和参与单位协同合作的模式,按步骤、按时间节点有序开展;在统一标准编制、联合执法等方面,三地生态环境部门加强与市场监管、司法等相关主管部门的合作,将其作为推进工作的重要力量,共同谋划,共同发力,确保"三统一"能顺利推进。

3.案例分析

2020年5月,三地生态环境部门联合发文成立示范区生态环境综合执法队。7月,在示范区先行启动区首次开展跨界联合现场执法检查。三地执法人员结合长期环境执法工作经验,给企业在污染治理工作上传经送宝,使得示范区企业的生态环境管理水平进一步提高。与此同时,"三统一"制度还将视线聚焦到特定行业企业,客观上丰富了生态治理中企业主体的形象和作用

本次联合检查,以统一指挥调度、统一队伍建设、统一检查程序、统一执法力度、统一自由裁量的"五统一"制度为原则,采取交叉互查、联合检查、跨界执法

等手段,联合制定了检查对象清单。当天,执法队针对清单中有关企业污染治理设施配套,运行情况,水、气污染物排放情况,固废贮存、处置情况,饮用水水源保护区以及太浦河、淀山湖、元荡、汾湖"一河三湖"等主要水体沿河排放口设置情况等开展了联合执法检查,为区域环境改善提供坚实保障。

加快建立生态环境"三统一"制度,有利于破解跨区域生态环保分而治之的难题,充分调动上下游、左右岸协同治理积极性,探索区域联动、分工协作、协同推进的新路径,为区域一体化生态保护提供示范;有利于进一步挖掘示范区生态环境价值,加快实现生态优势转化为经济社会发展优势,落实新发展理念,为长三角地区践行"绿水青山就是金山银山"理念探索路径和提供示范;有利于提升区域生态环境治理体系和治理能力现代化,实现系统治理、精准治理,打造天蓝地绿水清的美丽示范区。

(二)《长三角生态绿色一体化发展示范区重点跨界水体联保专项方案》

"共同制定长江、新安江－千岛湖、京杭大运河、太湖、巢湖、太浦河、淀山湖等重点跨界水体联保专项治理方案"是《规划纲要》中明确的重大任务。《总体方案》中也提出了要探索统一的生态环境保护制度,加快建立统一的饮用水水源保护和主要水体生态管控制度,共同制定太浦河、淀山湖等重点跨界水体生态建设实施方案,全面提升区域水生态环境质量。示范区作为两省一市的跨界毗邻地区,早在十多年前就开始了水污染防治等多方面的合作探索。但受限于行政隶属关系和行政边界,两区一县在诸多领域有着相对独立的管理体系,跨界水体的功能定位和管控要求存在一定的差异。

2020 年 10 月 12 日,《水体联保专项方案》正式印发。苏浙沪两省一市将建立联合河湖长机制,对重点跨界水体实施联合监管、联合检测、健全数据共享、联合防控等举措。《水体联保专项方案》明确,根据一体化示范区和协调区的范围,共 47 个河湖纳入重点跨界水体范围,包括青浦、嘉善、吴江三地交界河湖 1 个,青浦、嘉善交界河湖 20 个,青浦、吴江交界河湖 11 个,嘉善、吴江交界河湖 14 个,青浦、昆山交界湖泊 1 个。

1.《水体联保专项方案》的内容和亮点

流域作为一个生态系统,具有不可分割的整体性,通过联合治理,能进一步完善多方协同保护机制,为长三角生态绿色一体化发展和跨界水体生态环境保护探索路径和提供示范。

《水体联保专项方案》的主要内容有:①建立联合河湖长制。在已有太湖、淀山湖湖长协商协作机制的基础上,先行建立"一河三湖"联合河湖长制,并逐步扩展至其他重点跨界水体。日常管理实行轮值制,定期开展联合巡河、会商协作,统筹推进解决跨界区域的水环境问题。②实施联合监管机制。以贯穿吴江、青浦、嘉善三地的太浦河为重点,进一步明确太浦河水生态保护和管控要求,强化岸上、水上污染源监管,完善太浦河水资源保护省际协作机制,优化水资源联合调度模式和应急事件协同联动。③开展联合执法会商。定期开展跨区域联合执法和巡查,共同打击环境违法行为;根据问题导向,开展形势分析、执法联动和协同污染治理等会商。④完善联合监测体系。优化联合监测断面,在重点跨界水体水环境质量、污染排放、风险预警等更多领域开展监测合作;联合建设太浦河沿线自动预警体系,加强相关数据的共享与运用;共同开展"一河三湖"水文水资源水生态监测,持续开展河湖健康状况评估。⑤健全数据共享机制。充分依托太湖流域水环境综合治理信息平台和数据共享机制建设,不断扩大重点跨界水体各类水文水质监测信息、入河污染物排放信息的共享共用。⑥深化联合防控机制。将水葫芦打捞、清洁小流域建设、河道养护等作为重点跨界水体落实河湖长效管理的重要方面,探索推进上下游、左右岸、跨区域连片联合养护,提升管养的整体效益。

建立联合河湖长机制是《水体联保专项方案》的一大亮点。2020年,太浦河、淀山湖、汾湖及元荡等"一河三湖"完成了联合河(湖)长制的建立工作。日常管理实行轮值制,原则上轮值期为一年。轮值期间牵头单位至少组织一次联合河(湖)长共同巡河,研究确定联合河(湖)长制目标任务,共同解决重大问题、推进重要工作。其他重点跨界水体,由相关地市参照"一河三湖"模式,已于2020年完成了联合河(湖)长制的建立工作。

在执法方面,《水体联保专项方案》指明,三地将建立协同联合执法会商机制,对重点跨界水体区域内入河排污口、污水处置设施等开展跨区域联合执法和巡查。在监测数据共享、联合防控方面,三地都将"手牵手",形成水环境监测一张网,进一步建立完善示范区统一的监测数据共享和管理平台;共同落实跨界水体河湖长效管理工作,探索推广上下游、左右岸、跨界水体连片联合养护,充分发挥河湖养护的整体效益。

在监管上,三地将共同发力,确立太浦河沿线相关水源地一体化管理要求,研究完善太浦河金泽、嘉善等水源保护相关管控范围。《水体联保专项方案》还明确了太浦河水生态保护和管控策略,强化重点区域空间管控,共保太浦河绿色生态清水走廊功能。与此同时,共同实施太浦河流动源污染监管,进一步优化水资源联合调度模式。

2. 推进方法

求同存异是三地就《水体联保执行方案》达成共识的基石。两区一县因发展阶段不一致,有不同的发展诉求。因此,执委会在反复协调沟通过程中,暂时搁置难以统一的客观差距,不断放大三地共同目标,求大同存小异,形成统一的工作方案。

"行业部门牵头＋执委会协调重点矛盾"的工作组织是《水体联保执行方案》顺利推进的前提。上海市生态环境局牵头完成《水体联保执行方案》编制、征询、修改答复、联合发文等事项;执委会重点协调各有关单位责任,细化各项机制推进内容和计划,协调解决重点矛盾。如聚焦太浦河功能定位、重金属锑等特征污染物监测预警等重点矛盾,召开多次专题讨论会,协调多方诉求,逐步形成统一意见。

各扬所长是《水体联保执行方案》扎实推进的基础。在示范区执委会成立前,两区一县已在生态环保共治协作方面做出诸多实践。在此基础上探索生态环保一体化制度创新,能够更快达成共识。

建立重点跨界水体联合保护机制,扎实推进水污染防治、水生态修复、水资源保护,促进跨界水体水质改善,有利于创建三地共治一方水的一体化治理模式,从分段分界各自治理走向流域性一体化治理;有利于加强跨界生态环境综合治理,构建优美和谐的生态空间,建设环淀山湖世界级湖区,打造生态价值新高地;有利于以点带面,共同放大生态环境共保联治的成果经验,共同建设绿色美丽长三角。

(三)《跨界水体生态修复与岸线贯通工程一体化实施指导意见》

以太浦河、淀山湖、元荡、汾湖"一河三湖"为重点,大力推进周边及沿岸地区工业点源污染治理、岸线综合整治是《总体方案》明确的一项重要任务。根据《实施指导意见》,将围绕"一河三湖"示范区率先启动一批跨界水体生态修复、岸线贯通等重大项目,完善跨界水体水生态修复、水环境治理、水空间营造、水景观塑造、水文化交流等工作,把好山好水好风光融入大都市圈。

考虑到跨域项目没有成熟经验借鉴,《实施指导意见》以元荡示范段为例,梳理一体化实施过程中的问题和解决措施,围绕跨域一体独有基因,提炼形成针对跨域项目的可复制可推广经验,为示范区跨界水体生态修复及岸线贯通项目提供指导。同时,下阶段,示范区将根据实践项目进行不断完善,打造跨界水体生态修复及岸线贯通的长三角样板。

1. 内容和亮点

《实施指导意见》以元荡示范段为例,以一体化、共商性、可示范为原则,从谋划阶段、立项审批阶段、规划阶段、设计阶段、建设实施阶段、运营管理阶段等6个方面,剖析实践案例,提炼经验做法,具体内容如下。

(1)共谋一个项目

元荡是示范区重要跨界水体之一,位于沪苏省际边界,紧邻水乡客厅。根据沪苏两地协商,上海青浦区和苏州吴江区以元荡大桥为界,两侧各 1.2 公里岸线为先导示范段，先行启动建设，建设内容包括元荡水环境治理、水生态修复、水景观重塑等。

但在早期阶段，上海青浦区和苏州吴江区两地存在建设重心不一致、建设进程不同步的问题，导致其中6.2公里岸线建设计划稍有滞后，形成了这一时期双方建设重点的"真空地带"。为了消除"真空地带"，示范区执委会主持协调，会同上海市发改委、上海市水务局、上海市青浦区财政局以及苏州吴江区水务局、汾湖高新区建设局等跨域相关单位，就项目建设目标、建设范围、建设时序、资金安排等重大方向性问题进行了会商。

最终，上海市决定围绕示范区总体方案的要求与苏州吴江区同步一体化实施元荡岸线贯通工程，并确定了示范段与苏州吴江区同步竣工的目标。由执委会牵头的跨域双方高层级协商机制在解决前期战略问题上体现了高效性和灵活性。

（2）共建一批机制

作为跨域一体化项目，元荡生态岸线贯通示范段在立项审批阶段，上海青浦区、苏州吴江区分别设有平行的牵头单位，但双方没有统一的牵头单位，协调难度较大。同时，江苏省和上海市在行政管理模式上也有较大的差异。

为了加快推进建设进度，执委会主动担当起拧紧发条的"调度员"，会同双方单位搭建协商平台，把"千头万绪"变成"井井有条"。在前期重要方向性会商的过程中，执委会会同吴江区水务局、汾湖建设局和青浦区水务局等牵头单位参与会商，共同商讨前期的规划定位、建设时序、投资标准等一系列协同议题，并形成了具有约束力的会议纪要、备忘录等共识性文件。在项目的立项审批过程中，涉及各自审批的具体环节时，两地因对元荡湖泊的定位不同及管理政策不同，也带来了显著的差异。

"总分结合"、多头并进，在示范区执委会的召集和协调下，依据《总体方案》，两地审批部门全力支持元荡岸线贯通工程作为先行先试加快实施，开通相关审批流程。与此同时，苏州吴江段、上海青浦段也分别实施相应措施，按下立项审批"快进键"。

（3）共绘一张图

尽管元荡这一池水不是很大，但共绘一幅绿意盎然、舒展美丽的山水画卷，在上海青浦、苏州吴江两地也并不容易。在上海青浦区，元荡被定位为纯自然的郊野生态公园；而在苏州吴江区，元荡虽也是郊野公园，但融合了更多的景观游憩功能，所以部分岸段也承担着城市水岸公园的功能。双方在蓝图拼合的过程中存在着协调性、连贯性不足的问题，然而前期并没有统筹规划定位及空间布局。

　　针对这一问题,示范区执委会会同双方的牵头单位及相关的规划编制单位进行协同会商,规划编制单位在统一整体考虑了双方规划诉求的基础上,形成了"一环六湾"的元荡总体规划蓝图。"一环"是以绿色廊道为主题,打造一条串联起元荡整条湖岸线的绿色的、生态的、有趣的慢行道,并且在规模上可以承载马拉松、骑行赛等体育活动,同时在整个岸线上设置了多个驿站,满足正常的配套使用要求。"六湾"是指 6 个功能互补的活力水湾,其中苏州吴江区 4 个,上海青浦区 2 个,每个活力水湾都承载了各自的主题和发展方向。

　　最终,元荡在整体上形成了协调、统一、有机的规划蓝图,从而避免了机械式的方案拼合。在"一环六湾"的基础上,青吴两地还以"生态新典范,智慧新湖湾"为主要愿景,共同规划了月湾听荷、千帆归渡、云汀绿链、芦花飞雪等"十二景",新的设计思路、新的设计手法、新的生活感受,江南水乡韵味在青吴两地共显。

　　(4)共商一套标准

　　设计具体的景观体系时,为了避免因双方现状用地条件不同、设计单位不同而产生设计差异,双方设计单位直接以讨论会的形式进行协商对接。比如,在环湖通道的设计标准上,在一级步道的铺装颜色方面,上海段原本设计是骑行道为黑色,慢步道为灰色铺装。由于吴江段将骑行和漫步道结合在一起考虑,只通过用画白线的方式进行区分,经过沟通协商后统一标准为黑色铺装,骑行道与漫步道通过白色划线来区分。

　　统一环湖通道的设计标准、统一标识标牌风格、统一路灯照明设施设计标准等,两地在求"同"的过程中,也尽量避免同质化现象,实现了多样化与体系化的辩证统一。

　　(5)共推一份计划

　　由于前期缺少项目协同,导致上海青浦段立项相对较晚,招投标完成时间较晚,因此工期相对紧张。在示范区执委会的协调下,双方均以 2020 年 10 月底为竣工节点,双方施工单位倒排项目推进计划,共同形成一张推进计划表,实行"挂图作战"模式,确保工程如期完成。

　　挂图作战,提供的是方法与路径,显示的是信心与决心,体现的是责任与担当。在元荡生态岸线贯通示范段建设过程中,执委会会同各牵头单位对照好任务"进度图"、具体"施工图"、人员"责任图",以目标倒逼进度、时间倒逼程序、机制倒逼落实。这些从实践中总结出的宝贵经验,也被写入了《实施指导意见》中。

　　2.案例分析

　　元荡是示范区重要跨界水体之一,位于沪苏省际边界,紧邻"水乡客厅",属省(市)管湖泊,总面积 12.90 平方公里。岸线全长 23 公里,其中江苏段(吴江)16.8 公里,上海段(青浦)6.2 公里。主要建设内容涉及示范区跨界水体元荡水环境治理、水生态修复、水景观重塑,示范段岸线总长度为 2.4 公里,总投资约 2.7 亿元,于 2020 年 6 月开工,于 2020 年 10 月 25 日全面竣工。

示范区执委会主动搭建工程协商共建工作平台,坚持以"规划一张图、计划一张表、标准一把尺、机制一体化"为目标,确立统一规划、统一设计、统一标准的原则,在两地设计图队阶段成果的基础上,还专门组织召开工程标准、技术对接会,就工程控制系统、防洪标准、环湖通道规格、护岸形式(生态岸线比例)、景观绿化标准及风格、服务设施、标识标牌、服务设施和家具小品等 9 个方面内容,达成统一意见,形成"规划一张图、标准一把尺"。

长三角共治水环境,做好水生态大文章,需要以生态空间规划为引领,推动国土开发保护"一张图";以环境质量改善目标为导向,推动生态环境治理"一盘棋";以全域生态系统为考量,推动生态环境执法"一把尺"。

第二节　示范区破题跨省界联动治水

近年来,以长三角城市群为核心的跨界水污染协同治理的体制机制日趋成形,受到政府相关部门及专家学者的广泛关注。[1] 长三角地区污染企业大多集中在沪苏浙一市两省交界处,且毗邻地区对水污染治理又"各自为政",导致跨界治水问题不断。由于区域水环境治理中存在行政区域分割、治理主体不明确、流域生态保护不力等治理困境,长三角地区跨区域污染问题和上下游纠纷时有发生。[2] 2019 年 12 月印发的《规划纲要》明确提出要加快长三角生态绿色一体化发展示范区建设,在严格保护生态环境的前提下,率先探索将生态优势转化为经济社会发展优势,从项目协同走向区域一体化的制度创新。

一、示范区开展联动治水的背景

根据《规划纲要》及《总体方案》,上海青浦、江苏吴江、浙江嘉善三地被列为长三角生态绿色一体化发展示范区,三地要率先探索一体化制度的创新以及将生态优势转化为经济社会的发展优势。三地开展联动治水是示范区生态协同治理的关键环节。

---

[1]　刘靳、涂耀仁、段艳平等:《长三角区域跨界水污染治理的协同联动体制机制构建》,载于《环境与可持续发展》2021 年第 3 期。

[2]　顾骅珊:《推进长三角区域水环境协同共治》,载于《中国社会科学报》2020 年 11 月 27 日。

（一）开展联动治水是因地制宜的选择

1. 水网密布，典型的江南水乡

示范区总面积2413平方公里，水域面积约350平方公里，占了近1/6，其中青浦区有21个自然湖泊，朱家角、金泽和练塘3个国家历史文化名镇；嘉善拥有55个湖泊和西塘古镇1个国家历史文化名镇；吴江有320个湖泊，被称为"百湖之城"。示范区的先行启动区为青浦金泽、朱家角，吴江黎里，嘉善西塘、姚庄，5个镇共660平方公里，其中水面积占40%以上。

2. 水系相通，构成生态共同体

一体化示范区内太浦河、淀山湖、元荡、汾湖等上百条河湖横跨省界，其中嘉善县与青浦区交界22条，与吴江区交界15条。水体的整体性、流动性特点使示范区构成了一个水生态共同体，必须以综合保护为前提和基础，需要上下游、左右岸的协调联动，统一标准开展治理。一体化示范区内还有长白荡、金泽水库两个重要水源地，共同承担青浦、嘉善700多万人的供水任务，构成了饮水共同体。其中长白荡水源地地处江、浙、沪两省一市交界处，是示范区的中心区域，总面积26平方公里，是嘉善和平湖市唯一的饮用水水源地，也是上海市金泽水库取水口所在地。金泽水库位于青浦区金泽镇西部、太浦河北岸，总占地面积约2.7平方公里，总库容约910万立方米。

（二）开展联动治水是因时制宜的选择

1. "一体化"的需要

一体化示范区是长三角一体化发展国家战略中的一个重要平台，要率先探索8个方面的一体化的制度创新，其中，生态保护一体化是其中重要的一项内容，要建立有效管用的生态保护一体化新机制，为长三角地区提供示范。同时，示范区内的综合水体，横跨省界，各地对水体的功能定位、政策标准以及执法尺度都存在差异，如对于太浦河，吴江仅视作泄洪通道，河两岸分布了上万家纺织企业；而青浦和嘉善却视作饮用水水源，这就导致了三地在水环境治理的标准方面具有明显的地方差异性和治理的复杂性，出现"上游污染下游治理""河水污染三不管"等现象，要解决这些问题，必须推动联动治水，助力一体化发展。

2. "高质量发展"的需要

"有风景的地方就有新经济"，示范区要率先探索生态优势转化为经济社会发展优势，就必须生态优先，推动绿色发展，把保护和修复生态环境摆在优先位置，坚持绿色发展、集约节约发展，加快探索生态友好型高质量发展新模式，依托优美风光、人文底蕴、特色产业，集聚创新要素资源，打造国际一流的产业创新生态系统，构建更大范围区域一体的产业创新链，为长三角践行"绿水青山就是金山银山"理念探索路径和提供示范。这就需要三地联动,开展跨省界的共治联保,全面改善示范区的生态环境,助力高质量发展。

二、示范区开展联动治水的做法及成效

2019 年以来,青浦、吴江、嘉善着力打破行政壁垒,构建"三地联动"的联合河长制度、跨界联保机制、长效管护机制等跨界治水长效机制,逐步实现水环境的共治共享。

(一)构建联合河长制度,共同推动协同治水

河长制是从河流水质改善领导督办制、环保问责制衍生出来的水污染治理制度。[①] 最初,"河长"由各级党委和政府主要负责人担任,负责辖区内河流的整治及管理。2003 年,浙江省长兴县在全国率先实行河长制,2016 年 12 月,中共中央办公厅、国务院办公厅印发了《关于全面推行河长制的意见》,"河长制"在全国落地生根。在官方河长制逐渐成熟的过程中,河长概念逐渐延伸到民间,在社会各界义务参加治水的代表中间产生了"民间河长",共同参与、督促河流水质的改善。2018 年初,上海、浙江和江苏联手建立联合河长制,推动太浦河界河共治。

示范区成立之前,青浦、吴江、嘉善三地河长"各扫门前雪",官方河长、民间河长只在各自地域范围内开展巡河治理。示范区成立后,青浦区、吴江区、嘉善县三地创新提出"联合河长制",开展定期联合巡河、交叉巡河,落实联络员制度,参与跨区域联合巡查,共同解决水环境问题。

1. 建立联合巡河机制

联合河长定期开展联合巡河,及时掌握交界河湖水事情况,发现问题现场会商、现场解决,最快速度解决交界河湖问题,杜绝推诿扯皮现象发生。

2. 建立联合监测机制

统一整合水质监测点,统一明确监测内容,统一联合监测时间;建立基础信息月报互报制度,实现环境监测数据的互通共享;对涉及跨区域的重大水环境安全信息,做到第一时间通报,提升应急联动能力。

3. 建立联合执法机制

建立专业执法巡查队伍,每季度至少开展一次定期联合执法巡查,对巡查结果、通报事项逐一研讨,明确解决措施,分头落实整改。2020 年 6 月,三省一市

---

① 孔凡斌、许正松、陈胜东等:《河长制在流域生态治理中的实践探索与经验总结》,《鄱阳湖学刊》2017 年第 3 期。

生态环境厅(局)在长三角区域污染防治协作小组会议上共同签署了《协同推进长三角区域生态环境行政处罚裁量基准一体化工作备忘录》;8月,长三角三省一市相继发布《生态环境行政处罚裁量基准规定》同名文件,将备忘录进一步落实,青吴嘉三地率先破题生态一体化制度创新,开展统一标准的联合执法。

4.建立联合保洁机制

建立联合巡查、会商、打捞等一整套河湖联合保洁流程,通过全段委托、上下游分段、轮流养护和经济补偿等多种方式,划分明确交界区域河道、湖泊责任区域,将管护责任落实到人,建立专职保洁队伍,规范保洁工作流程,实现河面漂浮物源头互控,打捞设备人员互援,重点区域攻坚互助,上下游左右岸协调联动。

5.建立联合治理机制

在交界河道治理规划编制过程中,事前进行充分沟通,对河湖问题清单进行全面梳理,从统一治理的角度共同谋划河道整治内容、整治规模、投资强度、整治时间等事项,对具体问题逐一"立项",形成治理任务书,项目化推动河湖联合治理,实现上下游、左右岸治理措施协调同步。

(二)构建跨界联保机制,共同守护碧水清源

协同防治一直是长三角三省一市的共同追求,早在2014年,三省一市就会同八部委共同成立了长三角区域大气污染防治协作小组,联手捍卫长三角的好山水。一体化示范区成立前,由于示范区内河道的不同定位,导致近年来多次发生生态危机。如,水葫芦频发,多的时候取水口都会被堵住,三地处理水葫芦奉行"闻风而动",水葫芦随风飘来飘去,三地随之把责任推来推去,每年都要过界协调100多次。

一体化示范区成立后,青浦区、吴江区、嘉善县共同推进省际协作机制,联合制定实施《太浦河水资源保护省际协作机制—水质预警联动方案(试行)》《太浦河流域跨界断面水质指标异常情况联合应对工作方案》,合作建立水质检测定期通报制度和水源水质预警实时通报工作机制等,实现指标分检、数据共享,切实统筹污染防治。

1.加强水源地巡查巡视

成立水源地巡查小组,制定巡查制度。采用步巡、车巡、快艇巡相结合的方式,分白天巡查和夜间巡查、重点巡查和一般巡查,做好详细记录。

2.加强饮用水源地水质监测

做好太浦河饮用水水源地日常水质监测工作,水质自动监测站对太浦河原水水质进行24小时监测,确保发生污染事故时,能迅速准确地监测和分析污染物种类、数量、来源和潜在危害。

3.加强水源地的日常养护

通过聘请专业保洁人员或相关专业保洁单位对漂浮物进行清理,对四周的芦苇等水生植物进行季节性修剪,确保水面、水质的洁净。

4.健全应急处理预案体系

制定饮用水水源地突发性水污染事故应急预案,并定期开展原水水源切换应急预案演练,着力提高水源地应急保障能力,确保地面水厂原水安全。

5.强化水源地生态保护

按照水土保护原则,在周边设置生态型护岸,以防止水土流失,影响水质。生态护岸、陆域一级保护区绿化覆盖,结合岸滩芦苇,采用生物桶护岸,进一步净化水体,既改善了生态、美化了环境,又达到了保障水源地原水水质安全的效应。

(三)构建长效管护机制,共筑生态绿色底色

青浦、吴江、嘉善积极落实长效管护机制,达成《环淀山湖区域水环境联防联治合作框架协议》和《青昆吴嘉水域保洁一体化协作框架协议》,共同抓好水源地水环境的治理与保护。相关经验成果不仅能够直接服务于市场主体,提升企业的获得感,更能为长三角乃至全国其他地区提供借鉴参考。

1.做好水源地保护相关协调工作

积极参与区域协商与沟通,会同相关部门及省、市环境、水文、水资源专家召开上海金泽水库新增取水泵站项目对嘉善水源地取用水影响评价专题会议,进一步深化上海、嘉善两地太浦河水源地的双向互通与合作,提升双方共同应对水源地环境风险事件的互通和应急能力。

2.加强区域联防联治共抓大保护

围绕饮水安全、河道保洁、水域保护等核心工作,浙江、上海、江苏三地多次召开联合会议,出台相关政策方案,通过联防联治共抓大保护,如举行示范区协同治水启动仪式、开展金平嘉水上作业技能比武竞赛等。

3.强化流域水资源保护深度合作

积极推动太浦河水资源保护省际协作,2019年3月,沿线三地签署了《太浦河上下游管理单位深度合作框架协议》,加大日常管理联动,协同推进太浦河水资源保护。2020年7月,青吴嘉三地生态环境执法人员组成的综合执法队,首次对生态绿色一体化发展示范区开展跨界联合现场检查行动,首次在指挥调度、队伍建设、检查程序、执法力度、自由裁量等方面进行统一,实现跨界执法"一碗水端平"。

三、示范区开展联合治水的经验启示

示范区在推动生态一体化方面,构建治水联动机制,落实治水责任,统一治水标准,推动跨界联动治水,为长三角区域跨界联动治水、推动生态一体化提供了示范样本。

（一）树立合作共赢理念,协调垂直管理体制机制与跨区域横向合作的关系

在传统的垂直管理体制机制下,各地不太适应跨区域的横向合作。从我国的行政体制结构看,跨区域的合作包括了跨省级行政区、跨市级行政区、跨区级或县级行政区三类,从空间成本及行政成本的角度衡量,跨区域的行政级别越大,所涉及的相关主体间利益的协调越困难,水环境协同治理的难度越大。例如,跨区级或县级行政区时,由于市级政府在治理上有较大统辖权,因此在治理和协调过程中相对容易;而跨省级行政区时,中央政府的控制和协调更为艰难。因此,长三角地区从 20 世纪 80 年代就开始了一体化进程,各地表面上共同致力于"一体化",但实际却在打着"如何从一体化过程中实现自身利益最大化"的"小算盘",不利于推动一体化的进程。从这个意义上说,推动生态一体化,治理好水环境,首先必须树立合作共赢的理念,树立"一盘棋"思想,改变原有的"竞争博弈"模式,形成新型的"合作共赢"模式。

（二）构建跨界协作机制,破除水环境治理整体性与地方治理区域性的矛盾

结构决定功能.只有科学的体制才能实现高效的管理,厘清环境管理体制是进行高效环境管理的核心问题。[①] 行政壁垒及"地方利益最大化"的行政理念导致各地政府都希望少付出、多收益,这与水环境治理的系统性、整体性背道而驰。

对此,一是要建立健全水环境治理的协作机制,形成治水共同体,通过这一协作机制,统筹协调各地所有职能部门和水污染相互影响的重要区域,以解决水污染问题为导向,系统配置区域内水污染防治的决策权、执行权及监督权。二是要着力打破行政壁垒,破除水环境治理的"地方保护主义"和"部门本位主义",通过部门协调、地区协作,建立区域水环境治理的联防联控制度,实现区域内水环境的合作治理。例如,珠三角区域探索已经形成了较为有效的水污染治理合作机制,即以环境保护合作协议为基础形成的联席会议机制、水污染防治协作机制和五级河长协调机制。又如,一体化示范区的联合河长制,实现了三方协同实施专项行动,大幅改善了水环境。

---

① 辛志伟、付军:《改革生态环境保护管理体制加快推进环境管理战略转型》,《环境保护》2015 年第 13 期。

（三）统一联动治水标准，解决水体功能定位差异性和治理复杂性的难题

在跨省级区域，各地的环境治理标准不同，尤其在执法尺度上。示范区成立之前，即便是联合执法也是按照属地标准"各扫门前雪"，而属地标准的就高和就低存在很大的裁量空间，罚金从 10 万元至 100 万元不等，容易引起群众的不信任和不良情绪，甚至会有失公平公正。因此，要开展联动治水，必须要加快建立水环境跨界联动治理的"三统一"制度。

对此，一是要统一生态环境标准，各地对水体的功能定位不同，导致各地水污染治理的标准差距很大，因此要按照高标准的要求，执行最严格的污染物排放标准。二是要统一环境监测监控体系，建立区域生态环境和污染源监测监控"一平台"，加强长三角生态环境保护规划、政策、工作互通，建立排放标准衔接、监测数据共享、协同监督管理、联合科技攻关的合作机制，健全危险废物、固体废物运输储存、处理一体化监管体系，实现信息互通、结果互认、平台共用，加强环境风险"过程联控"。三是要统一环境监管执法，各行政区域社会经济发展水平存在差异，导致地方政府的发展任务各有不同，因而各地政府在水污染防治上的政治意愿、资金投入也存在差异，而跨行政区域的水环境有效监管需要充足的治理资源，更需要严格的执法标准作为保障，某一方执法存在漏洞或缺失，都有可能导致治理的失败。[①] 因此在监管执法方面也要"一把尺子量到底"，制定统一的生态环境行政执法规范，推进联动执法、联合执法、交叉执法。四是要加强污染问题"后果联惩"，完善环境保护信息强制性披露、严惩重罚等制度，建立长三角区域生态环境违法"黑名单"制度，落实联合惩戒措施。

第三节　"制度＋科技"治水兴水新模式

2020 年以来，嘉善紧紧围绕"双示范"建设，融入一体化大发展，以"保障水安全、保护水资源、改善水环境、营造水景观、传承水文化、发展水经济"的"六位一体"治水兴水新模式为统领，扎实开展各项工作。嘉善牢固树立"绿水青山就是金山银山"理念，将治水兴水新模式作为"特富美安"新县域发展的重要抓手，以铁的决心、铁的手腕持续深入推进，治出了嘉善的凝聚力，治出了发展的生产力，赢得了群众的向心力，为绘就"四区一园"蓝图夯实了环境保障基础。

---

① 李德光：《我国跨行政区流域水污染治理的影响因素研究》，湖南大学 2016 年硕士学位论文。

一、实施背景

党的十九大报告提出,"坚持人与自然和谐共生"是新时代坚持和发展中国特色社会主义的基本方略之一。近年来,嘉善县在治水兴水工作中,积极探索建立规范化、常态化、长效化、数字化治水新机制,进一步改善嘉善水环境质量,提高人民群众满意度,为嘉善"双示范"建设和"美丽嘉善"建设提供坚实的水环境保障。

二、主要做法

嘉善推进治水兴水工作的主要举措有:注重顶层设计,探索特色模式,聚焦全面剿劣,狠抓控源截污,推行河长治水,加强信息手段,强化区域协作。

(一)注重顶层设计,共绘"一体化"治水规划

2012 年,成立嘉善县水环境综合治理工作领导小组,县委书记、县长任组长,下设办公室即县治水办。2014 年,成立嘉善县"五水共治"工作领导小组,下设办公室与县治水办合署办公。2017 年 4 月,为进一步深化治水模式,全面推行河长制,嘉善设立嘉善县河长制办公室,与治水办合署办公,进一步完善组织领导体系。2014 年,出台《关于加快推进水环境治理工作的若干意见》,制定《嘉善县"五水共治"三年行动计划(2014—2016 年)》,2017 年嘉善又出台新的三年行动计划、《嘉善县劣 V 类水剿灭行动实施方案》和《嘉善县河长制工作方案2017—2020 年》,对治水工作予以系统指导,各项工作持续推进。2020 年,与太湖流域规划紧密对接,高质量完成《长三角生态绿色一体化发展示范区嘉善片区水利规划》,按照"一心三纵五横,十重百美双千"总体布局,共同谋划防洪除涝、骨干河湖整治、蓝色珠链、生态水网治理等 4 类 20 个重点项目,至 2035 年,估算总投资 751 亿元。同时,持续深化水利"最多跑一次"改革,认真梳理权力事项库,在办权力事项全部为即办件,涉河涉堤工程建设方案已实现网上申报和审批,2020 年共办理 24 件。

(二)探索特色模式,巩固"美丽河湖十"亮点优势

对标长三角建设标准,结合善水文化、乡村振兴、全域旅游,保护河湖生态资源,发扬河湖生态优势。截至 2020 年底,共建成省级美丽河湖 2 条、市级美丽河湖 27 条、乐水小镇 3 个、水美乡村 15 个。其中,与青浦交界河湖 21 条(个)、与吴江交界河湖 15 条(个),均列入"美丽河湖"建设规划,并投资 9.59 亿元助推全县 104 个行政村全面创建农村人居环境全域秀美村,并开拓以"水美乡村"为主的乡村旅游路线,在西塘镇红菱村、姚庄镇北鹤村和横港村、大云镇东云村等 61

个村大力发展河湖休闲旅游，助推当地农民增收 19.3%，打通从"绿水青山"到"金山银山"的转化通道。

（三）聚焦全面剿劣，做到水岸同治

2017 年 10 月，全县 159 条劣 V 类水河道均已整治到位，通过销号验收。嘉善在剿劣第一时间制定了《嘉善县劣 V 类水剿灭行动实施方案》和《嘉善县河长制工作方案 2017—2020 年》，双轨并举总领剿劣工作。列入县级剿劣补助的 323 个工程项目中，已完成 320 个，完成投资近 2 亿元，未开工 2 个，在建 1 个。累计完成截污纳管 73.8 公里，河道排水口标示牌 1805 个，清淤河道 207 条、湖荡 1 个，共计 205.7 万立方米，工业整治 144 家，小区整治 39 个。重点实施了水系连通工程、"三厂四线"工程、县城区雨污水管网普查和老旧小区雨污分流改造工程。

（四）狠抓控源截污，做到标本兼治

河道污染表现在水里，问题根子在岸上。嘉善坚持标本兼治、水岸同治、精准发力，找准污染源，直击污染"靶中央"，从源头上截污治污。做好工业污水全入网、农业面源污染全治理、村级低小散企业全腾退、农村生活污水治理全覆盖、重点污染行业全整治、污水处理设施全提升 6 项重点工作。

（五）推行河长治水，做到责任到人

嘉善先后出台《关于建立"河长制"的实施意见》《关于进一步落实"河长制"的实施办法》等文件，明确了河长职责，要求河长制订"一河一策"治理方案和年度计划。建立县、镇（街道）、村（社区）三级"河长制"组织架构，实现"河长制"全覆盖。开发推广"嘉善掌上河长"管理信息系统和手机 App，实现在线巡河、实时协调处理，方便河长履职。在主干河道的关键地段安装摄像头，远程监控河道情况，第一时间发现问题、处置问题。规范河长公示牌设置，明确河长姓名职务、联系电话、举报电话等信息，并及时更新。建立河长巡河制度，确保县级河长至少半月 1 次，镇级河长至少每周 1 次，村级河长至少每周 2 次。建立河长保证金制度，河长缴纳保证金，根据履职情况进行奖惩。建立河长考核制度，出台"河长制"考核办法，并将河长履职情况作为领导干部考核评价的重要依据。

（六）加强信息手段，推动数字化生态治理

嘉善将全县所有河道信息、河长信息等数据融合为一体，利用"天地图"等地理信息系统，建设成一个可视化信息平台，为嘉善剿劣工作提供了一个功能多样、稳定可靠的工具，大大推动数字化生态治理。一是河道信息数据化。建立 159 条劣 V 类河道数据库，打造剿劣电子作战图。嘉善已将 159 个劣 V 类水体的基础数据、责任人、工程项目清单、水质情况纳入其中，并在河长公示牌上设置二维码,通过扫码可以获取河道最新水质等信息。二是河道分析智慧化。对嘉善所有劣V类河道进行三维建模,对河道两岸排污(水)口进行详细标注,建立河道电子档案;定期拍摄卫星多光谱遥感照片,通过数字建模,分析嘉善全水域水质情况,为嘉善"五水共治"水质提升工作提供有力依据。三是实时监控智能化。利用智能机(掌上监控)、摄像机(全天预警),筹建在线视频监控系统,在电子作战图的基础上,对嘉善159个劣V类水体实施24小时在线监控,尤其对排水口、涉水企业等重点高危区域进行电子预警,务求第一时间发现污染源,严防小微水体反弹。

（七）强化区域协作,推动长三角水利深入融合

通过联动保洁、联合执法、队伍联建的"三联"方式,紧密结合区域优势,弥补各自空白,形成管水"一张图"。在联动保洁方面,与上海金山区、青浦区及苏州吴江区优化保洁作业范围、定期开展会商、不断强化预警,实现59条交界河道和7个交界湖荡全年常态化联动保洁作业,累计出动1200多船次,打捞处置水葫芦3万余吨。在联合执法方面,积极参与"一湖两河"巡查活动,与上海、江苏积极开展省际交界水利执法部门联动,有效解决省际边界治水、护水难题,共同维护示范区水秩序。其中,2020年12月,青浦区、吴江区、嘉善县联合下发了《长三角生态绿色一体化发展示范区水行政执法联动协作工作方案(试行)》,在省际河道联防联控、饮用水源地保护等方面进一步规范升级。在队伍联建方面,三地水利部门以联组学习活动为平台,共同聚焦区域水利联动发展、联动管理等工作,并成立长三角"水滴"志愿护河突击队,推动水利事业更好地发展。

三、绩效评价

治水兴水工作治出了转型升级,大大改善了示范区和嘉善的水环境,促进了经济高质量发展和绿色发展,治出了百姓点赞,治出了文明风尚。

（一）治出了转型升级

治水兴水创新模式充分发挥出系统性的倒逼效能,通过环保加压,加快淘汰落后产能,加快消化过剩产能,倒逼产业转型升级,同时也为新兴产业的发展腾出空间。

（二）治出了百姓点赞

通过近几年的治水,嘉善基本清除"黑、臭、脏"等感观污染,城乡环境得到很大改观,最直观的感受是垃圾河、黑臭河变成了景观河、风景河,劣V类水河道变成了"可学、可看、可示范"的样板河道。提高了群众的获得感、幸福感,"五水共治"赢得了百姓的普遍赞誉。

（三）治出了文明风尚

通过治水兴水新模式，"绿水青山就是金山银山""山水林田湖是一个生命共同体"理念在嘉善牢固树立；"污水变清水、臭河变风景；猪棚换大棚、养猪变养生"等现象在嘉善比比皆是，看着家门口的河流干净了，环境优美了，臭气消失了，人民群众对家乡的热爱更加强烈了，幸福感倍增。广大干部、企业和群众的环境意识、生产生活习惯、生态自觉催生勃发。

第九章 要素配置一体化：
"飞地经济"模式

党的十九届五中全会提出，要坚持创新在我国现代化建设全局中的核心地位。长江三角洲区域一体化的关键在于创新一体化，创新一体化又会推动产业一体化的形成，科技创新要素是创新的基础，创新要素优化配置一体化是长三角实现一体化的必然内容。随着长三角一体化发展国家战略的落实，长三角各领域的一体化合作不断深化。

随着示范区的建立，示范区积极探索促进各类要素跨区域自由流动的制度安排。嘉善作为示范区的重要组成部分，不断优化创新政策供给、产业布局和要素配置，打通科技创新项目在大城市孵化与本土产业化联动发展的通道，实现区域创新资源与产业结构的优势互补。

目前，作为跨区域经济合作的重要形态和平台载体，"飞地经济"呈现出爆发式增长态势，长三角地区众多城市加快"飞地"布局，进一步推动长三角创新和产业合作走向深度融合。① 高速发展的"飞地经济"正在不断促进与优化长三角地区创新要素配置，推动跨区域互补性要素的双向流动，实现更大范围内的资源优化配置，提高资源配置的整体效率。

第一节 长三角科创要素优化配置模式的探索

在示范区成立之前，一些地方政府针对区域产业发展尝试类似做法，但就主

---

① 包海波、谢芳：《"飞地经济"助力长三角深度融合》，《浙江日报》2019 年 12 月 25 日。

体而言,小则由县区政府,大则由省政府在不同设区市之间协调;就内容而言,产业单一而具体。① 与之相比,长三角一体化示范区的演示价值更具优势。从战略目标来看,示范区产业一体化建设旨在解决行政区域间市场分割的问题,构建商品与服务自由流动的统一市场,促进区域经济更高更好更实地协调发展。两区一县建设产业共同体更有利于充分利用政策叠加效应,形成发展合力,促进产业经济在更广空间里实现拓展式发展。随着长三角一体化合作的加快,长三角城市群之间、城市群内部城市功能协作与"飞地"建设正不断演化升级,都市圈经济特征日益明显,"产业飞地"和"创新飞地"等高层次的"飞地"模式不断涌现。近年来,长三角加快产业融合与协同转型升级,越来越多的城市开展"产业飞地"合作,"飞出地"和"飞入地"在资源禀赋、经济潜力、社会环境和政策等方面通常具有互补优势,并存在一定的产业关联性。

一、创新和产业一体化研究基础

创新要素主要由人才、资本、技术等构成,是实现区域创新发展的重要基础。当要素按照市场信号在区域间自由流动时,一方面,趋利性会促使要素向经济环境较好、创新发展基础较强的先进地区集聚,使创新先进地区与落后地区的差距不断拉大,区域创新趋于发散;另一方面,要素的流动能够促进地区间的交流合作,其所产生的知识溢出效应有助于缩小地区间的创新差距,促使区域创新趋于收敛。② 郭洪认为,区域创新合作效果取决于科技创新要素的跨区域流转与溢出,同时,毗邻区域经济发展水平也会影响区域创新合作的质量。③ 李琳指出,创新比较优势、创新网络形成及创新要素流动是驱动区域协同创新发展的核心要素,通过构建区域创新合作网络推动各区域发挥自身创新优势,促进创新要素在区域内或者区域间不同创新主体中的流动、重组与整合。④ 宋之杰从创新主体、创新环境及创新基础三个角度提出人才、资本和技术是区域创新合作与协同发展的基本要素,资本是跨区域创新资源协同发展的保障,人才和技术是跨区域

---

① 陈建军、黄洁:《长三角一体化发展示范区:国际经验、发展模式与实现路径》,《学术月刊》2019 年第 10 期。

② 王钺、胡春阳:《经济内循环背景下要素流动对区域创新质量空间收敛的影响研究》,《宁夏社会科学》2020 年第 6 期。

③ 郭洪:《推动中关村科学城自主创新能力提升的战略思考》,《科学管理研究》2014 年第 3 期。

④ 李琳、戴姣兰:《中三角城市群协同创新驱动因素研究》,《统计与决策》2016 年第 23 期。

创新资源协同发展的核心,三者共同推动区域协同一体化发展。① 胡国建等提出,构建跨区域协同创新网络的最基本要素是创新主体的实际需求,同时,需要结合合适的创新生态体系、创新系统内部组织、技术创新优势和产业发展周期。② 毛金祥认为,知识、人力资本等科技创新要素是推动区域创新合作的重要力量,科技创新要素流动促进了区域经济的跨时间、跨空间发展。③ 常尚新研究发现,创新要素空间配置显著促进了流通产业结构升级,创新人力要素空间配置对流通产业结构升级存在消费需求和制度变革的双重中介效应,创新资本要素空间配置存在单一的消费需求中介效应。④ 综上所述,创新主体(人才)、创新环境(资本)与创新手段(技术)是区域协同一体化发展的核心科技创新要素,是推动区域间创新协同一体化发展的关键。

由于区域经济一体化是形成合理的区域分工体系的过程,其实质是对同构性的产业资源进行整合,建立起具有分工协作的产业链⑤,可以说,产业一体化是区域经济一体化的核心内容。产业一体化发展将促进资本、技术、人才等产业要素在区域内合理流动,优化区域资源配置,进而提升地区专业化水平与产业创新能力,因而产业一体化在受到政府部门关注的同时,也日益成为区域经济学、产业经济学等相关学科关注的热点。作为区域经济一体化的核心内容,产业一体化则是在市场经济条件下,毗邻的区域(城市)为实现产业效益最大化和成本最低化,充分发挥经济发展方向的同一性、产业结构的互补性,促进生产要素自由流动,加速产业的整合与重组,实行地区经济分工与协作,从而以整体优势参与对外竞争的过程。

二、示范区促进要素流动机制创新

2019 年 10 月,国家发改委印发《总体方案》并明确"四新"目标定位,即生态优势转化新标杆、绿色创新发展新高地、一体化制度创新试验田、人与自然和谐

---

①　宋之杰、王浩、石蕊:《跨区域创新资源协同的驱动机理及协同模式探析》,《企业经济》2017 年第 2 期。

②　胡国建、陈传明、陈丽娟等:《企业跨区域投资格局及其影响因素:以福建上市企业为例》,《经济地理》2018 年第 9 期。

③　毛金祥:《经济集聚对区域创新的影响研究》,上海社会科学院 2019 年博士学位论文。

④　常尚新:《创新要素空间配置影响流通产业结构的升级路径:消费需求与制度变革的中介视角》,《商业经济研究》2020 年第 10 期。

⑤　郭茜琪:《制度视角:从产业同构走向产业分工:长三角区域产业资源整合问题研究》,中国财政经济出版社 2008 年版。

宜居新典范。特别是"绿色创新发展新高地"的定位,《总体方案》提出要"集聚创新要素资源,打造国际一流的产业创新生态系统,构建更大范围区域一体的产业创新链"。示范区在推动创新主体(人才)、创新环境(资本)与创新手段(技术)等核心科技创新要素自由流动上进行了一系列体制机制创新。

(一)建立统一的企业投资目录和互认制度

制定统一的企业投资项目核准目录和互认制度对于化解跨省域企业投资核准尺度不一、权限划定有差异等问题具有重要意义,可以最大限度地减少企业进入市场的制度成本,促进市场经济要素资源在示范区内的自由流动。

2020年10月9日,示范区执委会,上海、江苏、浙江两省一市市场监督管理局联合起草制定的《长三角生态绿色一体化发展示范区统一企业登记标准实施意见》(以下简称《实施意见》)正式公布实施。该制度以统一市场准入制度为核心内容,使企业充分享受制度变革红利。

《实施意见》通过统一企业从开业到注销全生命周期办理流程,为实现政务服务互通互享互办奠定了重要的制度和技术基础,让企业充分享受一体化发展带来的红利。在示范区内,企业新设将统一实现"一表申报、一窗领取",两天办结包括企业设立、公章刻制、涉税事项、就业参保四个环节在内的全部相关业务手续。

"一网通办"也实现迭代升级,企业办事更加便捷。《实施意见》明确要求设立线下"一体化示范区服务专窗",并在现有30个办事事项的基础上,增加了企业全生命周期30个高频事项的异地申报、异地办理。《实施意见》首次允许示范区内符合条件的企业在名称中使用"长三角一体化示范区"字样,进一步释放名称资源,凸显示范区内企业的品牌效应。此次改革是长三角地区建立健全政策制定协同机制,在市场主体准入领域率先实践跨行政区划一体化治理模式的积极探索。

为探索投资项目跨区域一体化管理服务机制,2020年10月10日,两省一市人民政府共同发布《长三角生态绿色一体化发展示范区政府核准的投资项目目录(2020年本)》(以下简称《目录》),核准目录充分发挥示范区执委会跨区域事务综合协调职能,做到两个"坚持",即坚持最大限度缩小核准范围,坚持最大限度下放核准权限。除国家明确要求保留在省级,不得下放的核准事项外,非跨界项目能放尽放,核准权限全部下沉至青浦、吴江和嘉善。

《目录》的出台有利于在示范区进一步推进投资体制改革,降低跨区域投资的制度成本和协调成本,营造无差异、便利化的区域投资环境;有利于统筹区域重大项目建设,完善跨地区市场化配置要素,在国内大循环的基础上畅通省际毗邻地区的微循环;有利于探索事中事后监管新模式,在固定资产投资项目一体化管理服务机制方面加快形成可复制可推广的经验。

（二）建立跨区域人才流动制度

人才政策是促进区域一体化发展的重要保障，是加快区域协同发展的催化剂，是城市创新发展的活力源泉。对于示范区发展来说，如何最大限度地发挥人才的效用，很大程度上依赖于人才政策的协同程度。

2020 年 7 月 23 日，示范区执行委员会印发《长三角生态绿色一体化发展示范区外国高端人才工作许可互认实施方案》。旨在推进外国高端人才在一体化示范区内自由流动，逐步形成具有国际竞争力的人才制度优势。

1. 统一管理职能，实行权责一致

一体化示范区两区一县外国人工作管理部门负责本方案的具体实施。支持两区一县进行外国人工作许可属地审批办理。

2. 统一适用对象，强化分类管理

本方案的适用对象为符合《外国人来华工作分类标准（试行）》中的"外国高端人才（A 类）"人员，"外国专业人才（B 类）"和"其他外国人员（C 类）"暂不适用。

3. 统一互认措施，强化顶层设计

一体化示范区实施统一的外国高端人才工作许可互认措施。管理部门按照政策最优原则进行审批，"外国高端人才（A 类）"可给予最长有效期为 5 年的外国人工作许可证。

2020 年 9 月 22 日，一体化示范区执委会会同上海、江苏、浙江两省一市人力社保部门联合出台了《长三角生态绿色一体化发展示范区专业技术人才资格和继续教育学时互认暂行办法》，主要包括以下几方面：①外国人工作许可证（A 类）跨区域互认；②一地认定，三地互认，一体化示范区实行外国高端人才统一互认措施；③海外人才居住证制度一体化机制；④在一体化示范区内探索推动人才互认互准共享，创设了更开放有效的人才集聚制度；⑤在示范区内专业技术人才职业资格、专业技术职务任职资格、继续教育学时等三个方面实行互认互准。

这些制度旨在构建更加开放的人才合作共享机制，打造外国高端人才来华工作首选地、自由流动示范区、创新创业活力场，推进一件化示范区高质量发展。

（三）实现金融服务同城化

在要素流动中，金融要素行政管制特征最为突出。加快金融基础设施互联互通，为金融机构跨域展业提供支持，有利于打破以往银行信贷等资源无法有效跨城流动的僵局，加快区域金融一体化，为区域协同发展提供有力支撑。

2020 年 4 月 2 日，示范区执委会、人民银行上海总部等 13 个部门联合出台

《关于在长三角生态绿色一体化发展示范区深化落实金融支持政策推进先行先试的若干举措》（以下简称"示范区金融 16 条"），"示范区金融 16 条"围绕推进同城化金融服务、试点跨区域联合授信、提升移动支付水平、支持设立一体化金融机构、推进跨区域公共信用信息共享、推进一体化绿色金融服务平台建设、推进一体化科技金融服务、建立金融信息共享合作机制等 8 个方面提出 16 条具体举措。

"示范区金融 16 条"重点侧重一体化金融合作、绿色金融发展以及推进金融信息共享等三大领域，与临港新片区、浦东开发区开放特色形成错位，突出了"跨域、绿色、创新、共享"的理念。这也标志着示范区金融服务"同城化"全面启动。若干举措与其他推进金融服务改革文件最大的不同就在于文件适用的范围涵盖了示范区全域，最突出的特点就是同城化、一体化。自"示范区金融十六条"推出后，先后有 13 家金融机构设立一体化示范区分支机构，落地首单长三角一体化专项授信业务、首单绿色保险、首笔长三角生态绿色贷等业务。

2020 年 11 月 13 日，一体化示范区执委会联合沪苏浙三地金融管理部门，共同发布《长三角生态绿色一体化发展示范区银行业金融机构同城化建设指引（试行）》（以下简称《建设指引》），积极推进示范区银行业金融机构同城化建设。作为国内首个跨省域银行业金融机构同城化建设指导性文件，《建设指引》是继"示范区金融 16 条"后推进示范区金融领域制度创新的一项专项政策，是在金融领域践行"不破行政隶属，打破行政边界"理念的制度创新。《建设指引》内容包括构建同城化金融协调机制、制定同城化金融服务规范、建立跨区域联合授信机制、拓展公共服务领域同城化支付场景、加强信息资源共用共享、强化金融风险联防联控等 6 个方面。

《建设指引》结合长三角一体化示范区金融创新的实际需要，在文件表述上突出了"同城化、一体化、市场化"的理念。其出台有利于在不改变现有金融监管格局、改变跨区域分支机构间"老死不相往来"现状的情况下，探索建立同一机构主体跨区域分支机构间的统筹协调机制；有利于进一步降低资金要素流动成本、金融交易成本，营造示范区良好金融生态和营商环境；有利于引导示范区内各金融机构开展同城化金融服务与创新，加快形成一批可实施有成效、可复制可推广的典型案例和经验。

三、嘉善探索创新要素集聚

科技创新要素一般以知识链或价值链为导向，通过要素流动来相互作用。

区域协同创新的核心在于区域内科技要素的有效集聚与自由流动。① 促进创新要素一体化,建设科技创新生态是时代赋予嘉善片区的重要示范任务,也是嘉善片区抓住机遇涅槃发展的首选。嘉善片区制造业基础良好,后发优势强劲,单位土地投资强度和产出比同属于示范区的青浦、吴江低,转型升级的空间和潜力更大,构建科技创新生态的"包袱"更小。

2020 年 3 月,浙江省委对嘉善片区的创新发展提出了"示范区作为极中之极、高地中的高地,真正的硬核就在于科技创新上要取得突破、作出示范、强化引领"的要求。嘉兴市委也明确要求嘉善"在创新发展上当示范""加快规划建设祥符荡科创绿谷等高能级科创平台,大力引育集聚相关科研院所、高端人才、战略性产业和龙头企业等高端要素,聚焦现代传感、半导体、生物医药等战略性新兴产业,努力打造全市创新驱动新引擎"。嘉善县委也把"集聚一流人才队伍、打造一流创新产业、营造一流创新生态,建设具有国际竞争力吸引力引领力的长三角一体化人才高地和创新高地"作为重要工作目标。

（一）产业合作模式——沪善合作

嘉善自然资源比较贫乏,但地处长三角这一科技资源最为发达的地区,尤其是紧邻上海,为共享科技资源提供了独特的优势。努力形成"研发在上海,转化在嘉善"的依托上海的科技承接模式。

嘉善融入上海的关键是承接上海的产业转移并最终与其进行错位优势产业的主动对接。在主动接轨上海方面,嘉善取长补短,借助上海这个大平台,更好地融入国际国内经济大循环。沪善产业合作模式的主要做法有:通过政府的推动作用,建立全面合作关系;开展活动促动,营造交流合作氛围;深化校企互动,健全产学研合作模式。

1. 政府推动,建立全面合作关系

（1）建立合作平台

为了突破县内科技资源匮乏的瓶颈制约,嘉善县于 1999 年 10 月在上海交通大学成立了"上海—嘉善科技联络站",联络站以上海交大九三学社为核心,以在沪嘉善籍科技人员为主体,聘请一批专家教授为联络站成员,加强与上海科技人员的联络,开展科技招商。通过上海科技联络站,嘉善县先后与上海交通大学、同济大学、上海水产大学、中科院应用物理研究所等高校院所签署了全面合作协议,并引进了上海交大国家技术转移中心嘉善分中心,与中科院应用物理研

---

① 周娟、朱阳增、叶舜璐:《区域创新要素的集聚与协同:以皖江城市带与苏南城市群为例》,《宿州学院学报》2018 年第 11 期。

究所联合组建了浙江中科辐射高分子材料研发中心。今年,在省科技厅的帮助下,上海市科委、浙江省科技厅、嘉善县科技局三方签订了合作机制,共同推进科技接轨上海。

(2)加强政策扶持

在政府出台的鼓励科技创新的政策意见中,优先支持企业与上海等地的高校、科研院所开展产学研合作。县财政设立了科技合作专项资金,主要用于县内企业与上海等地高校、科研院所联合共建科技创新载体、联合承担科研攻关项目等的补助。

2. 活动促动,营造交流合作氛围

(1)定期开展科技对接活动

嘉善县每年定期举办"上海专家教授嘉善行"活动,邀请上海高校、科研院所的专家到嘉善开展成果发布、项目推介、技术难题对接等活动,到企业现场诊评,为企业解决技术难题。同时县、镇联动,采取"走出去、请进来"的方式,与上海高校、院所建立起双向互动的合作模式,组织开展交流考察、参观访问及讲学讲座,推动科技接轨上海工作朝着全方位、多领域、深层次的方向迈进。近两年共组织科技对接活动 28 场,邀请专家 84 人次,参加企业 234 家次。

(2)建立科技园区共建机制

深化与上海科技企业孵化协会的交流合作,加强与上海杨浦科创中心、上海市欧美同学会、张江、紫竹、交大、同济、浦东软件园等科技园区的经常性交流对接,落实专人开展"一对一"联络沟通,建立交流合作长效机制。多次在上海举办嘉善创业创新环境投资推介会,定期组织各主体赴上海各科技园区开展专题招商活动,吸引高科技项目在嘉善实现产业化。

(3)建立成果信息交流互动机制

一方面上海科技联络站定期将收集到的上海高校、科研院所最新的科研成果和产业化项目推荐给嘉善,县科技局选择适合本地产业的项目印发到企业,供企业选择;另一方面县科技局将企业在生产、科研上依靠自身力量难以解决的技术难题征集汇编,发往上海有关院校、科研部门征求解决方案。今年,与上海技术交易所签订合作协议,共建"创新驿站",完善技术转移网络,挖掘企业技术创新需求,为中小企业切实解决创新发展中遇到的难题。

3. 校企互动,健全产学研合作模式

(1)建立企业与高校院所共建基地模式

嘉善县鼓励企业与上海等地高校、科研院所建立长期稳定的产学研基地合作模式,县内企业分别与东华大学、上海水产大学等建立产学研基地 3 家;天凝镇静电植绒产业园与东华大学建立了长期合作关系并建立研究生实践基地,促进了该镇植绒产业的转型发展。

（2）建立企业与高校院所弹性合作模式

引导企业与上海高校、科研院所采取多种模式,以项目为纽带,建立点对点的合作伙伴关系。鼓励企业充分利用上海丰富的人才资源,以技术顾问、"1＋6"、"2＋5"等模式引进上海科技人才,帮助企业解决技术难题,开发新技术、新产品、新工艺。

面对新的形势和任务要求,嘉善要深入学习贯彻党的十九大精神,加快全县经济社会协调发展,推进长三角一体化示范区建设,必须要把握定位,乘势而上,牢牢把握接轨上海的首位战略,加大工作推进力度,力求取得新的成效。坚持开放发展理念,全面接轨上海融入长三角。按照总书记"在主动接轨上海、扩大开放,融入长三角方面迈出新步伐"的指引,充分发挥区位优势,着力推进以上海为重点的区域合作、以上海为窗口的国际合作,走出一条依托大都市,实现小县大开放、区域一体化的发展路径。

（二）产业合作模式——"飞地经济"模式

"飞地经济"模式是可以从根本上实现产业和相关要素的整体性转移,并对资源进行大范围重新配置的一种区域经济合作模式。它是伴随着区域协调发展的趋势产生的,是指两个相互独立的行政区域突破原有的体制机制限制,跨越空间限制共建开发园区,通过合适的利益共享机制实现两地优势互补的区域经济合作发展模式。[①] 作为区域经济发展中一种"嵌入式"发展模式,在破解发达地区寻找产业转移的承接地问题的同时,为欠发达地区突破资本、人才和技术瓶颈制约提供了新的途径,为欠发达地区寻找新的动力源和培育新的增长极提供了新平台。嘉善通过"飞地合作"的模式,与上海、荷兰、德国等地展开合作,建立嘉善国际创新中心（上海）、嘉善中荷产业合作园、大云中德生态产业园、中新嘉善现代产业园等产业飞地,不断深化对外开放合作,为县域开放发展探索新路径。

1. 打造人才新高地

为了更好地发挥一体化示范区和县域科学发展示范点"双示范"作用,嘉善提前布局,深入全球科技创新"腹地",分别在上海、荷兰建立国际创新中心,并于2019 年 3 月和 6 月揭牌使用。同时,嘉善在美国、澳大利亚、日本等地设立了一批海外引才工作站,以"人才飞地"构建海外引才新格局,为嘉善"高质量"与"一体化"发展提供"最强大脑"。

嘉善立足"全球揽才",将国际创新中心作为今后海内外引才的新主场,以汇

---

① 潘家栋、包海波:《创新飞地的发展动向与前景展望》,《浙江学刊》2021 年第 3 期。

聚海外顶尖创新资源,形成联动网络,为创新发展集聚新动能。一方面,嘉善打破被动等待海内外资源上门的引智模式,零距离对接国际知名创新型国家和地区优势资源,深度融入全球创新链,并探索协同创新模式,着力打造成海内外高端人才创业集聚中心。另一方面,嘉善包括长三角区域各城市都可以通过国际创新中心引进更多海外创新人才,实现资源共享,助推各地"人才强企"工作,以实际行动深入推进长三角一体化发展工作。

2. 聚焦亩均增效

嘉善开展"退散进集"暨村级低端产业腾退整治行动,将零星、分散的工业企业向工业园区集中,充分拓展产业承载空间。建立村级抱团出资、财政专项出资、政企共同出资、企业单独出资等多元投资模式,县财政配套专项扶持资金,引导有发展潜力的企业腾退后入园发展,加快小微企业园规划建设。

由县级层面统筹规划,由经济薄弱村及当地政府共同投资建设,跨区域开展多村联建"两创"中心项目,将各村腾退"低散乱污"企业获得的土地指标和资金整合起来,引导经济薄弱村将分散的资源集聚至"飞地"项目。选择规划符合产业发展导向的强村项目进行投资,实现了村集体经济"抱团发展"。已建成"飞地抱团"项目 14 个,土地面积近千亩,并探索建设全省首个跨市、跨省三地共建"飞地抱团"强村项目——嘉善、庆元、九寨沟"飞地"产业园地。

第二节 科创"飞地"与产业"飞地"模式

"飞地经济"是近年来我国区域经济发展过程中出现的一种"嵌入式"发展模式,这种发展模式的核心在于,在打破原有体制和行政边界限制的前提下,通过在行政上不存在隶属关系的另一地建立自己的产业区,进行跨区域的经济开发,实现产业和相关要素的整体性转移,进而推动资源在更大范围内的重新配置。[①]

"飞地经济"作为一种新的区域合作新模式,具有以下特征:①发展空间的分离性。"飞出地"和"飞入地"在行政上隶属不同的地区,行政分属是其基本条件。②环境差异性。包括资源享赋、经济水平、经济结构和政策环境等差异性,有差异才有互补,有互补便有打破行政界限实现互动合作的需要。③模式机制的创

---

① 冯云廷:《"飞地经济"模式及其互利共赢机制研究》,《财经问题研究》2013 年第 7 期。

新性。① "飞地经济"与传统招商引资模式不同,从产业转移的方式来看,不同于传统的"点对点"式产业转移,而是新型的"面对面"式产业转移,即由以往单个生产环节或单个企业的转移转变为产业链上下游多个生产环节的整体打包式转移,是一种全新的区域合作模式;从园区承接的内容来看,管理与项目的复合承接替代了原来单纯的资金或技术转移。② 从互动发展模式来看,"飞地经济"能实现两个地区共同发展、互惠互利,"共同参与"替代了以往发达地区单方面带动欠发达地区的模式。

嘉善的"飞地经济"模式大致可以归类为三种:国际合作型"飞地"模式、科创引才型"飞地"模式以及产业转移型"飞地"模式。

一、国际合作型"飞地"模式

全球竞争不断从产业竞争转向区域竞争,协调发展有利于区域经济深度融入全球产业链,提高区域的综合竞争实力。当前京津冀、珠三角、长三角等区域加速一体化发展,"创新飞地"为区域协调发展提供了有效途径,其原因在于"创新飞地"能够承接产业链、价值链转移。随着利益分配机制、基础交通网络等更加完善,"创新飞地"能够更好地促进两个地区之间的合作与交流。不仅如此,"创新飞地"还能够吸引国际人才、国际项目等创新资源,促使自身嵌入全球创新网络,推动区域与国际创新资源的融合,参与到全球市场的竞争当中。"创新飞地"在不同区域之间的联动与协作促使区域协调发展水平不断提高,一体化发展的范围会不断扩大,程度会不断加深,形成具有全球竞争力的核心板块。③ 国际合作型飞地模式能够承接国际产业链转移,促进"飞出地"更好地融入全球产业分工体系、全球资源配置体系、全球创新网络体系,全面提升开放型经济水平。

嘉善中荷产业合作园是一种典型的国际合作型"飞地"模式。中荷产业合作园是 2015 年 12 月经浙江省政府批准的首批省级国际产业合作园区,也是省内唯一一个与荷兰进行合作的园区。2016 年 5 月,中荷产业园正式开园。运作 5年来,中荷产业园以其独有的国际视野,吸引了大批欧美项目落户。自创建以来,产业园积极践行国家"一带一路"倡议,始终秉持"国际合作、开放融合"理念,突出"荷兰元素、荷兰理念、荷兰技术、荷资比重"特色,在工业投资、科研创新、科

①　张冉、郝斌、任浩:《"飞地经济"模式与东中合作的路径选择》,《甘肃社会科学》2011年第 2 期。

②　任浩、朱士保:《利用"飞地经济"模式建设社会主义新农村的探索》,《安徽农业科学》2007 年第 18 期。

③　潘家栋、包海波:《创新飞地的发展动向与前景展望》,《浙江学刊》2021 年第 3 期。

技农业、物流贸易、金融服务、教育培训、工业设计、医疗养老、友好城市等九大领域与荷兰及欧洲开展合作,铸就嘉善开发区工业型美丽城镇"产业之美"。

近年来,嘉善抢抓中荷交流合作机遇,建设嘉善中荷产业合作园,深入推进与荷兰的交流合作,积极参与"一带一路"建设,不断深化对外开放合作,为县域开放发展探索新路径。中荷产业园规划了"3+1"产业功能区(一期综合园、二期欧美智能制造园、三期现代科技农业园、"上海之窗·枫南小镇"高端城市生活配套区),总面积13平方公里,由荷兰高柏伙伴规划景观建筑顾问公司对园区进行整体规划。截至2020年底,中荷产业园引进荷兰及欧美外资项目22个(其中荷兰企业11家,荷兰项目13个),外资总投资超过30亿美元,累计实到外资4.455亿美元。

二、科创引才型"飞地"模式

创新是引领发展的第一动力,随着创新不断成为经济高质量发展的核心动力,欠发达地区也向发达地区输出"飞地",传统的"产业飞地""平台飞地""协作飞地"等不断向"创新飞地""人才飞地"等演进。在"创新飞地"中,"飞出地"为欠发达地区,而"飞入地"是发达地区,欠发达地区利用发达地区的高层次人才、风险投资等高端要素孵化企业和项目,等孵化成功后,将项目的生产转移到欠发达地区,直接为欠发达地区带来了创新资源,能够促进欠发达地区的产业结构转型升级。对于发达地区而言,则可以通过与欠发达地区的土地指标置换等方式,拓宽发展空间(见图9.1)。

嘉善国际创新中心(上海)属于科创引才型"飞地"模式,这是嘉善首个在上海的"科创飞地"项目,向海内外人才打开了一扇创新交流的"合作之窗"。嘉善国际创新中心(上海)成功入选浙江省第一批数字经济"飞地"示范基地。作为嘉兴市首个入选省级数字经济"飞地"示范基地的创新载体,也是嘉兴市唯一一个入选单位。

嘉善国际创新中心(上海)自2019年正式启用以来,紧密围绕"四个中心"(嘉善高层次企业驻沪"研发中心"、上海高科技项目"育成中心"、海内外高端人才"集聚中心"和创新创业高效服务"示范中心")的整体目标,对标国际一流,积极打造面向长三角科创要素市场化配置的重要平台,构筑具有全球影响力的科技创新高地。截至2021年底,累计引入项目56个、国家级高端人才2人,落地嘉善产业化项目6个,吸引入驻创新人才48人,项目涵盖新一代信息技术、健康医疗、节能环保、高端装备制造等前沿产业领域,并与瑞典皇家理工学院(KTH)上海校友会、IoT ONE、上海市增材制造研究院等8家知名机构平台建立长期合作关系,先后被评为"虹桥商务区特色楼宇""嘉兴域外孵化器"。

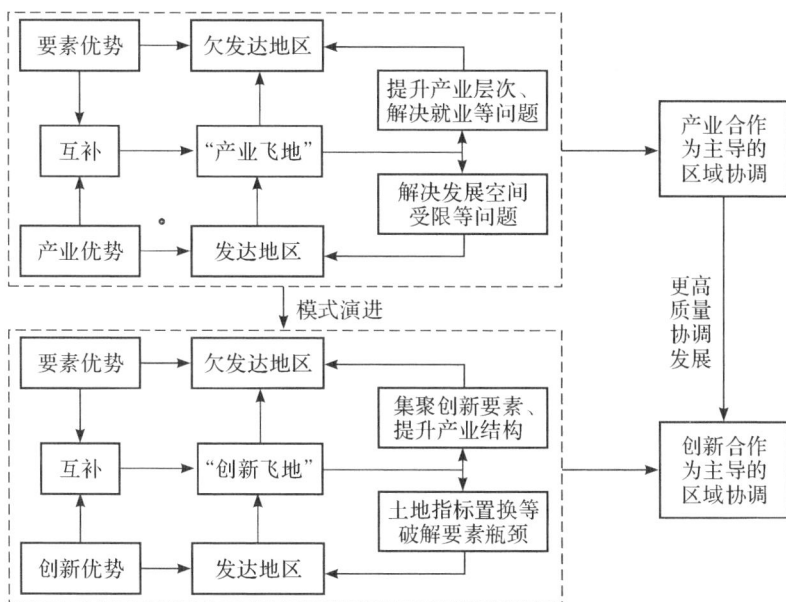

图 9.1　"产业飞地"与"创新飞地"发展模式比较

嘉善国际创新中心(上海)是嘉善县着眼于嘉善科学示范点发展改革的总体部署,立足于更好地接轨上海、融入长三角,打造嘉善县在沪引资引智引才的新名片。中心位于上海市虹桥世界中心,地处上海虹桥经济圈核心区,与国家会展中心隔街相望,总建筑面积约为 2 万平方米。区位优越,坐拥大虹桥便捷交通,毗邻虹桥枢纽,"轨陆空"多维度立体交通体系;5 分钟车程可抵达虹桥综合交通枢纽,距嘉善仅 1 小时车程,可实现低成本承接产业落地。配套完善,标准甲 A 级办公写字楼等一流基础设施;创新孵化区、研发加速区两大功能空间;五星级铂瑞酒店、全球商品贸易港等高端商业配套。资源丰富,配套完善,满足创业者的各种需求。

嘉善国际创新中心(上海)的启用,是"科创飞地"概念的深化,是嘉善在上海成功建立起来的"飞地"型科技创新基地。通过"科创飞地",打通科技人才项目在大城市孵化与本土产业化联动发展的通道,实现区域创新资源与产业结构的优势互补。这种柔性引才新模式,为城市拓宽引才渠道、创新引才模式提供了样本。

三、产业转移型"飞地"模式

产业的梯度转移和"飞地经济"理论相结合而形成的产业转移型"飞地"模式成为适用范围最广的一种模式,具有以下特点:"飞出地"和"飞入地"之间存在一定的经济和产业梯度,"飞出地"是经济相对发达地区,具有资金、技术、管理和品牌优势；而"飞入地"则为经济相对欠发达地区，飞入的产业对其而言具有较高回报率，或是新兴产业。产业转移型飞地模式还可进一步分为"筑巢引凤"型和"腾笼换鸟"型。从实践来看，"产业飞地"是经济发达地区为换取产业战略价值，将成熟加工制造业的生产制造环节让渡给经济发展相对落后的地区，如海宁—郎溪"产业飞地"等。2010 年，海宁经编产业园与安徽郎溪县政府、浙江鸿翔控股集团三方联手建立了郎溪(中国)经都产业园，形成"前店后厂"的产业梯度分工。中新嘉善现代产业园属于产业转移型"飞地"模式，它是嘉善与中新苏州工业园区开发集团两方成立的合资公司，作为合作区域的唯一开发主体，负责园区规划建设、基础设施建设、产业招商、运营管理等工作。

中新嘉善现代产业园位于嘉善县城东北部，与上海接壤，总规划面积约16.5 平方公里，是长三角一体化发展上升为国家战略后的第一个区域重大合作项目，由嘉善县人民政府与中新苏州工业园区开发集团有限公司按照 PPP 模式合作开发建设。高水平规划建设中新嘉善现代产业园分别写入《总体方案》和《规划纲要》，并成功入选浙江省首批"万亩千亿"新产业平台培育名单。产业园将按照"以产为主、产城融合"的发展理念，力争到 2025 年，形成千亿级智能传感产业集群，努力建设成为长三角区域及环杭州湾大湾区高端未来产业高地、高端外资集聚地、产业特征明显的"万亩千亿"新产业平台，全力打造长三角生态绿色一体化发展示范区。

第三节　农村集体经济"飞地抱团"发展模式

在积极探索农村集体经济发展路径过程中，嘉善县创新了一套以"县域统筹、跨村发展、股份经营、保底分红"为原则的"飞地抱团"发展模式，加快村级经济要素潜能释放，多元化融合产业资源构建，夯实"强村富民"新格局。跨县域"飞地""造血"助推精准扶贫脱贫机制作为全省 26 条经济体制重点领域改革典型经验在全省推广。

农村集体经济"飞地抱团"发展模式破解了农村集体经济发展中不均衡、低层次和资源要素短缺的困境，这成为其生成的现实逻辑；在现实运作中，通过"全域推进，分级实施""聚焦'飞地'，集聚发展""腾退转型，盘活存量""精准帮扶，长效'造血'""统筹协调，高效推进""制度设计，强化引导"六大举措的推进，逐步探索出农村集体经济集群化与网络化发展的新模式，促进了经济发达地区农村集体经济的协调发展，打造了农村集体经济跨行政区划合作发展的实践样本，为实现乡村振兴提供了一种新的成功借鉴和生动范例。

一、对破解农村集体经济发展难题的探索

农村集体经济是农村发展最重要的物质基础和内生力量,创新农村集体经济的发展方式,探索合适的农村集体经济发展模式和机制,对不断壮大农村集体经济尤其是消除农村集体经济薄弱村,促进农业农村现代化,实施乡村振兴战略具有十分重要的意义。

农村集体经济发展问题一直是国内学界关注的焦点。随着我国经济社会尤其是农村各项体制机制改革的不断深入,无论在哪个发展阶段,对农村集体经济发展的研究都是一个常讲常新的命题,并体现为一个持续深入的过程。改革开放以来,学界对农村集体经济发展的研究先后集中在发展农村集体经济的必要性、影响农村集体经济发展的非制度性因素、农村集体经济制度创新以及农村集体经济发展的相关政策环境等主题上,这些研究主题贯穿于农村集体经济发展不同阶段,研究成果对促进农村集体经济的良好发展起到了积极作用。

党的十八大以来,我国农村改革的力度空前,尤其是以农村土地"三权分置"改革为中心的一系列改革的实施,使农村集体经济发展的制度环境发生了重大的变化,农村集体经济的发展也出现了新的情况,学界对农村集体经济的研究关注点也多集中在农村集体经济发展模式或者有效实现形式这些主题上。比如针对农村集体经济有效实现形式,徐勇等在学理上进行了深入的探讨,在理论价值上,他认为探索农村集体经济有效实现形式有利于将思想从僵化思维中解放出来,对集体进行创新,以赋予集体经济以新的内容;在实践价值层面,他认为探索农村集体经济有效实现形式有利于打破集体经济的固化模式,积极创造出多层次、多形式、多类型的农村集体经济。[1] 张晖对城乡一体化背景下农村集体经济的演进进行了研究,认为通过不断深化农村集体资产产权制度改革、深化土地经营体制创新、不断深化农村集体资产产权制度改革、发展股份合作社和联合社、大力推进农村集体经济组织公司化改造,才能有力促进农村集体经济发展。[2] 许泉等对我国经济发达地区 12 个典型村(社区)的村级集体经济发展现状进行了调查分析,认为随着村级集体经济规模的逐步扩大,村域间差异日趋显著;村级集体经济结构不合理,经营性收入占比偏低,影响村级集体经济的可持续发展;村级集体收支不平衡还导致健康度和稳健度偏低,因此未来完善村级集体经济发展扶持政策以及鼓励村际联合和跨地区发展将有利于在提高村级集体经济

① 徐勇、赵德健:《创新集体:对集体经济有效实现形式的探索》,《华中师范大学学报(人文社会科学版)》2015 年第 1 期。

② 张晖:《城乡一体化背景下农村集体经济的演进与反思》,《中州学刊》2015 年第 5 期。

收入的同时优化其结构。① 郭淑敏则从实践层面通过对宁夏回族自治区村集体经济试点项目的研究,创新性提出了创建村集体经济组织、建章立制、培养能力、扶持产业"四位一体"的农村集体经济发展构架,为发展农村集体经济提供了一个具体模式。② 从以上学界对农村集体经济发展问题研究的演进路径不难看出,对农村集体经济发展研究的注意力逐步由理论关怀转向具体的基层实践创新。

在基层出现的农村集体经济发展模式创新上,浙江省嘉善县在推进县域科学发展示范点建设过程中,在全国率先探索出农村集体经济"飞地抱团"发展模式。这种全新的农村集体经济发展模式将县域看作一个整体,在县域内突破镇域或者村域的边界限制,由县政府或者镇政府对整个区域内资源要素重新进行统筹安排与配置,建设统一的运营平台,各村集体以入股的形式选择在区位条件优越的地段或者区块建设"两创中心"等项目进行集体抱团跨区域投资,各投资方获取保底分工收益,实现了农村集体经济发展模式的创新。

作为一种全新的基层实践创新,农村集体经济"飞地抱团"发展模式为如何培育壮大农村集体经济,增强农村发展的内生动力,实现不同发展层次、发展水平的村集体经济间联合发展与协调发展,实现乡村振兴提供了一种新的成功借鉴和生动范例。

二、农村集体经济"飞地抱团"发展的逻辑构思

嘉善县是全国唯一一个县域科学发展示范点。改革开放之初,嘉善县各村积极抢抓发展机遇,大力兴办村办企业、村级市场和村级工业园区,出现了"村村点火、户户冒烟"的热闹景象,集体经济随之也得到了巨大的发展。

2015年,嘉善县创新农村集体经济发展模式,实施农村集体经济"飞地抱团"发展模式,按照"县域统筹、跨村发展、股份经营、保底分红"的原则,将各村在"低小散"企业腾退过程中整理出的土地指标和资金进行整合,进一步利用整合的这些资源选择规划符合产业发展导向的强村项目,相关村集体获得保底分红收益。这种模式解决了偏远薄弱村"造血难"和区位优势镇土地指标紧张的问题,实现了村级集体经济的抱团致富。嘉善县这一农村集体经济发展模式的形成过程有着多种现实逻辑。

① 许泉、万学远、张龙耀:《新型农村集体经济发展路径创新》,《西北农林科技大学学报(社会科学版)》2016年第5期。

② 郭淑敏:《构建"四位一体"框架促进村集体经济可持续发展——以宁夏回族自治区村集体经济试点项目为例》,《中国农业资源与区划》2017年第10期。

（一）破解农村集体经济发展不均衡难题的需要

经过几十年的积累和发展,嘉善县的农村集体经济在整体上得到了长足的发展,但县域内村级集体经济发展不平衡,要素资源禀赋差、地理区位偏远村集体经济普遍比较薄弱的现实依旧存在。为了解决这一问题,2008年,嘉善县开始实施"强村计划",重点帮扶经济薄弱村发展壮大村级集体经济,已实施四轮"强村计划"。

前两轮"强村计划"主要以"输血"为主,将一定的资金与土地指标等资源要素分别配置到经济薄弱村,各村集体再根据分配到的资源自主分散搞建设、招项目,这就使得各村项目建设遍地开花,发展质量低下,发展效果也不理想。

2016年,基于往年经验,在仔细分析了前两轮"强村计划"实施成效甚微原因的基础上,在实施第三轮"强村计划"时,嘉善县主动更换思路、创新措施,创新性地提出了农村集体经济"飞地抱团"发展模式。这一模式立足全域优化布局、全域整合资源、全域整体受益,针对经济薄弱村,打破镇村界线和要素流动障碍,改变直接将资源要素投放到村的做法,以项目为牵引,变"单村补助"为"项目补助",变经济薄弱村的"单打独斗"为跨区域"抱团发展",有效破解了县域内村集体经济发展不均衡的困境。

2019年,嘉善县启动第四轮"强村计划",在支持现代新型农业发展、农业社会化服务、低效用地整治开发、农业农村跨界发展、农村电商、光伏发电等发展村级经济的有效途径中,推动一、二、三产有效融合,抓实体运行与资本转换,让村级经济逐渐走上"自我发展"的模式,落实好《嘉善县家庭财产性收入倍增计划实施方案》,有效地让贫困户参与"飞地抱团"项目的分红,进一步深化农村集体经济"飞地抱团"发展模式。

（二）破解农村集体经济发展层次低困境的需要

在实现经济高质量发展日渐成为区域经济发展共识的大背景下,嘉善县村集体经济自然发展进程中产生的村级工业用地效能低下、村级工业产业层次较低、项目投入产出比低等问题日益暴露出来,这样的村集体经济发展模式不仅对地方经济贡献不高,还带来了河道污染、违章搭建、安全隐患、生产扰民等突出问题。农村集体经济"飞地抱团"发展模式改变了过去"村村冒烟"的发展方式,以推进低效用土地腾退转型为抓手,对腾出的发展空间,按照"高起点规划设计、高标准推进建设、高质量集聚项目"的原则,着力引进符合产业发展需要的大项目、好项目,着力提升项目的投入产出比,有力地推进了农村集体经济的转型升级,破解了农村集体经济发展层次低的困境。

（三）破解农村集体经济发展中资源要素制约困境的需要

农村集体经济转型进程中资源要素的制约往往成为其转型成功与否的关键因素，嘉善县村集体经济自然发展进程中导致的村级低效用地大量沉淀，占据了大量的用地指标，一些有利于村集体经济转型升级的高质量项目往往由于用地指标不足而无法落地，转型升级受到限制。实施农村集体经济"飞地抱团"发展，推动了村级组织将低效使用的土地及厂房、仓库等存量集体用地腾退出来，把原先各村零散的土地资源整合到一起，将土地指标、项目资金等稀缺要素从原来低效利用的农村地区，集中配置到收益更高的"飞地"项目，有效地破解了农村集体经济转型进程中资源要素制约困境，引导农村产业转型升级。

三、农村集体经济"飞地抱团"发展的运作模式

农村集体经济"飞地抱团"发展模式推动了经济发达地区村级集体经济的统筹发展和均衡发展，成为实施乡村振兴战略的一个有效抓手。从嘉善县农村集体经济"飞地抱团"发展模式具体运作路径来看，大致有以下几个方面（见图9.2）。

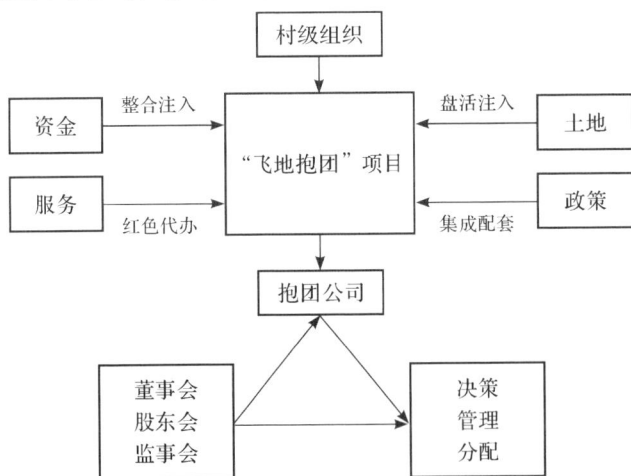

图9.2　"飞地抱团"发展模式运作路径

（一）全域推进，分级实施

运用整体性思维，把全县域作为一个整体，打破县域内的镇、村界限，实现全域内要素资源的合理流动，从而对整个县域资源要素进行全域统筹、全域整合。让整体受益是嘉善县农村集体经济"飞地抱团"发展模式最鲜明的特征。从具体实施来讲，在县级层面，突出两类重点村，针对经济薄弱村，采用"土地＋资金""强村＋弱村"模式，在区位优势明显的镇（街道），统筹布局"两创中心"；针对"退

散进集"重点村,为减少低效用地腾退对村集体收入带来的阶段性影响,专门研究出台"退散进集"重点村扶持政策,对凡是按照腾退要求顺利完成"退散进集"任务,但是短期内,由于腾退造成的村集体经济收入大幅下降的村,参照经济薄弱村享受第三轮"强村计划"的项目奖补、贷款贴息、规费减免等政策,并新增50亩土地指标,力争实现腾退不减收。在镇级层面突出全覆盖,全县实施的所有"飞地抱团"发展项目都覆盖到了所有的镇(街道),全县90%以上的村参与了抱团发展项目,有43个村参与1次抱团,56个村参与2次以上抱团,所有经济薄弱村参与2次以上抱团。

(二)聚焦"飞地",集聚发展

村集体经济"飞地抱团"发展的关键在于"飞地"的建设与运营。在"飞地"建设上,利用腾出的发展空间,在省级以上产业平台、特色小镇、县镇两级商贸区等优势区块,按照"高起点规划设计、高标准推进建设、高质量集聚项目"的原则,建设了一批布局合理、产业鲜明、配套完善、运营多元、管理一流的"两创中心";在项目引进上,以招大引强提品质为根本原则,依托强村项目平台,围绕重点产业和产业链,着力引进一批符合产业发展需要的大项目、好项目。

(三)腾退转型,盘活存量

盘活整个县域内原来由村级工业园开发占用的低效建设用地,将这些存量土地指标盘活配置到高效开发、收益率更高的"飞地"项目上,实现城乡建设用地的增减挂钩和占补平衡。为此,嘉善县充分利用治危拆违、整治低小散、"三改一拆"、五水共治等组合拳全面整治"低散弱"村级工业园,针对亩产低、规模小、产业分布散、环境影响大的村级企业,全面开展专项整治,通过违建拆除、联合执法等方式倒逼腾退,对腾退低效用地后产生的土地指标,通过县土地收储中心按每亩50万元收储,其中对经济薄弱村的收储价格为每亩60万元,将村级低效资产转化为村级再发展资金。通过不断腾退为"飞地"项目开发腾出了发展需要的指标,通过增减挂钩节余指标交易,为腾退村腾出了村级再发展资金和参与"飞地抱团"项目的资本金,实现了多赢。

(四)精准帮扶,长效"造血"

如何让经济薄弱村顺利筹集到资金参与项目并持续获益是推进"飞地抱团"发展的重中之重。在资金来源上,对第一次参加"飞地抱团"发展项目的薄弱村,县财政补助100万元,镇(街道)再给予60万元配套资金,并且给予3年200万元的贷款全额贴息;对参加的第二个"飞地抱团"发展项目,县财政再补助60万元和3年的200万元全额贴息贷款;在收益上实行政府兜底,每年按各村投资额的10%保底分红,保证收益的稳定性,对凡是按照腾退要求顺利完成"退散进集"任务,但是短期内,由于腾退造成村集体经济收入大幅下降的一般村,参照薄弱村扶持政策执行,以此来保证腾退村集体经济收入的稳定性。

以嘉善县大云中德生态产业园"飞地抱团"发展项目为例。大云中德生态产业园项目由嘉善县9个镇(街道)的22个村共同出资成立的"嘉善县强村创业大云投资管理服务有限公司"投资建设,占地50亩,共建设高标准厂房6幢,总建筑面积3万平方米。项目的承租以及招商运营都由大云镇政府负责实施,投资项目的村集体每年会依据投资额度获得10%的保底分红。项目总投资8000万元,其中,17个薄弱村每村投资300万元,资金主要来自财政补助和银行贷款,截至2017年底财政一共贴息135万元;5个一般村每村投资从300万元至950万元不等,资金主要来自村积累资金,仅缪家村贷款300万元(详见表9.1)。大云中德生态产业园项目项目三期为嘉善、庆元、九寨沟三地联建项目,也是全省首个跨省、跨县域三地共建"飞地抱团"强村项目。

表 9.1 大云中德生态产业园"飞地抱团"项目投资情况   (单位:万元)

| 抱团村(22个) | | 投资额 | 资金来源 | | | | 2017 年村集体经营性收入 | "飞地抱团"项目分红 |
			财政补助	银行贷款	财政贴息	村积累资金		
薄弱村	惠民街道新润村	300	160	140	9.5	—	5.99	30
	惠民街道大泖村	300	160	140	9.4	—	8.43	30
	魏塘街道国庆村	300	160	140	7.6	—	105.04	30
	西塘镇地甸村	300	160	140	7.6	—	19.82	30
	西塘镇新胜村	300	160	140	7.6	—	8.52	30
	西塘镇钟葫村	300	160	140	7.6	—	14.20	30
	姚庄镇北鹤村	300	160	140	7.9	—	24.94	30
	姚庄镇武长村	300	160	140	7.8	—	24.23	30
	姚庄镇中联村	300	160	140	7.8	—	15.20	30
	姚庄镇金星村	300	160	140	7.2	—	4.69	30
	陶庄镇翔胜村	300	160	140	7.1	—	31.43	30
	陶庄镇汾湖村	300	160	140	6.9	—	12.16	30
	干窑镇胡家埭村	300	160	140	7.4	—	8.98	30
	天凝镇光明村	300	160	100	7.0	40	48.26	30

续表

抱团村 (22个)		投资额	资金来源				2017年村集体 经营性收入	"飞地抱团" 项目分红
			财政 补助	银行 贷款	财政 贴息	村积累 资金		
薄弱村	天凝镇天凝村	300	160	140	9.8	—	57.34	30
	天凝镇新联村	300	160	100	7.0	40	9.75	30
	天凝镇蒋村村	300	160	140	9.8	—	25.34	30
一般村	罗星街道亭桥村	300				300	23.03	30
	大云镇江家村	550				550	32.29	55
	大云镇洋桥村	550				550	87.17	55
	大云镇缪家村	550		300		250	267.97	55
	大云镇大云村	950				950	68.03	95

数据来源:笔者根据相关数据整理得出。

（五）统筹协调,高效推进

嘉善县在推进农村集体经济"飞地抱团"进程中,县领导直接联系帮扶经济薄弱村,建立强村项目疑难会商制度;建立县"强村计划"领导小组作为"飞地抱团"项目的推进小组,负责统筹协调工作;建立健全"统一规划、统一审批、统一建设、统一经营、统一管理、统一核算""六统一"的工作机制,将村集体经济"飞地抱团"发展推向标准化;镇(街道)将经济薄弱村转化作为党委书记领办基层党建攻坚项目,具体负责强村项目筹备建设、整体推进、管理服务;县委组织部、县农办负责具体推进,协调发改、国土、财政、金融等部门,做好优先立项审批、落实土地指标、拨付奖补资金、提供金融贷款等扶持措施,其他部门与企业、社区和薄弱村建立"四方红色联盟",帮助发展壮大集体经济。

（六）完善制度设计,强化引导

基层实践的创新离不开顶层制度设计的支撑,一定的顶层制度设计为基层实践的创新提供了良好的体制机制环境。嘉善县农村集体经济"飞地抱团"发展进程中,相关政府部门强化要素供给,在土地政策、财政政策、行政服务等层面的制度设计上为其提供了良好的运作环境。在扶持政策上,制定了《进一步加快创业创新中心建设促进经济转型升级的实施意见》《嘉善县小微企业园("两创中心")项目准入暂行办法》等文件引领发展,县财政投入专项资金,在财政补助、全额贴息贷款等方面给予扶持;调整土地指标使用方式,允许跨年度统筹安排使用,对"飞地抱团"项目,优先安排计划用地指标。在行政服务上,以"最多跑一次"改革为契机,深化完善"飞地抱团"项目"红色代办员"制度,抽调专人驻点县行政审批服务中心,提供规划咨询、审批代办、材料指导等服务,对立项的"飞地抱团"项目,逐一制定项目审批全流程图、项目建设前期进程表等"一图一表",通过倒排时间、流程优化等方式,全面压缩审批时间,促使"飞地抱团"项目早开工、早产出,提高了行政效率。

四、农村集体经济"飞地抱团"发展的绩效分析

农村集体经济"飞地抱团"发展将农村的资源要素集聚化,在空间上实现了村际发展的网络化,对农村集体经济发展模式进行再造,探索出了经济发达地区农村集体经济协调发展的新模式,为如何实现农村集体经济发展转型升级提供了借鉴,为跨行政区划间农村集体经济合作发展提供了实践样本。

(一)探索出了农村集体经济集群化与网络化发展的新模式

传统的农村集体经济发展模式多以村域为界限,在横向联系上呈现出各个孤立、点状发展的特征,村域之间的横向联系较少,村集体经济发展的集群化和网络化程度较低。农村集体经济"飞地抱团"发展模式通过"抱团"将原来相互孤立、不同区位甚至跨行政区划的各村要素资源整合起来注入新的"飞地"中,加强了各村集体经济发展之间的横向联系,实现了发展的网络化;同时以企业发展的不同阶段和类型为划分依据,对合作开发的项目中心——"飞地"区块进行了"筑巢引凤"发展区域、"腾笼换鸟"发展区域、"凤凰涅槃"发展区域的合理划分,让不同发展阶段和不同类型的企业入驻相应的发展区域,不仅实现了"飞地"区块企业的差异化发展,更实现了村级集体经济的集群化发展,改变了过去各村单打独斗的局面,成功探索出了农村集体经济集群化与网络化发展的新模式。

截至2020年底,全县在建"飞地抱团"发展项目共16个,覆盖所有镇(街道),有104个村参与其中,项目分红达1亿元,村均增收约100万元,嘉善县村均集体经济经常性收入突破400万元,真正实现"资源变资产、资金变股金、村民变股民"。

(二)探索出了经济发达地区农村集体经济协调发展的新模式

经过改革开放40多年的积累,经济发达地区的村集体经济获得了巨大的发展,但由于各村在区位因素、资源禀赋等方面的差异性,村集体经济发展过程中也出现了发展不均衡、不协调的问题,如何促进经济发达地区农村集体经济发展的协调性和均衡性成为各级政府不断探索的实践命题。农村集体经济"飞地抱团"发展模式为要素资源禀赋不同、区位条件各异的村集体经济间的合作提供了

平台,通过"弱村＋强村"模式将发展层次和发展水平不同的村集体经济连接起来,以强村带弱村,实现了村集体经济薄弱村由"本地低效造血"向"异地高效造血"的转变,增强了村集体经济薄弱村发展的内生性,探索出了经济发达地区农村集体经济协调发展的新模式。

(三)探索出了跨行政区划间农村集体经济合作发展的实践样本

嘉善县农村集体经济"飞地抱团"发展的第一个阶段是在县域内进行村域间的"抱团";第二个阶段进一步将"抱团"项目由县内区域合作转向省内跨市域合作,实现了嘉善县人民政府与庆元县人民政府的"飞地抱团"发展,增强了省内山海协作的合作深度;第三个阶段是由省域合作转向跨省域合作,实现了嘉善县人民政府与九寨沟人民政府的"飞地抱团"发展,进一步拓展了农村集体经济"飞地抱团"发展模式的适用范围和适用广度,开创了东西部对口帮扶的新模式。从农村集体经济"飞地抱团"发展模式的三个不同发展阶段可以看出,从原来县内、省内"飞地"升级为跨省"飞地",标志着"飞地抱团"发展模式进入了一个全新阶段,对于助推庆元县和九寨沟加快消除集体经济薄弱村具有十分重要的意义,更是探索出了农村集体经济跨行政区划合作发展的实践样本。

第十章　公共服务一体化：
机制创新与推进路径

2019 年,中共中央、国务院印发的《规划纲要》明确提出,到 2025 年,长三角一体化发展取得实质性进展。跨界区域、城市乡村等区域板块一体化发展达到较高水平,在科创产业、基础设施、生态环境、公共服务等领域实现一体化发展,全面建立一体化发展的体制机制。公共服务的共建共享是长三角一体化国家战略实施的关键所在,通过积极推动公共服务的一体化,将增强跨区域的一体化发展能力与协同创新能力,进而提升区域综合实力与国际竞争力。

上海青浦、江苏吴江、浙江嘉善三地协同推进生态绿色一体化示范区建设,是我国实施长三角一体化发展战略的先手棋和突破口,也是推动更高质量、更可持续一体化发展的重要举措。公共服务一体化是更高质量、更可持续发展的前提和基础,示范区根据整体协同优化的发展需求,通过一系列制度和机制创新协作提供区域公共服务,以期实现多层次、宽领域、深层次的经济社会全面一体化发展。本章从公共服务一体化的逻辑与推进路径出发,阐述示范区推进公共服务一体化的理论基础与必要性,梳理示范区尤其是嘉善的创新性改革与关键性举措,同时通过对嘉善在公共服务数字化、公共文化服务一体化等领域的案例的剖析和研究,为示范区实现更高质量、更加普惠的公共服务一体化提供实践经验支撑。

第一节　公共服务一体化的逻辑与推进路径

持续推动示范区公共服务一体化发展、不断提升示范区公共服务供给水平,是促使一体化发展成果更快更公平惠及示范区全体人民的关键举措。示范区的成功建设与高质量发展最终体现在满足人民日益增长的对美好生活的向往需求，由此与教育、医疗、政府服务、公共文化等领域息息相关。尽管示范区整体经济社会发展水平较高，但由于行政壁垒、区域阻隔、制度藩篱等尚且存在，导致示范区人民不能更加自由地享受医疗、教育、养老等资源供给，影响了区域各类要素自由流动的一体化进程。为此，示范区不断以人民和企业的公共服务需求为依据，从供给和需求两方出发，以政府、企业、社会等多主体共建共治的网络化供给为主要途径，以机制改革、制度创新和数字化赋能为重要手段，不断加快公共服务一体化进程，改善区域内现存的由城乡差距、区域差距、收入差距造成的公共服务、社会福利的不均等，嘉善在推进过程中的创新性举措也提供了宝贵的实践经验。

一、公共服务一体化的理论基础

公共服务一般包括基本公共服务和一般公共服务，其中基本公共服务是政府为满足公民的基本需求和维护公民的基本权利而必须承担的基本责任，是公共服务当中范围最广、数量最多、最基础和核心的部分。[①] 根据中共中央办公室、国务院办公厅 2018 年 12 月印发的《关于建立健全基本公共服务标准体系的指导意见》，基本公共服务包括公共教育、劳动就业创业、社会保险、医疗卫生、社会服务、住房保障、公共文化体育、优抚安置、残疾人服务等主要方面。同时，公共服务还包含环境、安全等内容，着眼于保障公民基础生活之上的多样性服务诉求。作为示范区高质量一体化发展的重要组成部分，公共服务资源的自由流动和均等化是促进经济社会全面可持续发展的关键因素。

从理论研究的基本脉络看，公共服务一体化被视为一种制度设计和发展进程，旨在通过一系列的政策、机制体系推动区域内的群体和地区均等化享受公共服务，其核心与支撑在于实现区域公共服务的均衡发展和整体供给能力的提升、供给渠道的畅通。[②] 在制度设计过程中，一方面是加强区域基本公共服务标准和制度的衔接，提升跨区域公共服务的互联互通水平和便利化程度，为高质量一

① 杨书超、李中：《时空视野下区域公共服务一体化研究——以长三角生态绿色一体化发展示范区为例》，《江南论坛》2021 年第 1 期。

② 上海财经大学上海发展研究院：《上海城市经济与管理发展报告——长三角一体化再出发》，格致出版社 2019 年版。

体化发展提供重要保障。① 另一方面是打破各种壁垒,不断畅通要素自由流通的渠道,以人口集聚规律与区域互联互通为抓手,推动资源在空间和群体分布上的优化配置。② 由此可见,示范区公共服务一体化的理论逻辑在于厘清政府与市场的职责,区分两个主体的服务供给领域与目的,而实践基础在于新型城镇化和区域一体化发展中的公共服务供给布局的重构和供给能力的提升。

从战略目标看,示范区公共服务一体化的实现依赖于突破制度性的障碍和区域间的阻隔,其中包含四个维度。一是公共服务水平逐渐均衡。通过完善和建立示范区内公共服务供给的评价体系,实现公共服务的标准化、统一化管理,推动区域间公共服务供给更加均等、普惠、便捷。不断缩小在交通、养老、教育、医疗、文化等领域上的区域差距,形成共建共享的示范区公共服务供给新格局。③ 二是制度衔接能力日渐增强。一方面,要与国家基本公共服务标准和制度衔接,形成基本公共服务"项目清单、项目财政支出跨区域结转机制";另一方面,要建立区内公共服务资源信息对接机制,包括推动教育资源共享、医疗卫生跨地区服务、文化产业联动发展、社会保障互联互通等机制建设。三是政策协同能力日渐加强。通过政策协同创新有效降低区域间要素流动性障碍,基于紧密的命运共同体、利益共同体和责任共同体原则,实现政策协同主体的共同繁荣,提升示范区综合实力与竞争力。四是便捷共享程度日渐加深。创新跨区域服务机制,推动基本公共服务便利共享,包括重大传染疾病联防联控与公共服务合作、构建异地就医直接结算信息沟通和应急联动机制、社会保险异地办理与养老服务补贴异地结算等创新机制。

从实现路径看,理论上一体化的实现依赖于三个因素。一是整体性规划的实施。由上级政府部门牵头制定科学合理的发展规划,厘清公共服务领域的标准与要求,以及各级政府的职责与协同领域,进一步明确公共服务一体化的重点领域和重大项目,以具体事项推动一体化进程。④ 二是一体性制度的完善。首先需要加强公共服务数据的互联互通、公共基础设施的共建共享、公共服务需求的畅通流转,发挥数据作为关键要素的作用,完善新型数据基础设施建设,通过

---

① 刘志彪、徐宁、孔令池等:《长三角高质量一体化发展研究》,中国人民大学出版社2019年版。

② 高军波、周春山:《西方国家城市公共服务设施供给理论及研究进展》,《世界地理研究》2009年第4期。

③ 顾海兵、张敏:《基于内力和外力的区域经济一体化指数分析:以长三角城市群为例》,《中国人民大学学报》2017年第3期。

④ 于迎、唐亚林:《长三角区域公共服务一体化的实践探索与创新模式建构》,《改革》2018年第12期。

数字化赋能解决公共服务碎片化和壁垒化问题；其次要实现公共服务各制度要素整合趋同与基本待遇互认，实现示范区公共服务的深度融合；最后在前两者的基础上，先行先试率先实现长三角地区公共服务在标准、政策、认证、规划上的统一。三是保障性措施的建立。国家、省级相关部门以及示范区执委会加强对实施情况的跟踪分析和督查，建立监测分析评价体系，推进构建公共服务一体化的重点任务落实，构建公共服务专项合作机制，及时出台相关配套政策，加强政策处理，加快规划的落实进度、保障实施要素、提高成果绩效。①

二、示范区公共服务一体化的机制创新

在示范区建设前，两区一县基本公共服务存在诸多要解决的问题。一是基本公共服务供给水平不平衡。如在基本医疗卫生方面，上海青浦的医疗卫生供给水平明显低于江苏吴江和浙江嘉善，2018 年上海青浦的每千人拥有卫生机构床位仅 4.58 张，明显低于江苏吴江的 7.46 张和浙江嘉善的 6.60 张。在基本公共文化方面，浙江嘉善的公共文化供给水平要低于江苏吴江，2018 年浙江嘉善的公共图书馆藏书量为 105.67 万册，远低于江苏吴江的 240.4 万册，仅为江苏吴江的 44％。二是基本公共服务各类标准的不统一。如以 2018 年城乡低保标准为例，江苏吴江的标准为 945 元/月，浙江嘉善的标准为 810 元/月，上海青浦的标准为 1070 元/月。三是基本公共服务优质资源不互通。如公司跨省迁移需要企业来回奔波于迁出和迁入两地的行政审批、市场监管、税务和银行等至少 6 个部门，至少需要 6 个环节，办理时间至少 15 天，手续烦琐、材料众多，各部门间也缺乏协同联动机制。四是基本公共服务资源碎片化。由于各地以行政区划为单元，以经济增长为主要目标，在自上而下的压力型 GDP 考核评价体系中承担经济发展和社会发展重任，两区一县地方政府相对缺乏社会政策创新和提供充分公共服务的驱动力，公共服务职能相对弱化。竞争式的经济发展模式和属地化的公共服务供给模式，使得各地方政府的公共服务投入和供给严格局限本行政区域范围之内，造成了区域间公共服务碎片化的结构特征和较为显著的公共服务差异。

为解决以上问题，示范区不断创新公共服务共建共享、医疗保障、职业教育、旅游服务、卫生监督、古镇群落发展、公共交通等领域的机制设计，满足公众的公共服务需求。

（一）示范区公共服务共建共享机制

《总体方案》提出，要"加强区域基本公共服务标准和制度衔接，以国家基本

---

①　王阳亮：《公共服务供给瓶颈与绩效特征》，《改革》2017 年第 6 期。

公共服务项目清单及两省一市清单为基础,加强清单内项目、标准、制度的对接和统筹,结合清单动态调整,选取若干项目试点实行统一标准"。据此,示范区执委会明确工作框架。由于两区一县执行的政策、文件、标准各不相同,执委会公共服务组在研究制定清单的过程中,明确了以《上海市基本公共服务项目清单》(2019年版)为底稿,吴江、嘉善两地先行梳理出一批可参照上海标准执行的项目清单,作为基础清单。同时,在与各方对接协商的基础上,执委会统筹协调,最终排摸梳理形成了《长三角生态绿色一体化发展示范区共建共享公共服务项目清单》(第一批)共20条,涵盖卫生健康、医疗保障、教育、文化旅游、体育、养老、交通、政务服务等8个领域。其中卫生健康领域5项,包括示范区中医医联体建设、示范区公立医疗机构检验检查报告互通互认、院前医疗急救、一体化远程医疗、综合卫生监督;医疗保障领域4项,包括门急诊就医结算免备案、医保经办服务一站式、异地结算项目范围拓宽、医保结算互联通;教育领域1项,即示范区职业教育一体化;文化旅游领域5项,包括阅读服务、图书通借通、文化配送服务、旅游惠民服务、非物质文化遗产一体化;公共体育领域1项,即举办全域体育事;养老领域1项,即百岁老人津贴;公共交通领域1项,即跨省域公交联运;政务服务领域2项,包括专业技术资格人才互认、一网通办。

项目清单的出台,是一体化制度创新的典型案例,它的背后是一体化示范区建设的探索和突破。一是体现了共建共享的工作原则。项目清单包含的项目均为相似标准的基本公共服务,每一项都有相应的政策依据。在实际工作中,执委会坚持"共建共享"的工作原则,共建即统一标准、就高不就低,体现高质量元素;共享即"不破行政隶属,打破行政边界",着力一体化内涵。二是一体化推动高质量。它在两区一县(主要是上海市青浦区)原有"基本公共服务清单"的基础上,更加注重高质量,形成了"属地政府保基本民生,示范区执委会牵头彰显一体化底色"的格局。三是突破了现有行政壁垒。该项目清单是全国首个跨省域的高质量公共服务项目清单,为破解跨省域边界治理难题提供了可复制可推广的改革经验。

(二)示范区医疗保障同城化机制

《总体方案》明确要求,完善医保异地结算机制,开展异地就医急诊、门诊医疗费用直接结算试点。实现示范区内医保一体化,是区域公共服务领域的一次重要制度创新,也体现了示范区"一体化制度创新试验田、人与自然和谐宜居新典范"的战略定位。改革旨在通过示范区医保"五个一体化"(信息一体化、服务一体化、保障一体化、共享一体化、管理一体化)建设试点,在示范区内率先实现医疗保障领域同城化,全力打造示范区"医保一卡通2.0版",提升参保人员异地就医实时刷卡结算的获得感和满意度。截至2020年底,上海市青浦区、浙江省嘉兴市嘉善县、江苏省苏州市吴江区三地共有 85 家医保定点医疗机构接入门急诊联网结算系统,覆盖三地参保人数 230.93 万。

1. 率先在示范区实现跨省医保直接结算免备案

三地参保人在示范区内就诊时,不再需要通过参保地办理备案手续。如需住院,参保人在医院的指导下做自主备案即可。参保人在示范区内异地就诊时,医保待遇与参保地保持一致,真正享受到示范区一体化发展带来的便利和实惠。

2. 率先在示范区实现跨省统一医保经办服务

按照国家医疗保障局发布的《全国医疗保障经办政务服务事清单》,示范区三地医保部门协同建立了示范区统一医保经办服务清单及办事指南,个人参保信息查询、出具"参保凭证"、转移接续手续办理、异地就医备案、门诊和住院费用报销等首批 9 项服务事项已上线。

3. 率先在示范区实现跨省异地医保基金联审互查

三地医保部门协同建立了异地就医费用联审互查工作机制,对示范区内异地就医费用进行全领域、全过程和全方位的监管,其中一期智能互查 276 人次,涉及医疗费用 71 万元;现场联审 18 人次,涉及医疗费用 67 万元。

4.率先在示范区实现医保结算互联通

推动示范区内符合条件的医疗机构应用互联网等信息技术拓展医疗服务空间和内容,构建覆盖诊前、诊中、诊后的线上线下一体化医疗服务模式。注重打破区域限制,三地各选取 1 至 2 家条件较好的医疗机构,开展异地患者"互联网＋"医院医保在线支付结算试点。

5.率先在示范区实现医保异地结算项目广覆盖

创新示范区医保协议管理机制,探索跨区域就医协议管理试点,拓宽异地结算项目范围。以尿毒症血透腹透作为试点项目,三地各选取 1 至 2 家有条件的医疗机构作为三地门诊大病(门特病)指定医疗机构,示范区内指定病种的门诊大病(门特病)参保人员拉卡结算,可享受与参保地一致的门诊大病(门特病)待遇(参保地待遇、就医地目录维持不变)。

(三)示范区职业教育一体化工作机制

示范区执委会会同沪苏浙两省一市教育部门,立足示范区、服务长三角,按照"信息共通、资源共建、人才共育、成果共享"的原则,构建职业教育一体化发展机制,推动示范区内职业学校招生入学、学籍管理、教学实施、就业升学实现一体化运行。2022 年 7 月 31 日,一体化示范区执委会、上海市教育委员会、江苏省教育厅、浙江省教育厅四部门联合下发了《长三角生态绿色一体化发展示范区职业教育一体化平台建设方案》,旨在通过建立跨行政区域的产教融合、校企合作联动机制,合力打造高质量的区域职业教育协作典范,努力实现教育资源、产业资源和企业资源的有效配置和优势相融,为示范区及长三角一体化发展提供高质量的技术技能人才支撑,助力经济社会高质量发展。该方案围绕示范区职业教育招生录取、教学标准、学籍管理、专业设置、教师信息服务、升学就业、产教融合、高端职业教育资源打造等8个方面确定了示范区职业教育近期、中期、远期目标。

1. 近期目标

第一,统一示范区内职业院校招生录取。示范区内7所中职学校统一开展跨区域招生宣传、统一录取手续。示范区内高职院校根据政策对示范区内高中阶段教育开放招生,两省一市指定相关高职院校与示范区中职学校开展中高职衔接办学。

第二,统一示范区内中等职业学校教学标准。示范区内统一执行教育部中等职业学校思想政治、语文、历史3门课程的教学标准,共同选用合适的国规教材,共同开展公共基础课教学研究;统一制定并执行专业技能、专业核心课程教学标准,联合开发区域特色教材。示范区内学分互认,中职学生可跨校选课,在不同学校的学习成果可互通互认。

第三,统一示范区内中等职业学校学籍管理平台。建立管理平台,实现示范区内中等职业学校学生学籍统一管理。采用"籍随人走,学分互认,毕业互通"的一体化管理模式,学籍随学生进入就读的学校。

2. 中期目标

第一,建立示范区内中等职业学校专业设置统一平台。根据示范区两区一县(上海市青浦区、江苏省苏州市吴江区和浙江省嘉兴市嘉善县)各中职学校历年招生情况,结合产业趋势、行业特点和企业重点,确定各校着力打造的优势特色专业、保留专业和弱化调整的专业清单。

第二,建立示范区内职业教育教师信息服务统一平台。积极开展示范区职业教育联合教研,发挥区域内高水平专业师资的辐射作用,精选一批专家型教师,实施职业教育师资培养工程。

第三,建立示范区内职业院校学生升学就业统一平台。探索跨省职业教育"中高贯通"人才培养模式改革。

3. 远期目标

第一,建立示范区内产教融合统一平台。突出职业教育与产业需求深度融合,打破两区一县资源壁垒,打造示范区内产业规划与教育规划全面对接、专业设置与产业结构全面对接、学校发展与企业成长全面对接、人才培育与区域发展全面对接的资源共享模式。

第二,加强示范区内职业教育高端资源建设。争取发挥高端资源的牵引作用,沪苏浙在示范区引进优质职业教育资源开展合作办学,打造长三角职业教育高地。

（四）示范区旅游公共服务一体化机制

一衣带水的自然禀赋,赋予了示范区丰富的旅游资源,区域内世界文化遗产、历史文化名镇、国家级湿地公园、旅游度假区、主题公园等旅游核心吸引物齐备。与此同时,区域内旅游公共服务尚未达到与旅游资源要素相匹配的公共服务要求。建立健全示范区旅游公共服务体系,实现示范区旅游公共服务资源的高效协同,是示范区旅游高质量发展的必然要求,也是创建国家级全域旅游示范区需要解答好的必答题。

旅游公共服务体系建设是衡量一个区域旅游业成熟程度的重要标志。从示范区现有情况来看,其服务体系建设还存在一定的短板。为此,需要协同推进示范区旅游公共服务的全域共建、全域共享,形成示范区畅达的交通网络、完善的咨询层级、高效的智慧服务,建立多层次、跨区域、高水平的旅游公共服务体系。

1. 统一示范区旅游形象识别符号

为强化示范区旅游品牌的定位与塑造,提升示范区旅游服务的公信力,三地旅游部门研究推出示范区旅游识别符号及宣传口号,并向社会、设计院校等进行了广泛征集。项目于 2022 年 5 月 19 日挂网征集,共收到 350 件有效作品。组委会从中遴选 30 件优秀作品进行全网投票,于 9 月 25 日正式公布示范区旅游识别符号及宣传口号。该识别符号将在示范区旅游资料出版、线路发布、旅游活动推广、交通导视、形象识别等方面进行广泛应用。

2. 统筹示范区旅游信息发布渠道

为确保示范区高质量旅游信息源,三地设立由旅游公共服务部门、重点景区、特色旅游景点、乡村旅游点等部门相关人员组成的信息工作组。工作组于 2019 年 8 月合作推出"长三角示范区旅游服务"微信公众号。作为示范区旅游信息发布的权威渠道,该公众号主要发布示范区最新旅游资讯、最优票务信息、最惠旅游产品,以及旅游民俗文化、旅游节庆活动等资讯,分"游在青吴嘉""食在青吴嘉""宿在青吴嘉""养在青吴嘉""学在青吴嘉"五大主题。

3. 统建示范区智慧旅游服务平台

致力于将示范区智旅平台打造成在行业内有影响力、在游客中有吸引力、在发展上有塑造力的智慧旅游服务平台。

（五）示范区卫生监督三地联动执法机制

医疗卫生综合监管制度是 5 项基本医疗卫生制度之一,是完善落实其他 4 项制度的基础和保障。在推进健康中国建设和深化医改的新形势下,建立高效规范的医疗卫生行业综合监管制度,是全面建立中国特色基本医疗卫生制度的重要内容,是推进医疗卫生行业治理体系和治理能力现代化的重要标志。

三地签署了《江苏省苏州市吴江区、浙江省嘉兴市嘉善县、上海市青浦区三地区卫生监督综合执法安全网协议》,在合作内容、合作机制及保障措施等方面达成了共识。具体内容包括党建共建、人才培养、业务联动,如建立一体化工作架构、咨询顾问机制、执法联动机制、信息互通机制、联合培训机制、轮值机制,统一处罚裁量基准模式。

成立示范区青吴嘉三地卫生监督执法联动办公室,并制定了工作章程。示范区三地卫生监督机构基于地理位置相近、互促共进等方面的基础,开展重点工作项目、专项执法项目的联合执法,特别是强化进博会卫生监督保障、防范和打击无证行医、突发公共卫生事件等方面的协同联动。加强区域联合宣传,开展跨区域联合执法、联合办案。

(六)跨区域古镇群落联动发展机制

示范区是典型的江南水乡,区内古镇密集、人文荟萃,发展基础好,具有在文化和旅游领域率先形成一体化发展新格局的独特优势。为进一步推进《总体方案》和《关于支持长三角生态绿色一体化发展示范区高质量发展的若干政策措施》相关内容,保护传统文化遗产,传承江南水乡风情,示范区着力打造高水平的江南水乡古镇生态文化旅游圈。长远来看,此举有助于消除古镇旅游产品同质化,拉长各古镇的发展长板,共同打造示范区江南水乡文化品牌。

1. 共同编制建设方案

2021年12月,由浙江省文化和旅游厅牵头,三级八方共同编制了《长三角生态绿色一体化发展示范区江南水乡古镇生态文化旅游圈建设三年(2021—2023)行动计划》,并提出共建长三角生态绿色文旅产业创新发展的集聚区、中国区域一体化文旅融合高质量发展的示范区、国际一流水乡古镇文化和旅游圈建设的样板区的战略定位。同时,三级八方明确了共同创建国家全域旅游示范区、旅游业增加值年均增长10%的发展目标。

2. 共同整合古镇发展资源

提出了生态绿色共保工程、文化基因共解工程、文旅产品共建工程、文旅品牌共创工程、数字文旅共联工程、交通网络共通工程、公共服务共享工程、治理体系共融工程、文旅富民共惠工程等九大工程。

3. 共同打造古镇金名片

谋划实施江南水乡客厅、淀山湖江南水乡文化旅游休闲区、江南水乡古镇博物馆、江南窑乡文化体验园、大同里水乡古镇休闲度假区、江南水乡古镇世界文化遗产地、黎里古镇文旅综合体、汾湖运动养生综合体、姚庄镇农文旅综合体、吴越文化体验园等十大标志性项目,总投资 400 多亿元。

(七)跨省域公交联运机制

随着长三角区域一体化发展上升为国家战略,打破停站壁垒、畅通交通末梢"最后一公里"再次被提上日程。示范区作为长三角一体化国家战略的重要承载区,地跨两省一市,是制度创新的试验田,也是跨省公交实现常态化运行的"加速器"。

2019 年 11 月 4 日,三地联合举行公交开行仪式,共开行示范区 5 条公交线路,满足了更大范围的居民旅游观光、通勤探亲和购物就医等出行需求。一体化示范区跨省公交线路的开通,是完善示范区内部公交网络、提高客运服务水平的重要举措,也是打破行政区划壁垒、建设协同高效管理体制机制的大胆尝试,是推进区域联动协同的系统集成和务实创新,具有非常重要的战略和现实意义。

示范区 5 条公交线路跨界串联,形成闭环,分别是:示范区 1 路(上海东方绿舟站-汾湖汽车客运站)、示范区 2 路(黎里旅游集散中心-上海东方绿舟站)、示范区 3 路(西塘古镇-上海东方绿舟站)、示范区 4 路(第五人民医院-上海大观园)、示范区 5 路(黎里旅游集散中心-西塘古镇)。

具体实施上,有三个特点:一是统一规划,联合实施。三地公交部门按照高标准、舒适性、绿色环保等要求统一规划、联合实施。公交车辆统一印制"长三角一体化示范区公交"字样。二是跨界串联,形成闭环,公交线路设计消除了毗邻地区原先公交线路在设置上的"各自为政",接轨了上海轨道交通 17 号线,并串联起三区三古镇。5 条线路沿途风光秀美,风景宜人。三是票价合理,乘客日增。三地票价设置适中,为 2~10 元。开通以来,客流量与日俱增。

三、嘉善促进示范区公共服务一体化的探索实践

嘉善不断强化公共服务供给水平,如强化与沪苏在医疗、教育等领域的合作,推出一体化教师培养、一卡通跨区域公共服务、远程医疗诊室、示范区职业教育等,对示范区公共服务一体化发展做出了重要贡献。

(一)教师培养一体化的探索

嘉善以教育一体化发展研究和满足教师高端培训需求为目标,并建立长三角一体化师资培训中心,充分利用示范区现有优质资源,并通过引入国际、国内一流教育资源,强化资源共享、辐射引领和合作纽带三大功能,促进示范区教师教育综合素养提升,推动示范区乃至长三角地区教育高质量协同发展,协力打造具有影响力的教育高地。

1. 建立健全管理组织

一是成立示范区教师发展学院专家委员会,聘请全国教育界、高校专家和三

地教育局、教师发展中心领导成立专家委员会，为长三角示范区教师发展学院的重点项目建设和年度工作提供决策咨询。二是协调整合示范区精品研训活动，按照"面向区域、突出需求，各美其美、美美与共"的培训思路，进行主题研修、区域联动，不断加大示范区教师一体化培训力度，为促进示范区教育更高质量提升提供师资保障。

2.开发建设课程

一是协力构建培训专家库。示范区教师发展学院将在原有示范区专家库的基础上，以国内外著名教育专家、高校教授为重点，根据培训需要聘请高校、教科研机构、专业培训机构等方面的专家入库，充实资源、提升层次、优化结构。二是分类建设课程资源库。依托培训专家库，结合长三角教育一体化推进的形势要求，以问题为导向，指向示范区教师新时代发展的新需求，组织制定培训标准，建设培训课程资源库，积极打造区域特色品牌培训课程，不断优化课程资源库的结构和质量，并做到培训有课程、有方案、有评估，有效果保障。三是共享优化特色培训课程。示范区三地按照"各美其美"原则，将各自优质培训项目纳入一体化教师培训体系，如共享青浦以行动教育为抓手的教师"绿色成长"项目，共享吴江主推的一体化高端培训项目和"双师型"三地示范课活动，共享嘉善以"课博会"为平台的名优教师成长项目。

3.创新培训模式

一是创新线上与线下相结合的培训模式。在疫情影响下，采取线上线下相结合的培训模式，减少聚集，化整为零，创新教师培训和网络研修相结合的培训模式，科学统筹安排，缓解工学矛盾，有效推进教师培训提升的实效性。二是创新研训与实践相结合的培训模式。遵循学习、反思、实践的教师专业成长规律，不断创新培训模式，突出集中研训与课堂实践相结合，在强化新时代教育理念和教育理论培训的同时，突出实践性知识的培训学习，体现教学相长，着力转化提升教师能力素质，有效提升培训效果，促进教师专业发展。三是创新常规与定制相结合的培训模式。遵循教师专业成长发展规律，积极探索示范区特色研修项目群，并逐步确立较为固定的示范区教师一体化培训系列，并结合长三角教育一体化推进进程中的问题和教师的现实需求，实施动态的个性定制化培训服务，以实现示范区"好地方、好教育、好未来"的美好愿景。

（二）长三角医保一体化的实践

嘉善县积极探索长三角医保一体化体制机制创新，协同青浦、吴江全力推进免备案结算工作。2020年8月20日，嘉善、青浦两地率先实现双向异地门诊免备案刷卡结算；24日，"青吴嘉"三地异地就医免备案互联互通工作全面实现。截至2020年底，三地共有85家定点医疗机构接入异地联网结算系统，惠及三地

230 余万参保人群。三地群众在示范区内定点医院享受本地报销待遇,职工医保和居民医保报销比例最高分别能提升 37% 和 52%。

1. 聚力高位谋划,高标准完善顶层设计

第一,"一把手"挂帅,组织专题调研。前期,三地医保局由"一把手"领衔对"青吴嘉"三地常住居民跨区域就医情况进行了 6 次专门调研,邀请浙江大学教授开展专题座谈评估。调研发现,长三角异地门诊直接结算机制运行近以来,各地经办机构均采用先跨省异地就医备案,再异地门诊结算的方式。由于部分群众因就医急迫或对医保政策不了解,未能在就医前及时办理跨省异地就医备案,导致只能通过传统手工结算方式。对此,三地医保局直接按异地就医的三级医院报销比例下浮 10%～20% 后进行医保费用报销。

第二,"一幅图"规划,科学编制方案。综合三地医保政策、统筹层次、经办流程、信息系统等实际情况,制定《长三角生态绿色一体化发展示范区医保异地备案统一试点方案》,拟以探索异地备案互认,开展统一异地备案库试点,依托长三角异地门诊直接结算凭条,以异地门急诊结算起步,探索示范区范围涉及参保人群在示范区内医疗机构异地就医结算免备案的技术保障,实现示范区内合理就医免备案。

第三,"一平台"指挥,健全组织架构。为稳妥有序地推进此项工作,三地医保局"优配强"工作人员,成立由 1 名班子领导挂帅,1 个业务骨干和 1 个信息技术专员组成的经办服务一体化"1+1+1"工作专班,明确各自职责定位,为协同做好异地门诊免备案刷卡结算工作奠定扎实基础。

2. 聚力筑基赋能,高质量推进免备案工作

第一,"一盘棋"统筹,明确对象范围。在免备案启动初期就明确了三地职工医保、居民医保参保人员为此次改革创新的服务对象。此次改革也明确了结算范围,即依托长三角跨省异地平台下的门诊直接结算,结算医院为三地全部异地联网结算医院,最大范围地服务更多人群。同时,三地范围内门诊刷卡结算均享受参保地本地报销待遇,进一步夯实同城化、一体化基础。

第二,"三个库"保障,提供技术方案。在与目前经办无冲突前提下,考虑快速实现免备案方式,决定在原有长三角跨省异地门诊结算系统的基础上进行技术改造。通过三地建立免备案统筹地库、免备案人员库、免备案医疗机构库,并结合省系统、参保地系统的相应改造,自动判断检验人员统筹地、人员信息和就诊医院,实现本地待遇报销的系统操作。改造过程系统改动少、上线时间快、实现成效好,成为短期内改造就能完成上线的典型案例。

第三,"一张网"联动,同步测试模拟。改造过程涉及面广,系统关联度高,需要三方紧密配合,才能完成保障系统准时上线。前期,三方医保经办部门组织协

调会议 7 次,并通过视频、音频会议,线上协调群等多种方式进行协调配合工作。在上线前期组织测试库模拟结算,先期排查问题,确保正式库结算顺利。

3.聚力协作协同,高要求健全长效机制

第一,"一清单"规范,统一项目标准化。在三地财政体制不同、经济发展水平不一、医保政策和目录有较大差异的背景下,三地医保局牵头,以异地门诊结算为切入点,率先探索异地门诊免备案刷卡结算,即利用原有系统,原有流程进一步优化,以最低开发成本、最快开发速度,提升群众就医结算便捷度和体验感。

第二,"一揽子"解决,疑难会商常态化。建立定期联合会商机制,召开重点工作例会 4 次,制订工作方案和具体推进计划;针对一段时间内经办过程中的问题,集体会商统一经办口径,统一经办方式,不断提升三地医保业务经办质量。

第三,"多平台"响应,信息交互即时性。三地积极对接建立协调办理的工作机制,确保各项业务的平稳运行。创建多个工作联络微信群,交流工作经办经验,即时回复经办问题。建立初期,通过协同经办联络群,组织测试库、正式库测试,为经办服务平稳上线打好基础。

(三)人才服务一体化的探索

嘉善积极参与发布一体化示范区"十四五"人才规划和实施方案,推出统一的高端人才共建计划;以赛代评,开展长三角一体化示范区高层次人才创业大赛,加快推进长三角人才一体化发展。

1.人才规划"一体化"

由示范区执委会牵头编制《长三角生态绿色一体化发展示范区人才发展"十四五"规划》,系统谋划区域内人才开发的各个环节与整体进程,制定长三角地区的人才整体开发战略。同时,在各自区域经济布局、产业结构、社会发展的基础上,立足于三地在产业链、创新链和价值链上的分工,编制区域协同的人才发展"十四五"规划,为长三角区域人才导流和优化配置创造条件。

2.人才评价"一体化"

2020 年 10 月,青吴嘉三地在实施"四个互认"(外国高端人才工作许可互认,专业技术人才职业资格互认、职称互认、继续教育学时互认)的基础上,谋划建立统一的人才一体化评价体系、统一的人才资格认证标准、统一的评判人才口径标准,突破省际壁垒,切实降低人才流动的障碍。

3.人才活动"一体化"

2020 年,浙江省嘉兴市人力社保局支持嘉善"以赛代评",对嘉善大赛评选出且落户的一、二、三等奖项目,等同于市领军人才创业类 A、B、C 类项目。2021年,嘉善邀请青浦、吴江参与第六届"梦想中国·智汇嘉善"创新创业大赛,努力推动三地"以赛代评"互认互通。

4.人才服务"一体化"

在开展一体化示范区公积金互认的基础上,努力打通青吴嘉人才公共服务共建共享渠道,在交通出行、旅游观光、文化体验等方面率先实现"同城待遇",探索建立跨省域人才公共服务成本结算分担机制。推进共认"一个章"行动,推动证、照在地区之间互认,减少人才跨省市流动的障碍,激发一体化示范区优化营商环境,提高人才服务效率。

(四)退休"一件事"改革延伸至示范区的实践

嘉善按照浙江省委以"最多跑一次"改革撬动各领域改革要求,积极把"最多跑一次"改革理念引入公共服务领域,在全省率先实施企事业单位退休"一件事"改革,通过建立部门间协同办事平台实现数据共享、建立退休联办机制和预审机制等创新举措,让"数据跑代替干部跑""干部跑代替群众跑",实现县内企业职工办理退休一证办、一窗办、一次办和就近办。在此基础上,主动将退休"一件事"改革延伸至示范区,基本实现示范区内退休"一件事"异地办理。

1. 创新建立长三角示范区信息互通机制

实现了区域退休人员信息资源互联互通,人社部门在发放退休待遇时可实时校验区域内养老待遇重复领取名单,及时规避违规冒领行为的发生,联动进行基金清缴追回工作,从源头上保障了养老基金安全。

2.率先推广长三角一体化平台协同机制

建立长三角一体化社会保险经办服务平台,畅通企业职工养老保险转移机制,保障参保人员在长三角区域内缴费权益计算的连续性,促进养老资源的合理配置和有序流动。

3.深化跨地改革、创新退休异地办理

与吴江人社局建立居民退休异地受理机制,两地群众只需前往居住地人社部门提供相关材料并提交退休申请,两地人社局即可通过数据传输与共享实时为群众办理相关事项。

第二节　推进公共服务数字一体化的探索

嘉善作为浙江参与长三角一体化示范区建设的重要组成部分,对全国和全省都具有重要的引领作用,数字化改革也勇立潮头,在跨省域政务一体化改革探索中取得了突破,极大促进了示范区公共服务一体化进程,为示范区乃至长三角形成了可复制可推广的数字化改革经验。

一、数字化改革推进公共服务一体化的研究意义

以习近平总书记为核心的党中央高度重视数字化发展,明确提出数字中国战略。党的十九届五中全会提出要"加快数字化发展",并在《中华人民共和国国民经济和社会发展第十四个五年规划和 2035 年远景目标纲要》(简称《"十四五"规划》)中作出了系统和具体的部署。这是党中央站在战略和全局的高度,科学把握发展规律,着眼实现高质量发展和建设社会主义现代化强国作出的重大战略决策。

浙江数字化发展和工作走在全国前列。早在 2003 年 1 月,在浙江省十届人大一次会议上,时任浙江省委书记习近平同志以极具前瞻性的战略眼光提出"数字浙江"建设。同年 7 月,"数字浙江"建设上升为"八八战略"的重要内容。[①] 此后,历届省委省政府锚定"数字浙江"建设,接续推出"四张清单一张网"改革、"最多跑一次"改革、政府数字化转型等一系列重大改革,并且取得重大突破。"浙里办""浙政钉""浙里督"迭代升级,初步建成"掌上办事之省""掌上办公之省",浙江已成为审批事项最少、管理效率最高、服务质量最优的省份之一,以"数字政府"为牵引,加速推动经济社会全方位数字化转型。

2020 年 12 月 8 日,省委书记袁家军同志在省管领导干部学习贯彻党的十九届五中全会精神集中轮训班开班动员暨主题报告中指出,以数字化改革撬动各领域各方面改革,最重要的是抓好"七个着力",也就是数字化改革的"四梁八柱",即着力提升党政机关内部的整体性,着力提升党政机关对社会、企业的引导性,着力提升企业与企业、企业与社会的协同性,着力提升数字赋能改革的内生性,着力提升社会治理的高效性,着力提升数据资源配置的效率性,着力提升评价方式的科学性。[②] 这为浙江下一步数字化改革指出了清晰的方向。作为数字经济大省,数字化改革顺势而为的提出,不仅是十七年改革积累的丰硕成果的迭代升级和延伸拓展,更是推进改革系统集成、协同高效的最优路径。

"十四五"时期,浙江将以数字化改革掀起"数字浙江"建设的新篇章。2022年 2 月 18 日,浙江省委召开全省数字化改革大会,全面部署浙江数字化改革工作,统筹运用数字化技术、数字化思维、数字化认知,把数字化、一体化、现代化贯穿到党的领导和经济、政治、文化、社会、生态文明建设全过程各方面,对省域治

[①] 《数字化改革开启浙江改革新征程》,央广网,2020 年 12 月 21 日,https://baijiahao. baidu. com/s？ id=1686652564282532271&wfr=spider&for=pc。

[②] 《数字化改革开启浙江改革新征程》,央广网,2020 年 12 月 21 日,https://baijiahao. baidu. com/s？ id=1686652564282532271&wfr=spider&for=pc。

理的体制机制、组织架构、方式流程、手段工具进行全方位、系统性重塑，加快建设数字浙江。数字化改革是"最多跑一次"改革和政府数字化转型基础上的迭代深化，已成为浙江新发展阶段全面深化改革的总抓手。

随着示范区一体化程度的提升，出现了大量跨区域的政务服务需求，但由于地域之间存在政策标准差异、结果不互认、办事程序复杂等问题，企业和个人异地办事"折返跑""多地跑"等现象屡见不鲜。示范区成立之前，三地都曾对政务服务一体化在各自区域内做过探索，如上海的"一网通办"、浙江的"最多跑一次"、江苏的"不见面审批"，但在跨省域合作上皆存在一定的局限性。示范区承担着先行先试的特殊使命，自成立以来一直致力于制度创新、破除行政壁垒，努力打造以数字化改革为核心的跨区域公共服务一体化，率先尝试将生态优势转化为经济社会发展优势。

二、数字化改革推进数字政务服务一体化的探索实践

2021 年 5 月 31 日，上海青浦、江苏吴江、浙江嘉善三地政府签署跨省授权通办合作协议，并共同启动了示范区"跨省通办"综合受理服务窗口，这一举措标志着示范区在协同促进政务服务一体化方面取得了突破性的进展。

（一）机制改革，有效引导政务服务一体化

1. 创新制度政策，推进标准齐统一

为支持示范区一体化的发展，为示范区建设赋权、赋能，截至 2020 年底，两省一市人大、政府及有关部门和两区一县协同、联合出台文件 32 个，涉及政务服务、投资、产业、民生等领域。在政务服务方面，首先建立了示范区公共服务共建共享机制，并以此为基础，先后发布了《长三角生态绿色一体化发展示范区专业技术人才资格和继续教育学时互认暂行办法》《长三角生态绿色一体化发展示范区医保一体化建设实施意见》《长三角生态绿色一体化发展示范区统一企业登记标准实施意见》等政务服务一体化政策。这些政策的正式实施，克服了现实中区域政务服务协同的难点痛点，统一了标准，互认了信息，促进了市场经济要素在示范区内自由流动，降低了企业进入市场的制度成本，实现了区域营商与政务环境的改善。

2. 建立联动机制，三地协作破边界

青浦区、吴江区和嘉善县地跨两省一市，分属不同的行政区划，要实现政务服务一体化，首先要打破行政边界，构建地区间、部门间统一的沟通协作平台。2019 年，青吴嘉三地建立长三角一体化政务服务联动机制，共同商讨并签订了三地政务服务年度工作方案。该机制的建立和常态化运行，有助于厘清工作重点，明确各方责任，协同推进三地政务服务一体化。至 2020 年末，青吴嘉三地已

先后开展政务服务一体化交流会商 17 次,部门层面的跨省协作成果显著。例如:嘉善县自然资源规划局与上海市公积金管理中心通过协商联动,成功签订核查共享协议,建立数据共享机制,业务协同时间从原本的 5 天压缩到 0.5 天。

3. 组建工作专班,定向攻坚扫障碍

实现"自助通办"是长三角政务服务一体化的突破口。为了打破区域数据壁垒,整合资源,青吴嘉三地政务服务部门各派代表组建示范区政务服务"自助通办"工作专班,建立破难机制,推动定向攻坚。工作专班先后解决自助机通办实现方式、自助机跨区域互联互通等问题,结合示范区三地群众、企业的办事需求和特点,集中梳理"自助通办"改革内容,将高频事项、民生事项、常用证明作为改革的主攻方向,切实解决群众企业最为关心关注的事。2019 年末,151 台统一的综合自助终端在示范区内正式"上岗",三地市民通过该终端,可自助办理 758 项跨区域"自助通办"事项,率先体验了长三角政务服务的"无感漫游"。

(二)数字化赋能,高效推进政务服务一体化

1. 自助办理"一证化",让办事更便捷

自助办理"一证化",是指群众到示范区内任意一地的任意一台终端机上办理通办业务,只凭一张身份证,无须填写表单,一分钟内即可自助完成申请。为实现"一证化"办理,青吴嘉三地克服网络环境差异,共享基础数据,通过数字化手段,反复比对磨合,最终统一投放到示范区内所有自助服务终端机上。终端机上可实现青吴嘉三地通办业务"一证化"自助申报、办件查询等政务服务,市民卡充值等便民服务和不动产证明、公积金账户查询等证明打印服务,真正享受到了政务服务一体化发展带来的红利。在嘉善工作的刘先生,因为总公司在上海,社保依然交在上海,过去打印社保证明必须回上海,现在在嘉善的自助服务终端机,仅凭一张身份证,只需几十秒,就能成功打印出社会保险参保证明。

2. 整合"一网通办",让办事更省力

青吴嘉三地依托长三角政务服务"一网通办"平台,调试对接长三角地区统一身份认证功能,打通三地政务服务网用户认证体系,将长三角一体化示范区政务服务"一网通办"专栏整合接入长三角"一网通办"平台。同时,通过对企业营业执照、结婚证、居住证、出生医学证明等 8 类电子证照的共享互认,推动跨区域网上办事由"可办"升级为"好办"。通过长三角一体化示范区政务服务"一网通办"专栏,个人可在线办理教师资格证认定、医师注册等事项,企业用户能在线申请诸如船舶安全检验证书核发、粮食收购资格、商品房预售许可等业务。2020 年末,专栏已入驻企业服务事项情形 299 个,个人服务事项情形 137 个,有效推进示范区政务服务事项"全程网办"和"线上线下联动办理"。

3. 探索"AI＋政务服务",让办事更智慧

在深化实施"一网通办"改革的基础上,青吴嘉三地根据各地实际,充分运用大数据赋能手段,创新服务方式,增强用户便捷度。例如,青浦区积极探索"AI＋政务服务"模式,再造业务流程,设计开发制作"一网通办"政务服务智能办理系统,依托自身强大的智慧大脑后台,由信息系统审查代替工作人员审查,实现自动受理、智能审查并快速出具结果。2020 年 6 月 1 日,首个一网通办"闪办"审批事项(护士执业注册变更)率先上线试运行,以往卫健委窗口工作人员要对提交的办事材料进行一份份人工审查,确认材料齐全和信息准确需要花费大量时间,办事人员多了还得排队等候。现在,通过智能办理系统,1 分钟左右就能出具审查结果,申请材料如不符合要求,也能在系统中清晰地分类显示各种问题点,方便工作人员进一步判断,大幅提升了办事效率。同时,青吴嘉三地还将自助办理终端与智能文件柜系统深度整合,使得业务办理事项与文件存取功能有效关联,企业和群众办事过程中可自行存取相关纸质材料,创新性地实现了示范区政务服务 24 小时"无人干预自动办理",真正实现了跨区域、跨部门的"数据多跑腿,群众少跑路"。

(三)服务升级,全面落实政务服务一体化

1. 长三角政务服务"一窗办"

青吴嘉三地均已设立"长三角一体化"服务专窗,"开一扇窗,办三地事"已成为三地标配,为实现跨区通办搭建了有效平台。例如,嘉善县政务服务专窗将市场监管、税务、公安等多部门资源集成整合,做到了"一站式、集成式、保姆式"服务。长三角企业在嘉善开办、注销已实现"一窗受理、一次办结",有效破解了落户政策不明、流程不清、数据不通等问题。驻地位于青浦的上海凝菡贸易中心就是该项政策的受益者之一,企业在嘉善县审批服务中心"长三角一体化"服务专窗申报了开办的所有材料,通过"跨省通办"模式,青浦区市场监管局当日就核发了营业执照,隔日即为企业完成了刻制企业公章、"法人一证通"数字证书、税务发票等事项和资料寄送工作,最终企业从嘉善县审批服务中心"长三角一体化"服务专窗领到了青浦区市场监管局核发的所有资料,真正实现了开办企业 2 天可营业。

2. 民生事项"跨省通办"

2021 年 5 月 31 日,青吴嘉三地政府签署跨省授权通办合作协议,共同启动了示范区"跨省通办"综合受理服务窗口,这在原有"一体化"的基础上,又往前迈了一大步。该窗口融合了全程网办、异地代收代办、多地联办等业务模式,实现"跨省授权、全盘受理、一窗综合、同城服务",三地相互授予政务服务受理权限,对属于本区域受理权限内的个人事项都可通过一体化示范区"跨省通办"综合受

理窗口进行受理,实现真正意义上的政务"同城化"服务。"跨省通办"综合受理服务窗口青浦区拟入驻的通办事项为 1173 项,吴江区为 1398 项,嘉善县为 1306 项,通办事项数量全国最多。来自吴江汾湖的庞先生是首批体验示范区"跨省通办"综合受理服务的市民,他一直在青浦上班、生活,需要查询他在吴江购置的房屋图纸,以前他需要到吴江住建局查询,现在庞先生只需凭身份证和房产证,在任何一地的"示范区'跨省通办'综合受理窗口",只需等待几分钟就能完成城建档案查询。

3. 政务服务政府"帮着办"

青吴嘉三地在政务服务大厅均已设立自助申报服务专区,为提高办事效率,让跨区域办事体验更有人情味,各地还相继推出个性化帮办服务:嘉善县创新设立了红色导办、蓝色帮办、黄色助办三支特色服务团队,推动服务关口前移,使群众企业办事需求第一时间得到响应,推动政务服务不断向"无前台化"迈进;青浦区制定了《青浦区行政服务中心帮办服务制度》,在自助大厅配备帮办服务人员,为办事人员及时提供"一对一"贴心帮办服务,变"企业群众办"为"政府帮办";吴江区建立帮办代办制度,各镇(街道)建立产业投资建设项目帮办代办队伍,各村(社区)公示民生类帮办代办事项,为办事群众提供帮办代办服务,助推"一次办"。

三、数字化改革推进公共服务一体化的经验启示

嘉善政务服务一体化的数字化实践从浙江迈向长三角,看似只是一小步,实际上却是在更大范围建设现代整体政府的一大步。它不仅给长三角示范区内的老百姓和企业提供了更便利的服务,更是为在更大范围内打造一体化的市场、一体化的政府、一体化的服务、一体化的治理,为建设整体智治的整体政府,促进公共服务数字一体化提供了重要的改革方法论。

(一)突破行政壁垒,建立一套制度

示范区政务服务一体化在不破行政隶属的基础上,打破行政边界,在多个领域出台了系列推进政务服务一体化改革的政策措施,创造性地形成多部门、多渠道的会商协调机制。同时打破由于层级不同造成的政务壁垒,建立政务链接制度,通过政务网络连接各级、各部门,构建形成"全局一屏掌控、政令一键智达、执行一贯到底、服务一网通办、监督一览无余"的数字化协同工作场景。考虑办事人员的实际需求与办事效率,迭代更新政务网络系统并整理合并冗余流程,打破内部条块壁垒,拓展深化重大任务集成应用,形成纵向贯通、横向协调、执行有力的高效执行链。开发数字政府综合服务平台。以"浙政钉""浙里办"为基础平台,集成整合政府各部门、各层级 App,迭代形成综合应用。推动部门核心业务

数字化应用迭代升级,建设重大任务、重点领域跨部门跨系统、全业务协同应用的功能模块,立足"场景化""一件事"协同应用需求,打造疫情防控、科技创新、产业发展、双循环、营商环境市场活力等 12 个集成应用。这些政策措施统一了标准、互认了信息、创新了做法,为一体化扫清了障碍,是政务服务一体化可复制推广经验的重要组成。

(二)利用数字赋能,打造一个平台

为了加快推进长三角或全国范围内跨区域、跨部门的政务服务一体化,必须打通数据壁垒,实现数据共享,建立统一的数字化平台。要利用数字化的思维方式和数字化的技术手段,重塑流程,改进工作方式,提升一体化给群众和企业办事带来的体验感和便利性。

在其他领域亦如此。面向城市和社会治理,以"城市大脑＋未来社区"为核心业务场景,着重围绕解决城市治理、百姓生活中的突出问题,开发教育、医疗、城市交通等方面的分场景,并推动相关领域改革,因地制宜建设跨部门多业务协同应用,使之更精准地随时随地服务企业和个人,推动城市公共服务更加高效。面向经济发展,以"产业大脑＋未来工厂"为核心业务场景,推动要素、产业链、价值链信息整合与全面连接。要打通产业数据仓和企业数据仓,推动数字经济运行相关公共基础数据、生产要素数据、科技创新数据等融合汇聚,实现政府数据资源、产业数据资源、企业数据资源的互联互通。要加快建设工业互联网平台,构建"生产服务＋商业模式＋金融服务"跨界融合的工业数字化生态。推进资源要素电子化交易,推动行业间和省市县三级交易平台纵横贯通,实现"主体一网登记、交易一网入口、信息一网公开"。面向现代流通,打破港口、铁路、公路、机场等交通基础设施的建设权限壁垒,实现基础设施"一站式"集成,助力浙江省多式联运交通枢纽建设,汇总各类型承载工具流量数据,探索物流产业增速降费新模式。面向对外开放,推动跨境电商、跨境供应链信息平台建设,集成全球贸易信息,实现传统贸易信息化、精细化转变。面向区域统筹发展,通过全省产业信息、公共服务信息共享,打破对口帮扶的局限,真正做到全省"一盘棋"式的资源精准利用。

(三)聚焦百姓服务,制作一张清单

不论是从发达国家的经验来看,还是从国内的成功案例来看,数字化改革从来不是前沿技术在试错创新,而是成熟技术在开疆拓土。不同于数字经济发展能够借助市场机制调节创新风险,触及制度变革的数字化改革需要更稳健的技术路径,得到更多参与者的认同。因此,成功的数字化改革一般只使用普遍应用的成熟技术,把人放在核心位置,聚焦百姓需求,如嘉善"一网办"改革采用的数据处理、平台搭建等数字技术并不复杂,但因为符合办事者的切身需求而收效显著。政务服务一体化的初心和立足点都是为百姓服务。如何服务、做哪些服务,要以百姓为出发点,将长三角或全国范围内百姓呼声高、办理多、难度大的事项详列清单,作为政务服务一体化改革的切入点,重点突破,以切实满足群众和企业对政府服务的真实需要。

第三节 公共文化服务一体化的探索

长三角一体化示范区内浙沪苏三地地缘相近、人缘相亲、经济相融、文化相近,其公共文化服务又都走在全国前列,具备前瞻性模式的研究基础。同时通过公共文化服务一体化可以实现四方面的促进:一是通过提高公共文化服务来提升劳动力素质,实现经济发展的高质量;二是以文化建设来滋养人心,培养新时代高素质新型农民和市民;三是建设公共文化服务设施,为城市和乡村发展提供"文化客厅"和文化场馆,提升城乡建设品质;四是从文化入手,为长三角地区的发展提供更基础、更广泛、更深厚的成长力。

一、三地的主要做法及经验启示

(一)嘉善:社会力量参与公共文化服务建设新模式

近年来,嘉善县在坚持政府主导、社会参与、共建共享原则的基础上,围绕提升公共文化服务效能,着重从县、镇(街道)、村(社区)、个人四个层面进行探索,逐步建立了社会力量参与公共文化服务体系,通过统筹"放"与"管",有效实现了从"办文化"向"管文化"的职能转变,为全面构建嘉善现代公共文化服务体系提供了生动样本。2018年11月,浙江省文化和旅游厅举办"社会力量参与公共文化服务"专题经验交流活动,嘉善县文化局作为全省6家,嘉兴市唯一单位做经验交流。同月,嘉兴市文化局在嘉善召开全市镇(街道)综合文化服务中心委托社会力量参与运营管理现场会。

1. 县级层面

一是积极倡导社会培育文化社团组织,推动群众业余文艺团队向文化社团转型,现已完成19家文化类社会组织的备案登记。二是采用招投标方式购买文艺演出,如天凝镇辣妈宝贝已经连续三年入围,演出数次达到近70场次,不仅让本地居民丰富了精神生活,同时,也为社团的生存和发展搭建了平台。三是出台《镇(街道)综合文化服务中心委托社会力量运营管理规范》地方标准,由质监部门发布,为全省各地提供可借鉴、可复制的经验。四是实行图书馆理事会制度。

为全县文化事业单位的法人治理提供了实践经验。

2.镇(街道)级层面

探索镇级公共文化设施"所有权"和"经营权"分离的市场经营管理模式,实现管理的专业化和设施、设备、人才、市场等资源的整合利用,提高公共文化服务水平和效益。如魏塘街道文化中心委托众悦文化服务中心负责文化中心的运营管理,以"政府承担、定向委托、合同管理、评估兑现"的模式提供新型公共文化服务,在全县率先探索出了一条基层文化中心社会化运作的新路子。

3.村(社区)级层面

全面实施文化社团驻堂制度。截至 2020 年底,全县有驻堂文艺队伍 100 余个,其中文化社团驻堂近 10 个,最为突出的是嘉善满庭芳戏曲社和嘉善民生艺术团,分别进驻魏塘街道城东村、罗星街道和合社区,一方面解决了这两个社团活动的场所、演出平台和部分经费,另一方面丰富了文化礼堂的内容。

4.个人层面

2017 年 3 月成立嘉善县文化志愿者大队,截至 2020 年底,共完成文化志愿者注册 1039 名,另有 7500 多名未注册志愿者,活跃在嘉善基层,成为群众文艺舞台上的一支强大的生力军。同时与浙江美术馆创新推出了"小角见大师"美育志愿服务项目,推动"流动美术馆"走入乡村文化礼堂。

(二)青浦:创新机制推进公共文化服务体系建设

青浦先后召开文化发展专题座谈会、全区文化发展大会,确立了文化引领发展的理念,制订了文化发展三年行动计划。以贯彻落实《公共文化服务保障法》为抓手,提出"建设全覆盖、多层次、多元化的现代公共文化服务体系"的目标,聚焦创新机制、夯实基础,出台进一步推进青浦区街镇(村居)公共文化服务工作的指导意见,强力推进公共文化服务体系建设工作。

1.顶层设计,规划先行,强化引导力

一是规划保障促发展。实施文化发展"531"战略,用"十三五"规划管好 5 年,用"三年行动计划"管好 3 年,用"年度计划"管好 1 年。二是组织引领保落实。为更好地组织实施好全区文化建设的总体战略、规划、计划和政策措施,2017 年 9 月召开青浦区文化发展大会,实施推进区文化发展三年行动计划(2017—2019 年),并且成立由区委副书记挂帅的文化建设领导小组(公共文化服务协调小组),统筹推进区域文化繁荣发展工作。

2.创新机制,开放灵活,强化协作力

一是推动实施事业单位法人治理结构试点,成立区图书馆理事会。引入市民可参与、可创造、可监督的管办分离机制,打造人民群众的"公共文化客厅"。二是制定下发《青浦区文化广播影视管理局向社会力量购买公共文化服务实施办法》,鼓励和吸引社会力量参与、兴办文化。稳步推进区级、街镇公共文化设施社会化专业化管理,鼓励引导优秀社会文化力量融入基层公共文化服务。

　　3.重心下移,补齐短板,强化自治力

　　结合青浦实际,制定了《关于进一步推进青浦区街镇(村居)公共文化服务工作的指导意见》。该意见明确了 5 个方面 13 项具体工作要求。一是做实硬件建设。从“做大增量,盘活存量”入手,扎实推进基层公共文化设施标准化建设。二是做优基层服务。深化公共文化空间免费开放,强化公共文化服务基本功能,让群众身边的文化演出、文化展览、文化讲座等公共文化服务从过去的“可有可无”变为“常态长效”,努力实现“一村(居)一品”格局。三是做强村居团队。每个街镇探索建立至少 1 支具有群众基础和一定特色的核心文艺团队,每个村居建成至少 3 支业余文化团队。

　　(三)吴江:公共文化服务与发展传统文化紧密结合

　　吴江区积淀着深厚的文化底蕴和宝贵的文化财富,128 处各级文物保护单位分布在吴江城乡各处,无声地传承着古老的吴越文化。除了丰富的物质文化遗产,吴江还孕育了灿烂多姿的非物质文化遗产,已公布了 6 批吴江区非物质文化遗产名录,其中非遗项目共计 72 个。近年来,吴江以不断满足人民群众日益增长的精神文化需求为出发点,大力开展非遗惠民活动,丰富群众精神文化生活,使得非物质文化遗产保护和公共文化服务体系建设紧密结合。

　　1.强调政府主体

　　健全完善政府统一领导、相关部门分工负责、社会团体积极参与的管理体制和工作机制。出台《吴江市加强公共文化服务体系建设的实施意见》《吴江市戏曲业余团队(票友)惠民巡演实施办法》《吴江市戏曲文化生态保护区建设五年发展纲要》等一系列政策文件,极大地增强了全区文化遗产保护和发展所涉及的政策、资金、队伍、人才、信息、平台的统筹能力,增强了对各种传统文化保护和发展资源的协调能力,也增强了传统文化保护和发展成果惠及全体人民群众的服务能力。

　　2.挖掘吴江元素

　　比如,同里水乡民俗文化生态保护实验区以同里古镇、周围的自然村和肖甸湖湿地森林公园为核心,对同里镇境内的文化遗产及与文化遗产相关的自然环境、文化生态环境实行整体性保护。举办吴江太湖文化节同里民俗文化专项文艺会演、同里油菜花节水乡民俗文艺大联欢等。吴江区公共文化艺术中心精心编创的苏州评弹《袁了凡》,讲述了明朝著名思想家、苏州府吴江人袁了凡为民请命、清廉勤政的故事。

3.加强基层普及

支持建立业余戏曲团队、民间(营)团队50余个,票友队伍1000人以上。开展"嘉善的非遗"进校园工程,推进、创新非物质文化遗产的校园传承保护模式。锡剧、越剧、京剧、木偶昆曲、芦墟山歌、太湖渔歌、平望灯谜、盆烛舞、吴江莲厢等10余个项目在吴江16所学校开班授课,每年培训学生近千名。举办吴江文化讲堂"嘉善身边的非遗"免费课堂,以每月"围绕一个主题,举办一堂体验课"的形式,让学生近距离接触吴江民间传统文化。

4.着力普惠百姓

以服务农民、服务基层的"送戏下乡,村村联动"特色文化实事工程为载体,每年送戏400多场,观众近50万人次。七都昆曲木偶以七都小学为昆曲示范基地,开展昆曲、木偶教学,每年送戏下乡,进学校演出近30场,观众近5000人次。鲈乡书场作为吴江区公共文化服务的重要阵地,每年演出场次达330场以上,吸引观众近9万人次。推出"百姓戏台天天乐"品牌,每年的戏台演出覆盖全区249个行政村,让百姓自己上台演出,过足戏瘾。

二、嘉善的实践探索及合作联动

示范区创建以来,青浦、吴江、嘉善三地交流互鉴,紧密协作,签订了《环淀山湖战略协同区文化一体化发展合作备忘录》,加入了"长三角一体化阅读联盟""长三角文化馆联盟",从而为长三角公共文化一体化发展提供政策保障。

(一)常态交流

采用"请进来、走出去"的形式,争取上海较高水准的师资力量到嘉善开展各类讲座培训,邀请上海优秀的非遗节目参加嘉善县的非遗展示展演活动,邀请上海评弹团、上海吴韵评弹团等沪上专业书场里广受欢迎的资深演员来善献演。借助上海市书协嘉善创作基地、上海书画院嘉善创作基地——嘉善积萃书画艺术馆等一系列平台,引进上海书画名家资源落户嘉善。同时,"走出去"开展有学习且形式多样的走亲活动,举办具有嘉善特色的田歌专场展演、姚庄农民画展览、嘉善水彩画等,向上海市民推介嘉善舞台艺术和非遗项目,选派嘉善特色节目参加浦东公共文化服务产品采购大会等。

(二)项目合作

2017年11月7日,嘉善县文化局与浦东新区张江镇文化服务中心签订了田山歌传承合作协议,嘉善田歌跨区域传习基地在浦东张江镇落地生根,以此为基础,嘉善县与张江镇不仅举行了田山歌交流展演,同时也开展了包括田山歌传承保护与发展创新的学习、观摩、研讨等一系列传习活动,有效助推了嘉善田歌在沪上的传播和弘扬。2018年12月7日,作为国家非物质文化遗产之一,"浦东绕龙灯"这一传统技艺跨区域传习基地正式落户嘉善县开发区(惠民街道),"浦东绕龙灯"传承人陆大杰将会定期来到嘉善,指导相关传习工作,提升嘉善县舞龙的整体水平。

(三)区域共建

吴江、青浦和嘉善三地以田、山歌为基础,逐渐把文化交流和活动扩大整个群文领域,在长年的活动和交流中,渐渐地形成了青浦"水乡音话"、吴江"区域文化联动"和嘉善"田歌节"等文化品牌项目。同时,嘉善各街镇充分发挥各自区位和地理、文化优势,主动出击,寻找各自对象,进行交流甚至文化走亲,姚庄镇与金山区枫泾镇在长期的合作中,在经常性的交流中又以故事、农民画等特色项目共同奋进,2018年枫泾镇和姚庄镇签署文体建设区域联盟框架协议。惠民街道枫南村率先以"文化礼堂"为阵地载体,与枫泾镇新华村开展文化交流、文艺人才共享、艺术社团驻堂等活动,打造沪浙门户交界处新亮点。陶庄镇和吴江汾湖镇相邻,以环汾湖为范围,常年开展富有地域特色的民间文艺交流,形成了宣卷、莲湘等项目相互学习、相互交流和共建机制。

(四)馆际联动

嘉善、青浦、吴江等地加入了"长三角一体化阅读联盟",以"世界读书日""市民文化节"等为重要节点,举办更多公益惠民的读书活动,加强三地图书馆专业人员的互动交流,积极培养阅读推广人员队伍。加入"长三角文化馆联盟",建立联盟协商机制、发挥区域资源优势、开展重大活动合作、定期组织交流活动,进一步提升长三角公共文化合作机制新能级。

三、面临的主要问题及成因剖析

(一)主要问题

1."一体化"形式单一,缺乏深层次有效性交流

当前,嘉善与青浦、吴江等地的文艺交流活动日益频繁,在文化部门和宣传部门的大力推动下,在相关文件的贯彻落实中,各地的文化活动热热闹闹开展起来了,但大都局限于搞一场演出、布一次展览等,对文艺人才、文艺创作等更深层次的交流普遍缺乏。同时,因嘉善本土缺乏优秀拔尖文艺人才,文艺创作能力相对较弱,近年来涌现出的具有嘉善特色的精品节目不多,在一定程度上制约了嘉善节目"走出去"。不管是"一体化"路径,或者"高质量"目标,都还有很大差距。

2.文化工作者队伍建设缺乏有效长效的"建管育"机制

不管是民间文艺工作者队伍还是现在各镇街道村社区全覆盖的文化宣传员

队伍,都存在一个普遍问题,就是队伍建起来了,但是管理还处于比较松散的状态,针对性的提升培训少,专职能力不够。特别是在村里的文化宣传员,往往疲于应付其他行政上的工作,反而无法专心开展好文化建设工作。在待遇上也面临着"两不管"的尴尬:镇不管、村不管,在一定程度上消减了工作人员的积极性,也对队伍的稳定性有一定影响。

3.传承弘扬本地文化力量薄弱和非遗传承困局

非遗工作是一项不可逆的事业。在生活节奏日益加快的今天,非遗传承往往是过往年代中"慢工出细活"的一个代名词,不管是虎头鞋的制作、民间窗花的剪制或是干窑京砖的烧制都需要沉得下心来潜心研究其中的门道。但现在的年轻人往往更愿意从事前端性、科技性、有更快产出回报的工作,导致非遗项目的传承出现了断档,很多民间非遗项目因为找不到合适的传承人正面临失传的境遇。

4.公共文化设施的建设、使用和长效维护出现资金及管理问题

公共文化设施在建设时往往投入较大,但是维护的投入往往和前期建设成本不相匹配,因此导致一些设施被破坏、损毁甚至遗失。以嘉善新建的博物馆为例,投入上亿元的资金,但是在开馆不到一个月的时间里,作为仿古纸窗的摆设已经被"捅破窗户纸"。再比如电子书借阅机投放位置不合理,导致其成为摆设,后台观测到的借阅量非常低,没有很好地发挥应有的阅读推动作用。一些公共文化场地和设施在验收合格后就被"冷落",成为总结中的一个数字、检查中的一项指标,而没有真正让文化在这块阵地上活起来。

5.文化产品供需两端的信息不对称和精准度不够

以嘉善的文化礼堂为例,尽管部分礼堂内有电子的文化产品点单机,也有一些活动和演出的公告可以阅览到,但往往更新度不够,并且村民也没有形成"我的文化我做主"的心理,不会主动"点菜",所以政府提供的往往是"一厢情愿"式的产品,由于经费的限制和无法准确定位目标人群需求,招募来的演出团队往往由一些中老年文艺爱好者组成,这些演出也往往更适合老年人群体;也有一些暑期活动针对学生群体,但往往流于形式,导致青少年为了签到、组织方为了拍照而参与活动。目前来看,嘉善特别缺乏的就是针对青年和中青年群体的公共文化产品。

（二）成因剖析

从公共文化服务理念看,一是对本地公共文化服务建设无法准确定位,二是对政府职能转变认识不全,三是对公共文化服务起到的作用缺乏正确认识。

从公共文化服务过程看,一是管理上多头并进缺少统筹协调,二是社会力量没有得到充分调动,三是互联网技术没有得到充分运用。

从公共文化供给侧看,一是群众需求没有被重视,二是团队能力没有被激活,三是筹资渠道没有拓展。

四、公共文化服务一体化的路径思考

长三角一体化,直接效应是辐射带动,长远效果要形成示范性、引领性的区域公共文化服务发展模式,关键则在于打破行政区划界限和壁垒,实现区域内资源高效整合和有效配置。所以,推动长三角地区公共文化服务更高质量发展,必须从全局上谋势,在关键处落子,聚焦"一"字做文章,拆篱笆、促流动,形成一体化供给"生态圈"效应。

(一)创建更加开放的大平台,共研共商公共文化服务模式

长三角一体化示范区的形成,各个层面的平台搭建,使探讨、合作、创新日益频繁,一定程度上将促进形成更好的一体化格局。

1. 加强政府交流,创造平台载体

2020 年底,上海青浦、江苏吴江、浙江嘉善发布《青浦、吴江、嘉善一体化发展工作方案》,确定了系列重点工作。上海市政府召开全市公共文化建设工作会议举行,要求将联合范围内青浦、嘉善、吴江、昆山四地相关部门共同打造区域文化项目。围绕文化热点问题召开研究论坛,由各区域轮流举办,定期开展专题研讨活动,策划有标识度、有影响力的大型文化活动。

2. 加强民间合作,激活创新主体

在一体化大发展的背景下,民间机构开始集思广益,在交流中寻找新的合作机会。如以"文旅创新产业发展新路径"为主题的 2019 长三角民宿峰会在南京举行。峰会吸引了来自江浙沪皖 500 多位民宿投资人、主理人、建筑师、设计师以及艺趣平台负责人,共同探讨在文旅创新的大背景下,长三角民宿产业的发展思路以及面临的机遇与挑战。民间自发性交流活动的开展将有力推动古镇文旅创新。

3. 搭建对话平台,充分商讨研判

以公共文化服务建设为主体,开展考察交流,促进实地互访学习;开展重要项目合作,加强重要节庆活动的交流;加强图书馆、文化馆、博物馆、美术馆等文化场馆馆际交流和所在城市之间的互动,促进具有区域特色的文化资源、旅游资源的开放与共享;积极探索建立合作机制内文化发展合作平台。

(二)形成更趋合理的大市场,共建共享公共文化服务资源

长三角一体化发展将为长三角带来人流、物流、资金流和信息流的打通和共享,也将为文化大市场的开发、利用、运营和发展,提供良好的契机与环境。

1. 创新推介形式,形成文化产品供应菜单

相关调研显示,上海市民对浙江、江苏等地的民俗文化有极大兴趣;嘉善百姓对上海的演出特别青睐;青浦百姓则对嘉善的田歌十分热衷。因此有针对性地提供文化"菜单"成为公共文化服务开展的首要前提。2019年3月,一次汇集了长三角地区的文采会在上海拉开帷幕,这是公共文化服务一体化的一次重要尝试。喜马拉雅有声读物的阅读App、温州民间的文艺队伍、嘉定区我嘉书房的设计理念都以各种不同的形式被摆上了展览厅。现场一共有240家单位参展,1500多家采购方参与采购。集中生动地向人们呈现了公共文化和旅游产品供给的全产业链。由此可见,可以充分利用三地古文化、水文化资源,进一步加强联动,开展文化推广活动,深化文化品牌、项目、作品等的深度交流。

2. 实现产业融合,发展文化产业新业态

文化新业态是文化与其他产业内部不同行业之间相互渗透、交叉、融合,最终形成新业态的动态发展过程。主要有三种产生模式,一是文化行业内的要素融合,二是与第三产业内其他行业的融合,三是跟一、二产业的融合。如西塘五姑娘题材,以田歌文化为内涵,以五姑娘爱情公园为载体,表演形式上有音乐剧、越剧等,并在此基础上进一步丰富演艺内容,承接一些有知名度的有影响力的演唱会、音乐会、体育比赛,打造颇具知名度的旅游演艺品牌。除此之外,民俗文化、民间工艺,比如,版画、砖雕、木雕、石雕,这些都是参与性很强的文化产品,完全可以开发成融展示、参与、体验等功能于一体的文化艺术体验项目。

3. 加快标准化建设,提升公共文化服务水平

一是完善地方公共文化标准规范,鼓励有条件的文化企业开展企业标准的研究制定工作,促进企业标准体系的完善和企业管理水平与服务质量的提高,提升公共文化服务整体竞争力。二是完善标准化公共文化基础设施。可设想进行长三角一体化公共文化服务和推广中心的创建,示范区文化家园的打造等;对文化设施的系统化建设和精细化维护管理进行提升,加快以文化礼堂等为重点的公共设施建设。三是提升公共文化服务供给标准化质量。如文化馆、图书馆、博物馆、体育馆等场所等都应根据各自行业要求,推进规范化建设,提升自身服务质量和服务水平。

(三)打造更为鲜明的金名片,共拓共育江南文化品牌

挖掘各地文化项目,丰富江南文化内涵,绘好文化金名片,使每个地方特有的文化品牌成为热点和魅力点。

1. 提升文化原创力

长三角有着丰富的物质文化遗产、非物质文化遗产和历史人文资源,要以此为基础,在保护好、传承好优秀传统文化的基础上,实现创造性转化、创新性发

展,把原创力贯穿于公共文化服务全过程,挖掘建筑文化、饮食文化、民俗文化、民间艺人、人文作品等,满足人民日益增长的精神文化需要。如朱家角的涵大隆大酱园就是从当地饮食文化中逐渐明晰的一个古镇标签;再如浙江开展的"百县千碗"作为推动饮食文化中的非遗传承发挥了很好的作用。通过营造富有水乡特色的生活方式、生活环境与基础设施,打造长三角"江南文化"示范地标。

2. 创新表达方式

信息化时代提供了丰富多元的传播手段,使得人工智能、大数据等与文化元素的融合成为可能。今天的江南文化品牌塑造,要有效借助高新科技手段和新型传播渠道,把江南文化的故事告诉世界,提升其国际影响力,使长三角地区成为中国乃至世界的文化"引力源"。如西塘古镇通过打造一年一度的汉服文化节为"生活着的千年古镇"品牌进行推介,并通过全息投影打造"花语"小路,设置汉服打卡点等,将其建筑特色、生活文化和夜游品牌发挥到极致。

3. 实现跨界融合

可通过聚焦影视演艺、网络文化、创意设计、电竞动漫、文化装备、文化金融与文创基金、文化旅游与消费、节展活动、文化品牌塑造与贸易、公共文化服务等重点领域的协同共建,各扬所长、形成合力,共同构建和提升一批资本化、链条化、数字化、基地化、平台化、园区化的重大共建创意产业与文化项目,实现"文化＋"跨界融合。集聚一批与江南水乡古镇特色相得益彰的文化创意企业,打造沪上文化金融集聚区,通过文化创意对江南文化资源的催化、转化,着力打造世界级江南文化示范区。

(四)建立更加紧密的联盟体,共同打造公共文化服务大格局

长三角一体化发展势在必行,须从规划、宣传、交通、党建"四个先行"入手,建立联盟体,打造大格局。

1. 形成打造品牌的规划图

长三角地区包含了江浙沪皖三省一市,其中行政层级的政策对接和制度复制是最强有力的一体化路径。建议青浦、吴江、嘉善地区组建"长三角公共文化服务发展办公室"这一具有打通行政壁垒的行政机构来推动人员到位,政策到位,机制到位。通过机构的成立,制定示范区公共文化服务标准化体系,并通过该标准的推动落实使公共文化服务在长三角地区得到资源共享、人才流动、制度普惠的效果,推动高质量的文化供给服务,同时也为江南文化更好地走向国际市场做好准备。

2. 集成联动宣传的组合拳

在规划先行的基础上,重点开展公共文化服务和宣传工作。通过开设统一网络营销平台,创建专属的文化网站或 App,集中展示推介,让每个文化团队、

社会组织、文化品牌都有可展示的页面。通过网络平台可以获得文化服务供给的基本情况,进行阅读活动、文化演出、体育赛事、旅游产品等的一条龙服务和预定。也可以结合各地有特色的大型活动,邀请联盟体内成员参与各项活动进行展示、推介和宣传。同时,也要加强与三地报刊、电视、电台等新闻媒体的合作宣传,拓展新兴网信息网络平台的开发,提升文化产品知名度、美誉度,实现需求侧与供给侧的无缝对接。

3.建成没有断路的交通圈

打造一体化公共文化服务格局,就要有一体化的公共基础设施,其中交通是最重要的一项。长三角地区日益互联互通的交通系统,有助于区域公共文化的有效对接。2020 年 10 月 1 日,连接上海青浦和江苏昆山的盈淀路通车,曾经的"断头路"被打通,沪苏居民不再需要绕道而行,出行更为便利;2021 年 3 月 6 日,嘉善首条与江苏连接的旅游定制专线"西塘古镇—黎里古镇"正式开通,路线的开通对两地经济发展、文化互通起到了重要推动作用。今后应该着重在城际轨道、公交线路增设等方面加强交通互通。

4.构成同步优质的党建体

党建联盟是公共文化服务一体化发展的有力抓手。在各文化群团组织之间,一是通过党建活动的开展在红色文化主旋律上把握基调;二是通过党建促交流,在组织上形成更加紧密联系、协作顺畅的大团队。西塘依托古镇旅游景区优质平台,于 2021 年 3 月发出旅游共建令,与黎里、金泽等乡镇进行景区资源对接,联合规划、同步完善,着力打造互利共赢的"古镇景区党建体",从党的基层组织入手,具体到每个党员,不仅是管委会,更把"支部建在商铺",从而促进行业协会、红色商户的共建,增强景区黏合度和凝聚力,提升服务质量。

参考文献

[1] 白如钰、黄江、杨育民：《乡村振兴与新时代全面建成小康社会的战略选择》，《农业经济》2020年第3期。

[2] 包海波、谢芳：《"飞地经济"助力长三角深度融合》，《浙江日报》2019年12月25日。

[3] 常尚新：《创新要素空间配置影响流通产业结构的升级路径：消费需求与制度变革的中介视角》，《商业经济研究》2020年第10期。

[4] 陈建军、黄洁：《长三角一体化发展示范区：国际经验、发展模式与实现路径》，《学术月刊》2019年第10期。

[5] 崔晶：《跨域生态环境协作治理中的集体行动：以祁连山区域生态治理为例》，《改革》2019年第1期。

[6] 冯云廷：《飞地经济模式及其互利共赢机制研究》，《财经问题研究》2013年第7期。

[7] 付达院、刘义圣：《长三角区域生态一体化治理策略研究：基于杭绍甬、苏锡常、广佛肇等城市群的实证测度》，《云南财经大学学报》2021年第6期。

[8] 傅政德：《论城乡一体化城市生态战略》，《生态经济》1989年第6期。

[9] 高军波、周春山：《西方国家城市公共服务设施供给理论及研究进展》，《世界地理研究》2009年第4期。

[10] 顾海兵、张敏：《基于内力和外力的区域经济一体化指数分析：以长三角城市群为例》，《中国人民大学学报》2017年第3期。

[11] 顾骅珊：《推进长三角区域水环境协同共治》，《中国社会科学报》2020年11月27日。

[12] 顾益康、潘伟光：《从全局高度统筹城乡发展》，《浙江日报》2017年7月

31 日。

[13] 郭洪:《推动中关村科学城自主创新能力提升的战略思考》,《科学管理研究》2014 年第 3 期。

[14] 郭茜琪:《制度视角:从产业同构走向产业分工:长三角区域产业资源整合问题研究》,中国财政经济出版社 2008 年版。

[15] 郭淑敏:《构建"四位一体"框架促进村集体经济可持续发展:以宁夏回族自治区村集体经济试点项目为例》,《中国农业资源与区划》2017 年第 10 期。

[16] 胡国建、陈传明、陈丽娟等:《企业跨区域投资格局及其影响因素:以福建上市企业为例》,《经济地理》2018 年第 9 期。

[17] 季永兴、韩非非、施震余等:《长三角一体化示范区水生态环境治理思考》,《水资源保护》2021 年第 1 期。

[18] 金波、王庆丽、严沁等:《向着大海的方向! 主动接轨上海开放发展纪事》,《浙江日报》2018 年 5 月 23 日。

[19] 孔凡斌、许正松、陈胜东等:《河长制在流域生态治理中的实践探索与经验总结》,《鄱阳湖学刊》2017 年第 3 期。

[20] 李德光:《我国跨行政区流域水污染治理的影响因素研究》,湖南大学 2016 年硕士学位论文。

[21] 李国平、王奕淇:《地方政府跨界水污染治理的"公地悲剧"理论与中国的实证》,《软科学》2016 年第 11 期

[22] 李琳、戴姣兰:《中三角城市群协同创新驱动因素研究》,《统计与决策》2016 年第 23 期。

[23] 廖彩荣:《乡村振兴战略的理论逻辑:科学内涵及实现路径》,《农林经济管理学报》2017 年第 6 期。

[24] 刘靳、涂耀仁、段艳平等:《长三角区域跨界水污染治理的协同联动体制机制构建》,《环境与可持续发展》2021 年第 3 期。

[25] 刘彦随:《中国新时代城乡融合和乡村振兴》,《地理学报》2018 年第 4 期。

[26] 刘志彪、徐宁、令池等:《长三角高质量一体化发展研究》,中国人民大学出版社 2019 年版。

[27] 刘志彪、徐宁:《统一市场建设:长三角一体化的使命、任务与措施》,《现代经济探讨》2020 年第 7 期。

[28] 毛金祥:《经济集聚对区域创新的影响研究》,上海社会科学院 2019 年博士学位论文。

[29] 潘家栋、包海波:《创新飞地的发展动向与前景展望》,《浙江学刊》2021 年第 3 期。

[30] 齐骥:《"两山"理论在乡村振兴中的价值实现及文化启示》,《山东大学学报
　　　(哲学社会科学版)》2019 年第 5 期。

[31] 任浩、朱士保:《利用飞地经济模式建设社会主义新农村的探索》,《安徽农
　　　业科学》2007 年第 18 期。

[32] 上海财经大学上海发展研究院:《上海城市经济与管理发展报告:长三角一
　　　体化再出发》,格致出版社 2019 年版,第 54 页。

[33] 宋之杰、王浩、石蕊:《跨区域创新资源协同的驱动机理及协同模式探析》,
　　　《企业经济》2017 年第 2 期。

[34] 苏海红、杜青华:《基于对口帮扶政策的青南地区飞地经济发展模式研究》,
　　　《青海社会科学》2012 年第 1 期。

[35] 谈明洪、冉圣宏、马素华:《大都市边缘区的环境问题及其对策:以北京市房
　　　山区为例》,《地理科学进展》2010 年第 4 期。

[36] 田西、吴玉锋、刘婷婷等:《京津冀城市圈生态一体化下的再生资源产业链
　　　协作模式初探——以再生铅为例》,《环境保护》2015 年第 2 期。

[37] 田学斌、刘志远:《基于三元协同治理的跨区域生态治理新模式:以京津冀
　　　为例》,《燕山大学学报(哲学社会科学版)》2020 年第 3 期。

[38] 汪波:《论城市群生态一体化治理:梗阻、理论与政策工具》,《武汉科技大学
　　　学报(社会科学版)》2015 年第 1 期。

[39] 王坤岩、赵万明:《加快生态一体化建设推动京津冀协同发展》,《求知》2019
　　　年第 7 期。

[40] 王文胜、宋家辉:《浙江省开放型经济指标体系及评价研究》,《杭州电子科
　　　技大学学报(社会科学版)》2019 年第 6 期。

[41] 王晓玉:《荷兰是欧洲门户,我选择从荷兰推开欧洲大门》,《中国青年报》
　　　2014 年 3 月 24 日。

[42] 王阳亮:《公共服务供给瓶颈与绩效特征》,《改革》2017 年第 6 期。

[43] 王业强、郭叶波、赵勇等:《科技创新驱动区域协调发展:理论基础与中国实
　　　践》,《中国软科学》2017 年第 11 期。

[44] 王钺、胡春阳:《经济内循环背景下要素流动对区域创新质量空间收敛的影
　　　响研究》,《宁夏社会科学》2020 年第 6 期。

[45] 王忠诚、邓志高:《长株潭城市生态一体化建设的动力机制分析》,《中南林
　　　业科技大学学报(社会科学版)》2008 年第 3 期。

[46] 吴卫红、董姗、张爱美等:《创新要素集聚对区域创新绩效的溢出效应研究:
　　　基于门槛值的分析》,《科技管理研究》2020 年第 5 期。

[47] 萧洪恩:《"三农"向何处去:乡村振兴战略与就地现代化之路探析》,《徐州

工程学院学报(社会科学版)》,2018 年第 2 期。

[48] 辛志伟、付军:《改革生态环境保护管理体制加快推进环境管理战略转型》,《环境保护》2015 年第 13 期。

[49] 徐勇、赵德健:《创新集体:对集体经济有效实现形式的探索》,《华中师范大学学报(人文社会科学版)》2015 年第 1 期。

[50] 许泉、万学远、张龙耀:《新型农村集体经济发展路径创新》,《西北农林科技大学学报(社会科学版)》2016 年第 5 期。

[51] 杨洁、张瑞洁、沈哲韬等:《小空间大作为! 嘉善"腾笼换鸟"的县域实践》,《嘉兴日报》,2017 年 8 月 11 日。

[52] 杨书超、李中:《时空视野下区域公共服务一体化研究——以长三角生态绿色一体化发展示范区为例》,《江南论坛》2021 年第 1 期。

[53] 叶榆东:《府际博弈视角下跨行政区流域污染合作治理机制研究》,华中师范大学 2020 年硕士学位论文。

[54] 易志斌、马晓明:《论流域跨界水污染的府际合作治理机制》,《社会科学》2009 年第 3 期。

[55] 于迎、唐亚林:《长三角区域公共服务一体化的实践探索与创新模式建构》,《改革》2018 年第 12 期。

[56] 俞可平:《治理与善治》,社会科学文献出版社 2000 年版。

[57] 谌志伟:《"公地悲剧"及其治理的博弈分析》,《经济评论》2004 年第 3 期。

[58] 张晖:《城乡一体化背景下农村集体经济的演进与反思》,《中州学刊》2015 年第 5 期。

[59] 张克俊、杜婵:《从城乡统筹、城乡一体化到城乡融合发展:继承与升华》,《农村经济》2019 年第 11 期。

[60] 张冉、郝斌、任浩:《飞地经济模式与东中合作的路径选择》,《甘肃社会科学》2011 年第 2 期。

[61] 张志华:《习近平总书记:民生是"指南针"》,中国日报网,2015 年 7 月 21 日,http://china. chinadaily. com. cn/2015 — 07/21/content _ 21371290. htm。

[62] 张竹叶、刘中兰:《基于四个维度的流域水污染协同治理》,《湖北农业科学》2020 年第 23 期。

[63] 中国行政体制改革研究会:《浙江嘉善县域科学发展示范点建设方案实施进展第三方评估报告》,2016 年 6 月 30 日。

[64] 钟裕民:《城乡生态融合发展:理论框架与实现路径》,《中国行政管理》2020 年第 9 期。

［65］周娟、朱阳增、叶舜璐:《区域创新要素的集聚与协同:以皖江城市带与苏南城市群为例》,《宿州学院学报》2018 年第 11 期。

［66］周璇、陶长琪:《要素空间集聚、制度质量对全要素生产率的影响研究》,《系统工程理论与实践》2019 年第 4 期。

［67］詹姆斯·N.西瑙:《没有政府的治理:世界政治中的秩序与变革》,刘小林等译,江西人民出版社 2001 年版。

［68］Kiran Paudyal, Himlal Baral, Rodney John Keenan, "Assessing Social Values of Ecosystem Services in the Phewa Lake Watershed, Nepa", *Forest Policy and Economics*, 2018, vol. 90, pp. 67-81.

［69］Simon R. Sinsel, Rhea L. Riemke, Volker H. Hoffmann, "Challenges and Solution Technologies for the Integration of Variable Renewable Energy Sources—A Review", *Renewable Energy*, 2020, vol. 145, pp. 2271-2285.

后　记

　　本书是中共浙江省委党校杭州未来科技城创新团队的研究成果,是《城市创新空间发展的模式与路径研究》《长三角:国家战略与空间布局》之后第三部研究经济高质量发展新模式的专著。嘉善县既是我国县域科学发展示范点,也是长三角生态绿色一体化发展示范区的主要组成部分,其在高质量一体化发展上的路径探索具有较高的理论研究和应用研究价值。

　　研究团队与中共嘉善县委党校开展教咨研一体化合作,相关研究得到了中共嘉善县委党校的大力支持,朱利军、徐玲娟、朱樱三位校长亲自参与专著的整体设计和理论分析。相关章节执笔人为:第一章第二节、第三节、第四节朱樱;第二章第二节李圆圆;第三章第二节许承忠,第三节蒋星梅,第四节方芳;第四章第二节许承忠,第三节、第四节朱樱,第五节沈洁;第五章第二节李晓莉,第三节刘伟;第八章第一节、第二节沈洁,第三节陈晨;第九章第三节李圆圆;第十章第三节沈洁,其他章节和全书统稿工作由包海波负责,是大团队合作的成果。长期以来,中共浙江省委党校徐明华校长和科研处对创新团队给予了大力支持,在此一并表示感谢。

　　由于时间仓促,加之笔者水平所限,书中难免存在疏漏之处,敬请读者不吝指正。

著　者

2021 年 10 月